历史学的实践丛书

历史学的实践丛书

全球的全球史
世界各地的研究与实践

Global History, Globally:
Research and Practice around the World

[美]斯文·贝克特（Sven Beckert）
[德]多米尼克·萨克森迈尔（Dominic Sachsenmaier） 编

梁跃天 译

著作权合同登记号　图字：01-2019-1668

图书在版编目（CIP）数据

全球的全球史：世界各地的研究与实践/（美）斯文·贝克特，（德）多米尼克·萨克森迈尔编；梁跃天译.--北京：北京大学出版社，2024.11.--（历史学的实践丛书）.--ISBN 978-7-301-35536-7

Ⅰ.K107

中国国家版本馆CIP数据核字第2024X74F30号

Global History, Globally: Research and Practice around the World
© Sven Beckert, Dominic Sachsenmaier and Contributors, 2018
This translation is published by arrangement with Bloomsbury Publishing Plc.
Chinese Edition © 2024 Peking University Press

书　　名	全球的全球史：世界各地的研究与实践 QUANQIU DE QUANQIU SHI: SHIJIE GEDI DE YANJIU YU SHIJIAN
著作责任者	［美］斯文·贝克特（Sven Beckert）　［德］多米尼克·萨克森迈尔（Dominic Sachsenmaier）编　梁跃天译　孙宏哲　范驰宇校
责任编辑	李学宜
标准书号	ISBN 978-7-301-35536-7
出版发行	北京大学出版社
地　　址	北京市海淀区成府路205号　100871
网　　址	http://www.pup.cn　新浪微博：@北京大学出版社
电子邮箱	编辑部 wsz@pup.cn　总编室 zpup@pup.cn
电　　话	邮购部 010-62752015　发行部 010-62750672 编辑部 010-62750577
印　刷　者	三河市北燕印装有限公司
经　销　者	新华书店 650毫米×965毫米　16开本　23.5印张　445千字 2024年11月第1版　2024年11月第1次印刷
定　　价	86.00元

未经许可，不得以任何方式复制或抄袭本书之部分或全部内容。
版权所有，侵权必究
举报电话：010-62752024　电子邮箱：fd@pup.cn
图书如有印装质量问题，请与出版部联系，电话：010-62756370

目 录

致　谢/i

参写作者简介/iii

导　言　　斯文·贝克特　多米尼克·萨克森迈尔/1

第一部分：各个地区

第一章　全球史在(西北)欧洲：探索与争论

加雷斯·奥斯丁/25

第二章　放眼全球、再现亚洲：全球史在东亚的
兴起、演变和前景　　　　　　王晴佳/55

第三章　拉丁美洲与加勒比地区：全球史诸传统

拉斐尔·马奎斯　若昂·保罗·皮门塔/76

第四章　非洲史与全球史：研究范式再探

奥马尔·盖伊/96

第五章　解构帝国与民族叙事：土耳其和阿拉伯中东地区

塞尔柱·埃桑贝尔　梅尔特姆·托克索/128

第六章　世界史工程：北美背景下的全球史

杰里·本特利/151

第二部分：全球史的中心议题

第七章　工人与工作史的新视野：全球劳工史

安德烈亚斯·埃克特　马塞尔·范德林登/171

第八章　规模、范围和学术：地区实践与全球经济史

彭慕兰/192

目录

第九章　全球移民史

　　　　　　　　　　阿米特·库玛尔·米什拉/232

第十章　思想史的全球挑战

　　　　　　多米尼克·萨克森迈尔　安德鲁·萨托里/255

第三部分：全球史实践中存在的问题

第十一章　在非洲书写世界史：机遇、局限与挑战

　　　　　　　　　　　　　　　　大卫·西莫/277

第十二章　民族的世界史：东亚史学中的民族国家史

　　　　　如何侵吞了跨国史？　　　林杰炫/295

第十三章　从边缘书写全球：在澳大利亚书写

　　　　　全球史的诸路径　马尔尼·休斯-沃林顿/317

第十四章　日本的努力：克服全球史研究中的

　　　　　欧洲中心论范式　　　　　秋田茂/333

索　引　　　　　　　　　　　　　　　　　347

致　谢

本书收录了来自世界各地的作者有关全球史的论文,他们不仅参与了地区层面的讨论,也参与了全球层面的讨论。本书的主导理念是,如果全球史想要繁荣发展并兑现其承诺,在全球范围讨论全球史研究的方法、问题与理论便是急迫的任务。从这个意义上说,本书是全球思想史的一次实践。

《全球的全球史》利用了各类会议与工作坊中涌现的讨论,这些会议和工作坊汇聚了来自世界各地的学者,为全球史学家提供了一个论坛,去思考该研究领域的状况。在这些会议中,我们讨论了全球史作为一种学术创新空间的兴起,以及它所导致的一种多面向的研究图景。这一图景过去从未被放在全球层面上进行适当的评价。我们讨论了全球史在世界不同区域的发展状况,思考地方特殊性和跨国方法论如何相互交织。我们的会议也思考政治与文化身份对全球史实践的影响。

本论文集就是上述对话的成果,我们感谢所有参与会议的学者。

没有诸多机构及学者的支持,我们无法开展本项计划。2008年,我们在哈佛大学举办了"全球的全球史"首届会议,得到哈佛大学魏德海国际事务中心(Weatherhead Center for International Affairs)与杜克大学国际研究中心(Duke Center for International Studies)的支持。2010年,在杜克大学举行的"全球史在东亚"研讨会,得到了杜克大学亚太研究院(Duke Asian Pacific Studies Institute)及杜克大学跨文化人文学委员会(Duke Transcultural Humanities Committee)的支持。接下来的"关于全球史的全球对话"会议由弗莱堡高等研究院（Freiburg Institute of Advanced Studies）主办，主要受到大众汽车基金会的资助。一年后，洪堡大学"全球史中的工作与人类生命周期"（Work and Human Life Cycle in Global History）国际研究中心主办了"世界性对话中的全球史"，德国国家研究基金会提供了资助。我们感谢上述机构，感谢他们慨然支持一项背离我们学科内部很多传统的计划。

没有一群极为敬业的作者，本书也无法面世。我们对诸位为本研究项目投入的时间、热情和精力表示感谢。这本书进入出版环节后，一群杰出的人帮助推动了项目，特别是我们的编辑布鲁姆斯伯里出版公司的艾玛·古德（Emma Goode），以及图书制作人马尼卡丹·库潘（Manikandan Kuppan）。我们也特别感谢玛莎·舒尔曼（Martha Schulman）修订了全书。我们的许多学生也给予了慷慨的支持，他们是哈佛大学的乔安娜·查克（Joane Chaker）和霍尔格·德罗斯勒（Holger Droessler），柏林大学的劳拉·沃伦韦伯（Laura Wollenweber），哥廷根大学的娜斯塔莎·萨莱夫斯基（Nastassja Salewski）、李灿（Li Can）和克里斯托弗·齐默尔（Christoph Zimmer）。亚伦·贝克迈尔（Aaron Bekemeyer）出色地翻译了本书中的一篇文稿，同时他与雷切尔·斯蒂利（Rachel Steely）、萨曼莎·佩恩（Samantha Payne）、乔安娜·查克一道给予我们的作者很多重要的帮助。我们也感谢魏德海全球史倡议（Weatherhead Initiative on Global History，WIGH）、哥廷根大学以及杰西卡·巴纳德（Jessica Barnard），感谢他们提供的支持。

此刻，民族主义在很多国家居于统治地位，我们希望这本书为我们这个时代的历史与政治做出贡献。

斯文·贝克特

多米尼克·萨克森迈尔

参写作者简介

秋田茂（Shigeru Akita）

日本大阪大学世界史系全球史教授，开放与跨学科研究倡议全球史研究分部主任（Director of Division of Global History Studies, Open and Transdisciplinary Research Initiative, OTRI），他是英帝国史、亚洲国际关系史及全球史研究专家。他目前担任亚洲世界历史学家学会（Asian Association of World Historians）主席，该国际研究学会致力于在亚太地区推广全球史/世界史研究。他的主要出版作品包括 *International Order of Asia and the British Empire*（日文版，2003），*The History of the British Empire from Asian Perspectives*（日文版，2012）以及 *From Empires to Development Aid*（日文版，2017）。他还与国际学者共同主编了几本书，包括 *Gentlemanly Capitalism, Imperialism and Global History*（2002），以及（与杰罗德·克罗泽夫斯基[Gerold Krozewski]、渡部升一[Shoich Watanabe]主编的）*The Transformation of the International Order of Asia: Cold War, Decolonization and the Colombo Plan*（2014）。

加雷斯·奥斯丁（Gareth Austin）

剑桥大学经济史教授。他的发表作品包括 *Labour, Land and Capital in Ghana: From Slavery to Free Labour in Asante, 1807-1956*（2005），*Labour-Intensive Industrialization in Global History*（与杉原薰[K. Sugihara]共同主编，2013）以及 *Economic Development and Environmental History in the An-*

thropocene: Perspectives on Asia and Africa（2017）。他的文章刊登在 Business History Review，Economic History Review 和 Journal of African History 等许多杂志上。他曾经在肯尼亚的一所慈善学校任教,之后在剑桥大学获得硕士学位,在伯明翰大学获得博士学位。他担任过"普遍史与全球史欧洲网络"（European Network in Universal and Global History, ENIUGH）的主席,也曾在加纳大学、伦敦经济学院、日内瓦国际与发展研究生院任职。

斯文·贝克特（Sven Beckert）

哈佛大学莱尔德·贝尔美国史讲座教授（Laird Bell Professor of American History）。他的研究与教学重点是 19 世纪美国史,特别是资本主义史,包括资本主义的经济、社会、政治和跨国方面。他的著作关注 19 世纪美国资产阶级、劳工、民主,近年来,也关注资本主义全球史。他最近的一本书《棉花帝国：一部资本主义全球史》获得了班克罗夫特奖、切拉斯科奖（Premio Cherasco）,是普利策奖的决选作品。《纽约时报》将该书评为 2015 年十佳图书之一。他是古根海姆学者（Guggenheim Fellow）,美国学术团体协会（American Council of Learned Societies）成员,获得德国洪堡基金会贝塞尔研究奖（Bessel Prize）。他也是哈佛大学魏德海全球史倡议的主席之一,并与他人共同为普林斯顿大学出版社编辑"世界中的美国"系列丛书。

杰里·本特利（Jerry H. Bentley）

夏威夷大学马诺阿分校历史学教授,Journal of World History 编辑。他的写作范围广泛,涉及近代早期欧洲的文化史与世界史中的跨文化互动和交流。他对文艺复兴时期宗教、道德和政治写作的研究见其 Humanists and Holy Writ: New Testament Scholarship in the Renaissance（1983）和 Politics and Culture in Renaissance Naples（1987）。他的 Old World Encounters: Cross-Cultural Contacts and Exchanges in Pre-Modern Times（1993）研究近代之前文化交流与宗教互动的历程。他写作的主题还包括世界史分

期问题、同世界史相关的史学史问题。本特利博士的教学领域包括世界史、近代早期历史与欧洲的扩张。

安德烈亚斯·埃克特（Andreas Eckert）

柏林洪堡大学非洲史教授。2009 年以来，他也是"全球史中的工作与人类生命周期"国际研究中心主任。该研究中心获得德意志联邦教育与研究部的资助。他的研究范围涉及 19—20 世纪非洲史、殖民主义、劳工史和全球史。他常年担任 *Journal of African History* 编辑，也定期为《法兰克福汇报》《时代周报》等德国报纸撰写文章。他最新出版的一本书是 2016 年主编的 *Global Histories of Work*。目前他正在写作 *A Short History of Colonialism*，该书将由普林斯顿大学出版社出版。

塞尔柱·埃桑贝尔（Selçuk Esenbel）

伊斯坦布尔的海峡大学历史系荣休教授。她是亚洲研究中心的创始主任，目前担任该中心及亚洲研究硕士项目的学术协调人。她近年来的著作包括 *Japan on the Silk Road: Encounters and Perspectives of Politics and Culture in Eurasia*（2018），*Japan, Turkey, and the World of Islam*（Brill, 2011）以及 "Japan's Global Claim to Asia and the World of Islam: Transnational Nationalism and World Power 1900–1945," *The American Historical Review*（2004 年 10 月）。她的土耳其语作品包括 *Turkiye'de Cin'i Duşunmek*（*Thinking of China in Turkey*，2013）和 *Turkiye'de Japonya Calişmalari II*（*Japanese Studies in Turkey*，2015），均由海峡大学出版社出版。她曾荣获 2013 年洪堡基金会乔治·福斯特研究奖、日本旭日勋章、日本外务省特别奖、2007 年日本基金会日本研究特别奖。

奥马尔·盖伊（Omar Gueye）

达喀尔谢赫·安塔·迪奥普大学（Cheikh Anta Diop University, Dakar）历史学教授，从事劳工史和社会史研究。他从阿姆斯特丹大学获得社会史博士学位,从谢克·安塔·迪奥普大学获得现当代史博士学位,从亚历山大的利奥波德·塞达尔·桑戈尔法语国际大学(Université Internationale Francophone Léopold Sédar Senghor in Alexandria)获得文化遗产工商管理硕士学位。除其他工作经历和各类组织成员之外,他还是密歇根大学的福布莱特学者、哈佛大学魏德海全球史倡议研究员、IEA-Paris 研究员。他的研究几乎全部关注非洲劳工史及社会史。他还是很多合著图书的供稿人。他最近出版了三本书:*Sénégal: Histoire du mouvement syndical, la marche vers le Code du Travail*(2012),*Sanokho ou le métier du rire*(2013),以及 *Mai 1968 au Sénégal. Senghor face aux étudiants et au mouvement syndical*(2017)。

马尔尼·休斯-沃林顿(Marnie Hughes-Warrington)

澳大利亚国立大学(学术)副校长。2012 年担任这项职务之前,她是蒙纳士大学(教学)副校长。她是六本书的作者,包括 *Fifty Key Thinkers on History*(目前第三版),*"How Good an Historian Shall I Be?": R. G. Collingwood, the Historical Imagination and Education*(2003),*History Goes to the Movies*(2007)以及 *Revisionist Histories*(2013)。她最近的一本书讨论亚里士多德形而上学在塑造历史学科方面随时间推移所发挥的作用。

林杰炫(Jie Hyun Lim)

首尔西江大学跨国史教授,批判性全球研究所(Critical Global Studies Institute)创始所长。2010 年,他发起"跨国人文学自修大学"(Flying University of Transnational Humanities)这一跨国学术活动。他也担任全球史与世界史组织网络(Network of Global and World History Organizations)主席、国际历史科学大会委员会委员、汤因比奖基金会托管人。他也是克拉科夫师范大学、华沙大学、哈佛-燕京学社、国际日本文化研究中心、巴黎第二大学、柏林高等研究院等研究机构的访问学者。最近,他(作为丛书主编)在帕尔格雷夫·麦克米兰公司出版了五卷本 *Mass Dictatorship in the 20th Century*。在全球史领域,他发表的作品包括"Historicizing the World in East Asia""Second World War in the Global Memory Space""A Postcolonial Reading of German Sonderweg"以及"Mass Dictatorship as a Transnational Formation of Modernity"。目前,他的研究主题是"受害民族主义"(victimhood nationalism)的跨国史,涉及二战后的朝鲜半岛、日本、波兰、以色列和德国。

马塞尔·范·德·林登(Marcel van der Linden)

国际社会史研究所(International Institute of Social History)高级研究员、前科研副所长,阿姆斯特丹大学社会运动史教授,国际社会史学会会长。他的研究涉及劳工与工人阶级史、观念史,出版的著作包括 *Workers of the World: Essays Toward a Global Labor History* (Leiden and Boston:Brill, 2008;平装版 Chicago:Haymarket, 2010;另有巴西葡萄牙语、德语、土耳其语译本), *Western Marxism and the Soviet Union: A Survey of Critical Theories and Debates* (Leiden and Boston:Brill, 2007;另有汉语、韩语译本),并与于尔根·科卡共同编辑 *Capitalism: The Reemergence of a Historical Concept* (London:Bloomsbury Academic, 2016)。

拉斐尔·马奎斯(Rafael Marquese)

历史学博士(圣保罗大学,2001年取得学位),圣保罗大学历史系教授。他与若昂·保罗·皮门塔一道协调巴西与世界体系研究中心(Laboratório de Estudos Sobre o Brasil e o Sistema Mundial [LabMundi])的工作。他的作品有 *Administração & Escravidão: Ideias sobre a gestão da agricultura escravista brasileira* (1999), *Feitores do Corpo, Missionãrios da Mente: Senhores, letrados e o controle dos escravos nas Américas, 1660-1860* (2004), *Slavery and Politics: Brazil and Cuba, 1790-1850* (与Tâmis Parron 和 Márcia Berbel 合著,2016), *Escravidão e Capitalismo Histórico no Século XIX: Brasil, Cuba, Estados Unidos* (与 Ricardo Salles 共同编辑,2016)。

目前他致力于研究1760年至1930年奴隶制与全球咖啡经济的历史。

阿米特·库玛尔·米什拉(Amit Kumar Mishra)

执教于印度海得拉巴大学印度离散人群研究中心(Centre for Study of Indian Diaspora, University of Hyderabad, India)。他的研究和学术出版领域包括印度离散劳工、劳工迁移的原因与结果、国家-社会关系视野下的劳工中介与移民史。目前他正致力于从全球史视野重新解读帝国时期印度契约劳工的流动。他是新加坡国立大学、哈佛大学魏德海全球史倡议访问学者,也是毛里求斯信任与正义委员会顾问。

若昂·保罗·皮门塔(João Paulo Pimenta)

历史学博士(圣保罗大学,2004年取得学位),圣保罗大学历史系教授,殖民时期巴西史全职教授(2012)。曾是墨西哥学院(2008,2016)、西班牙海梅一世大学(2010)、智利天主教大学(2013)、乌拉圭共和国大学(2015)以及安第纳·西蒙·玻利瓦尔大学(2015,2016)的客座教授。他的研究主要关注18—19世纪,特别是巴西及其与西属美洲的关系。他对民族问题、集体身份、巴西及西方世界的历史时间的历史尤其感兴趣。他的作品包括 Brasil y las independências de Hispanoamerica (Castelón: Universitat Jaume I, 2007)和 Estado y nación hacia el final de los imperios ibéricos (Buenos Aires: Sudamericana, 2011)。他与拉斐尔·马奎斯一道协调巴西与世界体系研究中心的工作。

彭慕兰(Kenneth Pomeranz)

芝加哥大学历史学与东亚语言文明研究大学级教授(University Professor),曾任美国历史学会主席(2013),英国科学院院士。他撰写、主编、合作出版了10本图书、逾60篇学术论文及其他许多作品,其中包括 The Great Divergence: China, Europe, and the Making of the Modern World Economy and The Making of a Hinterland: State, Society and Economy in Inland

North China, 1853-1937。这两本书都获得了美国历史学会东亚史研究最佳图书奖。他目前正在从事 *Why Is China So Big?* 一书的写作,并与他人合作编写大学世界史教科书。他也撰写有关当代问题的文章,大多与中国环境问题及经济事务有关。

多米尼克·萨克森迈尔(Dominic Sachsenmaier)

哥廷根大学教授,尤为关注"全球史视野下的现代中国"。过去,他曾执教于不来梅雅各布大学、杜克大学,以及加利福尼亚大学圣芭芭拉分校。他目前的主要兴趣为全球史研究的中国与西方路径、中国思想文化的跨国联系、17世纪中西文化关系。他是欧洲科学与艺术院院士,以及总部位于波士顿的汤因比奖基金会(全球史)主席。他的作品包括 *Global Entanglements of a Man Who Never Traveled*(Columbia University Press, 2018)。他与另外两人合作主编了 *Columbia Studies in International and Global History* 丛书(Columbia University Press)。

安德鲁·萨托里(Andrew Sartori)

纽约大学历史学教授。他的作品包括 *Liberalism in Empire: An Alternative History*(University of California Press, 2014),*Bengal in Global Concept History: Culturalism in the Age of Capital*(University of Chicago Press, 2008)。他和塞缪尔·莫恩共同主编了 *Global Intellectual History*(Columbia University Press, 2013),与 Prasenjit Duara 和 Viren Murthy 合作主编了 *Companion to Global Historical Thought*(Wiley-Blackwell, 2014)。他也是 *Critical Historical Studies* 杂志的编辑。

大卫·西莫(David Simo)

德语、比较文学与文化教授。他在喀麦隆的雅温得大学(University of Yaoundé)任教,还是德国、法国、美国几所大学的客座教授。他是后殖民文化研究专家,其出版涉及后殖民批判与理论、跨文化认识论等主题。

他也是德国非洲中心分管科学合作的主任,并协调雅温得大学艺术、文化和文明研究生院的工作。

梅尔特姆·托克索(Meltem Toksöz)

伊斯坦布尔海峡大学历史学副教授。她的作品有 *Nomads, Migrants and Cotton in the Eastern Mediterranean: The Making of the Adana-Mersin Region in the Ottoman Empire, 1850-1908* (The Netherlands: Ottoman Social and Economic History Series, E. J. Brill Publications, 2010),合作主编了 *Cities of the Mediterranean: From the Ottoman Times to the Present* (London: I.B.Tauris, 2011)。她的出版作品还涉及地中海东部地区的棉花生产与贸易、西里西亚地区史、土耳其和奥斯曼史学史。她的研究兴趣包括史学史、思想史、经济史及奥斯曼帝国晚期国家与社会的现代化。

王晴佳(Q. Edward Wang)

美国罗文大学历史学教授及亚洲研究协调人、北京大学长江讲座教授。他还是国际史学史与史学理论委员会理事,*Chinese Studies in History* 编辑。他的研究兴趣包括全球史、比较史学史、东亚文化史。近年来,他的作品有 *Chopsticks: A Cultural and Culinary History* (2015), *A Global History of Modern Historiography* (合著,2008,2017年修订版)和 *Mirroring the Past: The Writing and Use of History in Imperial China* (合著,2005)。

导　言

斯文·贝克特　多米尼克·萨克森迈尔

全球史似乎无处不在。历史学系开设的课程、出版商的书目和史学会议的议程中都可见到"全球史"。人们可以报名参加阿姆斯特丹自由大学提供的全球社会史讲座课程，在北京首都师范大学攻读全球史硕士学位，在开普敦大学研读资本主义全球史，在圣保罗大学参加有关奴隶制度的全球史会议，或者阅读一本在达喀尔出版的关于 1968 年全球史的著作。哈佛大学图书馆藏书中有 437 本书名含有"全球史"，其中 30 本在 1962—1990 年间出版，26 本是 20 世纪 90 年代出版的，115 本出版于 21 世纪第一个十年。仅在过去五年，图书馆便新增 266 本全球史图书。[①] 下列事例也能说明全球史所获得的巨大关注：2014 年欧洲全球史大会吸引了八百余名与会者——鉴于距第一届大会召开还不到十年时间，这是一个惊人的数字；截至 2017 年，上海、大阪、牛津、柏林、圣保罗和达喀尔等地的大学相继建立了全球史研究中心。[②]

无论名之曰"世界史""全球史""跨国史"，抑或是"新全球史"，在更大尺度上进行的历史研究发展迅猛，并且越来越多地着重基于档案的研究。这一领域的很多博士论文正在写作之中。也许最为重要的是，专门

---

① 哈佛图书馆目录 https://hollis.harvard.edu/primo_library/libweb/action/search.do? vid=HVD（2017 年 8 月 30 日检索）。
② 例如：上海华东师范大学、柏林洪堡大学"全球史中的工作与人类生命周期"国际研究中心、圣保罗大学"巴西与世界体系研究中心"、大阪大学未来战略机构（Institute for Academic Initiatives）的"全球史研究中心"以及牛津大学。

研究不同地区的学者发现,全球史可以作为一个进行学术交流,甚至开展合作的共同场域。

20世纪70年代社会史革命以来,全球史的兴起成为历史学科中最显著的发展之一。这一重大转变,是对19世纪以来我们所熟知的历史书写的惯常逻辑的挑战。150多年来,历史写作与教学大多关注国别史或区域史。长久以来,我们见到法国史、中国史、阿根廷史方面的专家,也有擅长钻研诸如南亚、东欧、拉丁美洲和撒哈拉以南非洲等地区历史的学者。然而,只有少数学者可以将这些区域联结起来。换而言之,鲜有学术机构鼓励全球性思考。

从19世纪开始,学术培养的目标是造就以某一特定国家的历史为研究对象的专家,例如研究意大利、日本、美国和其他国家的历史学者。历史研究者们组织协会进行国别史研究,在期刊杂志上发表国别史论文,获得特定国别史的教职。固然,国界线无法为所有研究者的眼界划定界限,例如古代史和中世纪史学者研究的时代在民族国家兴起之前,思想史和经济史学家的研究一直关注跨越边界的历史现象。但在近代史研究中,民族国家的界限赫然在目,比任何其他领域都更加突出。这一框架并不使人感到意外,因为,历史学作为一门诞生于19世纪的学科,不仅在时间上与民族国家的发展密切相关,而且在意识形态和创立的基础上也是如此。政治人物和意识形态宣传者创建民族国家之时,需要一个有用的,也即民族的历史,很多史学家也很乐于承奉此意。

毋庸置疑,以区域或民族国家为界限而写作的历史为我们提供了丰富的历史知识。在世界不少地方,对民族国家史学的关注使历史研究上升成为一门专业,调动资金在中小学和大学展开历史教育,在学者中间建立各种思想共同体,吸引广大受众。在最好的情况下,民族国家史有助于塑造民族共同体,公民可以诉诸其共享的历史向国家发出吁求,伸张新的权利或反对殖民列强。在最坏的情况下,它造成狭隘的民族主义,似乎为排斥、驱逐甚至灭绝那些被认为处于民族共同体之外的人提供了正当理由。

民族国家史和区域史研究成就斐然,雄踞史学领域的霸主地位,但也不乏短处。史家特别注重民族国家内部的联系与发展进程,却时常忽略跨边界的发展。这种受限的眼界对历史解释产生了极大的影响。以工业革命为例,大量著作关注18、19世纪的英国经济,似乎单纯地从国家的视角就可以书写工业革命史,似乎只要提到兰开夏郡的工匠、利物浦的商人和伦敦的政治家,就是一部完整的工业革命史。也有几乎同样多的著述完全视工业化的开端是一个西欧的现象。这样的历史书写忽略了发生在英国或欧洲边界之外的大量重要事实:来自印度的技术的重要性、非洲市场的开放、美洲奴隶生产的商品等等。①

这一例证也指向了现代史学史中经常存在的另一个局限——极其以欧洲为中心的视角。西方历史的发展常被某些人认为是人类共同的准则。这让很多史家无法理解世界某地呈现出来的进程如何嵌入其他地方的发展。以资本主义制度下的劳工问题为例。一直以来,欧洲和美国数以万计的历史学家将雇佣劳动视作典型的现代形式,认为城镇工厂就是那种劳动所发生的场所,然后将其视作一种放之四海而皆准的模式,他们所撰写的劳工史描绘了从受奴役的农业劳动到雇佣劳动的转变,进而描述这种劳资关系的定型。这一故事常被描述成普遍准则,因而人们认为欧洲历史预示着世界其他地方的未来。可是,对地方状况非常敏感的全球视野立刻认识到,资本主义制度下的劳动形式有非常大的差异——从奴隶制到雇佣制,从农民生产到贩夫行商,因而要从根本上修正这个讲述了多年的所谓"普世"的故事。②

---

① Joseph Inikori, *Africans and the Industrial Revolution in England: A Study in International Trade and Economic Development* (New York: Cambridge University Press, 2002); Eric Williams, *Capitalism and Slavery* (Chapel Hill: University of North Carolina Press, 1994); Sven Beckert, *Empire of Cotton: A Global History* (New York: Alfred A. Knopf, 2014).

② 参见 Marcel van der Linden, *Workers of the World: Essays towards a Global Labor History* (Leiden: Brill, 2008)。

全球史因而可以脱离单纯民族的或区域的聚焦和欧洲中心论的视角。① 这一脱离并不是因为全球史试图边缘化民族国家的历史重要性或者近代历史中的西方主导时期。正相反，对民族国家的分析很大程度上是很多全球史研究的核心课题，对西方霸权的研究也是如此。这一脱离是因为全球史看到，如果我们把自己局限在民族国家和欧洲中心论这类框架之中，就无法最好地理解人类历史的宽阔地带。它也看到，全球视角可以把内容更为丰富的主题纳入我们的视野。例如，如果我们把民族主义和国家建构看作跨越国界的思想意识，就会认识到，个别国家的历史经验是诸多更为广阔的相互联系模式中的一部分。关于天主教会、标准石油公司等跨国机构以及联合国等政府间组织的新研究，为我们提供了关于全球权力体系与地方权力体系之间复杂互动关系的新洞见。殖民主义和奴隶制史的替代研究路径突出了那些陷于此类权力体系最底层之人的能动性。

整体而言，全球史已经开始挑战欧洲中心论时期产生的（以及因欧洲中心论而产生的）"普遍认知"。例如启蒙运动史，这一运动曾经被视作独特的欧洲事件，从新的全球视野看来，它只是一个更具全球性、多样性模式的一部分。一些学者表明，18世纪中国的考证学与当时欧洲的思想运动有诸多共通之处。其他学者指出，在明治时期的日本，"启蒙"概念有着相当不同的属性，因而有必要比较欧洲的启蒙运动与其他地区发生的类似运动，并且阐明它们之间的联系。② 同理，人们不再认为全球人权话语是欧洲的出口物，而将其视作多向性的，在不同地方、不同时代之

---

① 本书英文版的封面图片展现了一位高加索年轻人正在检查各种类型的地球仪（见 http://www.bloomsbury.com）。一方面，它象征着多元视角的精神以及在各种尺度中进行研究的意愿，这些都是全球史的特色。另一方面，作为一张历史照片，它意味着对早期世界历史研究的批评，因为这种研究主要从白人男性的视角进行写作。

② On-cho Ng and Q. Edward Wang, *Mirroring the Past: The Writing and Use of History in Imperial China* (Honolulu: University of Hawai'i Press, 2005); Sebastian Conrad, "Enlightenment in Global History: A Historiographical Critique," *American Historical Review* 117:4 (2012), pp. 999-1027.

间发生迁移,例如海地的奴隶移用了法国大革命的种种观念,在这个过程中,又推动了它们的全球化。① 全球史的其他分支也开始重新思考19世纪的全球移民,挑战跨大西洋移民具有异乎寻常之规模的神话,显示出相似规模的移民活动在同一时期也出现在东亚、东南亚地区。②

除了其修正史学特征,全球史亦是关联史(connected history)与比较史(comparative history)。从最基本的层面看,全球史探求人类社会是如何在全世界范围作为一个互动的共同体而发展的。全球史考察那些跨越现代国家、区域和大陆边界的进程、网络、身份和事件,寻求对过去加以概念化的各种替换模式。全球史关心流动(circulation),因而注重发掘人群、观念、潮流和商品跨越边界的联系。它也关注人类共有的各类转型(从技术创新到政治思想)与权力分配变革,这些变革影响了世界各地的人们。全球史并不必然假设这些转型与变革使世界更具同质化或更加公平正义,因而它特别关注地方社区受全球变革影响相当独特的方式,以及地方性变革如何改变全球联系。③

研究全球转型的同时也关注地方细节,两者兼而有之,这呈现了全球史的比较与联结的视角。这是大多数全球史研究的基本原则。种族主义史是一个有益的例子。④ 世界上有很多种族主义的例子,对这些种族主义进行比较,可以让我们更好地了解其中每一种类型。真正的全球史也考虑到各类种族主义是相互关联的,因为关于差异的观念与意识形态的全球传播确实对各地每一类种族主义都有强大的影响,也因为每一类地方的种族主义可以影响全球的观念与意识形态那样。

---

① Laurent Dubois, "An Enslaved Enlightenment: Re-thinking the Intellectual History of the French Atlantic," *Social History* 3 (2006), pp. 1-14.

② Adam McKeown, "Global Migration, 1846-1940," *Journal of World History* 15 (2004), pp. 155-189.

③ 类似表述,参见魏德海全球史倡议,https://wigh.wcfia.harvard.edu/ (2015年2月10日检索)。

④ 参见例如 Marilyn Lake and Henry Reynolds, *Drawing the Global Colour Line: White Men's Countries and the International Challenge of Racial Equality* (New York: Cambridge University Press, 2008)。

运用全球史批判地重新思考某个社会或世界区域的历史,这样做并不抹杀差异化。在纷繁多样的人类社会中,差异一直存在着。事实上,全球史认为这些差异可以被置入一个框架之中,用以展现共性与个性、同一与分殊之间持续的紧张关系。全球史可以让史家进行更为完善的比较,让史家与人类学、社会学、政治科学、经济学等社会科学进行更为有效的沟通,同时保持历史学的学科特性,即其给予地方特性如此多关注的能力。

借由关联和比较世界相距遥远的各个部分的发展历程,全球史也更多地强调那些更为持久绵长的历史模式。20世纪八九十年代的文化转向时常强调历史的不确定性与"认知"的不可能性,全球史则让史家的注意力转向因果论断,时常是把环境变迁、人口发展、国家形成中的暴力与经济变革的重要性等因素联系起来。

这并非说全球史回归目的论的决定论(teleological determinism),后者构成了20世纪60年代很多社会科学的框架,那时现代化理论在西方学术界正流行。与塔尔科特·帕森斯(Talcott Parsons)等学者的观点不同,今日的全球史家通常并不认为所有社会随着经济的发展而趋于雷同。他们更愿意发现地方特性和区域特色。全球史与地方史的根本差异在于,全球史在试图理解地方的同时,又不忘关注地方的全球纠葛(global entanglement)。它既不受益于那些将全球现象概念化为去地方化的普遍现象之路径,也不受益于那些只知深挖地方而不顾全球的认识论传统。全球史探寻全球与地方之间复杂而令人着迷的交织扭结方式,在这些交织关系中发现全球与地方共同的构成要素。

全球史注重跨越边界的联系,同时参与空间转向,因此它并不认为国家或区域是社会发展进程的天然范围。它批评欧洲中心论,倾向于一种关系史——认为世界不同地区的发展相互影响,而不是认为影响是单向的。本书聚焦的就是这种历史学——它的方法、主题与辩论。本书将表明,全球史本身是一项全球事业,它旨在推进一项计划——将历史知识的生产嵌入新的全球学者共同体之中。

全球史的轨迹

当然,史学家会第一个指出,任何事物都有其先例,因此跨越边界的历史也有其独特的发展史。本书将对那段悠久的历史提供一些洞见。在古代希腊、中国和阿拉伯世界,一些学者已力图书写所知世界的历史。① 18世纪,康德主张带着一种世界主义的意向书写历史,20世纪初,康有为也有类似的世界大同理想。这样的观念时不时地涌现出来。这类作品大多采取一种文明路径,将作者所处的文化定义为标准形态,将外围区域的文化定义为"他者"。特别是19世纪,史学家通常把人类分割为很多的民族与文明,然而这种做法阻碍了人们以其他的方式认识人类历史。

相信文明以及民族国家是人类秩序基本的,几乎是天然的单元这一信念,也塑造了世界史领域。显然,世界史曾处在民族国家史的阴影之中,不过,它已在19世纪及之后获得了重要位置。很多知名历史学家,包括常被视作学院派史学创立者的利奥波德·冯·兰克,都进行了世界史的思考。② 但是,他与其他学者一样,更偏好以单一文化、单一民族国家作为其历史书写的准原生单元(quasi-autochthonous units),对文化之间、民族国家之间的交织、迁移和联系没有多少兴趣。

本质上说,世界史常被理解为欧洲的成功崛起,如同其借助自身的文明力量而发展。因此,世界史领域很多作品把眼界局限在欧洲史,或许添加几章,简略地介绍中国、印度、埃及或美索不达米亚早期的历史。世界历史的主要时代由欧洲发生的变革来定义:希腊哲学的出现、宗教改革与

---

① Dominic Sachsenmaier, "The Evolution of World History," in David Christian and Marnie Hughes-Warrington (eds.), *Introducing World History* (*Cambridge History of the World*, vol. 1) (Cambridge: Cambridge University Press, 2015), pp. 56-83.

② Ernst Schulin "Universalgeschichte und Nationalgeschichte bei Leopold von Ranke," in Wolfgang J. Mommsen (ed.), *Leopold von Ranke und die Moderne Geschichtswissenschaft* (Stuttgart: Klett-Cotta, 1988), pp. 37-71.

启蒙运动等等。① 很多非西方作者接受这种人类历史进程解释的基本观点。或许不那么令人惊讶的是，很多社会主义国家的学术也基于这些以欧洲为中心的叙事。②

20世纪60年代开始，在全球很多地方，世界历史研究领域发生了变化。③ 在印度和中国，越来越多的学者试图在看待我们星球的历史时，借助一些不是唯独源自欧洲历史经验的范畴与概念。④ 在美国，世界史学家变得远比以前更为批判欧洲中心论视角。然而，尽管有这些新情况，世界史仍保留了很多早期特征。作为一个教学领域，世界史在某个历史系通常被某个人所代表，他/她应当讲授西方以外的整个世界。作为一个研究领域，世界史长久以来的关注点似乎是编写内容涉及大跨度时空的教科书。⑤

相比之下，今天全球史出版物的数量急遽增加，它们的特征与范围也发生了变化。今日的全球史领域中的学术研究主要由专门研究构成，它们讨论单一主题，几乎总是聚焦比整个人类史短很多的边界清晰的时段。这些出版物的研究范围一般并未覆盖整个世界意义上的"全球"。它们通常选择与某个特定问题相关的几个地区，带有适当的地方敏锐性。全球史转变为一个研究领域，这表明全球史的时代已经来临。

我们先看看为什么会发生这一转向。一些原因适用于世界的各大区

---

① 参见例如 Jerry H. Bentley, *Shapes of World History in Twentieth-Century Scholarship*, Vol. 14 of *Essays on Global and Comparative History* (Washington, DC: American Historical Association, 1996)。

② 参见例如 Denis Kozlov, "Athens and Apocalypse: Writing History in Soviet Russia," in Axel Schneider and Daniel Woolf (eds.), *The Oxford History of Historical Writing*, vol. 5 (Oxford: Oxford University Press, 2011), pp. 375-398。

③ 参见例如 Jürgen Osterhammel, "World History," in Axel Schneider and Daniel Woolf (eds.), *The Oxford History of Historical Writing*, vol. 5 (Oxford University Press, 2011), pp. 93-112。

④ Q. Edward Wang, "Encountering the World: China and Its Other(s) in Historical Narratives, 1949-1989," *Journal of World History* 14:3 (2003), pp. 327-358.

⑤ Patrick Manning, *Navigating World History: Historians Create a Global Past* (New York: Palgrave Macmillan, 2003), ch. 1.

域,其他原因则是特定地区所独有的。我们不必对此感到惊讶,正如人们常说的,一切历史都是当代史,也正如历史学家都知道的,任何地方都会以自己的方式、自己的视角经历当代事件。第一波更具全球视野的历史研究浪潮出现在 20 世纪 90 年代,在那十年里,人们广泛地讨论全球化,世界似乎骤然间有了更紧密的联系。毫不令人惊讶,这一话题也影响了史学家,他们于是提出全球化本身有其历史,这历史可以追溯至 20 世纪 70 年代之前,以此来塑造关于全球化的对话。但是这是以独特的方式发生的,例如在全球北方的部分地区,解释民族国家为什么会出现不稳定情况的需要,使得历史学家持续关注关于全球联结的更长时段的历史。

全球挑战也促使人们接受全球史。纵观全球,环境问题促使人们通过愈发全球的视角来思考,例如,气候变迁就影响着作为整体的地球和人类。而且,我们正在进入一个新的历史时刻,昨日的全球情形已不再。那种认为民族国家行将穷途末路的预言很可能是夸大其词,但是毫无疑问,作为人类活动载体的民族国家权力正在发生转移。人群、商品和观念跨越国家边界更加便利,国家控制这些流动的权力却在减弱。事实上,我们正亲眼见证,经济财富和政治影响力在全球范围内进行重新分配。我们并非正在前往一个财富与权力平等分配的世界,但是我们正走向一个不再以北大西洋圈为中心的世界。所有这些发展使以欧洲为中心的种种看法显得日益问题突出,因此有必要通过将新的地区融入来重新诠释人类历史的大规模叙事。

而且,历史学家自身也开始在更为国际化的共同体中流动。当然,即使远隔重洋,以前的历史学家们也可以阅读彼此的作品,但随着低价航空旅行与新通讯方式的出现,国际交往与联系变得更为容易和频繁。生活在这样的世界里,史学家切身感受到世界是互通互联的,而联系与比较也日益成为其学术研究的特点。

最后但同样重要的是历史研究本身的逻辑。一旦历史学家开始寻找跨越巨大地理空间的联结关系,他们就会不断地发现它们。例如在美国,一旦学者们不再仅将法国、西班牙和英国在北美的殖民地视作美国的史

前史,他们就会比以往更清晰地意识到,北美历史的每一个方面都与欧洲、非洲、拉丁美洲及亚洲的发展有联系。北美所有主要的制度都有必要与其他殖民社会的制度进行比较;殖民地时期的美洲如今再次与世界联系起来了,它影响着更大的全球变迁,反过来也受到这些变迁的影响,而在这种双向影响中,存在着多条不同的道路与多种可能性。① 类似的情况也出现在关于世界其他地区的历史著作之中。

全球的全球史

本书原名《全球的全球史》,不仅指涉其研究主题,也指涉该主题的全球范围。换言之,本书介绍了蓬勃发展的全球史领域,同时在全球背景中追溯全球史的发展历程。这本书的基础是为来自世界各地的全球史学者创设一个平台的努力。在一系列的会议中,来自各大洲的一流学者齐聚一堂,讨论全球史的过去、现在与未来,会场洋溢着批判与合作的精神。② 与会者回顾了世界各地这一领域的研究动态,讨论了与全球史核心主题有关的各种辩论,不无争议地思考了全球史引发的思想和制度方面的问题。学者们的立场、学术传统与论辩模式各异,因此对话并不容易,但恰是这种广度给会议带来了如此丰硕的成果。本书将使更加广大的公众读到这些讨论,使读者可以对历史学最重要的一个发展领域有一个全面的、全球性的了解。

本书各部分呈现了全球史的巨大多样性与活力,同时也使一些普遍

---

① 参见例如 Rosemarie Zagarri, "The Significance of the 'Global Turn' for the Early American Republic: Globalization in the Age of Nation-building," *Journal of the Early Republic* 31:1 (Spring 2011), pp. 1-37; Nicholas Canny, "Atlantic History and Global History," in Jack P. Greene and Philip D. Morgan (eds.), *Atlantic History: A Critical Appraisal* (Oxford: Oxford University Press 2009), pp. 317-336。

② 在美国和德国分别举办了两次会议。主办机构包括哈佛大学魏德海国际事务中心、杜克大学亚太研究院、弗莱堡高等研究院以及柏林洪堡大学"全球史中的工作与人类生命周期"研究中心。后两次会议的赞助者是大众汽车基金会与德国国家研究基金会。

性的观察评论成为可能。举例来说,可以明确的是,地方状况对构想和研究全球史至关重要。譬如,巴西或阿根廷的全球史研究方向与美国或法国的不同。于全球史及历史学的其他领域而言,地方影响着全球:全球史的世界不是平的。

然而,全球也影响着地方。本书各章展示了全球协同合作以及人与思想的相应流动,如何影响全世界的研究计划与解释策略。全球史在世界各地同时兴起,是历史学在今日世界全球范围交织在一起的一个完美例证。然而,历史书写的全球模式与地方模式究竟如何交织在一起,仍然是一个复杂的问题,本书许多章节对此有详尽的讨论。

全球史必须进行全球对话,必须进行思想交流,这是我们这个项目的关键设想之一。唯有西方学者才能拥有全球视角的时代已经过去。更为普遍的情形是,书写北美和欧洲历史的历史学家对这些地区的历史很熟悉,但很少能理解拉丁美洲、印度或非洲的历史经验。然而,反向推论却不成立,因为东亚或中东的历史学家对西方的历史传统绝非一无所知。中国的中国史学者,埃及的埃及史学者,可能在其研究和教学中只关注其民族史,但是,他们的思考所及通常覆盖欧洲与北美的历史,或者至少是其关键地区的历史。殖民主义对非西方世界的影响意味着,西方世界之外的历史学家一直以来不得不采取一种跨越大陆的,甚至是全球的思路来思考历史。

东亚或拉丁美洲等地区较早地且更持续地关注全球史,但这并没有使其在全球观念市场拥有更多的存在感。正如本书表明的那样,情况恰好相反,北大西洋学术圈完全忽略了世界其他地方富有活力的研究。通常的情况是,一位中国的中国史学者,或者一位印度的印度史学者,会留意与其研究相关的英国、美国或其他西方出版物。然而这种信息流动是不对称的。正如本书有一章表明的那样,一位研究世界经济的日本历史学家,如果不熟悉伊曼纽尔·沃勒斯坦的作品,几乎是不可接受的,但是欧洲和北美的历史学家忽略日本学者的"世界体系"研究著作则是完全合情合理的。解释世界的权力一直以来并且继续呈现根本不均衡的分配方式。

全球史视野也在史学的分支领域如社会史、环境史之中兴起,本书各章也将详细讨论其共性与差异。全球史扩散到历史学家行业的几乎每一个角落,但是我们不能就此认为其轮廓在任何地方看起来是一样的。对于一位经济史学家和一位文化史学家来说,"全球转向"的含义可能非常不同,某个特定语汇对于法国与印度的文化史学家来说,也不必然意味着同一事物。

如前述,我们的历史思考应该随着这些新的全球现实而改变。然而说来容易做来难,特别是因为持久的等级关系仍然是历史学领域的特征。在全球学术体制中,民族中心论和西方中心论并存,制约了全球史发展的多种可能性。当然,全球史学家已开始在他们的作品中摆脱史学民族主义与欧洲中心主义。不过,如果当前的史学结构不发生改变,全球史研究领域如何能发展呢?如果西方的全球史学家继续忽略其他地方的学术活动与成果,史学家的观点如何能发挥影响力呢?

这些问题的答案显而易见:全球史学家共同体需要不断地努力,去改变历史思维及其潜在的互动模式。最为重要的是,这一领域的讨论和交流需要越过那种"西方—其余"的坐标轴,而时至今日此坐标轴仍然是这一领域的特征。全球史需要变得更富多边性,为学者创造更多的机会参与富有批判精神的全球对话。如果全球史做到这些,全球史将有丰富的可能性。

本书分为三个部分:世界不同地区全球史的实践、全球史研究的中心议题以及全球史面对的关键问题。本书并不打算覆盖所有的地区、议题与关键问题,只是在每个部分提供一个能够说明这一领域中一些最重要的传统、讨论及复杂情形的样本。

第一部分着重说明全球史的一个关键启示:在世界很多地方出现了全球史转向,但这并非一个全球均质的路径。从事全球史研究的地方学术共同体塑造了这一领域。换言之,全球史学家身处美国、智利、意大利、印度或新加坡,这在某种程度上很重要。但这些差异并不一定与图书馆、历史系或者可资利用的资金有关。尽管这些因素是重要的,我们应该看到,地方学术结构、公共话语、史学史传统、历史记忆的形式塑造了当地所实践的全球史。世界各地的全球史研究图景并非"全球北方"所塑造的全球史形态的简单拓展。另一方面,这一部分的各章也证明,我们必须避免诉诸文化定式。我们不应该认为,在诸如中国、阿拉伯世界等地方的学者会透过那些一成不变的、冻结在时间中的传统来着手全球史研究。

本部分各章讨论全球史在东亚、西欧、非洲、拉丁美洲、美国的发展轨迹。它们绝不把这些大区域做均质化处理,而是展现各区域内多样的传统与路径。它们回答这一问题——民族国家在多大程度上塑造了史学史,比如说通过定向资助、构建协会和院系架构。有的作者也讨论较早时候民族的或区域的各类想象是否与历史研究的新的全球诸形式有关系,以及如何发生关系。在很多案例中,这些章节使用一个已经得到丰富发展的有关全球史的元话语(meta-discourse);在其他一些案例中,作者们则是开拓者,他们试图理解世界某一特定地区的全球史诸形态。

加雷斯·奥斯丁把焦点主要放在西欧,回顾了全球史在西欧的兴起。他描绘了20世纪90年代以来该领域的发展情形,追溯了其缘起——对日益专业化的不满、日益深化的全球互动的当代经验,以及对欧洲中心论思维的各类挑战。在奥斯丁看来,全球史首先出现在英国、荷兰,再传到德国、瑞士、法国,然后是欧洲其他地区。起初,对话主要在那些以欧洲之外的地方为研究对象的史学家之间展开。那时,人们仍然不清楚全球史在多大程度上能够发展为更广大的研究运动。不过,近些年来,以档案为基础的全球史研究愈发繁荣。或者如奥斯丁所言,欧洲的全球史家现在主要关注的是"如何继续干下去"。与此同时,全球史也日趋制度化,在英国、荷兰、法国、德国、奥地利及其他国家出现了研究中心。这一方兴未艾的研究进程的核心是希望"让欧洲地方化"(provincialize Europe)。奥斯丁认为,克服"能动性的欧洲中心论"(Eurocentrism of agency)的目标大致成功了,但是要克服"概念的欧洲中心论"(conceptual Eurocentrism)则被证明困难得多。奥斯丁强调,世界各地的全球史学者愈加频繁的交

流互动,使我们难以分辨该领域中的"民族国家"路径与"大洲"路径。

王晴佳在其《放眼全球、再现亚洲》一章中主要关注日本、朝鲜半岛与中国。他认为这一地区历史学的发展有着显著的平行同步的特点,尽管存在民族的、语言的、政治的和意识形态方面的分歧。例如,19世纪以来,民族中心视角彻底改变了东亚先前的史学传统。接着,在第二次世界大战之后,尽管东亚国家有完全不同的意识形态情境,世界史(主要作为一个教学领域)变得更为突出。他指出,世界史的这些形式通常基于欧洲中心论视角,也仍然以国别史为中心。

王晴佳使用这些视角来讨论东亚全球史研究的最新形式的缘起。冷战后期,在日本兴起了跨大洲的"关系史",这是其论述的一个主题。他也注意到,差不多同时,特别是20世纪70年代末之后,中国对跨国家联系与全球转型的历史深感兴趣。他还提到,20世纪90年代以来全球史视野越来越受到东亚大部分地区的重视。他概述了这一领域形态各样的研究,并讨论了该领域在东亚不同社会的制度化方式。他同时提醒我们,不要对东亚的全球史发展怀抱天真的看法,因为民族国家史仍然在整个地区的历史研究和教学中居主导地位,全球史仍然时常出人意料地从一种明确无疑的民族主义的视角来书写。

与东亚一样,拉丁美洲也有全球史的卓越传统,且该地区的学者完成了这一领域几项最富影响力的研究。拉斐尔·马奎斯和若昂·保罗·皮门塔回顾了过去150年中的相关学术发展史,说明了拉丁美洲的史学家是如何从一开始便将他们的历史置于跨大洲的历史叙述之中的。鉴于欧洲殖民主义在这个大洲的近代历史中的重要性,这一做法或许并不让人惊讶。在拉丁美洲大部分地区,人们几乎不可能用纯粹的民族国家模式来书写历史,可以说历史学家如果想要说清楚拉丁美洲的历史,必须置身于跨大洲的视野之中,这是一种鱼水关系。两位作者引用三个例子,说明拉丁美洲史学家运用的跨大洲和全球史视野如何影响了其他地区的研究。首先,他们评论了一组加勒比地区历史学家,西里尔·莱昂内尔·罗伯特·詹姆斯(Cyril Lionel Robert James)和埃里克·威廉斯(Eric Williams)在其中最负盛名。当他们的研究发表时,人们普遍忽视了其为寻找加勒比地区奴隶制与欧洲经济支配地位之间的关系所付出的种种努力。但是如今,他们的著作被看作大西洋史的一个基本视角。马奎斯和皮门塔说明了费尔南·布罗代尔有关全球资本主义的思考如何极大地受到他与巴西历史学家交往的影响——当时他在圣保罗大学任教,以及他的全球视野反过来又如何影响了拉丁美洲几代历史学家。如同布罗代尔那样,这些拉美历史学家认为只有把资本主义看作一种世界体系才能理解它。马奎斯和皮门塔举的最后一个例子是依附论学派,该学派是由劳尔·普雷维什(Raul Prebisch)和费尔南多·恩里克·卡多佐(Fernando Henrique Cardoso)等拉丁美洲经济学家和社会学家缔造的。这一学派将"中心"与"外缘"的概念引入全球讨论,这些观念对历史学家及其他学者所称的"世界体系"有着巨大的影响。

奥马尔·盖伊有关各类全球视野在非洲的历史的那一章印证了这一基本观点:如果不涉及不同大洲的地方、人群和进程,几乎无法书写一部非洲近代史,并且几乎没有非洲史学家会这么做。因此,非洲历史学家差不多总是采取一种更为开阔的视野,即便还不是全球的视野。他们书写整个大洲或其诸多地区的历史;他们书写包括那些离散在美洲的非洲人的泛非洲史,或者以非洲为中心的全球经济史,如阿布达利·李(Abdoulaye Ly)的开创性著作。然而,如同其他地区,历史对锻造非洲的民族国家来说极为重要。在20世纪,历史成为意识形态战争的主战场,非洲历史学家要维护他们版本的历史以反对欧洲主导的那种历史叙事——说非洲是一个"没有历史"的大陆。盖伊描述了历史学家在民族解放斗争中发挥的早期且核心的作用,以及当新建立的民族国家寻求合法性时全球取向的弱化。历史学家书写的民族国家史对国族构建计划极为重要,不过这些历史仍然保持着与大陆外部事件的联系。只是到了后来,这种跨民族视野才变得不那么突出了,因为非洲历史学家愈发把研究的焦点放到次民族国家群体(subnational groups)。盖伊说,过去数十年积累的丰富研究鼓励非洲史学家重新回到世界,把非洲大陆过去的方方面

面——包括地方史——与全球的历史联结起来。

接着的一章,塞尔柱·埃桑贝尔和梅尔特姆·托克索分析了土耳其和阿拉伯中东地区的史学史的发展轨迹。从土耳其的现代专业史学发端以来,地方史与全球史的观念伴随着身份政治及其他政治现实而不断发生变化。最为显著的是,20世纪20年代发生在奥斯曼帝国多民族政治体与土耳其共和国之间的重要的史学史转变。埃桑贝尔和托克索指出了奥斯曼晚期的历史书写的多样性特征及其某些部分的全球性特征。19世纪末,世界史书写的观念基础与叙事传统,与西方的世界史书写有着显著的区别。

他们二人接着描述了土耳其及原隶属于奥斯曼帝国的阿拉伯诸国的民族史学的兴起。另外,他们关注欧洲帝国列强的影响及其对历史写作与教育的影响。冷战期间,西方的影响依然强劲,在土耳其历史学家之中出现了有关现代化理论与世界体系理论之争。20世纪80年代以来,诸如别样的现代性或共享的现代性这样的研究范式更具影响力。与此同时,人们再度对奥斯曼帝国发生兴趣,大量研究因此产生,这些研究超越了当代民族国家的界线,回归不同的(区域的及其他的)历史视界。在结尾的思考中,作者提醒我们,当我们思考史学发展的时候,认真思考知识社会学是重要的。他们还提醒我们注意,在土耳其和阿拉伯中东地区,跨国史路径兴起的背后有一个重要的社会群体,即那些来自土耳其、巴勒斯坦及其他地区的在国际上活动的学者。

第一部分最后一章探讨全球史在北美的发展。作者是2012年夏天去世的杰里·本特利。他着重强调了美国的全球史与世界史的连续性。事实上,他反对在这两个领域名称之间划一条界线。在他看来,世界史的推动者一直以来寻求在世界史领域克服欧洲中心论和民族中心主义视角。世界史学家发现,构成现代学院派历史学的这几根支柱是有问题的,但与此同时,他们仍然坚守着其主要领域内的关键概念与方法论原则。

本特利讨论了始于20世纪60年代的世界史研究的新形式,并将其发展置于美国更宽广的思想与社会转型之中。与此同时,他没有忽略几位重要人物的角色,他们对北美世界史的发展产生了重要的影响。他也谈到一些重要的研究机构、协会和杂志等主要活动平台,它们对范围更广的世界史学家共同体具有重要意义。他声称,世界史或者说全球史,已经逐渐具备一个生机勃勃的研究领域的特征。活跃于这一领域的学者没有明确地表达一个可辨别的政治或意识形态立场,不过,他们通常属于自由派阵营,这可能与他们共有的对西方中心论视角的批判有关。因此,很多世界史或全球史研究项目成为右翼批评者的标靶,批评者指责这一领域削弱了民族身份。

本书第二部分以全球史领域中的重要主题及讨论为中心。具体说来,作者们关注全球史使劳工史、经济史、移民史和思想史诸领域发生转型的方式。安德烈亚斯·埃克特和马塞尔·范德林登设定了议程,从一种全球史视野考察劳工史,发现这一视角极大地改变了我们对这一领域内核心主题的理解。放大了的研究焦距——从西方的劳工转到亚洲、拉丁美洲和非洲的劳工——表明,以北大西洋为中心的劳工史呈现了一幅极不完整的劳工图景,因为它以产业、城市、雇佣工人为重点,忽略了雇佣关系之外的乡村和农业中存在的大量劳动。全球劳工史因而把勉强维持生计的劳工、奴隶、分成制佃户与雇佣工人一道纳入研究考察的范围,探索他们之间复杂的交织关系。这种全球视野下的劳工史理解削弱了现代世界兴起的一个核心叙事——劳工发展史是一个趋向于契约、自由与规范化的过程。如果我们考虑到全世界的情况,就会发现这一叙事是错误的。

彭慕兰在接下来的一章描绘了全球转向如何影响经济史领域。尽管深植于民族国家史,经济史已经转变成为全球史中的一个核心研究领域。事实上,全球史的兴起给了经济史新的动力。彭慕兰向我们介绍了美国、欧洲和日本的很多研究项目,这些项目致力于写作世界经济联结的历史与比较的历史。这一研究方案的一个重要部分是计量,即生成数据,使我们可以在非常悠长的历史时期和全球大区域之中比较工资、增长率与经济结构。彭慕兰也讨论了那些致力于阐释世界不同区域之间关联的经济史家。他讨论了沃勒斯坦、布罗代尔，也提到那些更为晚近的，以特定商品如糖、棉花为研究对象的历史学家。具有比较性的问题也成为重要的研究议题，例如探索所谓大分流这样的关键时刻——在这个时间点，世界的某些地方突然变得比其他地方更富有。他本人也是这类讨论的重要参与者。他向我们表明了，全球视野如何推翻旧的欧洲中心论中某些确定无疑的内容，取而代之的，是更为偶然性的、更具全球性的，也更有说服力的历史叙事。

人类的迁移活动超出单一地区和民族国家，尽管如此，如阿米特·库玛尔·米什拉在他的那一章向我们表明的那样，移民史研究并不总能反映出这一显而易见的事实。通常，历史写作中的大规模移民活动彼此孤立，没有交织关系，也没有考虑引导特定的人群向特定地方流动的全球因素。令人惊讶的是，移民史长久以来以北大西洋为中心，忽视了太平洋和印度洋的移民活动，尽管依据数量来看，这些人的迁徙活动也是同样重要的。米什拉说，全球路径聚焦所有人类迁移活动，揭橥它们彼此的联系，也对它们进行比较，从而看出世界某个地方的发展对其他地方的发展有怎样的影响，例如，跨大西洋奴隶贸易的终结引起了印度洋区域移民的激增。他还说，全球移民史学家愈发承认这类关联，并且进行比较研究，这些都加深了我们对移民史的理解。可是，这些史学家仍然司空见惯地从欧洲中心论的视角进行写作：他们有关全球移民的观点是以北大西洋的案例为基础，并将这些观点普遍化为放之四海而皆准的标尺，这样做使得他们容易低估胁迫、帝国主义、剥削、种族主义和暴力在人的迁移活动中的重要性。他总结说，"全球移民史对研究世界历史至关重要，因此全球移民史是书写全球史的一个重要子集"。

在第二部分的最后一章，多米尼克·萨克森迈尔和安德鲁·萨托里思考了全球思想史的模式。他们认为，长久以来，思想史家对全球转向反应迟钝。二位学者讨论全球思想史的最新发展时，将目光放在英美与中国的大学。在美国，更多的思想史家开始突破西方/非西方之间的区分。其他的发展还包括南亚史的专家在这个领域的影响力越来越大，引起了新的讨论和研究范式的转移。一两代人之前被广泛接受的很多概念现在正受到挑战,其中包括具有所谓独特知识传统的准封闭的"西方文明"概念。

萨克森迈尔和萨托里指出,近年来,更为复杂的全球思想模式和地方思想模式取代了类似的假设。而且,他们表明,中国的思想史家也一直寻求去除思想史诸传统占有的中心位置。一个世纪之前,中国的思想史便已非常重视比较的视野,以及中国与日本及其他"先进"西方社会之间知识迁移的历史。中国的全球思想史研究现在面临的挑战,是要超越中国与"发达世界"的二元聚焦,把西方之外的世界纳入比较的畛域。

本书第三部分考察发展中的全球史研究领域面临的一些具体问题。作为一种挑战更早期的史学传统的运动,全球史面临许多认识论与方法论的考验,以及政治上的阻力。例如,在世界某些地方,全球史对民族国家中心视野的批评引来学术圈内外的民族主义者的反击。在一个高扬民族主义的时代,全球史可以也应该被解读为对与民族国家联系过于紧密的历史的批评,这种批评在很多地方不大受欢迎。如此部分各章表明的那样,这种担心有时让全球史研究难以进行,有时也会鼓励一种从民族主义视角出发的全球史。此种冲突出现在很多地方,每一个案例都有其当地特定的样态。

出于这一原因,此部分的供稿作者聚焦于世界某些具体的地方,同时,也讨论了全球史所面对的更为一般的挑战。在本部分第一章中,大卫·西莫讨论了从非洲视角撰写世界史时如何发声的问题。他把关注点放在撒哈拉以南的非洲地区,在文章开头先对这个地区的史学的大环境进行了反思。他断言,只有考虑到西方的,特别是北美的大学对非洲学术界的支配性影响,才能理解非洲的学术。在西莫的眼里,来自全球南方的知识分子越来越多地出现在全球北方的大学中,这不仅使这些知识分子拥有学术生产的资源与场所,也让他们可以发出将逐渐挑战支配性叙事与观念的声音。

西莫对在全球史中发出非洲声音的可能性做了思考,他提出警告,反

对仅仅建构一个非洲的"他者"。他也特别警惕动用那种所谓原始的非洲认识论传统。他认为,非洲历史学家如果想创立替代性的全球史视角,需要通过与当前支配性的学科文化进行批判性对话来发展它们。当然,这些支配性学科文化是在西方霸权时代由西方霸权塑造的。西莫指出,从20世纪80年代开始,一个愈发引人注目的非洲知识分子团体开始反对民族的和线性的历史思维模式。与此同时,非洲许多有影响力的学者深信,重新书写非洲史必须对居优势地位的全球史学的支配性叙事进行批判性再思考。

在接下来的一章,林杰炫对这种危险进行了思考:民族利益为着自身的目的把全球史的观点当作工具来使用。他以东亚,特别是朝鲜半岛与日本的思想和学术状况为背景,回顾了东亚地区近代史学的发展历程,提醒我们不要把世界史与民族国家史看成对立的关系。他认为,19世纪以来,这两个领域同时发展,且互为补充。民族国家史应服务于国家构建,而描述工业化国家走过的道路则是世界史长久以来负有的主要使命。欧洲中心主义的视角支配着民族国家史与世界史,包括二战前后的各类马克思主义学派。各类马克思主义学派没有脱离欧洲中心主义模式,因为他们也对现代化作线性发展观的解读。林杰炫认为,反对把西方的历史发展作为东亚榜样的人主要来自泛亚洲主义的圈子,他们主要在日本帝国主义的背景下阐述了以亚洲为中心的新世界历史愿景。

林杰炫密切地关注当前的情况,向我们表明,东亚的民族主义阵营分享一种"敌意的共谋"(antagonistic complicity),从而拒绝跨国史与全球史的研究路径。跨国学术在某些时期被视作不爱国的举动,因为它与民族利益背道而驰。然而,近年来东亚也见证了诸如共同编写跨国史教科书、建立国际史学家委员会之类的努力。全球史研究路径在这两个事例中都发挥了重要作用。

接下来,马尔尼·休斯-沃林顿讨论了后殖民拓殖型社会中全球史研究面临的挑战。以澳大利亚为论述的焦点,她认为,作为研究和教学领域的全球史的发展轨迹一直以来与原住民史的发展密切相关。大多数历史学家长期忽视澳大利亚历史中的原住民维度,甚至予以压制。近来,原住民历史在国家公共记忆和历史教育中被给予了更为显著的位置。在这一背景下,休斯-沃林顿讨论了几位学者的研究,这些学者吸收原住民的时空观,从而开辟出替代的全球史观。在她看来,认真对待原住民观点的史学有可能摆脱仍然支配着澳大利亚史学的西方叙事。

休斯-沃林顿在文中还说明,同样地在历史学的其他分支中,澳大利亚学术界也见证了对超越民族国家界线的学术兴趣的剧增。一些研究项目具有比较性质,另一些关注迁移与联系。休斯-沃林顿随后概述了澳大利亚全球史研究进一步发展的诸多可能性。

最后但同样重要的,秋田茂写作的那一章通过详细说明日本对全球经济史的贡献,力求让读者关注在全球史中寻求取代欧洲中心论的种种努力。他着重说明了日本全球史书写的漫长而卓越的传统,以及这类书写根植于其中的各种视角,向我们展现了一个以亚洲为中心的全球经济变迁史研究日程。这一日程寻求克服加雷斯·奥斯丁提到的两种欧洲中心论——能动性的欧洲中心论和概念的欧洲中心论。在他看来,一些知名的日本全球史学家把亚洲人的行动、利益和信念写入全球经济的兴起,与此同时也特别强调了走向工业化的亚洲道路。这两个视角对欧洲模式的普遍主义以及西方是世界经济唯一塑造者的思想提出了质疑。

说到此处,已经明了,本书介绍的不仅仅是全球史领域,还有围绕着该领域而展开的全球对话。《全球的全球史》是世界各大洲历史学家数年热烈讨论的结果,是一项重新思考历史学家的工作及其工作方式的合作事业。它是我们所希望的一次激动人心的旅行的开端,在这场旅行中我们开发各种工具,让我们所有人能够超越特定文化或民族国家的局限,重新思考人类历史。

第一部分　各个地区

第一章

全球史在(西北)欧洲:探索与争论

加雷斯·奥斯丁

这一章旨在讨论欧洲的全球史研究。这呈现出两个主要的困难:第一,欧洲大陆内部各个地方语言各异,以这些语言写作的全球史著述也多种多样,因此要做到公正地涵盖所有文献是不可能的(即便考虑到众说纷纭的英语在全球史/世界史文献中的支配地位)。① 人们普遍认为,与欧洲东部地区相比较,世界史/全球史的复苏在西欧开始得更早一些,现在也更引人瞩目。虽然易北河两岸的学者一直试图超越割裂了欧洲史学的民族国家框架,②在东欧,这种超越主要通过跨国史来完成,而在西欧,跨国史和全球史/世界史都在兴起(现在人们不再那么频繁地区分跨国史与全球史/世界史了)。即便如此,下文可能夸大了双方在寻求实现他们超越民族国家史学的共同目标时着重点的差异。本章作者也承认,研究著作中的英文和法文文献太过占据支配地位(特别是英文文献),而且我可能忽略了南欧诸语言的贡献。从积极一面来看,后文也反映了大量的对话与讨论会的情况,尤其是三年一届的欧洲世界史/全球史大会。这

---

① 尽管我还收到以下作者的文章,讨论前苏联地区的教育发展状况,他们是来自莱比锡大学的 Matthias Middell, Steffi Marung 及 Katja Naumann,还有来自布达佩斯考文纽斯大学的 Attila Melegh。

② 我相信可能是于尔根·奥斯特哈默创造了"超越民族国家的历史"(History beyond the nation state)这个术语:Jürgen Osterhammel, *Geschichtswissenschaft jenseits des Nationalstaats: Studien zu Beziehungsgeschichte und Zvilisationsvergleich* (Göttingen, 2001)。

些对话和讨论会聚集了欧洲各地(以及欧洲之外的)历史学家。

第二个困难源自思想的"全球化"本身:如何区分个人和集体在欧洲采取的方案与在其他地方采取的方案(此处我不打算也不可能将二者分开),毕竟所有事物都被深刻地联系在了一起。学术职业是深度"全球化"的,特别是在以英语为主要语言的大学里,虽然全球化的程度并不平衡。因此,在任何一个地方,任何类型的历史研究不仅与其他地方在进行的工作相纠缠,并且其部分工作是由来自其他地方的研究者完成的。例如,本书是由两位曾经在美国从事研究的德国学者(本书编者)发起的广泛对话的成果。全球史的发展很大程度上离不开在北美大学工作的欧洲学者,以及分散在欧洲和北美的亚洲学者。因此有必要平衡这两点:一方面承认某些仍在继续的民族国家的、次区域的和区域的研究模式,另一方面强调,任何地方的全球史学在某种程度上或许都是洲际互动的产物。

本章的讨论分为两个部分。第一部分试图追溯欧洲学者所参与的全球史探险,从初步对话到出版物的发行和研究机构的建设。第二部分介绍和评论欧洲学者参与的某些重要的讨论,以及全球史如何改变了历史学家对西欧历史的认知。

探　索

吉尔伯特·阿勒代斯在为《世界史杂志》撰写的发刊词中说道:"随着历史学成为一种专业领域,世界史研究被贴上了业余的标签。"① 历经数个世纪,在不同文化中,一直存在着诸多探索某种世界史或普遍史的尝试,②

---

① Gilbert Allardyce, "Toward World History: American Historians and the Coming of the World History Course," *Journal of World History* 1:1 (1990), pp. 23-27.
② Patrick Manning, *Navigating World History: Historians Create a Global Past* (New York: Palgrave Macmillan, 2003), pp. 17-54; Patrick O'Brien, "Historiographic Traditions and Modern Imperatives for the Restoration of Global History," *Journal of Global History* 1:1 (2006), pp. 3-39.

第一章　全球史在（西北）欧洲：探索与争论

尽管如此，历史作为一门有组织的专业的兴起与实践，其特征是对空间边界的确认：关注特定"文明""民族国家"或民族国家的某些部分的历史。在欧洲和美国，从19世纪晚期至20世纪末，世界史留给了那些（更开明的）中学和流行读物出版商。① 多数学院派历史学家把世界史贬低为"社会学"空论，至多算个背景铺垫，不过是进入专门的、严谨的研究工作前的楔子。本部分将首先说明欧洲的学者所说的"全球"和/或"世界"历史意味着什么，接着描述全球史在欧洲复兴背后的诸多推动力，并评论全球史研究的各个发展阶段。

定　义

20世纪与21世纪之交，参与"全球史"研究的欧洲学者会这样区分"全球史"与"世界史"：前者意味着世界各区域之间"联系与比较"的研究，②而后者更为全面，接近于人类史。这样看来，全球史是一种研究路径，而世界史是一门学科。这一区分部分地反映出一种意识（无论好坏）：在欧洲，对全球史的兴趣——最初主要是在英国，很快也在荷兰——并不是出于为一年级本科生提供这一学科宏大综合的课程而考虑，不过，这却是美国世界史发展的驱动力之一。

但是，渐渐地，这一区分让位于一个简单的信念：这两个术语可以互换。帕特里克·奥布莱恩（Patrick O'Brien）比任何人都更多地激发了英国，乃至（特别是通过"全球经济网络"[Global Economic History Network，GEHN]）激发了欧洲及欧洲以外许多大学全球史的发展。他早年习惯于

---

① 我想介绍一下我自己的例子。如果我没记错的话，20世纪70年代，我十四五岁时，在英国学习了历史课程"1918年以来的世界历史"。数年后，我在肯尼亚给中学一年级学生教授"世界历史"（我开始花几分钟讲宇宙大爆炸，接着几分钟讲人类的非洲起源）。在课堂之外，世界史早已成为通俗历史的代名词。例如英国小说家H. G. 威尔斯，人们对他印象最为深刻的作品是科幻小说《星际战争》，但他在《世界史纲》（1922年初版，1946年修订）中将自己定义为一名研究这个星球上的内部事务的学者。

② 由伦敦大学历史研究所的帕特里克·奥布莱恩于1996年发起举办的富有开创精神的全球史研讨会就使用这个定义。

将全球史的"联系和比较"定义与这样一种倾向结合起来,即赞赏地引用威廉·麦克尼尔(William McNeil)的名言——书写世界历史的艺术是"知道省略什么"。2006年,他为新创办的《全球史杂志》(Journal of Global History)写了第一篇文章,此时他把联系和比较视作全球史研究的不同策略,而非正式的定义。他如今甚至强调"世界"史与"全球"史可替换使用,而这也是今天欧洲全球史学家普遍接受的观点。①

还需说明三点。首先,据我所知,欧洲的全球史研究者没有接受布鲁斯·马兹利什(Bruce Mazlish)的提议,把全球史局限于全球化研究。② 相反,欧洲的全球史书写关注1500年至1900年这一时期,③这里的历史学家(与其他地方一样)强调各种意义下"全球化"的持续性与间断性。④ 另外,研究非洲的历史学家把"全球化"概念当作分析工具,弗雷德里克·库珀(Frederick Cooper)对其价值持怀疑态度,很大一部分全球史家亦有此态度,无论他们是否特别关注非洲。⑤ 把全球史等同于全球化史

---

① 比较一下 Jerry Bentley 在本书中的相关讨论。也可以参考著名的比利时全球史/世界史学者 Eric Vanhaute 在其作品中交换使用这些术语,可以看出这些术语的同义性质。见"Who Is Afraid of Global History? Ambitions, Pitfalls and Limits of Learning Global History," Österreichische Zeitschrift für Geschichtswissenschaften 20:2 (2009), pp. 22-39。Vanhaute 也写了一部介绍世界史的作品,关注了"全球史"视野下的概念与方法,见 Eric Vanhaute, World History: An Introduction (London: Routledge, 2013)。

② Bruce Mazlish 建议使用"全球史"专指一类主题的作品:当代全球化的最初阶段,或者说朝向当代全球化的目的论历程。他也主张用"新全球史"指代后者的研究。见 Bruce Mazlish, The New Global History (New York: Routledge, 2006), pp. 2, 103-107。

③ Peer Vries 宣称"毫无疑问,早期现代是最能体现全球史意义的历史时期"(见 Vries, "Editorial: Global History," in special issue of Österreichische Zeitschrift für Geschichtswissenschaften 20:2 [2009], pp. 5-21, 10),当然,阅读过 Bayly 及 Osterhammel 的有关"漫长的19世纪"作品的读者不见得会同意他的想法。

④ A. G. Hopkins (ed.), Globalization in World History (London: Pimlico, 2002)。

⑤ Frederick Cooper, "What Is the Concept of Globalization Good For? An African Historian's Perspective," African Affairs 100:399 (2001), pp. 189-214; reprinted as ch. 4, "Globalization," in Frederick Cooper, Colonialism in Question: Theory, Knowledge, History (Berkeley: University of California Press, 2005)。

第一章 全球史在(西北)欧洲:探索与争论

这种可以理解的倾向一直令人困惑,具有误导性。①

其次,据我所知,欧洲(或其他地方)的全球史/世界史学者不接受这样一种观点,即全球史/世界史等同于"非欧洲"史。这是一些不从事全球史研究的历史学者和行政管理者的看法。一个位于波西米亚的村庄很有可能与中国的一个村庄一样,与全球性的事物相纠缠。② 因此,扬·卢卡森和里奥·卢卡森的一篇文章的标题——"重思流动性转变,1500—1900:欧洲的案例可以为全球史提供什么?"——点出了全球史视角。③ 全球史研究路径意味着,对欧洲或欧洲各地区的研究,与对任何其他地方的研究一样,都是"区域研究"。

最后,全球史与跨国史的不同之处或许在于,后者只关注联系,而前者也关心比较。相应地,全球史学者致力于提供因果关系的解释,而在更为狭义的定义下的跨国史中,描述可能就足够了。然而,这两种史学风格总的来说不仅相互补充,也有着超越民族国家史学的共同目标,而且二者还有重叠之处。④ 因此,毫不奇怪,《全球史杂志》也发表明确采用跨国史研究路径的文章,例如 2011 年 7 月一组关于"国际组织的跨

---

① 特别是,它引发了针对"全球史"作为一项研究计划的批评。在我看来,这种批评应该指向其他地方。Chloé Maurel, "La World/Global history: questions et débats," *Vingtième siècle* 4:104 (2009), pp. 164-166; G. Balachandran, "Writing Global History: Claiming Histories beyond Nations," *Working Papers in International History and Politics* 7 (2011), Graduate Institute of International and Development Studies (Geneva).

② 如 Martina Winkler 注意到的,她向第三届世界史与全球史欧洲大会的圆桌会议提交了一份没有题目的论文说到这一点。该圆桌会议由"普遍史与全球史欧洲网络"(European Network in Universal and Global History)组织,由伦敦政治经济学院于 2011 年 4 月主办。

③ Jan Lucassen and Leo Lucassen, "The mobility transition revisited, 1500-1900: what the case of Europe can offer to Global History," *Journal of Global History* 4:3 (2009), pp. 347-377;关于"全球史"的使用及其与相关术语的关系的细致讨论,见 Dominic Sachsenmaier, "The Necessary Impossibility of Defining Global History," *Global Perspectives on Global History: Theories and Approaches in a Connected World* (New York: Cambridge University Press, 2011), pp. 70-78。

④ 有关各种类型的跨国史与全球史关系的讨论参见 Jürgen Osterhammel, "Global History in a National Context: The Case of Germany," *Österreichische Zeitschrift für Geschichtswissenschaften* 20:2 (2009), pp. 44-58,尤其是第 43—44、53—54 页。

国史"的文章。①

推动力

站在全球史之外来看,很容易把全球史的发展只看作对全球历史本身的直接反应:东亚和南亚的经济复兴,以及2008年世界(特别是西方)经济危机爆发之前的三十年时间里全球资本市场、商品市场(还有不尽然的劳动力市场)的持续一体化。从全球史内部视角来看,实现欧洲全球史复兴的思想、专业和人才基础显然可以追溯到更早的时期。我发现了三条思想线索,它们能够把学者聚集起来探索历史的全球维度。

第一条是对历史研究逐渐碎片化的反对,这是历史专业扩张,特别是其日益专业化的负面效应。当然,专注于子领域的博士论文、专著和期刊大量涌现,在呈现史料证据、分析史料、批判地评论史料及其解释方面是个巨大进步。但问题是,历史知识的生产与接受很大程度上被分割为各不相连的部分:有按分支学科划分的,有按时期划分的,也有按地理划分的。专著,或者更确切地说,专门领域的著作及文章的定期产出,已作为在学术圈内就业的基本要求而被制度化了。到20世纪80年代,人们开始意识到这件事的后果是喜忧参半的。学术研究通常被看作越来越分散的专家小团体的事情,它们各自在越来越狭窄的分支领域内活动。同时精通若干领域的博学之士稀缺。有着漫长发展历史、卷帙浩繁的民族国家史学是这样,对"第三世界"的历史研究也是如此。②

我的印象(以及对伦敦的情形的个人回忆)是,全球史发展的主要原

---

① 这组文章由 Glenda Sluga 负责编辑,见 *Journal of Global History* 6:2 (2011)。

② 例如 David Cannadine, "British History: Past, Present—and Future?," *Past & Present* 116 (1987), pp. 169-191,特别是第176—179页。甚至在1987年,他评论说,"全球史似乎比褊狭的民族史更迷人、更重要"(见第176页)。想了解美国视角及其积极的回应,参见 Steve J. Stern, "Africa, Latin America, and the Splintering of Historical Knowledge: From Fragmentation to Reverberation," in Frederick Cooper et al. (eds.), *Confronting Historical Paradigms: Peasants, Labor, and the Capitalist World System in Africa and Latin America* (Madison: University of Wisconsin Press, 1993), pp. 3-20。

第一章 全球史在(西北)欧洲：探索与争论

因过去是，现在也是，冒天下之大不韪去解决大问题，说得更具体些，就是将碎片联结起来。从逻辑的层面来看，是为了反对历史学专业一直以来的发展方式。例如，全球史在伦敦的发展始于 1996 年，那时伦敦大学历史研究所开始围绕全球史这一主题举行定期的学术讨论会。可以说，所有参与者主要是受到这样一种念头的吸引——研究不同历史时期、不同区域的专家们的对话使得他们能够参与召集人奥布莱恩所说的"元问题"（meta questions）的探讨。① 我借用 2006 年《全球史杂志》创刊号开头的编辑声明——"泛滥的专著正在遮蔽历史知识的图景，即使是在地球上那些相对被忽略的地方也是如此"②。

全球史在欧洲学术界再次出现背后的第二个推动力，是对有关能动性的欧洲中心论（即认为主要是欧洲人，或者至少是西方人改变了世界）与概念的欧洲中心论（在历史学和社会科学领域，源于对欧洲/西方经验之观察的模式占据主导地位，哪怕研究对象是其他地区的历史经验）的反对。前者夸大了欧洲例外论，后者则恰恰相反——长久以来把欧洲历史看作标准而"移植"它，以至于认为需要得到解释的是偏离那个假定模板的情况。对学术界中的欧洲中心论倾向的反抗可以追溯到 20 世纪 50 年代（甚至更早），比较著名的有剑桥的李约瑟与芝加哥的马歇尔·霍奇森（Marshall Hodgson）对以欧洲为中心的科学史乃至整个历史学的理解的挑战。③

---

① Gareth Austin, "Global History and Economic History: A View of the L. S. E. Experience in Research and Graduate Teaching," in Patrick Manning (ed.), *Global Practice in World History* (Princeton: Markus Weiner, 2008), pp. 99-111.

② 为了公开透明见，我承认我引用了自己的观点，因为我(作为该杂志的倡议人之一，尽管不是编辑)起草了杂志声明中的这段话。见 *Journal of Global History* 1:1 (2006)。

③ Joseph Needham (initiator), *Science and Civilization in China* (Cambridge: Cambridge University Press, 7 vols, 1954-2008). 相对较早且可以找到的批判性研究见 Mark Elvin, U. J. Libbrecht, Willard J. Peterson and Christopher Cullen, "Symposium: The Work of Joseph Needham," *Past & Present* 87 (1980), pp. 17-53. 关于马歇尔·霍奇森，参见其去世后经 Edmund Burke III 整理的论文集 *Rethinking World History: Essays on Europe, Islam, and World History* (Cambridge: Cambridge University Press, 1993)。

实际上,作为一个学术领域或者一种研究路径,全球史发展在智识上最基本的必备条件,是自 1945 年以来特别是 1960 年以来对非西方世界历史研究的大规模增长。李约瑟和霍奇森就是其中的代表。再举详例,对欧洲殖民和舰炮外交之前亚洲和非洲不同地方的经济史研究,其基本结论(在细节上还可以讨论)与马克思主义的欧洲中心论假设、现代化理论及很多史学家的观点相抵触。证据表明,(为经济学理论家所熟知的)市场行为乃至经济增长绝非欧洲人的发明。有理由确定历史研究的这一传统可以追溯到托马斯·史密斯对江户幕府时期日本的研究(1959,1992),以及伊尔凡·哈比卜对莫卧儿时期印度的研究(1967)。① 这一传统被 A. G. 霍普金斯运用到殖民前的西非研究(1973)。约翰·理查兹(1993)甚至比哈比卜走得更远,认为莫卧儿印度的市场在地方社会中有坚实的基础,而非过早自我限制的财政政策与实践所带来的意外的结果。② 埃里克·琼斯(1988)将这种关于非西方社会的修正学派经济史学的部分内容同关于近代早期欧洲的新研究的成果结合起来③,后者将工业化的根源进一步推入近代早期。④

因此,非洲研究和亚洲研究的专家在全球史的早期研讨会或其他活动之中所占比例很高,并非偶然。以英国为例,南亚研究专家如伦敦大学亚非学院的 B. R. 汤姆林森(B. R. Tomlinson)和剑桥大学的大卫·沃什布鲁克(David Washbrook),还有从印度浦那到伦敦经济学院任教的蒂尔

---

① Thomas C. Smith, *The Agrarian Origins of Modern Japan* (Stanford: Stanford University Press, 1959); Thomas C. Smith, *Native Sources of Japanese Industrialization, 1750-1920* (Berkeley: University of California Press, 1988); Irfan Habib, "Potentialities of Capitalistic Development in the Economy of Mughal India," *Journal of Economic History* 29:1 (1969), pp. 13-31.

② Antony G. Hopkins, *An Economic History of West Africa* (London: Longman, 1973); John F. Richards, *The Mughal Empire* (Cambridge: Cambridge University Press, 1993).

③ Jan de Vries 称之为"早期现代主义者的反叛",因为"现在人们承认,在工业革命的技术突破之前,已经出现了实质的经济增长",见 de Vries, *The Industrious Revolution: Consumer Behavior and the Household Economy, 1650 to the Present* [New York: Cambridge University Press, 2008], p. 7)。

④ Eric L. Jones, *Growth Recurring: Economic Change in World History* (Oxford: Oxford University Press, 1988).

第一章 全球史在(西北)欧洲:探索与争论

桑卡·罗伊(Tirthankar Roy)就是这样的代表。在离开剑桥大学,前往得克萨斯大学奥斯汀分校之前,霍普金斯组织编辑了一本具有开创性意义的论文集——《世界历史中的全球化》(2002),书中的一个主题是全球化既有非欧洲起源,也有欧洲起源。① 剑桥大学知名南亚史学家克里斯托弗·贝利写了一部关于1780年至1914年这一时段的历史著作。该书特别突出了亚洲和非洲的历史能动性,即便是在这个欧洲力量最为强大的历史时期也是如此。② 另一个例子是《全球史杂志》首任主编,亚非学院的威廉·格瓦斯·克拉伦斯-史密斯(William Gervase Clarence-Smith),他是一位非洲研究专家,此前已经是东南亚研究专家,后越发关注跨越大洲及民族国家界线的问题。③ 同时,在德国,康斯坦茨大学的于尔根·奥斯特哈默的研究从非西方世界开始,就他而言是现代中国史,接着开始撰写帝国史和殖民史、全球化史,然后是一部世界史。④ 他自己认为,在德国,"专门研究非西方地区内的一个区域……到目前为止看来是最重要的大道",由此可以通向本文意义上的全球史。⑤ 这一点可以从非洲学家安德烈亚斯·埃克特的身上得到印证,他是柏林洪堡大学"全球史中的工作与人类生命周期"国际研究中心的创建者与主任。

新全球史的第三个来源与其说是推动力,不如说是背景:意识到中国与韩国在世界经济、当代(世纪之交)经济与文化全球化,或许更为

---

① Hopkins, *Globalization in World History*.
② C. A. Bayly, *The Birth of the Modern World* 1780-1914 (Oxford: Blackwell, 2004). 于尔根·奥斯特哈默在这一问题上明确采取传统的观点,令人惊讶的是,在一本特别厚重的书中,他几乎没有说到殖民之前的非洲政治形态及民众。Jürgen Osterhammel, *The Transformation of the World: A Global History of the Nineteenth Century*, trans. Patrick Camiller (Princeton: Princeton University Press, 2014; German original 2009).
③ 他的其他类似作品,见 William Gervase Clarence-Smith, *Cocoa and Chocolate, 1765-1914* (London: Routledge, 2000),以及 *Islam and the Abolition of Slavery* (London: Hurst, 2005),还有他关于贸易离散人群与世界历史中的马的研究。
④ Jürgen Osterhammel and Niels p. Petersson, *Globalization: A Short History*, transl. by Dona Geyer (Princeton: Princeton University Press, 2005; German original 2003); Osterhammel, *The Transformation of the World*.
⑤ Osterhammel, "Global History in a National Context: the Case of Germany," pp. 44-45.

重要的是思想全球化中与日俱增的重要性。当前全球化的物质现实,或者说得更准确些,是全球化中的人与网络空间维度,可能也使历史学家更容易用全球眼光来进行思考。我们已经提及一个重要的例子:学者会远途迁徙。这一比民族国家的历史还久远的现象,在两次世界大战及纳粹的"犹太人最终解决方案"出台之后达到一个新的水平。战争与迫害引发大批知识分子,特别是犹太知识分子离开德国、波兰、俄国及邻近地区,这为英国、美国大学提供了新的人才和新的视角,从这些知识分子在其移居国写作的历史作品中可见一斑。① 然而,过去35年的学术全球化是任何时期也无法比拟的,学术工作者的国际流动在不断增加,大学院系愈发由来自世界各地的人构成。如同其他类型的全球化,学术的流动绝非在每一个方向上都是平等的:学术移民压倒性地从穷国向富国流动,而在富国之间,21世纪早期最显著的是从德国向英国、北美和瑞士的流动,尽管这一模式还在继续演变。② 尽管存在非对等性流向,学术全球化的趋势仍然保持着。如果我们回顾不同民族国家史学共同体中全球史的缘起,我们会发现这样的共同体的民族国家色彩已不如从前那么强了。

　　洲际信息交流的速度和成本的改观,直接改变了学术生产的条件和状况,促进了国际合作。早在20世纪90年代,非洲史的顶尖期刊《非洲史杂志》(Journal of African History)的编辑队伍构成就从英国扩展到三大洲。它由此成为学术出版新趋势的先锋:要成为真正的"国际"杂志,编辑、供稿人和读者构成也都需要国际化。这并不会保证学术研究的内容更具国际思维,但它一定有助于鼓励和促进这一趋势的发展。

---

① Perry Anderson 特别强调了1945年后数十年的移民在英国学术圈中的意义,"Components of the National Culture," *New Left Review* 50 (1968), pp. 3-57。
② 大学体制的内部变化阻止了德国人才的净流出,同时,受到2016年的"脱欧"公投的影响,英国作为主要的人才进口国的地位如今也受到质疑。

第一章 全球史在(西北)欧洲:探索与争论

各种类型与发展阶段

在西欧,从北至南,除了最小的几个国家外,我们如今都可以找到部分致力于书写全球史(属于上文提到的两个定义中的任意一种)的学者。2011年,如果以当年在伦敦举办的第三届世界史与全球史欧洲大会的500名与会者为参考,这一领域学者数与其国家人口比例最高的是瑞士。

在西欧内部,新全球史的发展最初是不平衡的。20—21世纪之交,全球史的发展在英国最为显著,特别是在伦敦政治经济学院的经济史系,①然后是荷兰的莱顿大学与乌特勒支大学。它们从来不是在与外界隔绝的状态下发展起来的,几乎从一开始西欧其他国家的一些个人就参与了,特别是还有和美国、日本同行的互动。依照奥斯特哈默的说法,全球史在德国发展得稍迟一些,也更慢一些,而考虑到德国学者在世界史早期阶段的突出地位,这有些讽刺。他认为,其中一个原因是20世纪七八十年代德国很多历史学者的研究重点在于解释纳粹的起源,而在20世纪90年代和21世纪初获得大学教职的大多数人正是在那时接受史学训练的。② 不管怎样,莱比锡大学在德国率先进行全球史与跨国史研究,继而(就组织和网络而言)成为推动欧洲跨国史与全球史的领导中心。③

全球史/世界史的支持者和批评者一般都同意,与英国、德国相比,法

---

① Austin, "Global History and Economic History."
② Osterhammel, "Global History in a National Context: The Case of Germany." 更多关于全球史及跨国史的史学史详细论述可参考 Dominic Sachsenmaier, *Global Perspectives on Global History: Theories and Approaches in a Connected World*, Cambridge: Cambridge University Press, 2011, pp. 110-171。
③ 参见 Matthias Middell and Katja Naumann, "World History and Global Studies at the University of Leipzig," in Patrick Manning (ed.), *Global Practice in World History: Advances Worldwide* (Princeton: Markus Weiner, 2008), pp. 81-97。

国最初对此没有太多兴趣,怀疑的态度反倒更多些,①尽管有年鉴学派探索世界史的先例,特别是布罗代尔权威的三卷本《十五至十八世纪的物质文明、经济和资本主义》(1979)。布罗代尔的后继者埃马纽埃尔·勒华拉杜里(Emmanuel Le Roy Ladurie)写出了开创性的《人类史与比较气候史》(*L'Histoire humaine et comparée du climat*)(2004 年第 1 卷,2009 年第 2 卷)。② 在一些人看来,正是年鉴学派已从事世界史研究这一事实,导致法国对新全球史没有多少热情,因为他们觉得其他国家只不过是在追赶法国。而且,在法国学术圈的某些人和团体看来,如此多的新作品用英文发表,以及世界史运动与美国相关,这两个事实足以让人产生怀疑。③ 另外,在 20 世纪 90 年代,在法国研究其他国家历史学者的比例实际有所下降,这也许反映出微观史学路径的影响。④

然而,过去十年,世界史或全球史在法国的境况发生了转变。2007—2009 年,除了一本以由英语为母语的全球史作者为主要贡献者的论文集被翻译成法文之外,⑤一些杂志特刊及图书也呈现了(主要是)法国学者

---

① Caroline Douki and Philippe Minard, "Histoire globale, histoire connectées: un changement d'échelle historiographique? Introduction," *Revue d'histoire moderne et contemporaine* 54-55 (2007), pp. 7-21; Maurel, "La World/Global history: questions et débats," in Philippe Beaujard, Laurent Berger and Philippe Norel (eds.), *Histoire globale, mondialisations et capitalisme* (Paris: La Découverte, 2009).

② 确实,近来的世界史/全球史书写在一些史学传统中有部分先例,其中年鉴学派的贡献卓著,已有数十年的影响。1953 年,他们(在 Lucien Febvre 领导下)参与创建联合国教科文组织支持的《世界史杂志》(*Cahiers d'histoire mondiale*),他们对后来英语世界的历史书写也有直接影响。见 Krzysztof Pomian, "World History: histoire mondiale, histoire universelle," *Le Débat* 154 (2009), pp. 14-40。

③ Maurel, "La World/Global History: questions et débats".其偏执版本是 Maurel 所言的全球史,他把 Jarod Diamond 的地理决定论与 Mazlish 将全球史等同于全球化研究联系起来,这样的全球史是美国"软实力"的一种形式,目的是为这个世界仅存的超级大国推卸责任,不必为气候变迁采取行动,也为"把自由主义体制(自由贸易、去管制)推行到整个星球基础上的全球化"提供了辩解(见同书第 164-166 页,引文见第 166 页)。这误解了全球史与全球化研究的关系,没有理解新全球史反欧洲中心主义、反霸权的意图(见本章其他内容)。

④ Douki and Minard, "Histoire globale, histoire connectées," pp. 14-16.

⑤ Beaujard and Norel (eds.), *Histoire globale*. 请比较为德语读者写作的 *Globalgeschichte: Theorien, Ansätze, Themen* (Frankfurt a.M., 2007)(由 Vries 引用,"Editorial: Global History," p. 5, 18n)。"Anglophone"此处指原著出版使用的语言;在这个(非对称的)"知识全球化"时代,并非所有翻译作品的作者的母语都是英语。

对全球史(histoire globale)的思考。举例说,有一本以 histoire globale 为名的书,它有一个特别贴切的副标题——"看世界的另一种视角"(un autre regard sur le monde)。① 在独著的图书中,2004 年就有了奥利维尔·佩特雷-格雷诺的重要研究(也引起很多讨论),该研究把奴隶贸易史放在世界历史的背景之中,其后他又出版了同样具有全球视野的著作《什么是奴隶制》。② 亚历山德罗·斯坦齐亚尼是一位意大利学者,目前担任社会科学高等研究院(l'École des hautes études en sciences sociales)的全球史教授,他把对强制劳动的比较史研究从欧亚大陆拓展到印度洋。③ 除了各种形式的强迫劳动的历史,法国近期的全球史学继承了年鉴学派研究人类与外部环境之间的关系史的传统。克里斯蒂安·格拉塔卢普从地理视角出发对世界史做了拓展性和启发性的评论,克里斯托夫·博纳尔(Christophe Bonneuil)与让-巴蒂斯特·弗雷索(Jean-Baptiste Fressoz)则首次对目前将地质时代视作人类世的观念展开大量的、批判性的历史剖析。④ 与此同时,参与巴黎高等师范学院主办的 2014 年世界史与全球史欧洲大会的与会者和论文数量都破了纪录。

这些国家的差异使这样一种观念——任何一个国家的全球史发展的

---

① 这本书实际上有两个副标题,"其他"(autre)在封面上,"新"(nouveau)在内页中。Laurent Testot (ed.), Histoire globale: un nouveau regard sur le monde (Paris: Éditions Sciences Humaines, 2008)。亦见专刊 Revue d'histoire moderne et contemporaine 54-55 (2007), Le Débat 154 (2009), and Vingtième siècle 4: 104 (2009)。

② Olivier Pétré-Grenouilleau, Les traites négrières: essai d'histoire globale (Paris: Gallimard, 2004); Grenouilleau, Qu'est-ce que l'esclavage? (Paris: Gallimard, 2014)。

③ Alessandro Stanziani, Bondage: Labor and Rights in Eurasia from the Sixteenth to the Early Twentieth Centuries (New York and Oxford: Berghahn, 2014); Stanziani, Sailors, Slaves, and Immigrants: Bondage in the Indian Ocean World, 1750-1914 (New York: Palgrave Macmillan, 2014)。

④ Christian Grataloup, Géohistoire de la mondialisation: le temps long du monde (Paris: Armand Colin, 2010) 和 Faut-il penser autrement l'histoire du monde? (Paris: Armand Colin, 2011), 以及 L'invention des continents: Comment l'Europe a découpé le monde (Paris: Larousse, 2009); Bonneuil and Fressoz, L'Événement anthropocène: la terre, l'histoire et nous (Paris: Seuil, 2013); 如今已由 David Fernbach 翻译为 The Shock of the Anthropocene (London: Verso, 2016)。后者可以与 John L. Brooke, Climate Change and the Course of Global History (New York: Cambridge University Press, 2014) 共同阅读。

早熟与帝国的过去相关联——变得愈发复杂。① 如果这是一个决定性的影响因素,那么比利时应该和荷兰一样,法国和英国一样,率先发展全球史。② 然而比利时公众和学界显然不像荷兰人那般愿意提起过去的殖民历史,而在法国,如我们提到过的,存在其他的影响因素和先例。并且,殖民遗产也很难解释莱比锡大学的领导作用。不过,大西洋沿岸欧洲悠久的海外帝国的历史,在另一种意义上对全球史的兴起做出了贡献:其积累的对亚洲、非洲和拉丁美洲的学术研究的投入为主要的前殖民强国提供了丰富的图书资料和专家学者,这是占据过去所称的"第三世界"研究的领先地位所必需的。当然,前提是学者们愿意利用此便利条件。事实上,漫长的帝国历史肯定有助于这些国家出现一批作者和读者,决意向欧洲中心论说"不",因此欣然发起"全球史"对欧洲中心论的挑战,或者对此予以积极回应。

我的印象(可能没有充分的文献证据)是,全球史的发展在几个国家有大致相同的动力,只是时间和内容稍有不同。粗略看来,能发现两个阶段。起始阶段讨论构建一门富有意义且经世济用的全球史是否可能,如果可能,是否只是一场以世界不同地方为专门研究对象的学者之间的"对话"(奥布莱恩在伦敦的全球史研讨会开场时使用过的词),是否还有一个研究议程。这一初期阶段也讨论全球史的定义是否与世界史有所不同,以及它与跨越民族史学界线的其他研究路径,如跨国史和交互史(l'histoire croisée)有着怎样的关系。③ 在这一初始阶段,我们也可以看到全球史的分支领域的发展,如全球劳工史。因此在 21 世纪初,(由于尔根·科卡和安德烈亚斯·埃克特组织的)在柏林社会科学中心(Wissenschaftszentrum Berlin)举行的一系列国际工作坊认真讨论了是否有可能

---

① 为什么世界史运动起源于芝加哥(见本书本特利的论文),而不是美国的滨海城市? 这个问题似乎更难回答。

② 更别说葡萄牙和西班牙,我无法斗胆评价这两种语言的出版物。

③ 关于后者参见 Michael Werner and Bénédicte Zimmerman (eds.), *De la comparaison à l'histoire croisée* (Paris: Seuil, 2004)。这种作品的一个重要例子是 19 世纪德国和法国之间的跨国史。

第一章 全球史在(西北)欧洲:探索与争论

以严谨的态度研究全球劳工史,如果可能,又会存在什么样的问题与机会。

接下来的阶段是通过建立研究机构,展开研究、教学、写作"继续干下去"。通过创办杂志,出版系列图书,新的研究论坛在过去和现在不断建立。2006年《全球史杂志》(原本隶属于伦敦政治经济学院,由剑桥大学出版社出版)创刊。1991年在莱比锡大学创立的《比较》(*Comparativ*)杂志近年来发挥着越来越重要的影响,成为世界史、跨国史研究的重要发表渠道。① 第一份致力于全球史及相关历史研究形式的法文杂志是2012年创刊的《世界:历史、空间与关系》(*Monde*[*s*]: *histoire*, *espaces*, *relations*)。② 与此同时,新的系列图书有,荷兰博睿学术出版社的"全球经济史"系列(莱顿)、劳特利奇公司(伦敦)的"全球史中的主题"以及在维也纳出版的两套德语丛书。③

与此同时,"普遍史与全球史欧洲网络"(ENIUGH)于2007年在莱比锡大会上成立,莱比锡大学也成为该组织的总部。自那以后,该组织与不同国家的合作者每三年举办一次欧洲范围的大会,讨论世界史与全球史,成功地吸引了越来越多的参会者。④ ENIUGH目前是世界史与全球史学者的地区性协会之一,2007年以来这些协会正式建立了联系。⑤ 过去几年,欧洲几所主要的大学也建立了研究中心。例如柏林的劳工工作坊成功地申请到资金,建立起前文提到的洪堡大学"全球史中的工作与人类生命周期"研究中心。在英国,华威大学的"全球历史与文化中心"(Global History and Culture Centre)从2007年开始运行,最初由玛克辛·

---

① 网络通讯"geschichte.transnational"于2004年建立,也是一个全球史重要论坛。
② 目的是为"国际史的新趋向:跨国史、联结史、全球史、帝国史"(Robert Frank,第一期上的附函,2012年5月)提供一个论坛,详见Robert Frank, "Avant propos: pourquoi une nouvelle revue?," *Monde*(*s*) 1 (2012), pp. 7-10.
③ Promedia's Edition Weltregionen, and Mandelbaum Verlag's Globalgeschichte—Die Welt 1000-2000 (Vries, "Editorial: Global History," 5, p. 18).
④ 2017年大会在布达佩斯召开,这是首次在东欧举行。
⑤ 隶属于总部设在莱比锡的"全球与世界历史组织网络"(the Network of Global and World Historical Organizations, NOGWHISTO)。

伯格(Maxine Berg)任中心主任;2011年,牛津设立"全球史中心"(Centre for Global History),先后由约翰·达尔文(John Darwin)、詹姆斯·贝利奇(James Bellich)任中心主任。① 在法国,巴黎高等师范学院设立了一个重要的跨学科研究与教学项目,由米歇尔·埃斯帕涅(Michel Espagne)领导。同时,一些更早建立的机构尽管其名号中没有"全球""世界",甚至"跨国"的字眼,也培育了全球史教学研究工作。阿姆斯特丹的国际社会史研究所(International Institute for Social History)及其《国际社会史评论》(*International Review of Social History*)杂志也分别为一种自觉的全球劳工史的兴起承担了领导和论坛功能。所有这些行动都是欧洲各国关于学术资源分配的或大或小的决策浪潮的一部分。近些年来,这股浪潮使一批大学和研究机构得以设立全球史和跨国史专门职位。

这些行动也涉及全球史的本科生和研究生教学工作,从单独的课程到研究生阶段的整个学位项目。欧洲第一个全球史硕士学位由伦敦政治经济学院的经济史学系于2000年设立。近来这一学位课程被纳入最负盛名的教学项目——由欧盟支持的伊拉斯谟世界全球研究硕士项目(Erasmus Mundus MA in global studies),学生可以在合作大学(莱比锡大学、伦敦政治经济学院、维也纳大学、弗罗茨瓦夫大学,如今也包括罗斯基勒大学)中的两所各学习一年。

更为重要的是,"继续干下去"的阶段愈发涉及新的研究。以全球经济史为例,由利华休姆信托资助的"全球经济史网络"(Global Economic History Network,2003—2006),提供了从专家对话交流向研究行动过渡的桥梁。GEHN绝非局限在地方的活动,而是全球史的典型代表——涉及三大洲的大学共同体,最终有出版物产出的一系列小型会议,以及来自

---

① 这些研究中心的活动议程或许可在两个范围广泛的会议论文集中看到,它们分别由各中心的建立者发起编写:Maxine Berg (ed.), *Writing the History of the Global: Challenges for the Twenty-First Century* (Oxford: Oxford University Press, 2013); James Belich, John Darwin, Margret Frenz and Chris Wickham (eds.), *The Prospect of Global History* (Oxford: Oxford University Press, 2016)。

第一章　全球史在(西北)欧洲:探索与争论

11个国家29所大学的约50名学者。① 在过去几年,很多个人或集体研究项目启动,甚或完成。其中包括5位学者对18世纪至20世纪初欧亚大陆城市的实际工资水平的定量研究。② 再有,扬·卢卡森、卡琳·霍夫梅斯特(Karin Hofmeester)、马塞尔·范德林登,以及他们在阿姆斯特丹国际社会史研究所的同事进行了一项洲际合作项目,他们建立了一个数据库,以过去数个世纪的某些时间点为基准点,囊括世界各地区的劳工构成及规模。最后是琳达·科利的《伊丽莎白·马奇的磨难:世界历史中的一位女性》,追溯了一位18世纪的英国女性跨越大洲的旅行,并借由这位出身寒微、没有实际权力的女性的生平展现帝国与全球的主题。③ 历史学家的实践由此已经回答了早前的质疑——全球史是否只是纯粹的综合工作。

争　论

在欧洲工作的学者对世界史学史的兴起贡献颇多,以至于我无法提及所有的方面。然而,以下这些争论大多不是特别地来自欧洲人,因此单独将欧洲人的贡献抽离出来会显得有些不自然。不过,评论一下在欧洲工作的全球史家在多大程度上解决了欧洲中心论的问题也是合适的。然后我将思考欧洲面对以下问题做出了怎样不同的反应:分析与理论在哪个抽象层次及什么形式可以在全球史中得到最好的运用和发

---

① 支持方包括伦敦政治经济学院、莱顿大学、大阪大学、加利福尼亚大学尔湾分校。出版成果包括 Giorgio Riello and Tirthankar Roy (eds.), *How India Clothed the World: The World of South Asian Textiles, 1500-1850* (Leiden: Brill, 2009) 和 Gareth Austin and Kaoru Sugihara (eds.), *Labour-Intensive Industrialization in Global History* (London: Routledge, 2013)。

② Robert C. Allen, Jean-Pascal Bassino, Debin Ma, Christine Moll-Murata and Jan Luiten van Zanden, "Wages, Prices, and Living Standards in China, 1738-1925: In Comparison with Europe, Japan and India," *Economic History Review*, special issue on "Asia in the Great Divergence," 64:S1 (2011), pp. 8-38.

③ Linda Colley, *The Ordeal of Elizabeth Marsh: A Woman in World History* (New York: Harper Press, 2007).

展。最后,我们将探讨全球史是否影响了那些从事更小地理范围研究的历史学者。

应对欧洲中心论

我上面强调过,同在其他地区一样,反对欧洲中心论(能动性的欧洲中心论与概念的欧洲中心论)的斗争过去是,现在也是欧洲全球史发展的主要动力之一。但是危险仍然存在,"世界""全球"的话语可能用来重新包装而不是矫正西方例外论的传统叙事。这一问题持续引发争论。

有关能动性的欧洲中心论,皮尔·弗里斯(Peer Vries)曾经断言,"历史正在使欧洲'地方化',不需要历史学家去做这件事":西方霸权的衰退消除了这种思维的"大部分物质基础,无论如何使得它不再那么具有说服力并可被接受……在全球史学家中,反欧洲中心论者的人数已经远远超过欧洲中心论者"。① 诚然,新全球史倾向于非常强烈地强调非西方世界对历史事件和历史进程的贡献。无论在专著层面,还是在博览通观的综合研究层面,那种忽略非西方行动者元素的趋势已经大为降低,前文提到的贝利和霍普金斯的研究就是例证。另外,约翰·达尔文对1400年以来的"全球帝国"的概述,充分吸收了近年来有关近代早期全球经济史的研究成果——工业革命之前的经济世界具有多元中心的特征。② 达尔文在此观点之上补充了他的命题,他认为欧洲帝国霸权时期的到来比通常所认为的要迟得多。③ 增长经济学家们颇具影响力的论文重申了一个观点:不管怎样,殖民统治者的选择决定着相关殖民地几

---

① Vries, "Editorial: Global History," p. 16.
② 对经济史影响最大的是 Kenneth Pomeranz, *The Great Divergence: China, Europe, and the Making of the Modern World Economy* (Princeton: Princeton University Press, 2000)。
③ John Darwin, *After Tamerlane: The Rise and Fall of Global Empires, 1400-2000* (London: Penguin, 2007).

第一章 全球史在(西北)欧洲:探索与争论

个世纪的经济繁荣。① 作为对这些论文的回应,历史学家坚持认为,即便在殖民统治下,亚洲和非洲的行动者也有其重要性。② 其他学者采取了不同但并非毫无关联的思路,提出"多元现代性"观念,驳斥那种不假思索地将现代化等同于西化的观点。③ 最后,有一个很好的示例说明了近来全球史的倾向——应该从多个视角、多个面向呈现历史能动性——费利佩·费尔南德斯-阿梅斯托(Felipe Fernández-Armesto)的探险史,它既强调了西方人,也强调了非西方人在世界史基本过程中所扮演的角色。④

概念的欧洲中心论更具韧性,还未受到全面挑战。⑤ 需要说清楚的是,问题并不是一个概念碰巧源于对西方历史经验的某些部分的反思,虽然这个概念的确无助于分析其他地方的经验。问题在于,直到现在,概念的流动主要还是单向的——从西方研究到世界其他地方的研究。这一单向的流动肯定有碍我们理解"其他地方"与西方的历史。英国历史人口学家 E. A. 里格利注意到:"颇具讽刺意味的是,这对我们理解欧洲历史

---

① Daron Acemoglu, Simon Johnson, and James A. Robinson, "The Colonial Origins of Comparative Development: An Empirical Investigation," *American Economic Review* 91 (2001), pp. 1369-1401; Acemoglu, Johnson and Robinson, "Reversal of Fortune: Geography and Institutions in the Making of the Modern World Income Distribution," *Quarterly Journal of Economics* 118 (2002), pp. 1231-1279; 有关研究综述见 Acemoglu, Johnson, and Robinson, "Institutions as the Fundamental Cause of Long-Run Growth," in Philippe Aghion and Steven N. Dulauf (eds.), *Handbook of Economic Growth* (Amsterdam: Elsevier, 2005), vol. Ia, pp. 387-470。

② C. A. Bayly, "Indigenous and Colonial Origins of Comparative Economic Development: The Case of Colonial India and Africa," *Policy Research Working Paper No. 4474* (Washington, DC: World Bank), 2008; Gareth Austin, "The 'Reversal of Fortune' Thesis and the Compression of History: Perspectives from African and Comparative Economic History," *Journal of International Development* 20:8 (2008), pp. 996-1027.

③ Dominic Sachsenmaier and Jens Riedel with Shmuel N. Eisenstadt (eds.), *Reflections on Multiple Modernities: European, Chinese and Other Interpretations* (Leiden: Brill, 2002).

④ Felipe Fernández-Armesto, *Pathfinders: A Global History of Exploration* (Oxford: Oxford University Press, 2006).

⑤ 杰克·古迪对这两种类型的欧洲中心论的抨击,见 *The Theft of History* (2006), *The East in the West* (1996), *Renaissances: The One or the Many?* (2009) 以及 *Metals, Culture and Capitalism: An Essay on the Origins of the Modern World* (2012),均由剑桥大学出版社出版。

来说损失更大。"①

概念的欧洲中心论的问题已开始有所减弱。得益于西方之外模式的影响,社会科学的研究工具在最近几十年不断丰富。从诺贝尔奖获得者印度学者阿马蒂亚·森(Amartya Sen)起,印度经济学家在发展经济学中开始拥有特别重要的影响力。森受到殖民时期印度案例的启发,形成了其关于"权利"(entitlement)的研究路径。以饥荒为研究对象的历史学家开始尝试批判性地拿他的这一研究路径作为框架去分析其他地方的饥荒。② 此外,研究现代性、全球化的文化与政治维度的历史学家不会忘记印度人类学家阿琼·阿帕杜赖的研究,欧洲和北美的社会史学家也熟知南亚历史研究中的庶民研究。③ 这些趋势令人振奋,然而路漫漫其修远:我们所能想到的研究工具仍然主要源自欧洲。我们离那个思想去中心化的世界还很远。工具箱里的新工具主要来自南亚,其他地区仍然不受重视,还不是理论灵感的来源地,这也是事实。

从方法论上看,基本的解决途径肯定是系统地采纳"相互比较"的原则,彭慕兰将这一原则定义为:"在通过另一方的预期来看时,把比较双方均视作'偏差',而不是以某一方作为标准。"④彭慕兰和王国斌(Bin Wong)在经济史情境中运用这个方法研究中国与欧洲。他们的方法也应

---

① Edward A. Wrigley, "The Process of Modernization and the Industrial Revolution in England," in Wrigley (ed.), *People, Cities and Wealth: The Transformation of Traditional Society*, (Oxford: Blackwell, 1987 [1972]), pp. 46-74, 特别是第48页。

② Megan Vaughan, *The Story of an African Famine: Gender and Famine in Twentieth-Century Malawi* (Cambridge: Cambridge University Press, 1987); Cormac Ó'Gráda, *Famine: A Short History* (Princeton: Princeton University Press, 2004).

③ 例如: Arjun Appadurai (ed.), *The Social Life of Things: Commodities in Cultural Perspective* (New York: Cambridge University Press, 1986); Appadurai, *Modernity at Large: Cultural Dimensions of Globalization* (Minneapolis: University of Minnesota Press, 1996); *American Historical Review* 99:5 (1994)上关于庶民研究的论坛; David Ludden (ed.), *Reading Subaltern Studies: Critical History, Contested Meaning and the Globalization of South Asia* (London: Anthem Press, 2001)。

④ Pomeranz, *The Great Divergence*, p. 8. 同时参考 R. Bin Wong, *China Transformed: Historical Change and the Limits of European Experience* (Ithaca: Cornell University Press, 1997)。

第一章 全球史在(西北)欧洲:探索与争论

被运用到对其他地方的研究中以及其他研究领域中。很遗憾的是,比如在涉及非洲的史学中,到目前为止鲜有这类运用相互比较的例子,尽管也有了变化的迹象。① 在这一案例中,对非洲学家来说,部分的答案是效仿汉学家,更多地思考世界其他地区专家可以从他们的工作中学到什么。②

如果他们展开这样的研究,可能会发现在某些方面,不同大洲、不同时期的一些社会之间的相似性,有可能大于同一个大洲、同一个时期的一些社会之间的相似性。例如,殖民时期加纳南部的女巫指控模式看起来更类似于16、17世纪英格兰的类似活动,而与20世纪中非或南非的类似活动相去较远。③ 当我们欢迎历史书写的民族国家框架衰落之时,我们必须小心避免以对地区框架的本质主义坚守作为替换。

责任并不只落在以非西方地区为研究对象的专家身上。相互比较的方法也要求欧洲历史学者的阅读视野超越他们自己的"区域研究"及其熟悉的史学史概念模板。迪佩什·查克拉巴蒂(Dipesh Chakrabarty)在2000年曾说过:"第三世界的历史学家感到有必要参考欧洲历史的著作,欧洲史学家却觉得无须交换认知。"④从一些参与全球史项目的欧洲史学家的情况来看,这种状况已有很大改观,但有时仍然存在。同样的情形也出现在欧洲内部:斯堪的纳维亚的历史学家更有可能参考有关英国或法国的作品,反过来则不必然,这不仅仅是人口差异造成的。斯堪的纳维亚

---

① 参见例子 Stefano Fenoaltea, "Europe in the African Mirror: The Slave Trade and the Rise of Feudalism," *Rivista di Storia Economica* 15: 2 (1999), pp. 123-165; Dylan C. Penningroth, "The Claims of Slaves and Ex-Slaves to Family and Property: A Transatlantic Comparison," *American Historical Review* 112: 4 (2007), pp. 1039-1069。

② 具体建议参见 Gareth Austin, "Reciprocal Comparison and African History: Tackling Conceptual Euro-Centrism in the Study of Africa's Economic Past," *African Studies Review* 50: 3 (2007), pp. 1-28。

③ Austin, "Reciprocal Comparison and African History," pp. 13-14.

④ Dipesh Chakrabarty, *Provincializing Europe: Postcolonial Thought and Historical Difference* (Princeton: Princeton University Press, 2000), p. 28. 古迪表达过一个相关但不尽相同的观点:"我的观点是,尽管大多数历史学家的目标是避免种族中心主义(如目的论),但他们很少成功地做到,因为他们对他者的知识(包括他们自己的起源)实在有限。这种局限时常让他们关于西方的独特性的说法站不住脚",见 Goody, *The Theft of History*, p. 4.

的经济史学家熟悉英国经济发展的各类论战模式,但是英国的经济史学家很少能够考虑他们是否可以从有关斯堪的纳维亚的研究中汲取智慧。①

结束本部分关于已经发生的史学史进展的讨论之前,我们看看范德林登为我们提供的一个框架,它可以用来书写真正意义上的全球劳工史,既能完全避免把欧洲的历史经验视作理所当然的标准,又可以促进交互比较。关键是将资本主义社会中的"庶民阶级"定义为所有劳动被商品化了的工人,无论这种商品化采取了何种形式。② 这一方法能让我们摆脱任意一种持续不变的思维倾向:认为只有男性无产者才是典型的工人。事实上,他们只是诸多工人类别中的一种,每一种类别都需要回到历史现场加以仔细辨别。

分析与理论的层级及形式

关于研究跨越民族国家边界的历史最有益的方式,已经有相当多的讨论。也许核心问题是如何连点成线:在怎样的概观层面,以最佳的方式联结具体的生活、关系与事件。直至目前,文化史家可能不大情愿进行比较,而偏好关注具体的"文化迁移"现象,如米歇尔·埃斯帕涅1994年所做的那样(他在2011年第三届世界史与全球史欧洲大会的主旨演讲中对此做了重申)。③ 沙里尼·兰德里亚,一位具有历史思维的人类学家和社会学家,呼吁关注不同方面的"交织的历史"(entangled histories),包括它们对彼此形象上的相互影响。④ 在跨越国家界线与文化

---

① 感谢 Göran Rydén (Uppsala) 提供这个例子。
② Marcel Van der Linden, "Who Are the Workers?" pp. 17-37 in *Workers of the World: Essays toward a Global Labor History* (Leiden: Brill, 2008), p. 32.
③ Michel Espagne, "Sur les limites du comparatisme en histoire culturelle," *Genèses* 17 (1994), pp. 112-121.
④ Shailini Randeria, "Geteilte Geschichte und verwobene Moderne," in Jörn Rüsen, Hanna Leitgeb and Norbert Jegelka (eds.), *Zukunftsentwürfe: Ideen für eine Kultur der Veränderung* (Frankfurt a.M.: Campus Verlag, 1999), pp. 87-96; Shalini Randeria, "Entangled Histories of Uneven Modernities: Civil Society, Caste Solidarities and Legal Pluralism in Post-Colonial India," in Yehuda Elkana, Ivan Krastev, Elisio Macamo and Shalini Randeria (eds.), *Unraveling*(转下页)

第一章　全球史在(西北)欧洲：探索与争论

界线的联系研究中,这样的研究路径肯定可以发挥很好的作用;它们强调联系的非对称性特征,确保研究中不会忽略政治的重要性。不过,社会史家、经济史家和所有那些追寻因果关系的全球史家也会认同于尔根·科卡的观点:交织的、交互的和关联的历史可以结合比较分析——或许需要结合比较分析,这取决于激活研究的问题是什么。

　　当然,比较的前提是进行比较的诸对象具有可分析的区分性,但这并不意味着漠视或忽视对象间的相互关系(如果存在,或者某种程度上存在)。而且,这类相互关系应该成为比较框架的一部分,通过分析这些关系,视其为导致各比较对象出现相似或差异、分流或合流的因素。①

全球文化史对比较方法的确并不陌生,如果它也包括杰克·古迪(Jack Goody)的跨越大洲的比较与历史社会学研究。从 20 世纪 70 年代到新世纪,他出版了一系列常被引用的作品。②他特别运用比较方法,试图区分那些和比较的证据相矛盾的解释与那些并未和比较的证据相矛盾的解释。

　　那些从事跨国史和全球史这两种相互重叠的事业的学者,采取了一系列具体的方式将联系与比较概念化。试图系统地分析联系的人呼吁关注"全球时刻"或"全球化的关键汇合点"。③塞巴斯蒂安·康拉德和多米尼克·萨克森迈尔将"全球时刻"定义为"具有普遍意义的事件,它

(接上页)*Ties: From Social Cohesion to New Practices of Connectedness* (Frankfurt a.M.: Campus Verlag, 2002), pp. 284-311. 亦可参见 Werner and Zimmerman (eds.), *De la comparaison à l'histoire croisée*。

　① Jürgen Kocka, "Comparison and Beyond," *History and Theory* 42:1 (2003), pp. 39-44, 特别是第 44 页。

　② 除了前面提到的作品,亦可参见他的其他作品:Jack Goody, *Production and Reproduction: A Comparative Study of the Domestic Domain* (Cambridge: Cambridge University Press, 1976) and *Cooking, Cuisine and Class: A Study in Comparative Sociology* (Cambridge: Cambridge University Press, 1982)。

　③ Martina Winkler 在她向 2011 年 4 月的第三届世界史与全球史欧洲大会的圆桌会议提交的一份没有题目的论文中提到了这一点。

对他地或遥远地区的人们也有吸引力",塑造和强化了"全球意识"。① 例如,1898年埃塞俄比亚打败意大利,1904年日本打败俄国,这些事件违背了当时西方与非西方军事力量交锋的常态,改变了我们对未来可能发生什么的判断。马蒂亚斯·米德尔与卡佳·瑙曼把"空间转向"介绍给全球史学家,将"全球化的关键汇合点"定义为"新的空间关系建立的时期与场所"。②

在一个更宏大的抽象层面上,一些全球史家,如埃里克·万豪特运用世界体系理论作为框架,在其中融合比较与联结。③ 世界体系理论先于新全球史,最初作为依附理论的一个变体而出现,很大程度上是后者将能动性的欧洲中心论与激进悲观主义(如沃尔特·罗德尼1972年出版的《欧洲如何让非洲欠发达》)相混合的产物。④ 但从20世纪90年代以来,世界体系理论愈发具有包罗万象的特点,调整为一个回溯不止数百年,而是数千年的更长时段的观点。在这一过程中,该理论把更多注意力放在(经济和政治意义上)前工业化世界的多中心特征之上。⑤

在全球时刻交汇点与世界体系理论之间的是历史学家传统的因果分析。在进行因果分析时,对某个或某些研究对象在其情境中的研究,被多少简单地,有时只是含蓄地放在更大的比较关系之中。便是大多数超越

---

① Sebastian Conrad and Dominic Sachsenmaier, "Introduction" to their (eds.), *Competing Visions of World Order: Global Moments and Movements, 1880s-1930s* (New York: Palgrave Macmillan, 2007), pp. 1-16, 引自第13、15页。

② Matthias Middell and Katja Naumann, "Global History and the Spatial Turn: From the Impact of Area Studies to the Study of Critical Junctures of Globalization," *Journal of Global History* 5:1 (2010), pp. 149-170. 有关"全球史中的空间"的精彩讨论见 Sebastian Conrad, *What Is Global History?* (Princeton: Princeton University Press, 2016), pp. 115-140, 260-267。

③ Eric Vanhaute, "Who Is Afraid of Global History?," pp. 25, 31, 34-35.

④ Walter Rodney, *How Europe Underdeveloped Africa* (London: Bogle L'Ouverture Publications, 1972).

⑤ Andre Gunder Frank and Barry K. Gills, "The Five Thousand Year World System in Theory and Praxis," in Robert A. Denemark, Jonathan Friedman, Barry K. Gills and George Modelski (eds.), *World System History: The Social Science of Long Term Change* (London: Routledge, 2000), pp. 3-23.

第一章　全球史在(西北)欧洲:探索与争论

纯粹描述的全球史研究所运用的方法,尽管其关注的通常是一系列地理和时间界定明确的案例,而非少数几个。

马克思主义为所有这些抽象化层面进行整合提供了可能性,它以较之以往任何时候都更加兼收并蓄的形式,继续成为全球史中最富想象力的思维源泉之一。① 然而,今日社会科学中更具影响力的还是经济学和政治学提出的理性选择模型(rational-choice models)。在全球史学者(及其他历史学者)中,经济史学家最经常并最明确地利用这个传统中的理论。在很多问题上,它的分析能力是巨大的,它也足够灵活,可以产生相互冲突的观点,因为它是一套研究范式,而非一个具体的理论。然而,在经济史中,特别是增长经济学家的著作中,有一股强烈的"新制度主义"倾向,高扬英美自由主义起源神话(意识形态奠基性文献意义上的),即私有财产和(强大但有限的)代议制政府成为国家长期繁荣的必由之路。② 对这一研究路径感兴趣的全球史家应该有所警惕。已去世的 S. R. 爱泼斯坦(S. R. Epstein)对欧洲近代早期国家的比较分析,证明了道格拉斯·诺斯及巴里·温格斯特的观点——1688 年光荣革命之后英国建立起安全的私有财产权,使得这个国家拥有特别低的利率(这有助于启动工业革命)——是错误的。③ 同一传统中更为宽泛的比较观点也同样是有问题的,正如历史学家④和当代历史所表明的那样(1978 年以来中国三十多年的高速

---

① 例如 Giovanni Arrighi 的 *Adam Smith in Beijing: Lineages of the Twenty-First Century* (London: Verso, 2007)。
② 我指的是从 Douglass C. North and Robert Paul Thomas, *The Rise of the Western World: A New Economic History* (Cambridge: Cambridge University Press, 1973) 到 Daron Acemoglu and James R. Robinson, *Why Nations Fail: The Origins of Power, Prosperity, and Poverty* (New York: Crown Business, 2012)的长期历史解释。
③ Douglass C. North and Barry Weingast, "Constitutions and Commitments: Evolution of Institutions Governing Public Choice in Seventeenth-Century England," *Journal of Economic History* 49:4 (1989), pp. 803-832; S. R. Epstein, *Freedom and Growth: the Rise of States and Markets in Europe, 1300-1750* (London: Routledge, 2000), pp. 12-37.
④ Acemoglu, Johnson 及 Robinson 的批评见上文。

经济增长几乎不符合"新制度主义"模型)。[1]

全球视野与其他历史

完全或部分时间在欧洲工作的历史学家,特别是意大利、西班牙和瑞士的史学家,对全球史研究做出了重要贡献,他们的研究主题涉及(只举几个例子)移民[2]、人类概念[3]、国际货币体系史[4]、科学与能源利用史[5]、文化与经济在历史上的互动[6]。同样有价值的是,全球视野也开始改变人们对欧洲历史的理解。

---

[1] 参见 Donald Clarke, Peter Murrell and Susan Whiting, "The Role of Law in China's Economic Development," in Loren Brandt and Thomas G. Rawski (eds.), *China's Great Economic Transformation* (Cambridge: Cambridge University Press, 2008), pp. 375-428。

[2] 例如 Giovanni Gozzini, "The Global System of International Migration, 1900 and 2000: A Comparative Approach," *Journal of Global History* 1:3 (2006), pp. 321-344; "Discussion—Global Migration"部分的三篇文章,见 *Journal of Global History* 6:2 (2011)。

[3] Felipe Fernández-Armesto, *So You Think You're Human? A Brief History of Humankind* (Oxford: Oxford University Press, 2004)。

[4] 例如 C. L. Holtfrerich and Harold James, *International Financial History in The Twentieth Century: System and Anarchy* (Cambridge: Cambridge University Press, 2003); Marc Flandreau, *The Glitter of Gold: France, Bimetallism and the Emergence of the International Gold Standard, 1848-1873* (Oxford: Oxford University Press, 2004); G. Balachandran, "Power and Markets in Global Finance: The Gold Standard, 1890-1926," *Journal of Global History* 3:3 (2008), pp. 313-335。

[5] Karel Davids, "River Control and the Evolution of Knowledge: A Comparison between Regions in China and Europe, c.1400-1850," *Journal of Global History* 1:1 (2006), pp. 59-79; Paolo Malanima, "Energy Crisis and Growth 1650-1850: The European Deviation in a Comparative Perspective," *Journal of Global History* 1:1 (2006), pp. 101-121; Vaclav Smil, "The Two Prime Movers of Globalization: History and the Impact of Diesel Engines and Gas Turbines," *Journal of Global History* 2:3 (2007), pp. 373-394; Tirthankar Roy, "Knowledge and Divergence from the Perspective of Early Modern India," *Journal of Global History* 3:3 (2008), pp. 361-387; Patrick O'Brien, "Historical Foundations for a Global Perspective on the Emergence of a Western European Regime for the Discovery, Development, and Diffusion of Useful and Reliable Knowledge," *Journal of Global History* 8:1 (2013), pp. 1-24。

[6] 例如 Giorgio Riello, *A Foot in the Past: Consumers, Producers and Footwear in the Long Eighteenth Century* (Oxford: Oxford University Press, 2006); Carlo Marco Belfanti, "Was Fashion a European Invention?," *Journal of Global History* 3:3 (2008), pp. 419-443。

第一章 全球史在(西北)欧洲:探索与争论

就后面这一点,我们可以简略地举四个例子。第一,我们可以探讨全球史视野对帝国史学家有着怎样的重要影响。在全球史复兴之前,或者说独立于全球史复兴之外,关于英帝国主义的新文化史已经做了相当多的研究工作去实现殖民地史与宗主国史的相互融合,这表明帝国在当代英国民族认同感中居于中心位置。① 第二,在跨国史和全球史的框架中,康拉德用一种全球视野观察19世纪末20世纪初的德国,认为国内迁徙与外国移民在几个方面影响着魏玛时期德国民族主义的形式、内容与实践,包括"民族的种族化"。② 第三,亚历山德罗·斯坦齐亚尼以俄国农奴制研究为例,为推动以下论点付出了大量努力:从强迫劳动到自由劳动的转变时间比以往所认为的要迟得多。③ 他以及其他人关于19世纪英、美,以及殖民地非洲奴隶制衰落的研究,其总体含义我称之为自主个人(self-possessing individual)的观念,在19世纪末或20世纪初之前很少被采用。

最后,在经济史中,专门研究中国和印度的学者对工业革命进行重新解释,使得英国与荷兰经济史学家通过新研究项目予以强烈回应。1998年,帕桑南·帕塔萨拉蒂从对印度与英国的棉纺业工资的修正派比较研究转向一个有关联系的论点,这一论点强调,英国诉诸保护主义,因而其机械化产品才得以兴起。④ 他的最严厉批评者斯蒂芬·布罗德伯里(Stephen Broadberry)与比什努·古普塔(Bishnu Gupta)现在也认为,英国工业革命发生的原因,某种程度上是一种实现进口替代的活动,是从印度人那里拿

---

① Catherine Hall, *Civilising Subjects: Metropole and Colony in the English Imagination 1830-1867* (Chicago: Chicago University Press, 2002); Linda Colley, *Britons: Forging the Nation 1707-1837* (New Haven: Yale University Press, 1992).

② 例如 Sebastian Conrad, "Globalization Effects: Mobility and Nation in Imperial Germany, 1880-1914," *Journal of Global History* 3:1 (2008), pp. 43-66. Conrad, *German Colonialism: A Short History* (Cambridge: Cambridge University Press, 2012; 由 Sorcha O'Hagan 从德文原文翻译,2008)。

③ Alessandro Stanziani, "Serfs, Slaves, or Wage Earners? The Legal Status of Labour in Russia from a Comparative Perspective, from the Sixteenth to the Nineteenth Century," *Journal of Global History* 3:2 (2008), pp. 183-202.

④ Prasannan Parthasarathi, "Rethinking Wages and Competitiveness in the Eighteenth Century: Britain and South Asia," *Past & Present* 158 (1998), pp. 79-109.

走市场。① 彭慕兰的观点是,长江三角洲地区至少具有与英国同样发达的经济,直到后来遇到了资源瓶颈,然而英国经济有幸凭借本国的煤和位于美洲的很大程度上由非洲奴隶耕作的"鬼魂土地"(ghost acres)避免了中国的情况。彭慕兰的研究对当时在牛津的加拿大经济史学家罗伯特·艾伦(Robert Allen)有所启发,后者从量化角度对这一对比做了更详细的研究。② 这也促使乌特勒支大学的扬·吕滕·范·赞登做进一步的比较研究。艾伦和范·赞登两人都继续从全球视角写作有关工业革命的著作。③ 最引人注目的是,他们与其他学者合作,进行前面提到过的实际工资比较研究,涉及跨越欧亚大陆的诸多城市,时间跨度几乎达三个世纪。④ 在彭慕兰的《大分流》(2000)出版之前,这样的研究项目是不可想象的。⑤

反 思

本章认真思考了一个史学大转型过程中欧洲所做的贡献。从前,人们把世界史研究当作主菜上桌前的餐前小酒,如今的全球史则愈发成为

---

① Stephen Broadberry and Bishnupriya Gupta, "Lancashire, India and Shifting Competitive Advantage in Cotton Textiles, 1700-1850: The Neglected Role of Factor Prices," *Economic History Review* 62:2 (2009), pp. 279-305. 他们对帕塔萨拉蒂的批评见第 13—18 页,"Early Modern Great Divergence: Wages, Prices and Economic Development in Europe and Asia, 1500-1800," *Economic History Review* 59 (2006), pp. 2-31. 帕塔萨拉蒂在其 *Why Europe Grew Rich and Asia Did Not: Global Economic Divergence, 1600-1850* (Cambridge: Cambridge University Press, 2011), pp. 37-46 中重申了关于印度工人收入的乐观观点。

② Pomeranz, *The Great Divergence*; Robert C. Allen, "Agricultural Productivity and Rural Incomes in England and the Yangstze Delta, c.1620-1820," *Economic History Review* 62:3 (2009), pp. 525-550.

③ Jan Luiten van Zanden, *The Long Road to the Industrial Revolution: The European Economy in a Global Perspective, 1000-1800* (Leiden: Brill, 2009); Robert C. Allen, *The British Industrial Revolution in Global Perspective* (Cambridge: Cambridge University Press, 2009).

④ Allen et al., "Wages, Prices, and Living Standards."

⑤ 在《大分流》之前的另一部难以想象的作品,是黑田明伸(Akinobu Kuroda)对欧洲的白银货币史进行的影响深远的以中国为中心的重新解读:"The Eurasian Silver Century, 1276-1359: Commensurability and Multiplicity," *Journal of Global History* 4:2 (2009), pp. 245-269.

第一章 全球史在(西北)欧洲:探索与争论

研究的促进因素,成为今天某些最复杂的历史综合性研究的框架。在考察这一转变的起源之时,我的主要看法是,史学潮流几乎总是回应(至少在一定程度上)当时政治的转型,然而这绝非全部事实。诚然,转变的动力部分地来自对当代全球化的认知。特别是,人们对非西方历史能动性证据的接受与认知也大大提高了。不过,这些并非全球史兴起的全部原因。我特别强调,在对亚洲和非洲各部分的历史研究中,史料证据积累以及讨论和进一步研究的渐进逻辑的重要性。这数十年专心致志的学术研究极为重要。此外,在整个历史学专业领域,大约一个世纪以来专业文章与专著的大量产出,最终促使越来越多的专业学者去寻找他们能够运用自己所学来探讨的更大的问题。

全球史提出了这些更大的问题。与此同时,我想从事全球史研究的同仁必会认同一点:全球史的研究、写作和教学需要频繁地在各类空间层次之间转换,而这些空间层次并无等级之分。这一信念是严肃的,因为全球史学史的生产,至少在欧洲,几乎完全是那些一开始并且继续从事较小地理范围研究的专家的工作。很多人不愿自称全球史家,因为他们有其他的研究方向,也因为他们过于谦虚,不愿声称是如此宏大领域的专家。①

不过,个人的谦虚不应该束缚住他们在历史分析上的追求。全球史和跨国史对跨越国界和其他边界的联系与交织怀有共同的兴趣。在多数全球史和跨国史研究者看来,非常有必要把联系研究与比较研究结合起来。学者有责任扼要地总结、解释这个复杂的现实世界,而不是试图复制或模拟它,那必然是徒劳无功的。简化(simplification)在学界有恶名,但是我们应该在最富启发性的意义上进行简化,即致力于确认原因的同时不遗漏证据。因此,对查克拉巴蒂的名言——"将欧洲地方化"②的最能增进知识的回应,不是依据原则发誓放弃元叙事(meta-narratives),

---

① 例如 Binu M. John, "I Am Not Going to Call Myself a Global Historian: An Interview with C. A. Bayly," *Itinerario: International Journal on the History of European Expansion and Global Interaction* 31:1 (2007), pp. 7-14。

② Chakrabarty, *Provincializing Europe*.

而是致力于更好的、真正概观的元叙事。如范德林登所言,"可能我们需要的是多重'宏大叙事',它们有可能或是不可能和谐共存"①。

要实现这一点,必须取代能动性的和概念的欧洲中心论。如万豪特所言,"'新'全球史的驱动力,很大一部分源于这样一个目标——超越或证伪关于统一的世界兴起的以欧洲为中心的'旧式'故事"②。我们已经取得进步,但是还有很长的路要走。在欧洲,如果政治气氛愈发只关注欧洲自身,民族主义色彩愈发浓厚,那么发展全球史的紧迫性就愈发强烈。③

致 谢

我衷心感谢"全球的全球史"三次会议的与会者的反馈及鼓励,特别是 2011 年 10 月在柏林举行的第三次会议,在这次会议上我提交了本文的草稿。2012 年 12 月,在牛津举行的向帕特里克·奥布莱恩表达敬意的"全球经济史"会议上,本文再次得到宝贵的评议。我特别感谢玛莎·舒尔曼(Martha Schulman)细心阅读本文,并提出详细的建议。我也特别感谢巴黎高师的布莱兹·威尔弗特-伯塔尔(Blaise Wilfert-Portal)与明斯特大学的玛蒂娜·温克勒(Martina Winkler),在 2011 年 4 月由"普遍史与全球史欧洲网络"组织、伦敦政治经济学院主办的第三届世界史与全球史欧洲大会的闭幕圆桌会议上,他们慷慨地与我分享了他们的报告文本。同时感谢布鲁姆斯伯里出版公司及其编辑,他们给了我这个在 2017 年初更新本章内容的机会。

---

① Marcel van der Linden, "Preface," *ISHA Newsletter* (International Social History Association), 1:1 (2011).
② Vanhaute, "Who Is Afraid of Global History?"
③ 这是本书筹备过程中出现的一种趋势。

第二章

放眼全球、再现亚洲：全球史在东亚的兴起、演变和前景*

王晴佳

东亚地区有着悠久的历史书写传统。19世纪中期以后，在西方列强入侵时这一传统发生了重大转变。东亚民族在奋力抵抗西方强权的同时，试图建立起强大的民族国家。这一诉求使他们接受了民族主义的思潮，并使其在改变东亚史学写作的传统上发挥了关键作用。具体而言，民族主义者的忧虑使亚洲史家重新思考历史写作的理念、风格与内容。日本启蒙运动思想家福泽谕吉（1834—1901）提倡用新方法编纂历史，历史需要通过记录国家之进步来教育全体国民。中国维新派史家梁启超（1873—1929）和朝鲜民族主义思想家申采浩（1880—1936）都赞成并支持福泽谕吉的观点。在1902年连载的《新史学》中，梁启超强调亚洲史家应改变之前这一地区主流的王朝史学传统，转而尝试民族主义史学。

时至今日，民族主义史学仍然是东亚历史写作的主流，究其根源是东亚诸国为建立强盛的民族国家经历了危险曲折的探索之路。的确，从19世纪开始，为努力建设国家，东亚诸国经历了一系列的成败、胜负、悲欢与离合。第二次世界大战之前，日本实现现代化后成为民族国家，后又摇身变成强盛的帝国。与此相比，朝鲜和中国则挫折连连。前者在1910年失去了主权，后者虽在1912年建立了民国却仍未完全摆脱帝国主义和殖民主义的威胁。从20世纪20年代末开始直至二战期间，中国的共产主义

---

* 本章中文版由作者提供（翻译：蔡霁安）。

运动逐步壮大。1949年,中国共产党建立了中华人民共和国,马克思主义史学占据了主导地位。与民族主义的意识形态相比,马克思主义更注重为全世界谋福祉的理念和人类社会必将走向共产主义等世界主义的价值观。

日本在二次大战中的惨败,改变了日本历史书写的趋向。与中国马克思主义史学的兴盛相同,马克思主义史学也在战后的日本流行,时至今日影响仍存。对于战后的日本学者而言,马克思主义史学具有吸引力是因为它提供了一种思想武器和分析工具,其中包括如何解释自19世纪中期以来日本军国主义的兴衰。例如,名噪一时的明治维新(1868—1912),也就是日本现代化的形成时期,就需要以批判的眼光加以重新评价。远山茂树(1914—2011)、井上清(1913—2001)等马克思主义史家认为,明治维新并没有使日本完全走上现代化,因为之后建立的制度及保留的封建残余与军国主义的兴起密切相关。① 不仅马克思主义史家质疑日本现代化的完整性,包括大塚久雄(1907—1996)在内的战后民主派的西洋史学者也质疑日本现代化的完整性。虽然着眼点不同,但两派都试图以西方模式重新解读日本近代化的路径,为战后日本史学拓宽研究范围作出了贡献,也获得了政府的支持而为之后世界史研究的开展铺平了道路。1949年,在当时的盟军驻日本最高指挥官的支持下,日本文部省在全国高中开设了"世界史"课程,大学方面的课程中"世界史"取代了战前的"西洋史",成为历史学中除亚洲史和日本史以外的三大分支学科之一。

因此,在战后的中国和日本(一定程度上也可以包括朝鲜半岛),对历史的兴趣逐渐走向多元化。在中等和高等教育中,世界史或外国史开

---

① 永原慶二(Nagahara Keiji),《20世紀日本の歷史学》(Tokyo, 2005), pp. 124-145; Sebastian Conrad, *The Quest for the Lost Nation: Writing History in Germany and Japan in the American Century*, trans. Alan Nothnagle (Berkeley: University of California Press, 2010), pp. 21-30; Curtis Anderson Gayle, *Marxism and Postwar Japanese Nationalism* (London: Routledge, 2003); 以及"The Importance and Legacy of Marxist History in Japan," in Q. Edward Wang and Georg Iggers (eds.), *Marxist Historiographies: A Global Perspective* (London: Routledge, 2016), pp. 174-190.

第二章　放眼全球、再现亚洲:全球史在东亚的兴起、演变和前景

始被视为历史学的独立分支。譬如二战甫一结束,"世界史"就被引入了日韩的学校课程中。① 东亚各国借此逐步培养了一批专门研究本国史以外历史的"世界史研究者"。以中国为例,据统计,在20世纪70年代和80年代,大学里"世界史学者"的人数约占历史教师总数的40%。② 不过,战后东亚史家对世界史的兴趣日益激增是建立在战前的早期实践之上的。作为一种史学流派,早在20世纪20年代马克思主义史学就吸引了亚洲学者。例如早在1932年,日本便成立了以马克思主义史学为研究中心的日本历史学会。同样,1928—1932年之间中国的马克思主义史家在"中国社会史论战"中,十分活跃。这一讨论被称为"中国史学中最活跃、最激动人心的思潮"③,并使马克思主义史家开始崭露头角。

世界史的早期发展:从比较到联系

对亚洲史家而言,世界史研究的基本内容就是探究本国史以外的所有历史。二战后至今,无论是否为马克思主义者或受到马克思主义的影响,东亚的各派学者在世界史和外国史上都开展了许多有重要意义的研究,一些重要作品的出版时间远早于西方学者。如前所述,从战后初期开始,"世界史"就已被纳入东亚地区的历史课程,这比它在欧美被纳入大中小学课程的时间还早。④ 东亚是一个自19世纪中期以来就经历了西方殖民主义和帝国主义侵略的地区,他们对在世界历史运动中寻找替代欧洲中心论的解释表现出极大的兴趣。当然,在某种程度上,他们的这一关

---

① 见 Lim Jie-hyun, "Historicizing the World in Northeast Asia," Douglas Northrop (ed.) *A Companion to World History* (Malden, MA: Wiley-Blackwell, 2012), pp. 418-432。

② Ralph Croizier, "World History in the People's Republic of China," *Journal of World History* 1:2 (1990), pp. 145-160。

③ Arif Dirlik, *Revolution and History: Origins of Marxist Historiography in China* (Berkeley: University of California Press, 1978), p. 2。

④ 参见 Haneda Masashi, "Japanese Perspectives on 'GlobalHistory'", *Asian Review of World Histories*, Vol. 3, No. 2 (July 2015), pp. 219-234; Kenneth Pomeranz & Daniel A. Segal, "World History: Departures and Variations", *A Companion to World History*, pp. 418-432。

注是由民族主义所驱导的,希图让本国在国际舞台上受到更多的注意。但同时,学者们亦试图质疑、挑战和超越民族主义史学,拓宽历史研究的范围,而这正是现代西方史学成就的标志之一。特别是近年来,世界史、全球史的研究正在修正和改变看似根深蒂固的近代东亚国家史学写作传统。

在战后的日本,马克思主义和战后民主派分别从不同的角度质疑日本现代化的"成功"和本质。日本早期的马克思主义史家或多或少与1922年成立的日本共产党有关。他们在战前借鉴了马克思主义关于历史发展的理论,对日本的现代化进行了有力的批判。在战后恢复发声后他们又对之发出了更为严厉的批评。对日本马克思主义史家而言,现代化的"不彻底"要为日本在二战中的军事侵略负责,也要为其最终的失败负责。东京大学世界史教授远山茂树、井上清、江口朴郎(1911—1989)在战后重建日本历史学会的过程中起到了关键作用。为了更好地理解现代日本,他们强调需要用广阔的视野来看待世界历史的发展。其中江口的研究举足轻重,他不仅敦促国人批判性地反思之前"西洋史"的教学工作,还激发人们对中东、非洲和亚洲其他地区历史的兴趣。此外,江口还呼吁人们关注当代历史上的重要变化,比如中国共产党革命的胜利。在他看来,中国发生的这场巨变及其之后的变革标志着西方帝国主义的结束,并为日本参与世界史的重大发展提供了新的可能性。①

大塚久雄是战后影响深远的民主派代表人物,他坚信日本需要对其现代历史的研究进行彻底改革。作为东京大学著名的欧洲史学者,大塚对近代早期西欧资本主义的兴起进行了深入研究。受卡尔·马克思的影响,实则更多是受马克斯·韦伯的影响,大塚意图探求西欧在资本主义道路上取得飞跃的原因。和韦伯一样,他不相信之前就存在的商业社会及其创造的利润自然引发了现代资本主义的发展;相反,他认为中产阶级或

---

① 例如,江口朴郎:《歴史の現段階》(東京:東京大学出版会,1958);《世界史の現段階と日本》(東京:岩波書店, 1986)。另见 Curtis Anderson Gayle, "Progressive Representations of the Nation: Early Post-War Japan and Beyond," *Social Science Japan Journal*, 4:1 (Apr. 2001), pp. 1-19, 特别是第 10—11 页。

第二章 放眼全球、再现亚洲:全球史在东亚的兴起、演变和前景

自耕农的兴起更重要。相比之下,日本和其他亚洲国家由于受到"父权统治"的影响,在个人主义和工商业发展方面从一开始就大大落后于西方。① 毋庸置疑,与马克思主义学派一样,大塚及其支持者的观点以欧洲历史为中心,而且表现更为明显。然而,这两个学派亦有两个共同之处:其一,他们的世界史研究方法多采用比较的角度;其二,他们把国家视为比较的基本单位。《帝国主义与民族》(1954)的作者江口朴郎对世界历史的理解显然更为广泛,但他也始终认为民族国家是历史研究的一个有用的解释框架。

大塚和江口的探索,在日本史学界得到了许多呼应。20 世纪 70 年代初,日本知名的学术出版社岩波书店出版 31 卷《世界史》,便是其中一例。该书编辑和撰稿人按时间和地域对丛书进行了编排。在中世纪之前,世界被划分为四个文明区域:欧洲(包括地中海)、南亚、东亚和中亚。而从现代开始,世界历史按照较大的民族国家的兴衰来叙述。在某种程度上,《世界史》的编纂是战后日本对世界史兴趣日益浓厚的体现。从 1945 年到 1970 年,日本出版了近 1000 本标题中含有"世界史"的书籍。②

战后日本的确出现了一股研究世界史的热潮。这有利于推广新方法并进行实践,特别是经济史学者尤其如此。从地理上看,关西地区诞生了一批创新性研究课题。自 1897 年建校以来,京都大学一直是早于它建校的东京大学的强劲对手。就世界史研究来说,自 20 世纪 60 年代开始,京都大学和关西其他大学对资本主义发展史进行了极富创见的研究。他们的目的之一就是挑战大塚久雄及其东大学者所挟带的专横之势。河野健二(1916—1996)和角山荣(1920—2014)是关西学界的两位主要人物,前者在京都大学人文研究所(IRH)任教,后者在和歌山大学任教。作为一

---

① 大塚久雄:《プロテスタンティズムの倫理と資本主義の精神》(東京:岩波書店,1982),梶山力译;以及《近代欧洲经济史序说》(東京:岩波書店,1944),亦见 Conrad, *Quest for the Lost Nation*, 178ff.

② 笔者注意到,日本国会图书馆所藏 1945 年到 1970 年间出版的书中,有 934 本书名中含有"世界历史"。

名法国史学者,河野将注意力转向了英国模式以外的欧洲其他资本主义发展模式。与河野一样,角山荣对大塚的观点进行了深刻的批判,指出英国并非现代资本主义的绝对典范。于是,他们和追随者们发起了许多项目来考察"世界资本主义"发展及其与世界其他地区的联系。①

在某种程度上,关西学者在研究世界资本主义发展方面所做的努力,与安德烈·贡德·弗兰克(André Gunder Frank,1929—2005)和伊曼纽尔·沃勒斯坦(1930—2019)的作品有异曲同工之处。更值得一提的是,日本学者和西方学者几乎是在同一时期各自进行研究的,两者的共同点在于日本学者像早期的西方史家一样,希望呈现现代资本主义的异质性。同时,他们也意识到,由于资本主义的发展,现代世界已经成为一个涵盖多样经济结构的综合体。因此,他们力图发现地区之间的"联系",并把重点放在亚洲部分和19世纪世界的变化之上。例如,角山荣和川北稔发现,到19世纪时现代资本主义已到达众多地区并覆盖世界上许多角落。工业产品从欧美向非西方地区传输的同时,农产品也从亚洲流向西方。也就是说,全球网络中的贸易活动并非单向的而是多向流通的。

与日本学者一样,中国的马克思主义史家也深受马克思历史理论中比较研究等观念的启发。1949年后,马克思主义史学成为史学界的主流。一些早期的马克思主义者,如郭沫若(1892—1978)就是通过日本学者的论著和翻译接触到马克思主义的。随着时间的推移,中国的马克思主义者开始意识到马克思主义历史理论与中国历史之间存在着一些距离,即马克思本人对欧洲以外的历史知之甚少;他对历史普遍发展的论断是以欧洲历史为基础的。新中国成立初期,史学工作者意识到用马克思主义理论或历史唯物主义来指导历史研究是当务之急。为此,他们向苏联史学界寻求指导,不仅邀请苏联史家,也就是当时所称的"外国专家",

---

① 例如,江口朴郎:《歴史の現段階》(東京:東京大学出版会,1958);《世界史の現段階と日本》(東京:岩波書店,1986)。另见 Curtis Anderson Gayle, "Progressive Representations of the Nation: Early Post-War Japan and Beyond," *Social Science Japan Journal*, 4:1 (Apr. 2001), pp. 1-19, 特别是第10—11页。

第二章　放眼全球、再现亚洲：全球史在东亚的兴起、演变和前景

在大学和研究机构担任顾问,还将苏联学者的著作以及马克思、恩格斯、列宁和斯大林的著作认真地译成中文。20世纪50年代,俄罗斯史家撰写的10卷本《世界通史》丛书在苏联一出版,学者们就将其翻译成中文出版。根据马克思的社会发展理论,苏联版《世界通史》提供了一个历史分期的框架,突出了从原始社会、奴隶社会到封建社会的过渡,随后是资本主义及其对立面,也就是社会主义和共产主义在人类历史上的兴起。①

不过,即使是在普世性的视角下,苏联编写的世界历史仍以欧洲为中心,同时也兼带以俄罗斯为中心。该书的主要内容是欧洲历史和俄罗斯历史,对非洲、亚洲和拉丁美洲的记载寥寥无几。此外,在描述历史的演变,例如从奴隶制到社会主义时,苏联学者无一例外地使用欧洲历史上的事件,比如将罗马帝国的灭亡、英国内战、法国大革命等作为描述社会进步进程的基本标志。在苏联史学的影响下,一些中国学者也对世界历史进行了类似规模的研究,1962年出版的四卷本《世界通史》就是一例。该书由哈佛毕业的周一良(1913—2001)和吴于廑(1913—1993)主编,书中超过三分之二的篇幅都是欧美历史,非洲、亚洲和拉丁美洲的历史只占剩下的三分之一。对今天中国的历史学者和知识分子来说,如何突破西方中心论的偏见仍然是一个不小的挑战。②

然而,与此同时,其他中国史家尤其是马克思主义学者,也开始关注和检讨现代史学中的西方中心论传统。在20世纪50年代,也就是中国向苏联借鉴的全盛时期,这些学者公开表示,他们反对俄罗斯学者所撰写的以欧洲为中心的历史。周谷城(1898—1996)是20世纪40年代撰写世界史论著的著名学者,他对上面提到的10卷本苏联《世界通史》提出了批评。失望之余的他指出,因为这本书忽视了非西方世界的许多方面,所

---

① Xu Luo, "Reconstructing World History in the People's Republic of China since the 1980s," *Journal of World History* 18:3 (2007), pp. 325-350. 关于苏联对中国历史学的影响见 Q. Edward Wang, "Between Marxism and Nationalism: Chinese Historiography and the Soviet Influence, 1949-1963," *Journal of Contemporary China* 9:23 (2000), pp. 95-111。

② Xu, "Reconstructing World History in the People's Republic of China since the 1980s."

以不能成为"真正的世界历史"。①此外,中国学者也看到,苏联世界史和苏联中国史论著在重新解读中国历史进程方面,没有提供任何实质性的帮助。因此,中国学者必须要完成的是对照世界历史的发展框架,借助来比较和评估本国历史的重要性。就像日本学者一样,苏联史家普遍对中国历史的演变持负面的态度,因为它似乎与马克思社会发展理论中的社会进步模式不相符。因此,中国的马克思主义学者曾力图从中国历史中寻找并提出自己的解释。20世纪五六十年代,中国学者热烈讨论的"五朵金花",就可视为一种解决途径。当时史学界和公众都在热烈讨论这一问题,它包括五个方面:(1)中国古代史分期问题;(2)封建土地所有制形式问题;(3)中国封建社会农民战争问题;(4)中国资本主义萌芽问题;(5)汉民族的形成问题。这些问题的本质是关于中国社会是何面貌以及为何没有遵循马克思所阐述的方向和阶段而发展。在关于这些问题的讨论中,学者们观点各不相同,辩论相当激烈。一些学者指责中国农民无法成功地创建一个新的、性质不同的社会,而另一些学者则关注马克思的欧洲中心主义。但不管各自观点如何,所有参与者都拓宽了视野,将中国历史变迁与包括西方在内的其他国家进行了比较。

对这些问题的争论使得"金花"开花,其中对所谓的亚细亚生产方式的讨论最有意义。这场讨论在同一时期展开,其激烈程度和广度不亚于中国历史上的其他论战。在《政治经济学批判》(1859)中,马克思引入了"亚细亚生产方式"这一概念,作为描述亚洲在其人类社会发展阶段中停滞状态的总称。从史学角度看,亚细亚生产方式之争具有双重意义:第一,它显现了马克思主义理论基于欧洲历史经验的特征,这一点或许比"五朵金花"之争更为明确;第二,它进一步拓宽了中国史家的视野,也就是说为了充分理解亚细亚生产方式和"东方"特征,他们现在需要更加关注非西方国家和地区的历史。这样,中国史家的关注点就从西方历史延

---

① 周谷城:《周谷城史学论文集》(北京:人民出版社,1983);李勇:《论周谷城世界通史编纂思想及实践与当代"整体史"观和"全球史"观的相关性》,《学术探索》2004年第6期。

第二章 放眼全球、再现亚洲：全球史在东亚的兴起、演变和前景

伸到了世界历史。正是由于这一争论，世界历史在中国史学界中得到了前所未有的重视。①

在全球体系中发现亚洲

20世纪70年代，中国正值"文化大革命"的持续阶段，日本则以其奇迹般的经济扩张震惊了世界，而且它还经受住了1971年和1979年的两次石油危机。同时，在世界史领域日本学者也发表了不少重要成果，让人侧目不已。顾名思义，京都大学人文研究所（IRH）是由各领域专家组成的多学科研究中心，它为学者们在校园里提供了一个实用的场所进行合作研究。这些合作提高了京都大学的地位。实际上，早在20世纪初，就出现了以西田几多郎（1870—1945）、田边元（1885—1962）等哲学家为首的"京都学派"。彼时，京都大学并不局限于哲学研究。在亚洲史研究中，内藤湖南（1866—1934）、狩野直喜（1868—1947）、桑原骘藏（1871—1931）等京都学者也受到了较高的评价。京都学人以战前成就在战后学者的论著和职业生涯中留下了明显的印记。战后，京都学者继续保持合作并在跨学科学术传统的基础上继续拓展研究领域。例如，桑原骘藏之子桑原武夫（1904—1988），是河野健二在人文研究所的同事，在人文和社科领域发挥了桥梁作用。当然除了上文提到的由河野和其同事领导的"世界资本主义"经济学研究，其他京都学者也在理论和方法上重塑了日本的世界史领域。

京都学派提出的一个关键性的理论问题，便是如何看待日本与现代西方的关系。在20世纪30年代，西田几多郎等学者提出了"现代性超

---

① 关于亚细亚生产方式的初次讨论并非是在20世纪50年代，也并非首发于中国，而是在20世纪二三十年代的日本和俄罗斯。20世纪五六十年代，中国的世界史研究进入快速发展时期，又恢复了对这一问题的讨论。英文学界早就对这一问题做了比较研究，参见 Joshua A. Fogel, "The Debate over the Asiatic Mode of Production in Soviet Russia, China, and Japan", *American Historical Review*, Vol. 93, No. 1 (February 1988), pp. 56-79。

克"的命题。鉴于日本的崛起,他们意图寻求方法取代欧洲文明的主导地位而重建新的世界秩序。人类学家梅棹忠夫(1920—2010)就从新视角发展了他的生态文明史观。梅棹的理论最早于1957年以随笔形式发表,1967年结集成书出版。根据梅棹的理论,欧亚大陆的文明属于两个生态区。第一个区域由西欧和日本组成,它们的生态环境是相同的,但与第二个区域有明显的不同。第二个区域过去虽然出现了一些辉煌的文明,比如中国、俄罗斯、印度和伊斯兰世界,它们也曾成功影响了第一个区域的文明。然而,尽管处于落后地区和文明的边缘,西欧和日本在第二区域频繁发生游牧民族入侵时毫发无损地发展了起来。此外,西欧和日本由于其地理和生态优势在近代发展得更快。

梅棹忠夫的理论形成于战后令日本难忘的经济复苏期和扩张之时,不仅在学术界,而且在普通大众中都反响极佳。梅棹忠夫传达的主要理念是,日本与西欧不相上下。这在史学界也产生了影响。如果没有后者的影响,日本本可以像同一地区的对手一样也能成功发展出自己的文明。换句话说,日本的现代化没有模仿也无须模仿大塚久雄及其追随者所提议的西方模式。①

为了论证梅棹忠夫关于日本在近代世界历史进程中是平等伙伴的论点,就需要深入分析近代资本主义的起源和发展;这反过来又要对日本以外许多地区的历史以及跨区域之间的联系有所了解。常被冠以"西洋史学者"之名的日本世界史学者河野健二,则身先士卒进行研究,1967年,河野与同事、著名农业学者饭沼二郎(1918—2005)合作出版了《世界资本主义的形成》,三年后,两人合编了另一本选集《世界资本主义的历史发展》。在介绍国家贸易网络研究现状之余,他们都重点介绍了全球贸易网络的发展。

为了突出全球贸易网络中的多向交换,日本学者强调,在工业化产品

---

① 例如,角山荣在回忆他早期学术生涯中曾言从今西锦二(1902—1992)和梅棹忠夫的论著中获得灵感,他们都是梅棹以前的同事,也是京都大学的人类学学者。参见角山荣:《"生活史"の発見 フィールドワークで見る世界》,第33—37页。

第二章 放眼全球、再现亚洲:全球史在东亚的兴起、演变和前景

从欧洲转移到亚洲的同时,某些商品比如农产品及其制成品也从亚洲到达欧洲,极大地改变了现代欧洲人的生活。1980年角山荣出版的《茶的世界史》是这类研究的较早尝试;1984年,他又出版了《钟表社会史》。同一时期,川北稔做了一些重要研究,比如以19世纪伦敦的大都市中心为例,探讨包括消费主义的兴起及其对资本主义社会形成的影响。川北的著作中《工业化的历史前提:大英帝国与士绅》(1983)一书尤为妙趣横生,而且就在几年后,英国经济史学家P. J. 凯恩和A. G. 霍普金斯创造了"绅士式的资本主义"(gentlemanly capitalism)这一概念。虽然他们兴趣各异,但川北、凯恩和霍普金斯都把注意力放在了大英帝国崛起的非工业因素上,特别是在19世纪的帝国扩张中。①从历史学角度来说,他们的研究将经济史与社会、文化和性别史等融为一体。这种方法使得学者们能够呈现多地区之间的"互补"贸易活动,涵盖欧洲、东亚、东南亚和中东。

从20世纪70年代开始,不仅在关西,东京大学所在的关东地区亦有新一代学者进行创新性研究并在国内外声誉斐然,其中有三位学者值得关注。第一位是滨下武志。东大毕业后,他曾在母校和京都大学等地任教,受过中国史的训练,致力于研究16世纪至19世纪以中国为中心的东亚和东南亚的朝贡贸易网络。因此,他的研究兴趣实际上超越了中国史本身。滨下认为,正如川北稔等学者所言,在欧洲列强进入亚洲的数百年前,亚洲在世界历史发展中就扮演着重要角色。他的研究质疑了因西方入侵而导致亚洲传统模式被改变和取代的观点;相反,他指出为了在亚洲建立贸易关系,西方列强采取了与现存的亚洲内部朝贡网络合作的模式。在整个19世纪,即使与西方列强签署了条约,亚洲内部的交流网络基本未受影响,他们的思想基础亦是如此。滨下自陈:"东方、西方两个概念

---

① 川北稔:《工業化の歴史的前提——帝国とジェントルマン》(東京:岩波書店,1983); Peter J. Cain & Anthony G. Hopkins, *British Imperialism* (London: Longman, 1993); Raymond Dumett (ed.), *Gentlemanly Capitalism and British Imperialism: The New Debate on Empire*; and *Gentlemanly Capitalism, Imperialism and Global History*, (ed.) Shigeru Akita (Houndmills: Palgrave Macmillan, 2002).

并没有在空间上相互覆盖,换言之,蕴含着等级秩序的贡赋贸易,在东亚仍位列首位,条约关系亦从属于它。"①因此,滨下武志认为,无论是在传统时期还是在现代,"海洋亚洲"对塑造世界历史进程产生了深远影响。

川胜平太是另一位对亚洲海洋的重要性感兴趣的学者。他先后毕业于早稻田大学和牛津大学,曾在早大任教多年。作为一位知名的文化评论家和在国家与地方有重要影响的政治家,川胜发表了大量关于海洋和海洋在人类历史上具有重要性的文章。尽管是梅棹忠夫的批评者,但川胜也从梅棹忠夫的宏观历史观中获益。1997年,他出版了广受好评的《文明的海洋史观》,认为现代世界实际上起源于海上的亚洲。具体而言,川胜观察到14世纪欧亚大陆发生了一场生态危机,促使西班牙、葡萄牙、英国和日本等岛国转向海洋寻求新资源。从那时起及之后的几个世纪,亚洲成为世界各地贸易活动的中心,这一系列的变化最终促使形成了欧洲的世界体系。②

第三位学者是杉原薰。他先后毕业于京都大学和东京大学,在伦敦大学亚非学院任教数十年后于20世纪90年代中期回到日本任教。和滨下武志一样,杉原研究的重点是亚洲内部的贸易网络。除了研究东亚和东南亚,他对现代棉花工业发展的关注也将研究视角带到了南亚和中东。杉原在其英日文论著中有力地指出,亚洲内部的贸易以及多地区的经济交流是促成世界资本主义扩张的一个不可分割的部分。此外,他还注意

---

① Hamashita Takeshi, "Tribute and Treaties: Maritime Asia and Treaty Port Networks in the Era of Negotiation, 1800-1900," in Giovanni Arrighi, Takeshi Hamashita and Mark Selden (eds.), *The Resurgence of East Asia: 500, 150 and 50 Years Perspective* (London: Routledge/Curzon, 2003), pp. 17-50;滨下武志:《近代中国の国际的契机——朝贡贸易システムと近代アジア》(东京:东京大学出版会,1990);《朝贡システムと近代アジア》(东京:岩波书店,1997); Linda Grove and Mark Selden (eds.), *China, East Asia and the Global Economy: Regional and Historical perspectives* (London: Routledge, 2008)。

② 川胜平太:《文明の海洋史观》(东京:中央公论社,1997);川胜平太的其他作品包括与滨下武志合编的《アジア交易圈と日本工业化——1500—1900》(东京:リブロポート,1991)以及 *Japanese Industrialization and Asian Economy* (London: Routledge, 1994)和 *Asian Pacific Dynamism, 1550-2000* (London: Routledge, 2000),后两本书均与 A. J. H. Latham 合编。

第二章 放眼全球、再现亚洲:全球史在东亚的兴起、演变和前景

到,到 20 世纪初,尽管世界资本主义似乎已经成为了一个全面综合的体系,但亚洲等地区的经济体在许多方面仍保持"自治"。杉原直言,与西方的工业革命不同,从近代早期开始亚洲就产生了"勤劳革命",影响经久不息。他和彭慕兰以及其他西方学者一样,对探索亚洲和欧洲经济发展的不同路径,兴趣盎然。①

1989—1991 年,岩波书店新出版的 10 卷本《世界史》反映了日本世界史研究的新趋势。该系列采用了与 20 世纪 60 年代以前按时代划分有所不同的专题研究法,借此强调了世界历史研究的三个方面:(1)自然环境与人类的关系;(2)各个社会之间的联系或整合及其之间的反应;(3)与民族国家框架截然不同的"地区"研究。以下诸方面在书中也有清晰的反映:(1)自然与历史;(2)日常生活技能与生产技术;(3)移民与交换;(4)社会凝聚力;(5)规范与整合;(6)流行文化;(7)权威与权力;(8)历史上的各个地区;(9)结构化世界;(10)国家与革命。

如果说在 20 世纪 80 年代中期日本出现了世界史或全球史的新趋势,那么同时期的中国学者也做出了类似的努力来探索"联系"和"互动"。1978 年,在邓小平的领导下,中国进入了"改革开放"的新时期。中国学者的学术研究也逐渐迈入了正途。1983 年至 1993 年,1962 年版《世界历史》的编撰者之一吴于廑发表了四篇影响较大的文章,从宏观角度探讨了资本主义的出现及其对世界历史的影响。② 他认为,在 15、16 世

---

① 参见例如 Sugihara Kaoru, *Ajia-kan Boeki no Keisei to Kozo* [*Patterns and Development of Intra-Asian Trade*](Kyoto: Mineruva-Shobo, 1996)和 Kaoru Sugihara (ed.) *Japan, China and the Growth of Asian International Economy* (Oxford: Oxford University Press, 2005),导言; Kaoru Sugihara, "British Imperialism, the City of London and Global Industrialization," in *Gentlemanly Capitalism, Imperialism and Global History*, pp. 185-206,以及更为简洁扼要的"East Asian Path," *Economic and Political Weekly*, 39:34 (August 2004), pp. 3855-3858。在"Is There an East Asian Development Path? Long term Comparisons, Constraints and Continuities"一文中,彭慕兰评论了杉原薰的文章, *Journal of the Economic and Social History of the Orient* 44:3 (2001), pp. 322-362。

② 吴于廑:《世界历史上的游牧世界与农耕世界》,《云南社会科学》1983 年第 1 期,第 47—57 页;《世界历史上的农本与重商》,《历史研究》1984 年第 1 期,第 3—24 页;《历史上农耕世界对工业世界的孕育》,《世界历史》1987 年第 2 期,第 1—18 页;《亚欧大陆传统农耕世界不同国家在新兴工业世界冲击下的反应》,《世界历史》1993 年第 1 期,第 3—22 页。

纪之前,或者说在资本主义兴起之前,存在着两个相互竞争的世界:农耕世界和游牧世界。从15、16世纪开始,这两个世界开始融合形成了一个完整的世界历史。通过提出这个宏大叙事命题,吴于廑承认受到了马克思"世界历史不是一直存在的,作为世界史的历史是结果"①这一观点的影响,但如果仔细阅读他的作品,还能发现他早年在国内和哈佛接受经济史训练的痕迹。可以肯定的是,他的文章强调了15、16世纪是个新历史时代的标志,这使人们注意到社会发展分期问题一直是马克思史家的关注点。但是,吴于廑最关注的似乎是强调和分析他所谓的"历史的横向运动",并探索和揭示不同地区在早期和现代世界是如何相互联系的。为此,时任武汉大学副校长的吴于廑建立了一个研究15、16世纪世界历史的研究所,出版了多部论著,培养了新一代的世界史学者。由于他的出色领导,武汉大学与北京大学、南开大学、中国社会科学院世界历史研究所等单位共同成为当今中国世界史研究的重镇。

1990年,吴于廑参编了《中国大百科全书》的《外国历史》卷并撰写总论,概述中国世界史工作者的任务。他认同奥斯瓦尔德·斯宾格勒(Oswald Spengler)、阿诺德·汤因比(Arnold Toynbee)、杰弗里·巴拉克拉夫(Geoffrey Barraclough)和L. S. 斯塔夫里阿诺斯(L. S. Stavrianos)在探索、观察和解释世界历史发展诸方面的重要性。同时,他指出,在史学上克服欧洲中心论仍有许多工作要做,因为世界史研究需要"以世界全局的观点,综合考察各地区、各国、各民族的历史"。经历了纵向和横向发展两个漫长历程后,历史"终于发展成为整体的世界历史这一客观过程"。因此,"研究世界历史就必须以世界为一全局,考察它怎样由相互闭塞发展为密切联系,由分散演变为整体的全部历程,这个全部历程就是

---

① Karl Marx, "Outline of the Critique of Political Economy (*Grundrisse*)," Marx-Engles Archives, http://www.marxists.org/archive/marx/works/1857/grundrisse/ch01.htm(2017年11月28日检索)。

第二章 放眼全球、再现亚洲:全球史在东亚的兴起、演变和前景

世界历史"。① 简而言之,和日本学者类似,吴于廑与其同事、学生希望探索研究和分析形塑现代世界历史的全球联系。

全球史的机遇和挑战

自20世纪90年代以来,由于全球化的蓬勃发展,全球史研究在东亚也备受瞩目。在日本,除战后几年内世界史出版物出现激增后直到20世纪90年代都十分稳定。而从20世纪90年代到现在则出现了一个新焦点,即许多书籍被命名为"世界史"的同时,也有不少被定名为"全球史",或日语音译"gurobaru hisutori"。② 20世纪90年代中期以来,中文学界各类学科的学者都对全球化给予了极大的关注。③中国台湾和香港的学者也从多个角度审视和分析全球化的影响,对其保持极高的关注。就台湾而言,全球化研究涉及范围很广,包括保存民间文化和习俗、宗教研究、中外语言教学、建筑设计、农业发展和旅游业等。④

20世纪90年代中期以来,中国大陆学者对全球史和全球化史的研究表现出了极大的热情。他们发表了数千篇学术论文,编写了数十本世界史教科书,进行了大量专题研究,如张一平的《全球史导论》(2012)、刘文明的《全球史理论与文明互动研究》(2015)、中国社会科学院世界历史

---

① 吴于廑:《世界历史》,《中国大百科全书·外国历史》(北京:中国大百科全书出版社,1990),第1、5、15页。
② 在日本国会图书馆,以"世界历史"作为标题进行检索,发现从1991年到2017年出版的图书总数竟达到了2720本,而1971年至1990年以相同标题出版的图书仅为727本。图书馆中还有38本名为"全球史"的著作,第一本在1996年就已出版。
③ 使用"全球化"作为关键词在中国知网上进行检索,在1979年到2017年之间共有34896篇文章,涉及全球化影响的各个领域:美术、建筑、旅游、语言学、国际金融、商业、教育管理、政治经济与地缘政治、城市发展与宗教研究。更重要的是,其中34887篇也就是绝大多数文章是在1994年以后发表的。
④ 台湾一个学术期刊数据库显示,1999年至2017年,共发表了2279篇讨论全球化影响的文章。香港中文大学的期刊数据库也显示,在1980年至2017年,有571篇涉及全球化影响的不同主题文章发表。参见 Q. Edward Wang, "Globalization, Global History and Local Identity in 'GreaterChina'", *The Asia-Pacific Journal*, Vol. 8-4-09, February 17, 2009。

研究所的《全球化与全球史》(2007),还有华东师范大学的《历史研究的新方向:区域史与全球史》(2011)和复旦大学的《全球史、区域史与国别史》(2016)等。① 而对全球史感兴趣的并非只有专业史家。"global history"的中译名是"全球史",还有一个更受欢迎的名称:"全球史观",或"全球视野下的历史学"。2017年3月,笔者借助中国使用最广泛的搜索引擎百度进行了一项调查。调查结果显示,用这两个词作为搜索词,第一个点击量超过了150万,第二个点击量则超过了250万。② 中文用两个词表示"全球史"意味深远,表明许多中国学者和读者非常关注如何用新方法来拓展和修正他们的历史观。

对于专业史家和受过良好教育的公众来说,全球史的意义在于它提供了一种替代欧洲中心论的方法,因为欧洲中心论直到今日仍在制约着他们对历史的理解。正如《历史研究》上刊登的文章所言,中国学者认为全球史研究的意义在于它重新将"文明"的概念引入研究中,这超越了国别史的局限,使学者们关注于探索不同文明之间的相互联系和跨文化交流。他们认为,这两个特点使最近的全球史著作有别于以往国内外中国学者的世界史研究,而早期的世界史研究模式虽扩大了历史研究的范围,但保留了民族国家的基本框架。因此,这些研究并未克服欧洲中心论。③

亚洲学者的全球史研究备受世界瞩目。2011年7月,首都师范大学主办了世界史学会第20届年会,来自世界各地的数百名历史学家参加了

---

① 张一平:《全球史导论》(北京:人民出版社,2012);刘文明:《全球史理论与文明互动研究》(北京:中国社会科学出版社,2015);于沛主编:《全球化和全球史》(北京:社会科学文献出版社,2007);朱政惠、胡逢祥主编:《全球视野下的史学:区域性与国际性》(上海:上海辞书出版社,2011);复旦大学文史研究院:《全球史、区域史与国别史:复旦、东大、普林斯顿三校合作论文集》(北京:中华书局,2016)。

② 2011年7月8日,世界史学会第20届年会在首都师范大学召开,刘新成以"全球史在中国"为题作了开幕式主旨发言。辩证地回顾世界史抑或全球史在中国影响的文章可参见 Dominic Sachsenmaier, *Global Perspectives on Global History: Theories and Approaches in a Connected World* (Cambridge: Cambridge University Press, 2011), ch. 4。

③ 参见刘新成、蒋竹山、张旭鹏、王永平等学者关于当代史学思潮与流派系列反思之全球史的讨论,相关文章发表于《历史研究》2013年第1期。值得注意的是,夏德明(Dominic Sachsenmaier)也在年会上发表了《全球史及其潜力》的文章。

第二章　放眼全球、再现亚洲：全球史在东亚的兴起、演变和前景

这次年会。2004 年，该校成立了"全球史研究中心"，出版专业期刊和丛书。2008 年，韩国梨花女子大学成立了由赵志衡（Cho Ji-Hyung）领导的世界与全球史研究所。截止到 2015 年，汉阳大学比较历史文化研究所也在推进比较研究和跨国史研究。在日本，大阪大学在全球史、世界史研究方面发挥着主导作用。2009 年，大阪大学召开的全球史会议促使亚洲世界历史学家学会成立。① 东京大学亚洲历史研究所所长羽田正及其团队在推动全球史研究方面作出了重要贡献。在论证全球史研究必要性的著作《走向新世界史：为全球公民所做的反思》中，他简要概述了日本近现代的世界史教育，随后提出了一个强有力的论点，即为了培养"全球公民"，历史学家必须超越欧洲中心论，从多视角看待世界。②

在促进全球史研究方面，亚洲学者与其他地区的学者密切合作。例如，在 2006 年至 2012 年期间，《世界史杂志》（Journal of World History）的主编、广受好评的全球史教科书《传统与交汇：以全球视角考察过去》（Traditions and Encounters: A Global Perspective on the Past，2003）的编写者之一杰瑞·本特利曾在首都师范大学担任数年客座教授，定期开设研讨会并指导学生。《时间地图：大历史导论》（Maps of Time: An Introduction to Big History，2004）的作者大卫·克里斯蒂安（David Christian）是梨花女子大学的客座教授，曾与赵志衡一起提倡用全球视角进行历史研究和授课。因为克里斯蒂安的访问，世界与全球史研究所设立了一个新的本科课程："大爆炸后的一切历史。"它把地球作为一个整体进行分析，涉及到宇宙大爆炸、地球的诞生、人类的出现和当今世界的本质等。该课程借鉴了"大历史"理论，为韩国世界史研究超越欧洲中心论提出了新的解决方法。

对一些东亚学者而言，全球史之所以具有吸引力是因为它使他们能够看到超越民族国家框架的可能。因此，如上所述，在韩国以及亚洲其他地区，"跨国史"和"全球史"几乎是同义词。推动"跨国史"研究是挑战

---

① 参考 Akita［秋田茂］："World History and the Emergence of Global History in Japan," pp. 91-94.

② 羽田正：《新しい世界史へ―地球市民のための構想》（東京：岩波書店，2011 年）。

西方史学霸权的另一种方式,因为不仅民族国家最早出现在欧洲,就连民族主义史学也是西方的产物。"跨国史"不仅强调了西方与非西方之间的联系,也强调西方以外各地区之间的关联性,这为亚洲学者提供了一种超越西方主流历史观的视角,批判、挑战了根深蒂固的民族主义史学。

出于超越西方史学模式的愿望,东京大学荣休教授、日本全球史研究的主要支持者羽田正甚至宣称"全球史"并不是传达日本学者努力寻求对世界史发展新理解的最佳选择,他认为,"新世界史"一词才是更好的选择,因为它不仅区分了该领域的近期著作和早期研究,而且还表明新趋势不一定仅仅是西方对日本史学影响的反映。①

除了关西地区,最近几年东京大学和早稻田大学的学者似乎也赶上了全球史崛起的东风。羽田正是东京大学中东史方向的教授和东亚文化研究所所长,他与秋田茂以及后者在大阪大学的同事、研究东南亚的学者桃木至朗一起,在研究和推广日本的全球史研究方面发挥了主导作用。羽田正与秋田等人合作编写了《世界史视角中的世界历史》(2016),他个人还著有《区域史与世界史》(2016)、《全球史与东亚史》(2016)等著作。借助羽田的研究所,东京大学与美国普林斯顿大学、德国洪堡大学和法国社会科学高等研究院建立了合作关系,探索全球史研究的新可能。

因此,在促进全球史研究方面,亚洲学者与各地区同行团结互助。一个显著的例子是上文提到的、2011年7月由北京首都师范大学主办的世界史学会第20届年会。来自世界各地的数百名历史学家参加了这次会议。自2004年成立以来,首都师范大学全球史研究中心一直致力于全球史方面的研究,包括全球史理论、中世纪欧洲与地中海比较、全球化与近代早期和现代西方研究、20世纪国际冲突研究、世界历史上的跨文化交流以及中国与世界关系等课题。自2007年以来,该中心所在的首都师范大学历史学院已经培养了不少全球史方向的硕士和博士研究生。②他们

---

① Haneda[羽田正], "Japanese Perspectives on 'Global History'."
② http://www.global-history.org/.

第二章　放眼全球、再现亚洲：全球史在东亚的兴起、演变和前景

中的一些学者和学生在年会上做了妙趣横生的演讲。自 2008 年以来，该研究中心创办的《全球史评论》由最初的年刊到 2015 年改为半年刊。2011 年的世界史大会可视为中国学者在全球史研究方面取得进展的标志。除海外参会者外，还有不少世界史、全球史学者发表了论文。其中一个颇受关注的话题是研究欧亚大陆不同文明之间的跨文化交流，其中包括中国与其近邻和远邻、古代和现代的关系。

在主题演讲中，时任首都师范大学校长、全球史中心的创始人刘新成概述了中国全球史研究的现状。他认为，一方面，全球史或者说全球史观在中国历史学界得到了热烈响应；另一方面，中国学者又表达了谨慎和批评，用他的话来说，"欢迎'全球史观'几乎是一个自然过程"。言外之意是中国人自然欢迎海外学者淡化西方在塑造世界近代史中的作用的尝试。原因是多方面的，正因此不少中国学者对世界史的新发展投来关注。① 事实上，许多中国学者认为，全球史对跨地区和跨文化交流的重视是一个重新审视和再现中国与世界其他国家关系的好机会。就像日韩学者一样（其中一些学者特别是桃木至朗，也提交了会议论文），中国学者对于研究"海洋亚洲"、茶叶、鸦片的传播以及将跨区域或区域内的观点引入全球史研究同样表现出极大的兴趣。②

近年来，国内出现了大量的全球史研究中心，包括北京外国语大学全球史研究院、山东大学全球史与跨国史研究院以及华东师范大学跨区域文明研究中心。平心而论，跨国史研究确实打开了学者们的视野，使他们能够看到民族国家框架之外的历史变化。

受全球史的启发，中国学者也试图在民族主义和马克思主义史学框架下努力创新，批评苏联史学的残余影响。北京大学教授钱乘旦是最早关注全球史的学者之一，他主张现代化理论应该是中国学者描绘 16 世纪

---

① 刘新成：《全球史观在中国》。
② 仲伟民：《茶叶与鸦片：十九世纪经济全球化中的中国》（北京：生活·读书·新知三联书店，2010）。在北京举办的世界史学会第 20 届年会上，专门设置了亚洲海洋和亚洲内部贸易的讨论组，可参见大会议程。

以来历史发展的理论,认为应该将经济发展及其在世界上的变革性影响作为理解历史运动的主题。①

在钱乘旦阐述的现代化在世界历史中所起重要作用的观点中,或许能发现欧洲中心论的明显痕迹。由于现代化最早始于欧美,用现代化理论来概括和解释历史运动会导致产生这样一种观点:西方是世界其他地区的榜样。②他的研究可能也带有一定的现实意涵。中国的快速现代化首先是为了让国家恢复曾经拥有的强国地位。总之,与民族主义史学相比,全球史似乎是一把双刃剑,但它无疑为历史研究提供了新视角。如果说在中国,全球史有助于拓展历史写作的方方面面,那么在韩国,对全球史的兴趣则鼓励学者们寻找民族主义思想之外的新替代品。在日本,伴随着亚洲经济史研究的推进,它引发了对前现代亚洲海洋及其与英国和整个欧洲资本主义发展之间联系的重要研究。对公众而言,威廉·麦克尼尔(William McNeill)和贾雷德·戴蒙德(Jared Diamond)关于世界史或全球史的作品也引起了极大的关注。公众对全球史的兴趣已经超越了日本本土范围。③

但全球史同时亦被纳入目前的民族主义讨论中。在当下的中国,既有全球史的支持者也有批评者,两者极有可能都受到了民族主义情绪的驱使。对于拥护者而言,全球史研究之所以有价值是因为它为他们将中国和亚洲纳入世界历史进程提供了可能。因此,许多中国学者赞同安德烈·贡德·弗兰克、彭慕兰、王国斌(R. Bin Wong)、威廉·麦克尼尔和杰瑞·本特利对欧洲中心主义史学的尖锐批判。然而,全球史的批评者仍对全球史在根除欧洲中心论残余方面的效力持怀疑态度,他们担心全球

---

① Qian Chengdan, "Constructing a New Disciplinary Framework of Modern World History around the Theme of Modernization," *Chinese Studies in History* 42:3 (Spring 2009), pp. 7-24.

② Q. Edward Wang, "'Rise of the Great Powers' = Rise of China? Challenges of the Advancement of Global History in the People's Republic of China," *Journal of Contemporary China* 19:64 (March 2010), pp. 273-289.

③ 2012年3月18日的《读卖新闻》介绍了日本读者对威廉·麦克尼尔和贾拉德·戴蒙德作品的关注,《枪炮、病菌与钢铁:人类的命运》在中国也很畅销。

第二章 放眼全球、再现亚洲:全球史在东亚的兴起、演变和前景

史家对发展综合历史观的强调可能会使他们将西方价值观作为普世价值强加给非西方世界。①实际上,当今中国正在寻求自己的发展模式,中国学者也开始从自身历史中寻找合适的发展模式,这与西方和日本模式大大不同。因此,某些学者对西方学者如弗兰克、彭慕兰等人对中国历史进程的解释持怀疑态度。②

从理想和现实两个层面来看,全球史在史学研究中对民族国家框架的淡化以及对跨国和区域间联系的关注,应该有助于缓解东亚各国间因为历史问题造成的紧张关系。在过去十多年中,随着中日韩三国学者的共同努力,在跨国史写作方面取得了引人注目的进展并出版了富有价值和前景的论著。③不过,不管这些合作最终能否弥合各国公众对历史认知之间的鸿沟,历史教科书的编写仍在不同程度上受到限制。除少数国家外,大多数国家目前使用的教科书都是按照民族国家框架编写的,由此强调民族进步、民族精神的特征。

显然,尽管许多世界史教师和研究人员在改进各级学校的历史课程方面做出了大胆而有意义的改革,但历史研究和历史教育之间仍有差距。2015年,在审查了日本学校的教学大纲后,羽田正感叹道:"把中、韩、日三国独立的历史放在一起,就能简单地理解东亚历史吗?"它们应该如何结合和整合?回答这个问题仍然有待时日。譬如,今天日本学校的课程中,日本史和世界史仍然分开讲授。④为了跨越这一相互隔绝的传统,富有新意的全球史论著应该而且需要推广到校园中,以求对修正和改变大学、中学的历史课程产生影响。

---

① Wu Xiaoqun, "Do We Really Need a 'Global View of History'?" *Chinese Studies in History* 42:3 (Spring 2009), pp. 45-50.
② 要了解中国学者对弗兰克与彭慕兰等加州学派学者的回应,见"California School in China," *Chinese Studies in History* 45:1 (Fall 2011)。
③ Q. Edward Wang, "Remembering the Past, Reconciling for the Future: A Critical Analysis of China-Japan Joint History Research Project (2006-2010)," *Chinese Historical Review* 17:2 (2010), pp. 219-237.
④ Haneda, "Japanese Perspectives on 'Global History'," p. 229.

第三章

拉丁美洲与加勒比地区:全球史诸传统

拉斐尔·马奎斯　若昂·保罗·皮门塔

一

1821年2月24日,新西班牙总督辖区的一位重要军事将领奥古斯丁·德·伊图维德宣布《伊瓜拉计划》这一和平协议,作为墨西哥独立的基础。重要的是,他的话是对着美洲人而非墨西哥人说的:"美洲人!我不仅指那些出生在美洲的人,也包括那些生活在这里的欧洲人、非洲人和亚洲人。"[①]

19世纪初,伊比利亚美洲帝国面临的挑战以及随后的崩溃,植根于那些见证了这个时代重大事件的观念、分析、话语、概念和词汇之中。结果是近二十个独立的主权国家的出现,这成为人类发展史上的重要章节。这段历史被认为是在更广阔的全球背景下由美洲人、欧洲人、非洲人和亚洲人构成的。这种关于历史的观念,在19世纪早期的论述中已经很常见,这本身可以作为该时期思想史的一个相关维度来加以研究。这种取向也为那些后来致力于研究伊比利亚帝国如何解体,以及新的社会和政治体如何取而代之的人提供了基础。

---

① Agustín de Iturbide, "Proclama y Plan de Iguala (24 de febrero de 1821)," Romero & Romero (orgs.), *Pensamiento político de la emancipación (1790-1825)* (Caracas: Ayaucho, 1997), vol. 2, p. 283.

第三章 拉丁美洲与加勒比地区：全球史诸传统

然而，研究拉丁美洲和加勒比地区历史的学者并不总是把各自国家的历史视作一种更为一般的历史的一部分。19世纪，随着现代民族国家的建立，出现了一种历史叙事，强调各自国家和社会所谓的独特性，有时还有某种优越性。这类叙事经常将过去用于政治用途，它不仅在拉丁美洲和加勒比地区，而且在世界各地占据主导地位。其持续的影响到今日仍很强大。然而，民族国家史学的胜利也带来了不同的解释框架，尤其是历史比较的维度：每个国家只有在与其他国家的比较中，其独特性才可能体现出来。而且，尽管民族国家和民族主义叙事盛行，很多学者依然不断拓展"拉丁美洲史"的空间视界，使其包含这个半球的诸多国家和整个大洲，甚至将这个大洲与世界其他地方结合起来。

在拉丁美洲，全球的和比较的历史研究路径日益壮大，这种研究路径强调将过程和现象视为更大现实的一部分，并远远超越了分散的、被国家框架所孤立的时间与空间。不过，这些研究路径也许并不如当前一些从业者愿意承认的那么富于创新。它们常常被运用是为了**替代**以前的历史书写形式，也许更应该被视为是对以往的历史书写形式的**更新**。

我们考察拉丁美洲和加勒比地区历史写作的一些例子，目的是重新发现那些在今天看来属于全球史前身的学术研究，它们可以支持今天的全球史书写实践，并为研究拉丁美洲及世界其他地区的学者提供灵感。拉丁美洲和加勒比地区的史学史中充满了此类作品。① 因此，本章将进行一种介绍性的而非面面俱到的分析。在选择例子时，我们关注主题相关性、理论深度以及对史学史的影响。在研究路径或作者意图方面，这些著作不尽相同，但是这种粗略的分类可以让我们正确地看待那种遮蔽了全球史实践历史的自我赞扬，这种自我赞扬限制了其未来的创新潜能。

---

① 因此我们的观点与马休·布朗的观点相背离，他认为拉丁美洲史学与全球史研究之间是割裂的，而且这种割裂是持续的、消极的。布朗正确地指出了目前英语世界的大部分主流全球史研究如何系统地忽略了拉丁美洲史。然而我们认为，拉丁美洲和加勒比地区的史学传统并非因为它不是用英文书写的而缺少全球性，其传统先于并独立于英语学术世界的史学潮流。见 Matthew Brown, "The Global History of Latin America," *Journal of Global History* 10:3 (November 2015), pp. 365-386。

全球的全球史

挑选合适的例子是个复杂的工作。我们今天认作"全球史"的领域中的很多作品可能在其写作的时代并不被这么看。不仅是我们讨论的学者不被认为是"全球性的",他们的作品也是在不同的背景中构思和写作的,具有不同的写作目标。但是,在某种意义上,这一认识只是加剧了对今日一些全球史学家的一些声明的怀疑,因为它表明,过去的学者几乎是自然地把美洲的历史看作民族国家史与跨国史的集合。这难道不就是今天的全球史的基本前提吗?

让我们快速回忆一下早期的例子:在阿根廷建立经典民族史学的讨论中,巴托洛梅·米特(Bartolomé Mitre)是一位中心人物。他在完成《贝尔格拉诺与阿根廷独立史》(*Historia de Belgrano y de la Independencia Argentina*, 1887)的第四版即最终版的同年,开始了另一项任务:以拉普拉塔河流域的建国之父为中心写作《圣马丁与南美解放史》(*Historia de San Martin y de la Sudamericana Emancipation*)。① 在这里,一位民族英雄被作为一部历史的主角,这部历史超越了民族国家范围,成为一部真正的大洲史。不久之后,巴西政治评论家若阿金·纳布科也走上了类似的道路。在《巴尔马塞达》(1895)中,他分析了智利内战前的四年,以及战争中智利总统的角色,同时也考察了巴西和整个美洲。但他仍然抱怨道:

> 南美洲……从未有过历史学家;没有关于其政治状况的完整的批判性纲领;从未有人从埋藏在相距遥远的首府的大量史料中提炼出一个历史框架。没有从普遍的视角进行写作的作品。②

在缺乏**美洲**全局的历史视角方面,我们也许会认同纳布科,但毫无疑问,在19世纪末,美洲很多历史学家看上去都已承认有必要对大洲及大洲之

---

① Fabio Wasserman, *Entre Clio y la Polis: conocimiento histórico y representaciones del passado en el Río de la Plata（1830-1860）*（Buenos Aires：Teseo, 2008）；亦可见 Fernando Devoto and Nora Pagano, *Historia de la historiografia argentina*（Buenos Aires：Sudamericana, 2009）。

② Joaquim Nabuco, Balmaceda（4a.ed., São Paulo：Cosac Naify, 2008）, p. 27. 其政治和思想生涯见 Ricardo Salles, *Joaquim Nabuco, um Pensador do Império*（Rio de Janeiro：Topbooks, 2002）。

第三章　拉丁美洲与加勒比地区：全球史诸传统

外的历史进行分析。

若阿金·纳布科之后不过半个世纪，以下观点已深入人心：美洲的历史一定是世界历史的一部分。例如，安东内罗·格比的《关于新世界的争论》（*La Disputa del Nuovo Mundo*，1955）分析了一系列思想学说，它们在历史中的多种变体的共性，是承认美洲各地一直以来都被整合在一个单一的历史实体之中。再例如，在埃德蒙·奥戈尔曼的《美洲的发明》（*La Invención de América*，1958）中，关于美洲逐渐融入欧洲世界观的过程的认识取代了直到那时仍受到绝大多数学者认同的认识——美洲是被"发现"的——这种取代是一项重大创新。甚至塞尔吉奥·布尔克·德·霍兰达（Sérgio Buarque de Holanda）在其《天堂的愿景》（*Visão do Paraíso*，1959）一书中，以一种真正的全球视野，同时也是比较与综合的视角，分析了美洲殖民化集体想象的形成。①

这些只是众多历史作品中的几个例子。它们打开了我们的视界，让我们看到拉丁美洲史中空间扩展观点悠久而杰出的传统。为了更好地理解这些研究路径的适用范围，我们将关注拉丁美洲史中的三个核心主题，看看在 20 世纪，每一个主题的分析是如何在全球史框架内进行的，以及造就了一些我们称之为全球史的史学传统。这些传统不仅是由拉美历史学家，也是由美洲之外的、与当是同行形成对话的拉丁美洲研究者塑造的。通过将他们放在一起，我们开始思考什么意味着从全球视角讲述拉丁美洲的全球史。

---

① Antonello Gerbi, *O Novo Mundo. História de uma polêmica, 1750-1900* (trad. port., São Paulo: Companhia das Letras, 1996); Edmundo O'Gorman, *A invenção da América* (trad. port., São Paulo: Ed.Unesp, 1992); Sérgio Buarque de Holanda, *Visão do Paraíso. Os motivos edênicos no descobrimento e colonização do Brasil* (Ed. rev., São Paulo: Brasiliense, 1992). 塞尔吉奥·布尔克·德·霍兰达的比较的、全球的视野事实上出现得更早，体现在其经典研究 *Raízes do Brasil* (1a ed: 1936, Rio de Janeiro: José Olympio, 1986)之中。吉尔贝托·弗雷尔（Gilberto Freyre）的 *corpus*，相对来说更为英语读者熟悉，属于同一运动，见 *Casa Grande & Senzala*，葡萄牙语原文出版于 1933 年，英译本见 *The Master and the Slaves: A Study in the Development of Brazilian Civilization* (Berkeley: The University of California Press, 1987) 及 *New World in the Tropics: The Culture of Modern Brazil* (New York: Alfred Knopf, 1959)。

二

第一个传统源自受马克思主义影响的加勒比奴隶制研究。两位出生在特立尼达和多巴哥的历史学家、政治家发挥了先锋作用：C. L. R. 詹姆斯和埃里克·威廉斯。他们的研究著作出版于 20 世纪 30 年代末，关注西印度群岛上的法国、英国殖民地，将美洲的奴隶制度放在西半球更广阔的历史进程之中，从而重新塑造了这一研究领域。

詹姆斯的著作《黑皮肤的雅各宾派》(The Black Jacobins, 1938) 在标题中就清楚地表明了其观点。作者分析了圣多明各的大规模奴隶起义的历史，及其与欧洲经济、社会、政治动态的多重交叉关系。詹姆斯解释说，18 世纪加勒比殖民地被系统开发，催生了南特、波尔多和马赛等地强大的商人集团。出于对殖民地垄断权的嫉妒，这类商人集团在走私及与英国、美国商人的贸易问题上经常与加勒比地区的种植园主发生冲突。在地方层面，当地奴隶主的地位也受到挑战，他们与贫困的白人定居者及殖民地繁荣的自由黑人社区和混血 (mulattos) 社区之间存在冲突。詹姆斯也指出了欧洲在加勒比地区的殖民主义结构以及帝国间的竞争如何塑造了这些紧张关系：法国资产阶级和英国资产阶级之间日益增强的对立——后者（受对黑人奴隶制的批评的推动）支持一项围绕东印度群岛的新帝国计划——把冲突推向了全球层面。七年战争 (1756—1763) 和美国革命 (1776—1783) 之后，英属西印度群岛最主要的种植园对手圣多明各，成为两个世界强国下一轮决定性较量的场域。依照詹姆斯的说法，"在法国革命前十年，就是这些力量把圣多明各与三个大陆的经济命运及那个时代的社会、政治冲突联系在一起"①。

1791 年奴隶起义爆发，发生在加勒比地区的事件将被证明对欧洲自

---

① C. L. R. James, The Black Jacobins: Toussaint L'Ouverture and the San Domingo Revolution, 2nd edition (New York: Vintage, 1989), p. 55.

第三章 拉丁美洲与加勒比地区：全球史诸传统

身的革命进程至关重要，殖民问题成为西方政治命运的核心问题。① 而更为重要的是，下层群体——圣多明各被奴役的劳工——作为一种集体的历史主体而出现。② 即便此书的标题——让人联想到巴黎民众与殖民地黑人奴隶之间的关联——从历史的观点看是不准确的，但它清晰地表明了詹姆斯的新研究路径：**从下往上看的全球史**（a global history from below）。

埃里克·威廉斯的工作同样影响深远。他在经典作品《资本主义与奴隶制》（*Capitalism & Slavery*）中以《黑皮肤的雅各宾派》为模本，考察英属加勒比的黑人奴隶，当我们寻找这部作品的源头时能够清楚发现二者的联系，詹姆斯的书出版同年，威廉斯完成了他在牛津大学的博士论文。20 世纪 30 年代，"帝国学派"主导着殖民主义史和加勒比奴隶制历史的书写，并且以多种方式为英帝国寻求合法性基础。③ 威廉斯和詹姆斯二人从另外一系列前提出发来书写殖民主义和奴隶制的历史，构成了帝国解体运动的一部分。

威廉斯的博士论文关注导致英帝国废除跨大西洋奴隶贸易与非洲奴隶制的经济因素，与当时主流的"帝国学派"的解释背道而驰。然而，这是一部遵循历史学博士论文既定模式的作品，特别是有严格的历时叙事和对证据的控制。论文将考察时间段集中在 1783 年至 1838 年之间，讨论美国革命之后西印度群岛对英帝国经济重要性的下降，圣多明各的奴隶贸易和奴隶制的不断发展，英国在奴隶反叛期间占有法国殖民地的企图，以及这一企图的失败对 1807 年废除跨大西洋奴隶贸易的影响。他还谈到以下情况：面对其他全球竞争者，英属加勒比地区糖产量下滑；巴巴多

---

① 例如詹姆斯表明，法国和英国对圣多明各武装干涉的失败，以及杜桑·卢维杜尔带领奴隶取得胜利，这两件事非常重要，其影响是阻止了英国在 1793 年至 1799 年进攻法国本土。

② 以下这段文字已经家喻户晓，詹姆斯认为，美洲种植园奴隶更接近现代工业中的无产阶级，而不是传统农民阶层，这一事实对革命组织有利："奴隶在土地上工作，就像各地的革命农民，他们的目标是消灭他们的压迫者。但是诺斯平原上那些大规模的糖厂里，几百人一群的奴隶，他们工作和生活在一起，比当时任何工人更接近现代无产阶级，因此他们的起义是彻底准备的，有组织的集体行动。"（第 84—86 页）

③ W. Roger Louis, *The Oxford History of the British Empire* (Oxford: Oxford University Press, 1999), vol. 5, pp. 1-42.

斯、牙买加和德梅拉拉面临奴隶反叛的威胁;这些反叛对英国公共舆论的影响;以及西印度群岛的垄断对资本主义力量在宗主国的发展的限制。

在无法立即出版博士论文,又无法顺利地在英国大学中找到工作的情况下,威廉斯只好前往美国。在霍华德大学,他发现了有利于其修改作品原初计划的条件,最主要的影响因素是1938年詹姆斯的作品的面世。

在一场全球史从边缘走向学术主流的有趣运动中,威廉斯对资本主义与奴隶制之间矛盾关系的解释直接取自《黑皮肤的雅各宾派》。而且,他在1944年最终出版的书中增加了三个1938年的论文中没有的轴心内容:将种族主义阐述为阶级剥削的一个功能性的方面时,将黑人奴隶制理解为一种经济现象;大西洋奴隶制在英国工业资本主义兴起中的中心地位;奴隶反抗在推翻奴隶制过程中的作用——这一主题在论文中是明确的,但没有被充分论述。詹姆斯的政治风格及其直截了当的、辛辣的和引人入胜的写作风格也影响了威廉斯。前者的作品传递了其信念——历史学实践应该被视为一种政治活动。①

因此,詹姆斯和威廉斯属于第一批把全球资本主义的建立与美洲对非洲人的大规模奴役联系起来的史学家。他们的学术研究将黑人奴隶制放在现代世界的起源之中,从而为后续一系列关于资本主义世界经济领域中不平衡发展的研究铺就了道路。他们也最早向我们呈现了一种分析模型——将大西洋区域不同地区的历史进程视成一个有机单元,发生在

---

① Eric Williams, *Capitalism and Slavery* (1st edition 1944, Chapel Hill: The University of North Carolina Press, 1994). 关于其博士论文与这本著作的差别,见 Howard Temperley, "Eric Williams and Abolition: The Birth of a New Orthodoxy," in Barbara Solow; Stanley Engerman (eds.), *British Capitalism and Caribbean Slavery: The Legacy of Eric Williams* (Cambridge: Cambridge University Press, 1987), pp. 229-257, 以及 William Darity Jr., "Eric Williams and Slavery: A West Indian Viewpoint?" *Callaloo* 20:4; in Sandra Pouchet Paquet (ed.) *Eric Williams and the Postcolonial Caribbean*: A Special Issue (Autumn 1997), pp. 800-816. 有关威廉斯与詹姆斯的历史学、政治观点的异同,见 Humberto García Muñiz, "Eric Williams y C. R. L. James: simbiosis intelectual y contrapunteo ideológico," in Eric Williams (ed.), *El negro em el Caribe y otros textos* (La Habana: Editorial Casa de las Américas, 2011), pp. 419-450。Dale Tomich 和 William Darity Jr. 刚刚编辑了埃里克·威廉斯的博士论文: *The Economic Aspect of the Abolition of the West Indian Slave Trade and Slavery* (Boulder, CO: Rowman & Littlefield, 2014)。

第三章　拉丁美洲与加勒比地区：全球史诸传统

旧世界和新世界的各类事件在多个层面塑造了彼此。

三

C. L. R. 詹姆斯和埃里克·威廉斯的全球视野启发了20世纪60—70年代那些致力于拉丁美洲殖民史的历史学家和社会学家。另一个灵感也源自20世纪30年代,但不同于詹姆斯和威廉斯的马克思主义,而是第二代年鉴学派,领头人是费尔南·布罗代尔。众所周知,这个了不起的史学家群体主张透过一种全面的、整体的视角审视研究对象,并与地理学、人口统计学、社会学、人类学和经济学进行深度对话。年鉴学派的另一个显著特色是关注历史时间的辩证法——依照布罗代尔的说法,了解"结构""点面结合"和"事件"的不同时间节奏。①

特别值得一提的是,布罗代尔的论述中有一个更加具体的"拉丁美洲时刻"(Latin-American moment)。这一创新性表述最早出现在其1947年向索邦大学提交的博士论文《地中海》(*The Mediterranean*)第一版中,其中历史时间的不同节奏通过"地理时间""社会时间"和"个体时间"三种形式出现。②这一概念并不如他后来在1958年论及的"长时段"(longue durée)那般明确,但是其本身已内含一个研究计划,这个计划将在大约四分之一个世纪的时间中激励年鉴学派史学家的研究。布罗代尔是如何形成这一观念的? 从20世纪20年代构思的一篇外交史领域的论文到20年后一个完全不同的结果——这一结果预示了对历史写作中时间和空间关系的全新理解,在这个过程中,两个阶段至关重要。首先是他与第一代年鉴学派,特别是吕西安·费弗尔的学术交往,其次是其1935年至1937

---

① 布罗代尔的纲领性文章发表在 *Écrits sur l'Histoire* (Paris: Flamarion, 1969)。最初发表于1958年的有关"长时段"的文章,沃勒斯坦提供了新的英文译本: Fernand Braudel, "History and the Social Sciences: The *Long Durée*," *Review. A Journal of the Fernand Braudel Center* XXXII:2 (2009), pp. 171-204。

② Fernand Braudel, *O Mediterrâneo e o Mundo Mediterrânico na Época de Felipe II*. (1a ed: 1949; trad. port., São Paulo: Martins Fontes, 1983), 2 vols., here vol. 1, p. 26.

年担任圣保罗大学教授的经历。晚年时,布罗代尔曾说他去巴西之后变得"聪明"了。这一说法自然可以解释为个人的念旧之情,但是熟悉布罗代尔作品的人认为,这也反映出巴西经历作为一次**全球性**经历,对其阐释历史时间的多元性观念的重要性。①

二战中被纳粹关押期间,布罗代尔曾考虑写作一篇副论文(这是当时在法国大学体制中申请博士学位所必需的)讨论16世纪的巴西,但后来没有写成。可是,1945年至1946年在索邦大学期间,他教授一门有关19世纪初拉丁美洲历史的课程,吸引了诸如弗雷德里克·毛罗(Frédéric Mauro)和皮埃尔·肖努(Pierre Chaunu)这样的学生,他们很快学会了其分析视角。② 在接下来的十年中,肖努和毛罗出版了以大西洋为背景的有关西班牙帝国与葡萄牙帝国的重要著作,这些著作以布罗代尔最初为地中海建立的地理历史模型为基础。肖努讨论塞维利亚与西班牙美洲贸易关系的多卷本作品,旨在让人们进一步理解结构时间的不变量与曲折变化。毛罗考察了一个地理区域(南大西洋地区),其边缘地区受到单一的欧洲势力的控制。他引导人们注意葡萄牙人强加于此的生产形式以及黑人奴隶制在一个帝国体系运作中的结构性作用。他清楚地认识到,这一帝国体系一直是一种全球体系。③

---

① 见 Carlos Antonio Aguirre Rojas, *Braudel, o mundo e o Brasil* (trad. port., São Paulo: Cortez Editora, 2003), pp. 95-128, 及 Luís Corrêa Lima, *Fernand Braudel e o Brasil. Vivência e Brasilianismo (1935-1945)* (São Paulo: Edusp, 2009)。布罗代尔在圣保罗大学期间及后来回到法国后,对巴西历史学家 Alice Piffer Canabrava 的帮助很大,后者运用全球史研究方法写了两本重要著作。第一本书分析了16世纪末17世纪初葡萄牙与西班牙在里奥·达普拉塔(Rio da Prata)地区的经济、社会和政治联系 (*O Comércio Português no Rio da Prata, 1580-1640*. 1st edition 1942, São Paulo: Edusp, 1984);第二本书用一种比较的方法,分析18世纪巴西与加勒比地区的糖经济 (*O Açúcar nas Antilhas, 1697-1755*. 1st edition 1946, São Paulo: IPE-USP, 1981)。

② Pierre Daix, *Fernand Braudel: Uma biografia* (trad. port, Rio de Janeiro: Record, 1999), pp. 259-261.

③ Pierre Pierre and Huguette Chaunu, *Seville et l'Atlantique (1504-1650)* (Paris: S.E.V.P.E.N., 1955-1959), 8 vols.; Frédéric Mauro, *Le Portugal, le Brésil et l'Atlantique au XVIIe siècle (1570-1670)* (Paris: S.E.V.P.E.N., 1960), 2 vols.

第三章 拉丁美洲与加勒比地区:全球史诸传统

布罗代尔的研究视角引起了葡萄牙历史学家维托里诺·马加尔海斯·戈迪尼奥(Vitorino Magalhaes Godinho)的兴趣,戈迪尼奥的学术生涯开始于20世纪40年代初期,主要考察15世纪葡萄牙的海外扩张。由于萨拉查统治带来的困境,他到法国寻求避难,在年鉴学派中找到了安身之所。从1949年开始,他发表了大量文章和论文,并担任圣保罗大学的客座教授(和布罗代尔在30年代担任的职位一样),与此同时还为其巨著《海外发现与世界经济》(Os Descobrimentos e a Economia Mundial)做了准备工作。这部著作最初于1969年在法国作为国家博士学位论文呈交,80年代早期以葡萄牙文出版。戈迪尼奥以生动的笔触讨论欧洲海外扩张之后的全球史时代。他避开欧洲中心论,详细地考察了西方资本在亚洲、非洲和美洲扩张而引发的复杂的经济、社会和文化联系。① 尤为重要的是,他考察了居于葡萄牙扩张核心位置的独特商品,并且提出了12世纪至17世纪世界经济的"历史-地理综合体"(historical-geographical complexes)这一概念。他的理论框架最终使他能够评估美洲史借由全球史而产生的方式,以及美洲史反过来塑造全球史的方式。②

我们还应该重点介绍一本书,它是基于20世纪60年代末索邦大学的一门课程笔记出版的,授课者是位著名的马克思主义作家、加泰罗尼亚近代史专家。皮埃尔·维拉尔的《黄金与货币史,1450—1920》,最初的西班牙文版出版于1969年。该书考察了拉丁美洲在全球金银开采史中

---

① 我们应该记住,当时另外一位重要的历史学家做的综合性研究,尽管他没有运用年鉴学派的理论和方法论框架,却和戈迪尼奥一样是一位真正的全球史家:Charles Boxer, *The Portuguese Seaborne Empire*, 1415-1825 (London: Longman, 1969)。同样重要的,研究西班牙历史的还有:John H. Elliott, *The Old World and the New*, 1492-1650 (Cambridge: Cambridge University Press, 1970)。接下来的一代人追随 Elliott 的脚步,见 Anthony Pagden, *The Fall of Natural Man: The American Indian and the Origins of Comparative Anthropology* (Cambridge: Cambridge University Press, 1982)。

② Vitorino Magalhães Godinho, *Os Descobrimentos e a economia mundial* (Lisboa: Editorial Presença, 1981-1983), 4 vols. 对戈迪尼奥的著作的优秀诠释,参见 Dale Tomich, "Vitorino Magalhães Godinho. Atlantic History, World History," *Review. A Journal of the Fernand Braudel Center* XXVIII:4 (2005), pp. 305-312。

的位置,及其对现代世界的经济影响。①作者研究了波托西地区的银矿开采活动(其对当地社会和地区市场的组织形式,以及生态环境、劳动形式的影响),及其与16世纪后半叶全球经济扩张之间的关系。他也分析了17世纪至20世纪初全球金融的转型。通过整合白银和黄金的生产与流通路线,维拉尔实质上考察了美洲融入欧洲经济空间的长期影响,并预见了许多争论,这些争论引发了当前关于美洲的贵金属在世界资本主义的巩固中所发挥作用的讨论。②

最后,我们不能忘记布罗代尔的杰作,它可以被视作已经总结过的许多集体研究的综合产物。在其关于15—18世纪的资本主义历史的三卷本著作中,他给予葡萄牙和西班牙美洲及加勒比地区突出的位置,将其作为欧洲资本运动的特别空间,从而令西方与亚洲"脱钩"。③即使是那些放弃了布罗代尔的"资本主义世界经济"概念(例如鲁杰罗·罗马诺在其讨论17世纪欧洲和西班牙美洲的危机对立时刻的书中所做的④)的与年鉴派有关联的作者,也依然保留了这一学派的理论与方法论的核心,也就是通过多重时空尺度对历史现象进行观察和分析。多年以来,这一视角一直是令人信服的考察拉丁美洲史的全球史路径。⑤

---

① 我们使用葡萄牙语版本:Pierre Vilar, *Ouro e moeda na História* (*1450-1920*) (Rio de Janeiro: Paz & Terra, 1980)。英文第一版由 New Left Books 于1976年出版,2011年 Verso 出版了新版本。

② 在这个意义上,丹尼斯·弗林与阿图罗·吉拉德兹富有创新性的作品(参见如 "China and the Spanish Empire," *Revista de História Económica* 14:2 [Verano 1996], pp. 309-338 和 "Born with a 'Silver Spoon': The Origin of World Trade in 1571," *Journal of World History* 6:2 [Fall 1995], pp. 201-221)如果能够更好地运用维拉尔的分析视角,将会取得更大成就。

③ Fernand Braudel, *Civilização Material, Economia e Capitalismo, séculos XV-XVIII* (1a ed. fr: 1979; trad.port., São Paulo: Martins Fontes, 1996), 3 vols.

④ Ruggiero Romano, *Coyunturas Opuestas: La crisis del siglo XVII en Europa e Hispanoamérica* (México: Fondo de Cultura Económica, 1993).

⑤ 类似的评价参见 Sandra Kuntz Ficker, "Mundial, trasnacional, global: Un ejercicio de clarificación conceptual de los estudios globales", *Nuevo Mundo Mundos Nuevos* [on line], Débats, mis en ligne le 27 mars 2014. URL: http://nuevomundo.revues.org/66524 (2017年11月28日检索)。

第三章 拉丁美洲与加勒比地区:全球史诸传统

四

对拉丁美洲及加勒比地区历史进行全球性研究的第三条线索,源自有关区域发展与欠发展的经济讨论。如果其部分根源可以在上文提到的作者和作品中找到,这一线索无疑是作为对大萧条的全球政治与经济背景的直接回应而发展的。20世纪20—30年代,作为阿根廷的一名公共管理人员,劳尔·普雷维什(Raúl Prebisch)开始批评性地思考古典经济学和新古典经济学中有关国际贸易及比较优势的假设。在担任阿根廷中央银行总经理时,他受到凯恩斯的启发,在面向小范围读者写作的研究报告中(或许是首次)提出了等级对国际贸易的重要性,指出"中心""边缘"等范畴对我们理解世界经济体系很有必要。1948年,他被任命为拉丁美洲经济委员会(Economic Commission for Latin America,ECLAC)执行秘书后,继续阐述这些观念,还提出更多相关概念,如贸易条件恶化、外围经济体的双元结构与内向发展。①要对这些概念进行正确的认识,需要从真正的全球视角深入考察拉丁美洲及加勒比地区的历史。

也许,在拉丁美洲历史研究中运用普雷维什的范畴的最好体现是巴西经济学家,另一位 ECLAC 的重要成员塞尔索·富尔塔多(Celso Furtado)的著作。在《巴西的经济增长》(*The Economic Growth of Brazil*,1959)一书中,他考察了伊比利亚在美洲的殖民,并将其放在欧洲商业扩张的更大背景中,强调了他所谓的新世界的"掠夺型殖民地"与"拓殖型殖民地"之间的不对称性,前者包括热带地区如巴西东北部、西印度群岛、切萨皮克和南卡罗来纳殖民地,以及位于新西班牙、秘鲁和米纳斯吉拉斯的伊比利亚矿区,后者包括英属美洲大陆北部的

---

① Edgar J. Dosman, *The Life and Times of Raúl Prebisch (1901-1986)* (Montreal: McGill Queen's University Press, 2010).

殖民地。①富尔塔多对这两种殖民地进行了系统的比较,进而解释了美国经济发展与拉丁美洲、加勒比地区欠发达状况之间的历史分化。(非洲人或土著居民的)强制劳动是"掠夺型殖民地"的基本特征,其所有产品几乎都是为全球资本主义的几个中心服务的,结果导致土地所有权与收入不断地集中,服务于国内市场的(以低资本构成、低生产力为特征的)各经济部门不断萎缩,以工业化为基础的自立自足的经济增长道路被封闭了,而这才是发展的真正标志。与之相对照,以自由劳动、满足地方需求的经济和更为均衡的土地与收入分配为特征的"拓殖型殖民地"开启了以强劲的国内市场为基础的"内向型发展"。②

所谓的依附理论诞生于拉丁美洲的大学之中,源于对 ECLAC 模式的批评,因为这种模式无法有效地解释历史变革,也无法克服欠发展的状态。尽管依附理论主要由不从事历史学家的档案工作的社会学家和经济学家提出,但该理论派别的两本著作与全球框架下的拉丁美洲史研究有着特殊的关系。费尔南多·恩里克·卡多佐和恩佐·法莱托(Enzo Falleto)分析了资本主义世界体系边缘地区的阶级关系,认为这是理解历史上被强加的发展阻碍的关键因素。安德烈·贡德·弗兰克强调,中心地区资本积累的主要来源,是 16—20 世纪对世界资本主义体系的卫星地区的系统性剥削,并特别指出无论边缘地区有怎样的生产形式或劳动形式,这种资源转移都是阻碍卫星地区发展的真正障碍。③

---

① 这些术语并非富尔塔多的创造,很多作者也使用过,包括卡尔·考茨基,他在 *Socialism and Colonial Policy* (1907)中使用了"工作型殖民地"(work colonies)和"剥削型殖民地"(exploitation colonies)的概念,类似于后来拉丁美洲社会科学研究者使用的概念。

② Celso Furtado, *Formação Econômica do Brasil* (1a ed: 1959, São Paulo: Companhia das Letras, 2009) (英文版: *The Economic Growth of Brazil. A Survey from Colonial to Modern Times*. Berkeley: The University of California Press, 1965)。亦见 *Economic Development of Latin America. Historical Background and Contemporary Problems* (Cambridge: Cambridge University Press, 1970)。

③ Fernando Henrique Cardoso and Enzo Faletto, *Dependencia y Desarrollo en América Latina* (Mexico: Siglo XXI, 1969); Andre Gunder Frank, *Capitalism and Underdevelopment in Latin America* (New York: Monthly Review Press, 1967).

第三章 拉丁美洲与加勒比地区：全球史诸传统

卡多佐、法莱托和弗兰克的作品对历史学家群体——不仅是其追随者，还包括批评者——有巨大的影响。1970年，斯坦利和芭芭拉·斯泰因发表了一篇简短的研究，考察西班牙、葡萄牙殖民的历史过程与英国、法国殖民的区别，前者的中心区域仍然以封建的社会结构为特征，而后者的中心区域正在向工业资本主义过渡。通过这本书，斯泰因夫妇开始了一项雄心勃勃的研究计划，讨论新西班牙与全球资本主义的关系。① 我们也应该提到阿根廷历史学家图利奥·哈尔佩林·唐吉。他的两部（出版于1968年和1985年的）著作考察了葡萄牙美洲和西班牙美洲的历史轨迹，包含殖民时期与民族独立时期，并且强调长时段中物质基础与社会、政治动态之间的联系。② 在巴西史学中，费尔南多·诺瓦伊斯的著作（1979）讨论了欧洲对葡萄牙与巴西的开发，以及这一历史如何融入更宽广的殖民主义历史之中，该作品同时结合了埃里克·威廉斯有关资本主义与奴隶制的矛盾关系的思考，布罗代尔关于历史时间多元性的观念，以及依附理论关于中心与边缘关系的学说。③

在批评者中，埃内斯托·拉克劳和赛勒·弗拉马里昂·桑塔纳·卡多索对ECLAC和依附学说的严厉批评尤为显著。二人把分析重心放在殖民地的生产关系上：在世界市场中，美洲有着相对自主的历史。值得注意的是，这一观点一方面着重解释了殖民世界的"内在"面貌（全球主义者拒绝接受这一框架，对他们来说不存在"内在"或"外在"，只有它们的

---

① Stanley J. and Barbara H. Stein, *The Colonial Heritage of Latin America* (New York: Oxford University Press, 1970); *Silver, Trade, and War. Spain and America in the Making of Early Modern Europe* (Baltimore: The John Hopkins University Press, 2000); *Apogee of Empire: Spain and New Spain in the Age of Charles III, 1759-1789* (Baltimore: The John Hopkins University Press, 2003); *Edge of Crisis: War and Trade in the Spanish Atlantic, 1789-1808* (Baltimore: The John Hopkins University Press, 2009).

② Tulio Halperín Donghi, *Storia dell'America Latina* (Torino: Einaudi, 1968); *Reforma y disolución de los imperios ibéricos, 1750-1850* (Madrid: Alianza Editorial, 1985).

③ Fernando A. Novais, *Portugal e Brasil na crise do Antigo Sistema Colonial (1777-1808)* (São Paulo: Hucitec, 1979). 至于其广度，诺瓦伊斯明确承认其思想受益于塞尔索·富尔塔多以及在他之前的 Caio Prado Junior, *Formação do Brasil contemporâneo* (1a.ed: 1942, São Paulo: Brasiliense, 1989)。

融合),另一方面,也强调需要全面地比较拉丁美洲和加勒比地区不同的历史构成,因而对全球史研究路径保持一种开放的态度。卡多索有关"殖民地奴隶生产方式"的概念也是如此,该概念建立在对美洲不同奴隶社会的广泛了解之上,并且与加勒比地区马克思主义者的史学传统及第二代年鉴学派密切对话(卡多索本人在法国接受了弗雷德里克·毛罗的培养)。①

围绕这三个遗产(加勒比马克思主义、年鉴学派和依附理论)展开的批判性辩论为世界体系分析的发展提供了知识背景。事实上,人们可以清楚地识别出威廉斯、布罗代尔、普雷维什、弗兰克对沃勒斯坦颇具影响力的著作的贡献。②沃勒斯坦追随这些作者的脚步,但同时提出了极富原创性的理论和方法论,强有力地论证了美洲融入欧洲资本主义世界经济如何塑造了"现代世界体系"的起源与发展。他认为,在漫长的16世纪,对新世界的征服与殖民剥削是走向国际劳动分工的决定性步骤,而这种分工是世界体系的基础之一。以土著居民和非洲人的强制劳动为基础,掠夺美洲的自然资源的活动,成为欧洲各个中心之间持续冲突的决定性因素,因而也是资本主义世界经济的中心及半边缘权力的等级结构中的决定性因素。

对沃勒斯坦的全球史模型最严厉的批评来自一位著名的拉丁美洲学家。史蒂夫·斯特恩认真检视了沃勒斯坦用来解释银矿与制糖业中强制劳动的证据,质疑其世界体系模型是否能有效地观察拉丁美洲和加勒比

---

① Ernesto Laclau, "Feudalism and Capitalism in Latin America," *New Left Review* 67 (1971), pp. 19-38; Ciro Flamarion Santana Cardoso, "Sobre os modos de produção coloniais da América," "O modo de produção escravista colonial na América," in Theo Santiago (org.), *América Colonial* (Rio de Janeiro: Pallas, 1975), pp. 61-132; Ciro Flamarion Santana Cardoso, *Agricultura, escravidão e capitalismo* (Petrópolis: Vozes, 1979); 亦可阅读 Jacob Gorender, *O escravismo colonial* (São Paulo: Ática, 1978)。

② Immanuel Wallerstein, *The Modern World System, vol I: Capitalist Agriculture and the Origins of the European World-Economy in the Sixteenth Century* (New York: Academic Press, 1974); *The Modern World-System, vol II: Mercantilism and the Consolidation of the European World-Economy, 1600-1750* (New York: Academic Press, 1980); *The Modern World-System, vol III: The Second Era of Great Expansion of the Capitalist World-Economy, 1730-1840s* (New York: Academic Press, 1989); *The Modern World-System, vol IV: Centrist Liberalism Triumphant, 1789-1914* (University of California Press, 2011).

第三章　拉丁美洲与加勒比地区：全球史诸传统

地区的历史。他认为，沃勒斯坦提出的全球观点对于理解拉丁美洲和加勒比地区的地方活力几乎没有什么意义，倒不如将分析集中于殖民世界内部的社会关系之上。他的批评暂时冲淡了拉丁美洲和加勒比地区史学家对全球分析视角的热情。实际上，他和沃勒斯坦之间的争论，使得按时间和地区限制研究拉丁美洲历史的方法比将其视为世界历史的一个活跃因素的研究路径更受重视。①

五

从全球视角看待拉丁美洲和加勒比地区的历史从未消失，并且产生了富有活力与国际影响力的史学流派。全球路径在 21 世纪继续产生重要的成果。我们并不打算对最近的研究成果做完整的评价，只是想指出，过去十年的重要著作把拉丁美洲和加勒比地区的历史写入全球史，和我们讲述过的史学传统形成了深刻的共鸣。

例如黑人奴隶制史学继续保持其强大的活力，越来越多此类作品受到富有特色的理论和方法论框架的启发，表明了非洲与新世界之间的经济、社会和文化联系。② 然而，真正处理拉丁美洲、加勒比地区与更广泛的殖民主义、现代资本主义之间复杂的相互关系的全球方法仍然不多见。

---

① Steve J. Stern, "Feudalism, Capitalism, and the World-System in the Perspective of Latin America and the Caribbean," *American Historical Review* 93:4 (October 1988), pp. 829-872; Immanuel Wallerstein, "Feudalism, Capitalism, and the World-System in the Perspective of Latin America and the Caribbean: Comments on Stern's Critical Tests," *American Historical Review* 93:4 (October 1988), pp. 873-885; Steve J. Stern, "Feudalism, Capitalism, and the World-System in the Perspective of Latin America and the Caribbean: 'Ever More Solitary,'" *American Historical Review* 93:4 (October 1988), pp. 886-897.

② 我们可以称这种史学为"全球微观史"(global microhistories)，最近的三个结果各异的例子是 João José Reis, Flávio dos Santos Gomes, Marcus J. M. de Carvalho, *O Alufá Rufino. Tráfico, escravidão e liberdade no Atlântico Negro* (c.1822-1853) (São Paulo: Companhia das Letras, 2010); Rebecca J. Scott and Jean M. Hébrard, *Freedom Papers: An Atlantic Odyssey in the Age of Emancipation* (Cambridge MA: Harvard University Press, 2012); James H. Sweet, *Domingos Alvares, African Healing, and the Intellectual History of the Atlantic World* (Chapel Hill: The University of North Carolina Press, 2013)。

因此很明显,最近一些将美洲奴隶制放在半球视野之下进行考察的最富创新性的研究直接受到了威廉斯和詹姆斯的启发。

罗宾·布莱克本在1988年出版的一本书中考察了美洲所有的奴隶制地区,试图在18—19世纪之交奴隶制与欧洲殖民主义普遍危机的背景之下,揭示这些地区各自的历史轨迹。他强调英属加勒比地区的废奴进程与法属加勒比地区的奴隶革命之间的联系——这两个主题通常被分开进行研究。后来,布莱克本提出**巴洛克奴隶制**和**近代奴隶制**的范畴,将其作为理解伊比利亚与法国/英国的奴隶制度之间的脱节的关键,并将它们与各自对应的中心地区在欧洲国家体系中所处的不同位置相联系。在其最近的作品中,他呼吁关注新世界奴隶制的三阶段模型:巴洛克奴隶制、近代奴隶制和19世纪的"新美洲"奴隶制("new American" slavery)。这一模型在理解资本主义与奴隶制之间关系的历史性方面具有巨大的潜力。① 同样受到威廉斯和詹姆斯的启发,但是与世界体系论进行了深入对话的是戴尔·托米赫(Dale Tomich),他在1988年的一篇文章中提出了"第二奴隶制"(second slavery)的概念,用来解释在工业世界经济结构内部古巴、巴西与美国南部的奴隶制之间的深刻联系。② 20世纪80—90年代,托米赫在巴西的几所大学中任教,其"第二奴隶制"概念在巴西、欧洲和美国催生了大量出版物,这些出版物对19世纪美洲的奴隶制有一种全球性的认知。③

---

① Robin Blackburn, *The Overthrow of Colonial Slavery, 1776-1848* (London: Verso, 1988); *The Making of the New World Slavery from the Baroque to the Modern, 1492-1800* (London: Verso, 1997); *The American Crucible: Slavery, Emancipation and Human Rights* (London: Verso, 2011).

② Dale W. Tomich, *Through the Prism of Slavery: Labor, Capital, and World Economy* (Boulder, CO: Rowman & Littlefield, 2004).

③ Rafael Marquese, Tâmis Parron and Márcia Berbel, *Slavery and Politics: Brazil and Cuba, 1790-1850* (Albuquerque: University of New Mexico Press, 2016); Tâmis Parron, *A política da escravidão no Império do Brasil, 1826-1865* (Rio de Janeiro: Civilização Brasileira, 2011); José Antonio Piqueras, *La Esclavitud en las Españas. Un Lazo Transatlántico* (Madrid: Catarata, 2011); Rafael Marquese and Ricardo Salles (eds.), *Capitalismo Histórico e Escravidão no século XIX: Brasil, Cuba e Estados Unidos* (Rio de Janeiro: Civilização Brasileira, 2016); Christopher Schmidt-Nowara, *Slavery, Freedom, and Abolition in Latin America and the Atlantic World* (Albuquerque: University of New Mexico Press, 2011).

第三章 拉丁美洲与加勒比地区:全球史诸传统

说到年鉴学派的遗产,2004 年,塞尔日·格鲁津斯基(Serge Gruzinski)——一位新西班牙殖民史专家——出版了一部雄心勃勃的著作,在书中,他将伊比利亚联合时期(Iberian Union period,1580—1640)视为在西方价值与实践下第一次真正的全球化努力。在此,我们看到了一种尝试,试图将深深影响了 20 世纪 70 年代之后的历史学的人类学转向与激励了早期年鉴学派学者的总体性问题结合起来,这些学者包括皮埃尔·肖努、弗雷德里克·毛罗、维托里诺·马加尔海斯·戈迪尼奥,尤其是布罗代尔。① 另一方面,年鉴学派第一、第二代的地理历史视角并没有被后来的年鉴派学者充分继承,却被路易斯·费利佩·德·阿伦卡斯特罗(Luiz Felipe de Alencastro)运用来分析南大西洋奴隶贸易对巴西历史形成的重要作用。他的书不仅仅是一部大西洋史,还将巴西与非洲的经济、政治转型放置在一个多重因素相互影响的框架之中,这个框架受到更为宏大的欧洲殖民争端的控制。②

史蒂文·托皮克(Steven Topik)、卡洛斯·马沙尔(Carlos Marchal)和瑟法·弗兰克(Zephyr Frank)编辑了一本重要的论文集,该论文集运用商品链概念与世界体系观进行批判性对话,讨论 16 世纪早期至 20 世纪末拉丁美洲商品在世界经济中的作用。尽管作者们重申了对世界体系观点的批评,但他们对把拉丁美洲与世界经济联系起来的各种商品链(银、靛青、胭脂虫、烟草、咖啡、糖、可可、香蕉、海鸟粪、橡胶、黑纳金树和可卡

---

① Serge Gruzinski, *Les Quatre Partes du Monde: Histoire d'une mondialisation* (Paris: Éditions de la Martinière, 2004). Sanjay Subrahmanyam 写作伊比利亚在全球的扩张,似乎是格鲁津斯基的对话者:S. Subrahmanyam, *The Portuguese Empire in Asia*, *1500-1700: A Political and Economic History* (London and New York: Longman, 1993),以及"Holding the World in Balance: The Connected Histories of the Iberian Overseas Empires, 1500-1640," *The American Historical Review* 112:5 (December 2007), pp. 1359-1385。我们应该记住,葡萄牙历史学总是关注其殖民帝国的全球意义,例如 Luiz Filipe Thomaz, *De Ceuta a Timor* (Lisboa: Difel, 1994)。

② Luiz Felipe de Alencastro, *O Trato dos Viventes: Formação do Brasil no Atlântico Sul* (São Paulo: Companhia das Letras, 2000). 赛勒·卡多索与阿伦卡斯特罗都是弗雷德里克·毛罗的学生。

因)的分析似乎与现代世界体系最初的假设相一致。① 无论如何,该书呈现的丰硕成果为那些试图探索新世界的生产与全球经济的联系的人提供了广泛的可能性。

现在我们可以回到起点,回到19世纪初美洲伊比利亚帝国终结的时刻,那时新的民族国家和社会大量出现,使得人们认为这一时期的历史最适合通过一种全球的视角来理解。讲述美洲各国独立进程的史学从未完全放弃这一前提,正如今天的历史学展现出来的一样。② 50多年前,促使法国史学家雅克·戈德乔(Jacques Godechot)在调和历史人物的视角与历史学家的视角的开创性努力中提出"大西洋革命"史的因素今天依然强大。③

在这场辩论中,全球史富有活力的多方面的主题出现了。西班牙历史学家哈维尔·费尔南德斯·塞巴斯蒂安(Javier Fernandez Sebastian)召集了数百位专家,考察18世纪最后几十年至19世纪初拉丁美洲及伊比利亚世界所使用的语言及政治观念的历史,这一工作富于创新,成果丰硕。④ 基于对赖因哈特·科塞勒克(Reinhart Koselleck)建立的假设的解

---

① Steven Topik, Carlos Marichal and Zephir Frank (eds.), *Latin American Commodity Chains and the Building of the World Economy, 1500-2000* (Durham: Duke University Press, 2006).

② 在一本拉丁美洲历史学家的访谈录中可以看出这一共识:Manuel Chust (ed.), *Las independencias ibero-americanas en su laberinto: controversias, cuestiones, interpretaciones* (Valencia: PUV, 2010)。

③ 起初,戈德乔想与美国历史学家Robert Palmer合作,合作的成果是他们提交给1955年在罗马召开的国际历史科学大会的论文。然而,不似Palmer(他的代表作是 *The Age of the Democratic Revolution: A Political History of Europe and America, 1760-1800*[Princeton: Princeton University Press, 1959-1964]),戈德乔在他的模型中重点强调伊比利亚美洲和加勒比地区(Jacques Godechot, *La Grande Nation*. Paris: Aubier, 1956)。对两人的阐释的批判性采纳产生出了霍布斯鲍姆的"革命的年代"命题,他非常强调资本主义在世界范围的发展(Eric J. Hobsbawm, *The Age of Revolutions, 1789-1848* [London: Weidenfeld and Nicolson, 1962])。目前全球史研究中未加入这里所概述的传统的典型例子,见David Armitage and Sanjay Subrahmanyam (eds.), *The Age of Revolutions in Global Context c.1760-1840* (London: Palgrave, 2010)。

④ Javier Fernández S. (dir.), *Diccionario político y social del mundo iberoamericano* (Madrid: Fundación Carolina/Sociedad Estatal de Conmemoraciones Culturales/Centro de Estudios Políticos y Constitucionales, 2009).

第三章 拉丁美洲与加勒比地区：全球史诸传统

读,这个研究团队在进行的是这样一项政治思想史研究,它的空间与时间范围极大,超越了伊比利亚-美洲世界以及它所直接思考的时段。这一冒险的原创性及雄辩性——已见诸许多学术论文和专著——显示了仍有待探索的研究潜能,即对拉丁美洲社会的政治思想、话语和象征维度,以及物质层面(如经济、贸易流等)的表达。

更深入地参与本章所概述的一些全球史的形式可以加强这种潜力。无论当下的学术准则多么有益,拉丁美洲及加勒比地区的历史和历史学家都不能随意顺应这些准则。尽管存在分歧和过时的观点,但我们在这里讨论的史学传统有力地表明,拉丁美洲和加勒比地区的历史只有在其全球维度之中,才能得到真正的理解。

第四章

非洲史与全球史:研究范式再探

奥马尔·盖伊

本章讨论全球史及其与非洲史的关系,试图从认识论方面理解这两个领域之间的联系。① 过去半个世纪以来的各类"非洲史"——无论是地方的、区域的或是国家的历史——与世界史的关系依然成问题。一部分原因是这些学者的研究主题与全球发展没有多少联系,另一部分原因是这些非洲史作品即使得到了承认,在第一代"非洲学家"试图对它们进行综合的作品出现之前,通常缺少学术正统性。

1960年之前,非洲史是派系间相互攻讦的对象,几乎不被看作一个可接受的研究领域。然而经过长时间的意识形态和方法论的论争之后,非洲的学者和域外非洲学家为非洲赢得了世界历史书写的中心位置。传统的守卫者仍然是非洲历史的守护人,而各类历史"学派/学院"是其宣传者。古代作者如希罗多德、西西里的狄奥多罗斯(Diodorus Siculus)与史特拉伯(Strabo)对非洲怀有兴趣,我们可以说他们是最早的非洲史学家,尽管他们的著作关注非洲的地中海沿岸地区,关注海洋与陆地的远征行动,他们的影响力仍然可以造成历史学家之间的分歧。② 上千年之后,

---

① 全球史与世界史的区别经常是不明确的。在本章中,我们试图找出细微的差别,看看我们如何把非洲放在全球史的问题群和思潮之中。

② 被誉为"史学之父"的古希腊历史学家希罗多德,证实了古代欧洲与非洲(特别是法老时期的埃及)之间的联系。谢赫·安塔·迪奥普在其研究中讨论了颇富争议的法老时期埃及人是黑人的命题,见 Cheikh Anta Diop, *Nations nègres et culture* (Paris: Présence Africaine, 1979)。希罗多德的同胞、历史学家狄奥多罗斯与地理学家史特拉伯对有关希腊世界及其与外部世界关系的知识做出了贡献。

第四章　非洲史与全球史:研究范式再探

里奥·弗罗贝纽斯(Leo Frobenius)和莫里斯·德拉福斯(Maurice Delafosse)这样的先行者试图摆脱片段的地方史,将非洲大陆作为一个整体呈现出来。① 到20世纪中叶,非洲作家如谢克·安塔·迪奥普(Cheikh Anta Diop)努力将人类的摇篮——非洲重新放置在全球史之中。② 20世纪六七十年代出现了一批相当优秀的综合性作品,法语作者包括罗贝尔与玛丽安娜·科纳万夫妇(Robert and Marianne Cornevin)、于贝尔·德尚(Hubert Deschamps)、夏尔·朱利安(Charles Julien)和约瑟夫·凯泽博(Joseph Ki-Zerbo),英语作者包括贝尔·戴维森(Bail Davidson)、E. W. 伯维尔(E. W. Bovill)、约翰·唐奈·法格(John Donnell Fage)和雷蒙德·奥列弗(Raymond Oliver)。③ 尽管存在方法论方面的困难以及思想交流与意识形态的障碍,非洲史最重要的潮流最终得以汇入全球史的洪流。具有多元性和普遍性特征的知识无法被隔绝,这种观点事实上在日益统合整个世界的文明,无论它们有怎样鲜明的特征。长时段考察不仅研究了前殖民时期非洲大陆文明的影响——这些文明因长期的依附状态与殖民控制而中断,也研究了后独立时期。④ 非洲史学家采取了一种认识论立场,使得全球史终究在非洲大陆兴起,并成为正统的学术专业领域。

本章考察(1)非洲史的发展历程,被非洲大陆之外的地区控制是其长期特征;(2)方法论与意识形态之争,这些争论构成了这一历程的各个节点;(3)诸如"达喀尔学派"(Dakar School)等专门史学思想学派的先锋

---

① 里奥·弗罗贝纽斯,"黑人事业的英雄",在非洲历史学家中颇为成功,给Senghor等"黑人精神"理论家以灵感。
② 在东非奥莫峡谷里,Leakey教授团队发现一具最古老的男性人类的遗骸,这使得他认为非洲是人类的摇篮。换言之,人类历史开始于非洲。
③ Robert Cornevin and Marianne Cornevin, *Histoire de l'Afrique: des origines à la deuxième guerre mondiale* (Paris: Payot, 1970); Basil Davidson, *Africa, History of a Continent* (London: Weidenfeld & Nicolson, 1966); Hubert Deschamps (ed.), *Histoire générale de l'Afrique noire* (Paris: PUF, vol. I 1970 & vol. II 1971); Joseph Ki-Zerbo, *Histoire générale de l'Afrique, d'hier à demain* (Paris: Hatier, 1972); Roland Oliver and John Donnell Fage, *A Short History of Africa* (Baltimore, 1962).
④ Fernand Braudel, *Écrits sur l'histoire* (Paris: Flammarion, 1969).

作用;(4)从"边缘"到全球的非洲历史;(5)通过1968年5月的事件,讨论带有非洲视角的全球史看起来是怎样的。本章涉猎广泛——尽管很难收罗殆尽,考察的文献包括从最初有关非洲的记录到写作非洲通史的尝试。在知识全球化的语境中,全球史研究路径的合法性基础就在于超越非洲历史长期以来被迫所处的孤立状态的必要性,以及破除那种把非洲视作"发达"世界的"边缘"①地区的理解。

我的目标并非重写非洲史——这是一个有待实现的目标,而是对全球史进行反思。我的视角来自一代历史学家,他们没有参与20世纪五六十年代的民族主义的或者说狭隘的意识形态之争,因而少些意识形态的色彩。囿于环境,第一代非洲历史学家的工作同时肩负政治和学术的使命,一种反殖民主义和民族主义的使命影响着非洲历史学发展的不同阶段。我并不打算分析所有的历史视角——我们的先辈对此有过长时间的讨论(和争论),而是呈现几个具体问题,让我们可以在当今世界的背景之中,在那些塑造了全球史的历史洪流之中,重新提出非洲史写作的问题意识。

非洲史问题意识的再思考

非洲史长久以来不入学术畛域。这个大陆的从属性,或者说边缘属性,影响了我们科学地认识非洲和它的历史,及其在世界中的位置。从某种程度上说,这是事实,因为在殖民主义的统治下,非洲史依据欧洲中心论进行书写,含米特神话(Hamitic myth)、文化散布论(diffusionism)等理论只是用来论证非洲人的劣等性。②然而,非洲人自己书写非洲史时,也运用了多种研究路径,典型的代表是民族史、区域史和地方史,很少涉及

---

① M. Samir Amin, "Préface," in Boubacar Barry, *Le royaume du Waalo* (Paris: Maspero, 1972), pp. 7-14.

② 见 Jack Goody, *Le vol de l'histoire. Comment l'Europe a imposé le récit de son passé au reste du monde* (*The Theft of History*) (Paris: Gallimard, 2010), p. 496; Pekka Masonen, *The Negroland Revisited. Discovery and Invention of the Sudanese Middle Ages* (Helsinki: Finnish Academy of Science and Letters, 2000).

第四章　非洲史与全球史：研究范式再探

其他地区或研究路径。① 而且，所有的非洲史皆形塑于其作者在殖民地宗主国所受的教育，几乎所有的地方精英都在宗主国接受过教育。② 除了这类各式各样的"非洲历史"的碎片化，全球性的缺乏也植根于方法论层面，特别是史料与口述史料的问题。③ 这种种局限不利于全球史书写，这一状况直到20世纪中叶发生的重大转型才得以出现转机。

最初，人们试图以科学好奇心的名义去理解非洲，或者是欧洲人和阿拉伯人需要在帝国背景中去理解相关的人群与空间。④ 外来力量的渗透花了几个世纪，历经古典时期到近代早期，并且延续到殖民时期和新殖民时期。理解征服的领地成为建立类似法国"殖民地学院"（Académie coloniale）的动力，它仿佛是贡献给殖民帝国的研究实验室。⑤ 等级性的知识体系一直存在着，直到非洲人自己掌握自己的命运，并借由其物质文化与历史重新讲述自己的政治。年轻的非洲人从反叛的那一刻起，就质疑这一权威所确立的原则，与1968年5月的学生运动极为相似，我们随后会回到这一话题。

以此历史为背景，几代非洲史学家从"认可"的角度来制订他们的研究计划。在为独立而斗争的过程中，他们试图重新定位这个大陆在历史上的重要性。他们在这项宏伟的事业中取得了显著的成果，最终确立了他们梦寐以求的合法性。此处存在的悖论是，被归类为世界历史的"最

---

① 我们必须注意到，区域史和地方史愈发被忽视，而全球史得到青睐。

② Philip Curtin, Steven Feierman, Leonard Thompson and Jan Vansina, *African History, from Earliest Times to Independence* (London and New York: Longman, 1995).

③ 围绕口述资料及其可信度而出现的问题，暗示了人们对非洲历史的可信度的质疑，因为它依赖这种史料。这些问题阻碍了非洲史学的发展，直到 Yves Person, Djibril Tamsir Niane, Dioulde Laya, Boubou Hama, Amadou Hampâté Bâ, Jan Vansina 等人的研究出现，这一状况才有所转变。尽管仍存在问题，历史学家现在认识到口述材料的价值，及其对重要的研究工作的贡献（即使大多数历史学家倾向于把历史与口述资料这两个范畴混合在一起）。

④ Catherine Coquery-Vidrovitch, *La découverte de l'Afrique, l'Afrique noire atlantique, des origines au xviiie siècle* (Paris: L'Harmattan, 2003).

⑤ 1922年建立的"殖民地学院"是几个致力于理解殖民社会的机构之一。同一目标也促成在达喀尔建立法国黑非洲研究院 IFAN（*Institut Français d'Afrique Noire*，或 French Institute of Black Africa），后来成为黑非洲基础研究院（Cheikh Anta Diop Fundamental Institute of Black Africa），该研究院搜集大量有关西非及其周边地区的社会与环境的资料。

小部分"可能一直是股强大的力量,这一认识促进了有关这个大陆各民族的真实历史的辩论。① 如同世界各地的很多同行一样,非洲历史学家质疑欧洲中心论的主导意识形态:

> 北美地区历史学中的民族中心论比其他地方动摇得更厉害。过去在很多学校,传统的"世界历史"事实上只不过是一部"西方文明"的历史,20世纪60年代新的、更可靠的潮流取而代之,将历史寄于全球视野之中,非洲在其中取得了和其他大的文化区域如南亚或东方同等的地位。②

过往的诸研究范式把非洲人民放在一个"落后"的大陆的背景之中,认为当世界在经济、政治、社会以及思想方面向前迈进的时候,非洲大陆是个"后来者",正如时任法国总统2007年在达喀尔的一次演讲中所说的那样③,而非洲史的书写则取代了这些范式。因此要理解全球史及其各种研究路径、观念和不可避免的瑕疵,就有必要了解非洲史。④

---

① Catherine Coquery-Vidrovitch, "Réflexions comparées sur l'historiographie africaniste de langue française et anglais," *Politique africaine* 66 (1997), pp. 91-100; I. Thioub "'L'École de Dakar' et' et la production d'une écriture académique de l'histoire," in Momar Coumba Diop (ed.), *Le Sénégal contemporain* (Paris, Karthala, 2002), pp. 109-153. Patrick Manning, "African and World Historiography," *The Journal of African History* 54:3 (2013), pp. 319-330.

② P. D. Curtin, "Tendances récentes des recherches historiques africaines et contribution à l'histoire en général," *Histoire générale de l'Afrique* (Unesco-Jeune Afrique, 1980), pp. 77-95.

③ 在2007年7月26日具有争议的达喀尔演讲中,法国总统萨科齐宣称"非洲没有完全进入历史",引起愤怒,使人们再次聚焦固执不化的种族偏见。见Jean-Paul Chrétien (dir.), *L'Afrique de Sarkozy: un déni d'histoire* (Paris: Karthala, 2008)。(一大批引起更多愤怒的书在这次争论之后出版了。)

④ 非洲离散人群在这一历史过程中发挥了至关重要的影响。在独立前的数十年中,非洲人与他们在欧洲、美洲和加勒比地区的离散同胞进行了富有活力的文化复兴运动,其基础是触及非洲人整个历史经历的文学创作。"的确,这些地区有活力的非洲离散人群着手进行了具有特殊性和独一无二价值的工作,经常会联系到他们的非洲缘起。同样,身份认同的需要,拒绝文化与知识边缘化的需要,使黑人群体开展诸如'黑人精神'(la Négritude)运动,声称黑人亦是'全球'的一部分,列奥波德·塞达·桑戈尔所宣传的普遍(Universal)概念即是例证。" P. D. Curtin, "Préface," *Histoire générale de l'Afrique* (Unesco-Jeune Afrique, 1980), pp. 9-14。另见Omar Cucyc, "Léopold Sédar Senghor, un universel fondamental," *Ethiopiques*, Dakar, Revue Négro-africaine de Littérature et de Philosophie no. 76, 1er (Semestre 2006), pp. 249-257。

第四章 非洲史与全球史：研究范式再探

成见和偏见继续塑造着关于这个大陆及其民众的负面认知。很多作家因此致力于通过"发明非洲"来发现非洲。① 但是直到最近，世界史研究领域几乎没有人对非洲本身进行过细致的研究。②

当然，困难仍然存在。一些困难源自于方法论层面。诚然，现存的史料还无法为非洲在世界历史中找到一个准确的定位，现实和目标之间的差距依然存在。然而，我们不应将这种差距看作影响非洲史研究的最高成就的上限，而应看作对非洲史学家的挑战，促使他们更好地理解和欣赏全球史提供的视野。全球史的成功有益于非洲史的积极发展。全球史可能为不同的区域史和地方史提供真正的认识论意义上的相互联系。非洲大陆与世界其他地区之间的桥梁已经得到重建——学者们愈发重视将非洲引入他们讲述的全球史。

其他的困难是物质层面的。"第三世界"的这一地区仍然背负着不发达的名声，支持历史学研究的资源依然匮乏，这是个严峻的问题。普遍的贫困限制了学术与研究的发展，而即使做了工作，当论及一个国家的不同部分或这个大陆的不同"文化区域"时，笔墨也是浓淡不一的。通常说来，"非洲"一般指"撒哈拉以南"的"黑非洲"。这一观念不仅欧洲人或外国人有，非洲北部和南部（即这个大陆的"白色"区域）的非洲人也有。③ 学术研究一直没有重视的，就是这个"黑非洲"。

最后，殖民地的诸认识论扭曲了有关非洲各民族的"历史性"(historicity)的讨论，这些认识论继续大行其道，强化了上述不平等。④ 很多作品削弱了尼罗河命题——伟大的非洲诸帝国的中世纪黄金时代的先

---

① Valentin Y. Mudimbe, *The Invention of Africa: Gnosis, Philosophy, and the Order of Knowledge* (Bloomington: Indiana University Press, 1988). Masonen, *The Negroland Revisited*.

② Manning, "African and World Historiography," p. 326.

③ 非洲北部和南部分别受到阿拉伯文化和欧洲文化的主导，并且相互区别于"另外一个"非洲——黑色的和撒哈拉以南的地区，尽管它是地区和大陆政治经济组织的一部分。在某些图书、杂志和博物馆藏品中，北部非洲或"白非洲"通常往南延伸到毛里塔尼亚，这片区域甚至从非洲大陆分离出去，毫无理由地附属于近东或地中海。然而，我们必须注意，印度人等少数族裔在乌干达、肯尼亚和其他英语区国家有很强的经济与思想的影响力。

④ 见 Pierre Legendre, *Tour du monde des concepts* (Paris: Fayard, 2014)。

驱——的重要性，认为那只不过是一丝奇思妙想。① 其他作品则把这个大陆的两个端点——南非与北非，拥有足够的财政资源和人力资源——看作一个"积极的"（positive）非洲形象所指的现实。人们经常倾向于认为只有"白非洲"才能理解学术研究在一个高层次上参与全球史写作中的作用。当然，因为一些研究机构对非洲研究重新有了兴趣，很多这类趋势开始稳定下来或者发生逆转，但是仍然有很多工作留待完成。

尽管面临这些困难，这个大陆的"历史性"或"边缘性"问题已经得到了回答：非洲现在被视作全球史的一部分，不再是完全分离的存在。后一种看法似乎已有几百年了。人们对非洲研究的兴趣逐渐浓厚，非洲和世界其他地方（特别是欧洲和美国）的大学组建了非洲史学系、非洲研究中心等研究实体。② 除了这些研究实体，一大批非洲研究者涌现，他们中有非洲人也有非非洲人，他们对其他研究领域和全球史有所了解，也对非洲历史文献和细节有日益深入的了解。因此我们必须承认，19世纪初以来，历史学、人类学、同源语言演变史学（glottochronology）、辞汇统计学（lexicostatistics）、民族考古学（ethno-archaeology）和其他领域的学者做出了大量的贡献，他们做出的努力丰富了我们对非洲历史研究的争论，促进了它的显著发展。③ 因此，在新的世界历史背景之下，发展一种全球视野

---

① 见 François-Xavier Fauvelle-Aymar, *La mémoire aux enchères. L'idéologie afrocentriste à l'assaut de l'histoire* (Paris: Verdier, 2009); Cheikh Anta Diop, *Civilisation ou barbarie* (Paris: Présence Africaine, 1981)。

② 非裔美洲人及非洲研究中心（Centers for African-American and African Studies [CAAS]）逐渐在美国大学兴起，各种学科，如人类学、社会学、历史学等对非洲及离散研究有浓厚的兴趣。世界目睹了非洲研究的不断壮大，20世纪60年代非洲研究学会（African Studies Association [ASA]）在美国出现，1962年在加纳首都阿克拉举行了第一届世界非洲学家大会，1970年至1972年美国大学共授予了300个非洲研究的博士学位（Curtin, "Tendances récentes des recherches historiques africaines et contribution à l'histoire en general," pp. 75-95)。

③ 我们必须注意一些重要的研究者的贡献，如 Edward Wilmot Blyden (*African Life and Customs*. London: C. M. Phillips, 1908), William E. Dubois (*Africa in Battle against Colonialism, Racialism, Imperialism*, 1960), George Padmore (*Africa: Britain's Third Empire*. London: Dennis Dobson, 1949) 以及持续刊登他们的作品的杂志，如 "*SANKOFA*"。

第四章 非洲史与全球史：研究范式再探

可以让我们更好地理解这个大陆，重新思考我们的非洲研究范式与兴趣点所在。①

为新非洲选择哪种历史？

20世纪中叶的反殖民斗争期间及之后，非洲史学家面临的最基本的任务是如何定义"非洲"，如何超越"黑"的种族标签及相应的"撒哈拉以南"的地理标签。关键是要在作为历史研究对象的空间问题上，以及涉及哪些学科的问题上达成一致。受到主导性研究范式及成见的影响，包括"区域史"（sectional history）和整体史在内的好几个类型的历史出现在民族国家和非洲层面、普遍的和全球的层面、语言区层面（英语区、法语区、葡萄牙语区、西班牙语区和阿拉伯语区）。

因此将非洲整合进一种单一的历史是困难的，即便对非洲历史学家自己来说亦是如此。在同一个大陆上，在同一个地理区域内，好几种视角下的非洲并存，同时还有以某个特定国家或地理区域为中心的多种历史的存在。非洲史学家继续在其各自的前宗主国中心——巴黎、伦敦、里斯本等——提供的教育框架内写作。只是到了后来，特别是20世纪70年代以来，非洲史方才成为受人信赖的学术专门领域。非洲通史得以写作出版，特别是剑桥大学出版社与联合国教科文组织分别出版了多卷本《剑桥非洲史》和《非洲通史》。② 秉承同样的精神，博古米尔·朱谢维奇（Bogumil Jewsiewicki）和大卫·纽伯里（David Newbury）呼吁集体反思非洲史学史，重新定位非洲研究，他们提出一个问题："哪种历史"为着"哪个非洲"（"which history" for "which Africa"）？③ 一代又一代的非洲史家

---

① Manning, "African and World Historiography."
② *Cambridge History of Africa*, edited by Cambridge University Press, 8 volumes (1975—1986); *Histoire générale de l'Afrique*, edited in 8 volumes by UNESCO in collaboration with *Jeune Afrique*, les Nouvelles Edtions Africaines-NEA, Edicef et Présence Africaine.
③ Bogumil Jewsiewicki and David Newbury (eds.), *African Historiographies: What History for Which Africa?* (London: Sage, 1986).

都以某种方式回应着这个值得思考的问题。①

在这一过程中,各种"学派"发挥了关键性作用,它们首先主要是遵循殖民家长主义的逻辑,接着是反殖民史学家的修正和重新书写。因此,那些倾向于全球史(或全球化史)的作者们就得去确定合适的边界与范式。认识到这一点,就容易明白为什么第一代非洲史学家那么富有战斗精神,如阿布达利·李,特别是谢赫·安塔·迪奥普在复杂的政治环境中领导学术讨论,经常激发出有活力的论战。②阿布达利·李开启了一场将各大陆间的资本主义联系理论化的对话,他受到资本积累法则的启示,这些法则控制着扩张的资本主义中心与其主导和剥削的边缘地区之间的辩证关系。③迪奥普的主要论点基于黑非洲的文化统一性,以及该大陆可以追溯到最早期的文明的历史性(法老时期埃及被视作"黑"的一部分)。这个论点对很多研究作品有启发意义,它们反对那种普遍持有的观念——自有时间之初,非洲就是静止的。④这些史学先行者富有战斗精神,把自己看作反殖民主义思想意识的先驱。

这些先行者在进行研究时经常面对放逐的威胁。然而,年轻作家如约瑟夫·凯泽博、贾布里勒·塔姆西尔·尼亚内(Djibril Tamsir Niane)、姆巴耶·盖耶(Mbaye Guèye)、奥马尔·卡内(Oumar Kane)、易卜拉希马·巴巴·卡凯(Ibrahima Baba Kaké)、艾莉卡·姆博科洛(Elikia M'Bokolo)、布巴卡尔·巴里(Boubacar Barry)、皮埃尔·基普雷(Pierre Kipré)、阿卜杜拉耶·巴蒂利(Abdoulaye Bathily)、蒂埃诺·迪亚洛(Thierno Diallo)、塞克内·莫迪·西索科(Sékéné Mody Cissoko)等追随李与

---

① Mamadou Diouf, "Historians and Histories: What For? African Historiography between the State and the Communities" (SEPHIS-CSSSC, 2003).

② Abdoulaye Ly, *La compagnie du Sénégal* (Paris: Ifan-Karthala, 1993). Cheikh Anta Diop, *Nations nègres et culture* (Paris: Présence Africaine, 1979), 2 vols.

③ Boubacar Barry, *Sénégambie: plaidoyer pour une histoire régionale* (SEPHIS-CEEA, 2001), p. 50.

④ Ibid., p. 51.

第四章 非洲史与全球史:研究范式再探

迪奥普的脚步,一劳永逸地强化"非洲人书写非洲历史"的合法性。①他们有很多的追随者,包括来自法国大学的研究者,他们热忱地参与进"达喀尔学派"。② 今天,很多非洲史家生活在非洲之外,特别是美国。在美国也有大量并不是非裔的非洲学家。③ 他们的作品有助于将这个大陆镶嵌在全球史叙事之中。

长期的辩论和富有活力的争论时常导致两边立场的极端化,特别是非洲作者激烈地反对他们的对手。大家采取一种更偏向政治性而非学术性的意识形态路径,这种路径有危险——为了反击数个世纪的放逐与掩盖而采取报复的、极端的立场。在"解放"之后,"一些新生的非洲国家似乎想以牙还牙,根除课程中那些类似于前殖民者的历史的任何东西"。④例如,一些国家在摆脱法国殖民统治之后,寻求建立一套非洲的教学体系,取代那套以"我们的高卢祖先"(下文有更多阐述)为特征的旧的殖民教学体系。⑤

历史因而成为意识形态斗争的武器,"非洲历史的去殖民化"愈来愈

---

① 见 Joseph Ki-Zerbo, *Histoire générale de l'Afrique, d'hier à demain*. Djibril Tamsir Niane, *Soundiata ou l'épopée mandingue* (Paris: Présence Africaine, 1961). Ibrahima Baba Kaké, *Combats pour l'histoire africaine* (Paris: Présence Africaine, 1982). Sékéné Mody Cissoko, *Histoire de l'Afrique Occidentale: Moyen-âge et temps modernes*, VIIIe siècle-1850 (Paris: Présence Africaine, 1966). Elikia M'Bokolo, *L'Afrique noire. Histoire et civilisation*, in collaboration with Sophie Le Callennec, Hatier (Paris, 1992), 2 vols. Boubacar Barry, *Le royaume du Waalo. Le Sénégal avant la conquête* (Paris: Karthala, 1985)。这个口号是帕特里斯·卢蒙巴提出的,他是 20 世纪 50 年代刚果民族运动党(MNC)的发起人,也是刚果独立的政治斗争与非洲团结运动的领导者。

② 这些人来自巴黎第七大学和索邦大学(但这个名单并不完整):Théophile Obenga, Achille Mbembe, Mamadou Diouf, Mohamed Mbodj, Yoro Fall, Mamadou Fall, Babacar Fall, Aboubacry Moussa Lam, Babacar Sall, Rokhaya Fall, Ibrahima Thioub and Ndiouga Adrien Benga。

③ Lansiné Kaba, Mamadou Diouf, Mohamed Mbodj, Ousmane Kane, Cheikh Babou, Emmanuel Akyeampong, Philip Curtin, Patrick Manning, Martin Klein, Frederick Cooper, Aly Dramé and Ibra Sène 等非洲历史学家在美国的大学从事研究工作。

④ Kaké, *Combats pour l'histoire africaine*, p. 38.

⑤ "我们的祖先高卢人"是法国同化政策的体现,试图向殖民地年轻学生进行灌输,而年轻学生又希望摆脱它。"黑色埃及"命题的支持者如谢赫·安塔·迪奥普,长期以来受到指责,因为他为了力证文明起源于黑色埃及而不计代价,以这一命题来回应数个世纪以来非洲大陆以及黑人被排斥在文明之外的做法。

趋向"非洲中心主义"(Afrocentrism)。① 的确,为了恢复非洲文明的本来面目,一种强烈的愿望出现——用非洲文明内源说取代外源说(即数个世纪的外国占领"授予"非洲以文明)。历史学领域需要一条学术的路径,用来抑制这一极端主义的倾向,这一倾向最终会损害它意在保卫的非洲史事业。

非洲史家逐渐认识到,有必要摆脱这种愈发过时的争论,脱离历史传统的陷阱,这些历史传统更多的是意识形态的而非学术的。随着20世纪70年代以来政治和制度的变迁,要紧的是形成更具学术性质的热情,而不是陷入谴责西方的泥沼,或者陶醉于田园般的怀旧情怀,抑或自我膨胀地宣扬本土文明优越论。② 在寻求非洲历史的价值及其全球史意义的过程中,史家们担心从一种历史神话转入另一种历史神话。用"我们的祖先埃及人"替换"我们的祖先高卢人"显然是不够的!

"我们的祖先高卢人"

数个世纪被支配的地位带给非洲的影响,不仅体现在政治与经济方面,也出现在文化与学术方面。宗主国在其支配的所有领土上烙下了印记,其最高形式体现在诸如法属非洲的文化同化方面:向法属殖民地儿童灌输这一短语——"我们的祖先高卢人"。③

把殖民思想灌输进非洲年轻学生的脑袋里,为的是塑造良好的"属

---

① Curtin, "Tendances récentes des recherches historiques africaines et contribution à l'histoire en général," pp. 77-95, 91-92.

② 或对或错,人们一直认为口述传统有些怀旧或者说没有什么实际意义,有的只是夸张或不确定,因而没有历史价值或学术价值。

③ 有很多类似作品详细说明了种族差异和不平等的观念,它们也成为众多批评的目标。例如 Georg Wilhelm Friedrich Hegel, *Leçons de la philosophie de l'histoire*, transl. J. Gibelin (Paris: Vrin, 1979); Joseph Arthur de Gobineau, *Essai sur l'inégalité des races humaines* (Paris: Firmin-Didot, 1884); R. Placide Tempels, *La Philosophie bantoue* (Paris: Présence Africaine, 1959); 等等。

第四章　非洲史与全球史：研究范式再探

民"——要么被殖民者"同化",要么被殖民地居民"异化"。① 确实,"去殖民化之前,非洲学校教的历史以欧洲为背景,法国人、英国人、德国人等是演员,偶尔(穿插)'非洲小土邦的邦君'、'血腥的'萨摩里(Samory Touré),还有贝汉津(Béhanzin)、奥马尔(El Hadj Omar)等人"②。非洲史被放置在一个欧洲的框架之中,非洲要么低劣一等,要么完全隐身不见。历史学家易卜拉希马·巴巴·卡凯指出,"我们不禁怀疑,透过这个'宗主国的'历史,非洲社群的历史是否存在。我们几乎见不到它的踪影,顶多在奴隶贩子和土邦邦君那儿瞥见它,也就几页纸的篇幅,无名无姓,抽象得无法觅见"③。非洲史只不过是非洲外来者的历史,特别是殖民的历史。教授殖民史的学校只不过是文化同化的场所,外来宗主合法化的场域,测试不同殖民理论与实践的实验室。后期政治觉醒中的前卫派意识到,他们自身也是这类殖民学校的产物,在接受"殖民文库"和"殖民教科书"的教育之后才意识到要谴责这种教育。

从20世纪40年代开始,阿利奥内·迪奥普(Alioune Diop)、谢赫·安塔·迪奥普、艾梅·塞塞尔及其同代人摆脱了殖民范式,为形成黑人的精神而奋斗,为结束青年时期内化的低等偏见而战。④在这一观念驱动之下,利奥波德·塞达尔·桑戈尔、艾梅·塞塞尔、莱昂·贡特兰·达马斯发起"黑人精神运动"(The Négritude movement),尽管这一运动存在争议,但在这个框架内他们与寻求重生或确认黑人文化身份的泛非主义运动并肩作战。这些行动在非洲及分散在各地的非洲人中有很大影响,把

---

①　一意识到这些,艾梅·塞塞尔(Aimé Césaire)便为迪奥普在 *Nations nègres et culture* 一书中提出的观点进行辩护,并为他和利奥波德·塞达尔·桑戈尔及莱昂·贡特兰·达马斯(Léon Gontran Damas)一同发起的"黑人精神运动"充当先锋,然而,因为思想意识与政治上的分歧,桑戈尔并不倾向于赞同迪奥普的观点,亦不为其辩护。

②　Kaké, *Combats pour l'histoire africaine*, p. 27.

③　Ibid.

④　1947年,阿利奥内·迪奥普创建了一家出版公司 Présence Africaine 以及它旗下关于黑人世界文化的杂志,目的是扩大那些希望被听到、看到的非洲作者的声音,宣传他们的作品。Diop, *Nations nègres et culture*, 2 vols. (1st edition 1954). Aimé Césaire, *Cahier d'un retour au pays natal* (Paris: Présence Africaine, 1956), p. 94.

斗争的领域扩展到在意识形态、民族主义和泛非洲主义层面维护非洲的文化认同方面。在20世纪60年代和70年代初,非洲成为数百万奴隶后代注意的焦点,他们生活在一种种族主义合理化贫困的社会之中,他们希望通过记忆在这个社会中生活或生存下去。① 非洲裔美国人在维护一种黑人的和泛非洲的文化认同的斗争中发挥了重要作用,这绝非偶然。②

在与非洲的殖民主义、新殖民主义的政治斗争中,历史发挥了意识形态方面的功用。非洲人不得不通过那些借用的意识形态决裂来重拾他们的历史意识。在知识生产之外,在展望世界各民族的未来方面,历史意识发挥着关键作用:

> 历史知识是文化意义上的解放,有助于构建创基立业的神话与民族意识。以光荣的历史之名,南美洲印第安人希望推翻伊比利亚的控制;19世纪的知识分子在印度的历史中寻找他们的武器;日本从武士道中汲取补充的力量抵抗来自美国的竞争;非洲在对其诸帝国的纪念中寻求一个破碎的统一体,它的诸帝国被奴隶贸易,特别是殖民主义瓦解了,因此,之前的黄金海岸成了加纳。③

历史的各类关注点因而具有战略性质。对自我意识与自我肯定的追求,成为生产"地方"历史(大多为民族历史)的主要动机之一。这些地方史或民族史成为数十年后更开阔的历史的先导,而后者又采用了更为全球主义的研究路径。因此,很多历史是以新生国家的人民的名义书写的,更多地反映了地方身份的逻辑。然而,很多情况是,这些新生的民族国家开始着手书写(经常是含糊不清的)官方历史,这种历史赋予领土及其未来

---

① 同时见 Barry, *Sénégambie: plaidoyer pour une histoire régionale*, p. 31。
② 这个斗争由很多作家和活动家领导,如 William E. Du Bois, Marcus Garvey, Price, Frantz Fanon, Langston Hughes, "黑人文艺复兴运动"(Black Renaissance)及其他运动,如同"黑人精神运动",得益于 Lépold Sédar Senghor, Aimé Césaire, Jean Price-Mars, Léon-Gontran Damas, René Maran 等人的会面,以及来自非洲、海地和纽约(特别是"哈莱姆文艺复兴"[Harlem Renaissance]的参与者)等地的人士的参与。因此,跨越边界的各界人士在非洲大陆和黑人离散人群之中寻求团结,这一努力建立在人文主义精神而非种族意识之上。
③ Kaké, *Combats pour l'histoire africaine*, 1982, p. 33。

第四章 非洲史与全球史：研究范式再探

以意义,给那些(通常具有争议性的)民族英雄加冕。民族问题研究最伟大的理论家之一欧内斯特·雷南总结说:"民族的基石立于过去的共同体之上,或者我们叫它历史。"①对于这些新生的非洲民族国家来说,如同对于大多数民族国家一样,历史写作回应了民族主义者的事业。

例如在指导《塞内加尔通史》的委员会里,不同的民族思想派别暗中较劲。② 每个学派为了证明自身的合法性,都极力推崇自己的史料和方法。他们中有在法国学校接受过教育的专业历史学家;有在阿拉伯国家接受教育的阿拉伯化的精英与博学的穆斯林;还有部族智者(griots)这类抵制外来"科学"的传统精英。他们相互竞争。③ 这种多元的研究路径、史料和方法立即产生出一种内在地全球的甚或更为褊狭的视野,这是仍然互无关联的诸思想学派在学术层面做出民族妥协的结果。

但是,即使在非洲大陆新生国家纷纷书写各自的民族史之时,同一个大陆的归属感——由一种历史、一种地理条件和共同的斗争锻造的一种命运——仍然存在着。正是从非洲统一体的视角,新独立的诸国为这个大陆制订了详细的全球史方案。例如20世纪60年代初,非洲与马达加斯加课程研究院(the Institute for African and Madagascan Curricula, IPAM)为马达加斯加的年轻人和其他非洲人设计出了一套学习与教科书体系。④

---

① Ernest Renan (1823-1892): « Qu'est-ce qu'une nation? », Sorbonne 1882.
② 尽管有悠久的历史传统和数个世纪外来影响的存在,"塞内加尔的全球史"从未完成。2014年塞内加尔政府最终决定编写《塞内加尔通史》。这部历史也引发了各种问题,包括长期困扰非洲历史学家的方法论问题。
③ 同时见 Barry, *Sénégambie: plaidoyer pour une histoire régionale*, p. 55。
④ 非洲国家的"建国之父"观念历经了几个阶段,标示着非洲大陆本身的政治发展,非洲政治的象征性代表——非洲统一组织(Organization for African Unity, OUA),1963年在亚的斯亚贝巴建立(它是非洲联盟的前身)。最终,这些国家回到了各自的民族事业中去,尽管它们没有放弃泛非洲主义的理想。后来,非洲历史学家在1972年成立于达喀尔的非洲历史学会(Association of African Historians, AHA)中工作。本着同样的精神,非洲社会科学研究发展委员会(Council for the Development of Social Science Research in Africa, CODESRIA)于1973年建立,出版年刊 *Afrika Zamani*。同一时期,东部非洲与南部非洲社会科学研究组织(Organization for Social Science Research in Eastern and Southern Africa, OSSREA)也建立起来,该组织由亲法人士主导,因此亲英人士如 A. F. Ajayi, A. Boahen 和 B. A. Ogot 刻意回避。

总而言之,作为"受害者"的感受,以及恢复长久以来被否定的历史的愿望,成为非洲再觉醒的决定性因素。有一段时间,非洲再觉醒成为非洲作者的中心主题,促使他们写作(或者重新书写)非洲历史,以蔑视的态度拒绝殖民家长主义。然而,没有哪个历史学家可以长久地忽略这一点:社会间的交流对自我认知和社会认知发挥着根本的影响。正如卡凯所言,"很多特征出现在殖民状态之下:学校、工业化、食利文化、乡村转型、铁路等等——这些是非洲史学家在描述非洲社会时无法忽略的"[1]。因此,尽管双方都存在种族偏见,全球化带来的机遇与各民族间的长期交往依然是重新理解世界及其历史的钥匙。

域外非洲学家的先锋作用

为了充分理解书写非洲历史的工作,我们还需了解非洲之外的历史学家的贡献。域外非洲学家,特别是阿拉伯人和欧洲人,在构想、叙述非洲大陆历史方面发挥了关键的作用,尽管这类历史包含着塑造了域外思想与优势地位的各种偏见。这些史学家的活动对赋予非洲史一个全球视野做出了卓越的贡献。

阿拉伯史家和史料非常有助于理解非洲历史。诸如编年史(*Tarikh*)这类作品,说明了阿拉伯对非洲的经济、文化和宗教的影响远比我们所知道的更长久。[2] 阿拉伯人带来的伊斯兰教信仰本身就具有全球性特征:它要求忠实的信徒"从各处寻求知识,哪怕是遥远的中国"。这一要求表明了它对世界遥远的地方持开放的态度。[3] 非洲对这一要求的理解是,穆斯林应接受以"乌玛"(Ummah)为代表的价值,即穆斯林的世界共同

---

[1] Kaké, *Combats pour l'histoire africaine*.
[2] 很多作者因为他们的历史作品及旅行记闻而声名远扬。其中最著名的有 Ibn Battuta, Mahmud Kati, Ibn Khaldun, Al Bakri, Abderrahmane Saâdi。
[3] 这段引文出自《古兰经》,表明边界并不是伊斯兰走向全球的障碍。

第四章　非洲史与全球史：研究范式再探

体,他们每年在麦加的朝拜中重聚。① 伊斯兰教因此是全球化的另一种形式,表明非洲人、非洲历史、非洲与阿拉伯的史学家可能拥有一种开阔的开放性。然而这些历史表现形式皆因殖民征服而被边缘化,同时也激发了人们对它的抵抗,例如西非最勇猛的反叛者得到穆斯林(如萨摩里、奥马尔、富德·卡巴[Fodé Kaba]、玛巴·迪阿寇·巴[Maba Diakhou Bâ]、阿马杜·巴姆巴[Ahmadou Bamba]等人)的协助反抗殖民主义。

在跨学科研究方面,法国、英国的很多非洲学专家也发挥了先锋作用,他们越来越多地与欧洲、美国的同仁一道投入相关研究之中。英法两国在非洲有长期影响,包括参与前资本主义和资本主义经济、奴隶贸易、工业革命、殖民化并将非洲纳入他们的帝国体系,因而曾是首要的"非洲研究中心"。② 欧洲中心论那种单一的理解方式,长期以来遮蔽了欧洲历史学家之间的学术争议与认识论讨论。尽管如此,法国的非洲学家对亲法精英的写作与教育有着特别的影响。

伊夫·佩尔松(Yves Person)、卡特琳·科克里-维德罗维奇(Catherine Coquery-Vidrovitch)、让·德维斯(Jean Devisse)在达喀尔和巴黎为达喀尔大学一代又一代的历史学家的教育做出了杰出贡献。同样重要的还有非洲历史研究者让·叙雷-卡纳勒(Jean Suret-Canale)的开创性工作,她发表和出版了很多有关非洲殖民史的文章与参考著作;克劳德·梅亚苏(Claude Meillassoux)这样的人类学家将"达喀尔学派"的史学研究介绍给其他社会科学;还有让·布莱格(Jean Boulègue)、伊夫·圣-马丁(Yves Saint-Martin)及克里斯蒂安·罗什(Christian Roche)等历史学家的作品;社会学与人类学领域有克里斯蒂安·库隆(Christian Coulon)、让·施米茨(Jean Schmitz)

---

① "乌玛",信仰者的世界共同体,是伊斯兰教的基本观念,它使世界上所有穆斯林团结起来,无论其种族、文化或出身。麦加朝圣,他们每年相聚的场合,因此成为一个交流和凝聚的重要时刻。

② Curtin, "Tendances récentes des recherches historiques africaines et contribution à l'histoire en général," p. 92.

和让·科庞(Jean Copans)。①

英美学派的学者也为非洲史做出了巨大贡献。最近,弗雷德·库帕和简·布尔班克在帝国研究方面做出了巨大贡献,在此之前卓有成效的研究还有约翰·唐奈·费奇、黑利勋爵、迈克尔·克劳德(Michael Crowder)、大卫·罗宾森(David Robinson)、菲利普·科廷(Philip Curtin)、乔治·布鲁克斯(Georges Brooks)、艾伦·霍华德(Allen Howard)、温斯顿·麦克格文(Winston McGowan)、沃尔特·罗德尼(Walter Rodney)、保罗·拉夫乔伊(Paul Lovejoy)、伊曼纽尔·沃勒斯坦、约翰·霍普金斯、马丁·克莱恩(Martin Klein)、乔治·卫斯理-约翰逊(George Wesley-Johnson)、帕特里克·曼宁(Patrick Manning)、卢谢·科尔文(Lucie Colvin)等人的工作。② 跨大西洋历史学家因而为我们了解非洲知识及非洲研究打开了很多视角。

非洲研究兴趣的复苏

20世纪末21世纪初,人们对非洲研究与非洲历史重新燃起兴趣。全球"北方"地区(特别是英语国家)的研究项目最富活力,这些项目围绕专门主题与问题展开研究。这一发展再一次使得非洲本土的研究者在非洲研究中只占据"最小份额",尽管如此,其损害没有原先那么大了。学科越来越系统化,使我们可以比较有关非洲的各种观点,采取相对的方式来看待这些观点,从而削弱殖民主义的认识论,进而使这个大陆及其居民名正言顺地进入全球史。

---

① Thioub, "'L'École de Dakar' et la production d'une écriture académique de l'histoire."
② Jane Burbank and Frederick Cooper, *Empires. De la Chine ancienne à nos jours* (Paris: Payot, 2011), p. 688. John Donnell Fage, *An Introduction to the History of West Africa* (Cambridge, 1955). Lord Hailey, *An African Survey. A Study of Problems Arising in Africa South of Sahara* (Oxford University Press, 1957). 像迈克尔·克劳德、约翰·唐奈·费奇、黑利勋爵或唐纳德·克鲁斯·奥布赖恩这样的作者对非洲的全球史书写做出了重要贡献。其中,《非洲历史杂志》主编迈克尔·克劳德是最多产的一位非洲历史学家。

第四章　非洲史与全球史：研究范式再探

除了这些拥有重要学术资源的学术网络之外,非洲大陆上的其他网络亦尽力生存,尽管经常被忽视(同其他经济部门一起)。更糟糕的是,之前的宗主国中心仍然暗中(或者说差不多暗中地)在其前殖民地"独立"之后施加影响。将非洲历史"去殖民化"成为一些人的紧迫目标,他们致力于确立学术研究的基础合法性。至少从一开始,那些采取战斗姿态的非洲史撰著者们并没有忽视这个目标。他们建立非洲史学派,用英语、法语、阿拉伯语等语言进行书写。除了口述传统,历史学家们也使用古闪语(Ge'ez)、瓦伊语(Vai)、巴姆穆语(Bamum)与阿贾米语(Ajami)书写的许多非洲史料。①

一个相关的问题是,民族主义者的方案并不将学术"去殖民化"纳入首要任务。部分原因是很多政治集团并不重视学术,只提供很少的资金支持历史工作。全球北方地区因此仍然在非洲历史研究方面保持优势：决定着非洲研究的中心问题,以及非洲学学者的流动(这引发了颇富争议的"人才外流"现象)。② 非洲历史的"去殖民化"目标并不是简单地摆脱殖民主义家长制,而是为了保证学术的严谨性,把非洲史放回全球问题的中心位置,更好地说明发展的政治。

一部富于战斗精神的历史

此部分讨论的战斗精神,原本是非洲史学家面对客观限制时的另一种选择。他们的"反抗"立场,以拒绝内在于殖民地意识形态的边缘性(或者说边缘化过程)为前提。那些新近"独立"国家的文化生活仍然深

---

① 用阿拉伯语书写的非洲语言史料相当丰富,为了解非洲社会提供了一个宝库,见 David Robinson, "Fulfulde Literature in Arabic Script," *History in Africa*, no. 9 (1982), pp. 251-261。Fallou Ngom, "Ajami Scripts in the Senegalese Speech Community," *Journal of Arabic and Islamic Studies* 10 (2010), pp. 1-23; Oslo, edited by Alex Metcalfe。

② 非洲国家面临这个问题,很多研究者前往发达国家的大学。这些大学定期组织活动,在非洲历史研究领域为研究和出版提供很多机会,这些是目前在非洲做不到的。这同时也意味着分享研究与研究者的资源在发达国家。

受殖民地意识形态遗产的影响。因此,这种拒绝意味着一个重要的关切:如何在全球的层面上给非洲找到一个位置,尽管仍是一个次要位置。这当然是一个思想的关切,但也与民族主义者的政治斗争有深切的联系(其斗争的目的是将非洲大陆从各种形式的控制与支配中解放出来)。对于非洲历史学家来说,对国家政治的、意识形态的挑战,或者是指导新民族国家建设与发展的范式很难被替换掉。

由于几代非洲历史学家对政治行动的参与,历史学对民族解放斗争的贡献是显著的。而且,出于对自己国家及世界的认知的自信,很多非洲历史学家谋求共和国的总统职位,也有几个成功的例子。① 非洲历史学家参与学术和政治活动,为的是影响国家、非洲、乃至世界的命运。对他们中的大多数人而言,马克思主义是他们的政治哲学,亦是历史写作的模式,但这也曾在一些非洲历史学家中引起争议,他们拒绝任何形式的"思想控制"或"意识形态殖民主义"。与此同时,对马克思主义思想意识的参考,表明了想把非洲汇入全球思想潮流之中的倾向。这种战斗精神和对不同角色身份的并置带来了许多挑战,这些挑战仍处于造就独立的各种意识形态(ideologies of independence)的范式视野之内:在历史进程中,政治与国家扮演着重要的角色。非洲历史学家仍然必须从其双重从属状态中解放出来——一方面是后殖民国家的意识形态,另一方面是作为政治反对派的马克思主义。

非洲历史学家反殖民的、民族主义的方案从很大程度上来说有其正当性,不过,我们也必须再三思考并考察其相关性。问题是,我们是寻求解构殖民文本与意识形态,还是去写作一部可信的历史。这样的一部历史质问知识的诸形式,回应历史学所面临的方法论问题。看起来,这些任

---

① 先锋人物包括阿卜杜拉耶·李与谢赫·安塔·迪奥普,他们首先支持反殖民主义的军事行动,后来激烈地反对后殖民政权。他们的年轻一代的追随者有约瑟夫·凯泽博, Ahmadou Makhtar Mbow, Assane Seck, Sékéné Mody Cissoko, Iba Der Thiam, Abdoulaye Bathily, 阿尔法·奥马尔·科纳雷,洛朗·巴博, Henriette Diabaté。他们中有一些人组织政党,在各自国家(塞内加尔、布基纳法索、马里等)竞选总统,洛朗·巴博成为科特迪瓦的总统,阿尔法·奥马尔·科纳雷成为马里的总统。

第四章 非洲史与全球史:研究范式再探

务可以同时进行,伴随着(经常波动的)风险,并且是在以冲突为特征的情境之中。这种战斗精神当然有其正当性,特别是在某个时期,然而人文科学的发展逻辑主张,非洲历史应该连贯地、有条不紊地融入全球潮流之中。这一路径将有助于我们把非洲大陆理解为全球整体的一个不可或缺的部分,而非在世界发展过程中一个完全分离的、从属的地区。

学术与战斗精神:考察"达喀尔学派"

为学术战斗精神而展开的斗争,不仅表现在其公开的目标宣言上,也体现在为实现目标而应用理论的结构或机制层面。因此,各类"学派"负责历史反思,从事书写非洲大陆整体的或部分的历史的工作。威斯康星大学(扬·万齐纳[Jan Vansina]、菲利普·科廷)、伯明翰大学及伦敦大学亚非学院(约翰·费奇[John Fage]、罗兰·奥利弗[Roland Olivier])、巴黎第七大学(卡特林·科克里-维德罗维奇)都声称自己是非洲历史研究的缔造者,不过,我们应该注意到,第二次世界大战刚一结束,在非洲大陆就出现了非洲史的概念与书写,如尼日利亚的伊巴丹(Ibadan)、坦桑尼亚的达累斯·萨拉姆(Dares Salam)、乌干达的马凯雷雷(Makerere)和达喀尔等。穆罕默德·萨希利(Mohamed Sahli)就是在这一背景下于1965年左右写作了一本小册子《去殖民化历史》(Decolonizing History),向读者介绍了理解马格里布(Maghreb)历史的另一种方式。① 肯尼斯·翁武卡·戴克(Kenneth Onwuka Dike)是诸非洲历史学派的先驱,是伊巴丹学派的创立者之一,该学派影响了尼日利亚史的写作。② 对试图摆脱宗主国和欧洲中心论影响的那一代非洲史学家而言,他是一位非常重要的人物。他和同为伊巴丹学派的雅格·阿贾伊(Jacob Ajayi),达累斯·萨拉姆学派的特伦斯·兰杰(Terence Ranger)、阿诺德·提姆(Arnold Temu)、

---

① Barry, *Sénégambie: plaidoyer pour une histoire régionale*, p. 36.
② Kenneth Onwuka Dike, *Trade and Politics in the Niger Delta, 1830-1885: An Introduction to the Economic and Political History of Nigeria* (Oxford, 1956).

沃尔特·罗德尼,马凯雷雷学派的贝思韦尔·奥戈特(Bethwell Ogot),达喀尔学派的阿卜杜拉耶·李和迪奥普都积极参与了非洲历史的去殖民化和重新书写工作。

我们来更为详细地探讨一个案例。达喀尔学派召集了数代学者。达喀尔学派代表着非洲众多研究中心(马凯雷雷、伊巴丹、达喀尔)之一,这些中心汇聚了来自多个学科的专家,受到二战后持续上升的反殖民运动的影响,发展有关非洲社会的学术。和其他学派一样,该学派致力于揭开殖民主义学术有意编织的、遮蔽真实非洲社会的面纱,并以此闻名。①

在没有事先协商的情况下,非洲作者们承担起了写作非洲历史的任务。他们很有可能受到了北方的"隐士"(marabouts)的启发或鼓励,一直致力于摆脱(被强加于或被迫同意的)非洲大陆的孤立状态,恢复其在人类发展历程中应有的位置。② 与域外的同行一道,这些学派成员做出了了不起的研究,参与学术探究活动,恢复历史学科在非洲的尊严。他们的理论和方法论是有争议的,时常引发辩论,但这些理论和方法又是激烈论战的产物。这些学派对研究工作的推动具有决定性意义,产生了很多重要的学术著作。他们的后继者的任务是超越其客观局限,重构非洲史研究的中心议题。通过解构诸种限制性的神话与研究的陈规旧套,也通过大规模重建那些可以提供新知识、新方法论的研究范式,这一超越得以实现。在非洲和原宗主国中心地区,历史学家书写了很多出色的地区史,这些地区史在大陆视野与全球视野之间取得了平衡。

有相当一段时间,史学家的任务是超越"学派"先行者的首要使命,去写作,或重写非洲史,以考察新的问题。考察新的问题这一研究取径提

---

① Thioub, "'L'École de Dakar' et la production d'une écriture académique de l'histoire."
② Boubacar Barry 使用"北方的'隐士'"指在欧洲大学或整个"全球北方"的知识权威,非洲作者指望他们来为自己的研究提供合法性。见 Boubacar Barry, "Preface," in Babacar Fall (ed.), *Le travail forcé en Afrique Occidentale Française, 1900-1946* (Paris: Karthala, 1993)。

第四章 非洲史与全球史:研究范式再探

供了一种方式,可以打破或避免与世隔绝的状态,这种状态有可能拉开非洲史与全球史书写潮流的距离,把非洲史局限于任意的主题或地理区域,局限在好战与主观的视野之中。从方法论的视角看,考察新的问题,过去是,目前仍然是一个紧迫的目标,这样的目标大体上是正当合理且可以实现的。幸运的是,独立之后,第二代非洲史学家致力于完成这个任务。他们更熟悉认识论意义上的全球化过程以及知识生产的新方法。实验室和研究网络得到更好的整合,为这些学者提供了更广阔的视野,使他们能够打破那些限制了其前辈的学科壁垒。

几代人的工作

每一代非洲史学家都参与了重写非洲大陆历史的"使命",这些重新书写均受到史学家们生产学术的情境之启发,表现了他们各自时代主流的研究范式以及方法论的各种可能。

战后那一代历史学家反对殖民主义,独立后的那一代以激进的"民族构建"和重写非洲史而著称,接下来的几代史家则融入更为全球化的潮流与研究范式,超越民族的和新殖民主义的空间。当代史家则少了一些意识形态的束缚,他们与殖民体系的关系也变得疏远了。他们大多数人没有殖民主义的直接经验,尽管殖民主义的知识遗产还广泛地存在于他们的教育结构之中。他们生活在一个**民族主义危机**后出现的**全球化**环境中,对更富跨学科和多学科特征的主题感兴趣,其研究对象与地方研究相去甚远。① 他们的方法论也呈现出更为开放的特征,为学术考察和有差异性的研究提供了更多的可能性。来自各大洲、各社会科学领域的研

---

① 但是我们看到在达喀尔这些命题正在复活,如 Mamadou Fall ("Terroirs et territoires dans la formation de l'espace régional ouest-africain," Dakar, Université Cheikh Anta Diop, 2014) and Rokhaya Fall ("Le Saalum de la fin du XVIe siècle au milieu du XIXe siècle. Populations, espaces et histoire," Dakar, Université Cheikh Anta Diop, 2014, p. 601) 。仍在进行的《塞内加尔通史》的写作引发了很多有趣的问题,涉及以地方为基础的研究方法。

究者之间的合作逐渐取代争论,这得益于学术控制及民族主义意识形态影响的减弱。

因此,前几代非洲史家为关于不同地区历史的真实知识打下了基础,这些知识给这个大陆提供了共同的身份。今天我们有可能把这些作品进行综合,把它们融入更全面的编年史,有效地终止这个大陆数个世纪的边缘化。这似乎是通向一部非洲的全球史的道路,它赋予民族史、地区史和地方史一种整体的意义。

非洲史与全球史

有关非洲历史的写作大多会描述非洲与世界其他部分的联系,非洲的历史学家可以以这些传统为研究基础。过去几十年,他们特别强调三个主要事件,用以描绘非洲与其他地区之间的联系:伊斯兰教进入非洲大陆、大西洋奴隶贸易和殖民活动。依照这一观点,奴隶贸易表明非洲大陆持续对大西洋地区开放,并融入了贸易网络和"世界经济"——换句话说,融入世界历史,即使非洲的历史学家有时也会这么说。阿卜杜拉耶·李描述这一趋势时写道:

> 的确,一旦放弃长久以来架构我们历史教学的殖民框架,我们几乎立即转去考察非洲与其他大陆的联系的发展过程。毫不迟疑地,我们关注17世纪黑非洲的贸易——自然也包括奴隶贸易——并认为它是世界历史与非洲历史的一个关键联系,但是也可以肯定,我们需要使用殖民者书写的史料来进入这段历史。①

这一占主导地位的思想,特别是大西洋构成交流与文化的空间之观念,构建了殖民时代结束后非洲出现的所有的理论和"学派"。然而,将撒哈拉和大西洋视为对立的两方的逻辑似乎强化了这一观念——非洲大

---

① Ly, *La Compagnie du Sénégal*, VII.

第四章 非洲史与全球史:研究范式再探

陆及其所有地区完全从属于外部的(经济、政治和思想的)影响。但是,与这些外部潮流相关联,可能会被看作是在寻求由殖民时期的知识贵族赐予的历史合法性。这种思维方式极端危险,因为它认为非洲历史的开端与这些外部因素的出现是同时的,在方法论层面尤其如此,即将非洲大陆整合进殖民者的历史分期与民族国家史。显然,史学家在写作和重写这段历史时系统地推崇外部材料。这一取向因此时常造成一种图景——撒哈拉以南的非洲"够不上历史"(underhistory),居住在这一区域的土著黑人是"世界体系的外围地区的流氓无产阶级,而世界体系的枢纽区域位于北半球"①。这就是对非洲的描绘:"黑"与"撒哈拉以南",真实的从属和外围地区!

依照新的论辩,只有摆脱对奴隶贸易和殖民主义的迷恋,才能以全球视角研究非洲史。这是一条最好的路径,根据已确立的学术标准生产的知识因此获得合法性,而不是依据知识权威(对于南部而言)或"北方'隐士'"的标准。② 尽管由于海量的文献以及它们与其他大陆历史的联系,与奴隶贸易和殖民主义相关的问题一直以来得到细致的研究,但很明显,从古代到后现代的其他历史阶段也同样重要和有趣。地理区域也是这种情况,除了大西洋,有证据表明在撒哈拉地区与印度洋等地区的非洲各民族也有长期的往来与演化。

历史的欧洲中心论观念长期占据主导地位,并伴随着"伪科学主义的种族主义"及文化沙文主义。③ 这一观念长久以来对非洲历史产生影响,各类版本的非洲史只不过是地区史。对非洲大陆所有的历史时期、所有的地理区域的研究成为一个重要的学术目标,绝不可能将这一任务交给某些专业团体或感兴趣的个人,同样地,也不可能使其成为非洲人独占

---

① Sophie Dulucq, *Écrire l'histoire de l'Afrique à l'époque coloniale (XIXe -XXe siècles)* (Paris: Karthala, 2009), p. 191. Joseph Ki-Zerbo, "Introduction générale," in *Histoire générale de l'Afrique* (Unesco-Jeune Afrique, 1980), p. 34.

② Barry, "Preface."

③ Curtin, "Tendances récentes des recherches historiques africaines et contribution à l'histoire en général," pp. 77-95.

的领域。历史,"非洲唯一还未民族化的部分",体现了非洲与世界之间生动的关系。①

联通世界

在20世纪50年代,"受害"(victimization)成为书写非洲历史的动因,这种历史书写的结果成为理想目标——通过平允公正的研究建立历史真实——的对立面。因此,只要摧毁限制性神话和思维定式是必要的,那么跌入前文谴责过的陷阱的风险就始终存在:一部怀旧史,充满了"纪念"或者"自我凝视",甚至是自我拔高与宗派主义,在其架构中没有"他者"的位置。非洲内部出现的复杂的、困难的局面,起因于对历史的滥用,也就是官方的民族国家史和强调各种特殊性的地方史之间不相容的状况,这种不相容意味着你不可能预估在非洲大陆上将发生几次反叛和"部落战争"。这种分离状态揭示了新生的非洲民族国家与他们的民族主义方案之间脆弱的平衡关系:例如刚果(金)的卡坦加独立运动,20世纪60年代的尼日利亚内战,卢旺达的种族屠杀,塞拉利昂、利比里亚和刚果的族群冲突,中非共和国近30年的宗教冲突,等等,这些只是诸多冲突中的几个例子。②

除了这些方法论问题(在某些主题上得到了合理的解决),历史书写引发的问题和它解决的问题一样多,非洲史学家有时会被一些相当成问题的意识形态纠缠住。那些所谓的知识分子支持某些国家的政府,为发动战争的种族主义者、排他主义者,甚至有时是种族屠杀者的种种战争意识形态提供理论阐述。例如1994年卢旺达"米勒科林斯广播"③(Radio

---

① Kaké, *Combats pour l'histoire africaine*, p. 36.
② Yves Benot, *L'idéologie des indépendances* (Paris: Maspero, 1964), p. 427.
③ 著名的"米勒科林斯广播"在种族屠杀中产生了重要影响,它号召所谓"真正的卢旺达人"胡图族杀害图西族"蟑螂",因为在他们看来后者不属于人类,直接导致1994年4月到6月间,80万图西族和胡图族民众在卢旺达被杀害。该广播成为民族灭绝的代名词。

第四章 非洲史与全球史:研究范式再探

Mille Collines)电台向听众宣传"民族清洗"(ethnic cleansing)观念,或者是象牙海岸战争期间提出的一个关键概念"象牙性"(ivoirité)。① 身份认同上的怀疑是将"他者"污名化的基础,是缺乏那种被称作全球性的民族想象的社会的特点。这种不公开的对"危险的纯洁性"的追求成为独立后的非洲时常涌现的冲突的根源。② 在所有这些冲突之中,有人试图建构一个区别于"他们"的"我们",这种区分预先假定一个观念上的和疆域上的边界,对于这类新学说的理论家来说,"一个'自我'会自然而然地认为不同于'他者'……既是'自我'又是'他者',这是不可能的"③。自相矛盾的是,在不了解"他者"及其差异的情况下,不可能维持"自我"、排斥"他者"。欲了解和理解"他者",就需要一种开放的态度对待他人与世界。

如果这样一部历史——尽管还未书写——是可能和可信的,这种对世界、对其他学科的开放态度将是一个令人庆幸的结果。卡凯说过,"将历史教育缩小为非洲史的想法,是一个令人不快的立场。沙文主义史学家带给国家的损害,如同一个狂热的信徒带给其所信奉的宗教的损害"④。一直以来,历史总是带来人群之间的接触与对立——经常是悲剧性的,然而,身处现代世界的我们都同意,任何族群都不再可能孑

---

① "象牙性"这个概念是为了确认象牙海岸人的民族性,首先由1945年达喀尔的象牙海岸的学生提出。1993年,由 Henri Konan Bédié 总统重新提出,目的是对付其反对者 Alassane Ouattara。这个新定义以种族、宗教和地理差异为基础,认为只有当一个人的祖父母、外祖父母都出生于象牙海岸,他才是一个纯正的象牙人。这使得有外语姓名的人成为被排斥的对象,被认为是不纯正的象牙人。这个概念原本的含义包含积极的文化概念,即"象牙奇迹",或是在象牙海岸存在的多重因素的混合,包括很多从属地区的人口,有助于创造一个社会大熔炉,为非洲大陆树立典范。这一较早的含义曾极大地促进了该国的经济发展和繁荣。(见"L'ivoirité, ou les dérives d'un discours identitaire," interview of Soeuf Elbadawi with Sidiki Kaba, *Africultures*。)

② Bernard Henri-Lévi, *La pureté dangereuse* (Paris: Grasset, 1994).

③ Curdiphe, "L'ivoirité, ou l'esprit du nouveau contrat social du Président H.K. Bédié," Actes du forum Curdiphe du 20 au 23 mars 1996, publiés sous la direction de Saliou Touré, in *Ethics*, revue de la Curdiphe, Presses universitaires d'Abidjan, 1996.

④ Kaké, *Combats pour l'histoire africaine*, pp. 28-29.

然独立。① 尽管他们的历史动荡不安,非洲各国与国际社会的联系已经愈来愈多,因为政治的领域已涵盖一切。② 非洲人了解这一点,而且,这一认知成为桑戈尔思想及其"普世文明"理论的基础。③ 在其所谓的"馈赠与接受之汇聚"中,没有哪个民族会遗落,每个民族也都必须贡献自己的价值。他早在柏林墙倒下和冷战结束前就预想到了全球化的来临。④

了解世界,需要了解其历史的各个方面和所有内容。这进一步要求世界公民不能局限于只了解自己的国家或地区;作为"全球公民",有责任了解其他民族,了解在时间与空间上毗邻的所有观点。⑤ 对于第一代非洲史家来说,关注非洲历史是必要的,因为他们担负着书写非洲大陆历史的责任。这也意味着要理解一个统一的非洲,从马格里布地区经由撒哈拉以南地区再到南非。然而,这绝不意味着"非洲历史的隔离化"(ghettoization)。⑥ 如卡凯所言,

> 对于那些希望了解每一个社会群体对人类发展的贡献,全面考察复杂的当代重大问题,回溯其源头,从历史中汲取教训的人来说,有必要对世界历史有一个总体认知。因此,非洲历史不能是怀旧式的,不能满足于唤醒祖先的灵魂,将黄金时代放置在时间之端。这一历史构成要素的挑选必须基于其价值而非一般的兴趣;这一历史不

---

① Samuel P. Huntington, *Le choc des civilisations* (Paris: Odile Jacob, 1997), 5p. 前哈佛大学教授塞缪尔·亨廷顿1993年在《外交事务》上发表了一篇文章,提出"文明的冲突"观念。这一观念颇富争议,认为世界各地的不同文明总是处在相互斗争、相互冲突的关系之中。

② Ibid.

③ Léopold Sédar Senghor, *Liberté 3: Négritude et civilisation de l'Universel*, discours, conférences (Paris: Le Seuil, 1977).

④ 柏林墙的倒塌象征着两极化世界与冷战的结束。1989年11月9日这天,理论上意味着两种世界观的国际化冲突的结束。苏联的解体标志着一种新的全球化的开始。这一新的权力分配宣告了一种新的秩序和新的全球化,与先前其他的秩序一样,其自身带有一套关于确定性和矛盾的预设,遍及政治、经济、文化等各个层面。

⑤ *Nous sommes 7 milliards de voisins*, Radio France Internationale.

⑥ Ref. Philip Curtin, *The Chronicle of Higher Education*, March 3, 1995.

第四章 非洲史与全球史：研究范式再探

能倾向于特殊论，不能是褊狭的、生命力枯竭的民族主义，而必须关注各个地方的不同特征。①

总而言之，从非洲这个实验室的情况来看，可以把全球史理解为事实与事件之间的连接物，它把全球不同地区连接起来。从这个角度来看，尽管当然会存在讨论、争议和刻板印象，非洲与世界其他地区的关系必然是联系与辩证的。② 这一路径所研究的跨国现象，被与地方的、国家的、大陆的、以及跨越大陆的动力，以及史学家、史学流派及史学史在学术与认识论上的种种对抗联系起来。全球史的前提在于一种**全球史学书写**，其中，当今时代的动力与潮流，以及非洲、印度、中国、欧洲和美洲对理论、方法论、探究工作的贡献是基础。它是对一个社会的、政治的、经济的、文化的或科学的现象进行去中心化的叙述，它可能始于对某一地方现象的研究，该现象的特征与全球其他区域相联系。（这就是我们下面对1968年5月的事件采取的研究方法。）最后，全球史也是对非洲人寻求身份的热潮渐退之后的一种回应，是对分离运动的反制，以及对殖民主义引发的去疆域化（de-territorialization）和后殖民时期的再疆域化（re-territorialization）的一种反应——所有这一切之所以会发生，一方面是因为神话的解构，另一方面是因为必须建设或重建一种对全球整体的归属感。

全球史研究路径示例：非洲与1968年5月事件

由于有相似的研究对象——跨越国家疆域框架的空间，"全球史"与"世界史"并不总那么泾渭分明。全球史无法成为一部涵盖世界所有社会的历史，它应思考空间及时间的特殊性，涉及研究的所有领域和世界的所

---

① Kaké, *Combats pour l'histoire africaine*, 1986, pp. 28-29.
② 在本文的写作过程中，埃博拉病毒正在非洲肆虐。如同面对HIV病毒，人们没有有效的治疗手段，需要全球性的解决方案，但是它的爆发又会强化某种偏见，有再次孤立这个大陆的可能。

有地区。它汇集这些社会中大范围的领域——即便它们并不同步,这一史学任务关注大规模的全球变迁、震荡、共同的变革、相遇与冲突、革命等等。

各个社会依照自身的价值取向和轨迹寻求自身的发展,未察觉到他者的存在,或不将他者纳入自身的发展之中。新的世界因各个社会的相遇而出现,因新的权力平衡而成形。纵观历史,权力的平衡为所有社会确定了一种"全球化"的形式,这种"全球化"的形式由最强者的目标与眼界所塑造。因此,可以将不同的帝国主义和宗主制度视作全球化的企图,在这一过程中,全球的很多部分脱离孤立的状态,卷进——时常是被迫地——各时代的全球潮流之中:古罗马帝国、大西洋奴隶贸易、重商资本主义、殖民化、冷战等等。非洲是这一边缘化与宗主控制的中心,它们在强化全球化的同时,使非洲成为全球化的一部分。全球化进程最终形成"地球村",每一个人都是村中一员,尽管各种不平等与非正常的社会关系依然存在。① 桑戈尔定义"普世文明"时,提到"所有民族"、所有文化的相遇,他所言并非对抗而是互惠的关系。② 同样,全球史也希望研究这一扩大了的跨国框架。

一种关注事件,但辐射世界各个社会演进过程中最大领域的研究路径,使我们可以开始书写一部全球史,其范围涵盖整个星球,但无须尽囊所有国家。例如,资本主义史、宗教史、移民史和观念史等领域的交织交汇,或许就能实现全球史书写。这一研究路径让我们看到世界不同地区——非洲、欧洲、亚洲和美洲——之间存在的联系,并且透过某些社会运动,让我们发现这些空间之间的联系。世界范围的"1968年5月"运动就是这样的例证。

---

① "地球村"这一表达被 Marshall McLuhan 用来描述全球化对媒体、信息技术和交流通信的影响。全世界统一于一种文化的可能性表明,这个世界是一个共同体,是一个共享的村落。Marshall McLuhan, *The Medium Is the Message* (London: Penguin Books, 1967).

② Léopold Sédar Senghor, Liberté 5: *Le Dialogue des cultures* (Paris: Le Seuil, 1992).

第四章 非洲史与全球史:研究范式再探

世界范围的"1968年5月"运动

借由一种特别关注事件的研究路径,我们可以理解全球史,即理解世界各个社会之间的联系。这一研究路径的目标是给事件去疆域化,把诸事件的跨越时空的共同要素联系起来。的确,"1968年5月"运动,一场世界青年的反叛活动,虽然没有对世界各地的城市构成系统性的影响,但它发生在世界主要的大都市——布拉格、巴黎、开罗、达喀尔、纽约、芝加哥、柏林、法兰克福等,这些城市的大学生表达了他们对特定问题的关注。这些青年运动在距离遥远的地方、在不同地区同时爆发,因相同的动机而组织起来,具有相似性与同时性,因此,这一事件可以成为全球史研究的对象。

20世纪60年代,一场思想观念大爆炸影响了世界各地的青年,这一过程在1968年达到全球顶峰——伯克利大学的学生抗议扩散到世界各地。因此,我们可以理解所有这些青年运动之间的联系,以及不被重视的青年对自由的共同渴望;独自或共同面对这波国际青年反抗运动的国家之间的互相勾结;捷克斯洛伐克动用坦克带来的镇压升级;巴黎共和国保安机动队(CRS)的攻击;塞内加尔警察占领达喀尔校园。因此,不仅青年运动之间存在相似性,如塞内加尔和法国的那样,而且各国总统(如桑戈尔和夏尔·戴高乐)之间的互动也存在相似性。这也是一个诸抗议中心在全球层面互相传播影响力的时代。抗议以集体利益的名义(大学生)、意识形态的名义(左翼思想)、反对国内英雄的名义(在塞内加尔是批评"黑人精神"),或者以反对越南战争的名义展开,在各自国家引发不同的反应。在这些抗议活动中,整合各种事业是关键的,如在布拉格出现的反对共产主义的抗议,在美国和达喀尔出现的对"宠坏了的孩子"的抗议。[①]综合观察,所有这些因素将全球范围的青年反叛运动联结起来。

[①] 在塞内加尔,桑戈尔总统把那些抗议新殖民主义的学生看作"宠坏了的孩子",批评他们的意识形态主张,见其1968年5月30日对国民的演讲。

由于观念不受边界的约束,这些运动之间有着实质性的联系。大学成为联结的出发点,在各地成为社会运动的动力源,这些社会运动在后来持续塑造着政府形式。我们不仅应该考虑冷战的背景、世界经济状况,也有必要考虑年轻人的心理状态——他们认为必须在当下抓住生活。这样看来,1968年全球社会运动对世界造成了革命性的影响。效法世界其他地方的同伴,达喀尔的年轻人怀抱左翼思想,在维护越南人民权利的名义下发起抗议活动,要求社会变革。①

这一研究示例的目标是在全球范围发生的、有着共同观念的事件之中寻求其根源及其相互关联。这种"地方历史的聚合"(aggregation of local histories)形式,既体现了"全球史"的意义,又没有忽略地方历史。这种聚合的研究视角希望,全球史的作者并不将自己局限在理解地方,而是不断地更新对世界其他地方正在发生什么的认知。因为贯穿所有世代和历史时期(甚至史前时期)的犬牙交错、相互依存的关系,世界所有地区构成一个全球整体。因此,跨国现象的研究超越物理的和心理的空间,为世界所有地区和文明提供了一条全球研究路径。

全球史因此是根植于地方但放眼全球的史学,关注不同事件发生中心之间的连结物,运用多学科与跨学科方法,全盘彻底地理解相关事实。正是这一包容式研究路径把非洲置于世界史的中心位置。

结　论

非洲史见证了无数的迂回曲折,它们时常是剧烈的和悲剧性的,却始终牵系着世界的历史,从未与其失去联系。然而,历经数个世纪史诗般的奋斗,非洲史才确保了自己在历史中的正当地位。几代非洲的和非非洲裔的非洲学家领导了这一长期奋斗。随着新生的非洲国家的出现,民族

---

① Omar Gueye, *Mai 1968 au Sénégal: Senghor face aux étudiants et au mouvement syndical* (Paris: Karthala, 2017).

第四章 非洲史与全球史:研究范式再探

主义史学兴起,非洲历史学家在建设的同时也致力于与诸思维定式做斗争。除此之外,史学家们也一直以新颖的、合适的方式关注世界各地的相关问题。有一件事非常明确:建构一个非洲的历史叙事仍有大量的工作要完成,数个世纪以来,占优势的诸研究范式一直想要扭曲或有意遮蔽非洲的历史。今天,借助新史料和新方法论,学者们重新检视、思考、质疑这些研究范式。先行者的工作为多元学科的研究路径扫清了障碍,多元学科的研究路径证明了新生代非洲研究者的公开意图——他们要在一个与全球史有明确联系的大陆上关注深刻的主题,而这种全球史致力于透过世界的空间、民族、记忆与实践的多样性来研究世界。

第五章

解构帝国与民族叙事：
土耳其和阿拉伯中东地区

塞尔柱·埃桑贝尔　梅尔特姆·托克索

时间与空间

虽然当下决定我们如何理解过去，但我们在概念上对时间与地点的理解构成了我们叙事以及理解集体记忆的依托——当然，对历史学家来说尤其如此。于土耳其而言，所有这些术语都是复杂的，正如土耳其史学的现状揭示的那般，因为哪个地点构成这个民族及其政府的历史场所这一问题持续存在着。① 如爱德华·凯西所说，地点是地方文化的具体环境，也是一种基质，是可以孕育、生产或发展某些事物的地方或

---

① 关于作为当下历史的历史，参见 Benedetto Croce, *History: Its Theory and Practice* (New York: Russell and Russell, original 1921)。

关于土耳其目前的讨论及对其史学史状况的评价，感谢 Selim Deringil 和 Zafer Toprak 的帮助。他们慷慨地分享了他们的想法，对本章写作贡献良多。在当前有关民族史学史的讨论中，他们对某些突出问题有不同的观点，尽管如此，在一个充斥着争论的环境中，他们的工作代表了为数不多的纯粹学术观点。Selim Deringil 于 2008 年在开罗美国大学提交过一份未发表的文章 "Recent Trends in Turkish Historiography, The Use and Abuse of History,"下文注明 Deringil, 2008；Zafer Toprak 于 2008 年向土耳其科学院（TÜBA）提交的未发表的报告 "Üçüncü Cumhuriyet Fransası, Aydınlanma ve Osmanlı da Tarihyazıcılığı" (France of the Third Republic: The Enlightenment and Ottoman History Writing)，讨论土耳其的历史书写状况，下文注明 Toprak, 2008。

第五章 解构帝国与民族叙事:土耳其和阿拉伯中东地区

媒介,是一个缘起和生长的地方。① 因此,土耳其和阿拉伯史学的关键问题是,在土耳其和阿拉伯中东地区的历史叙事之中,哪个地点构成集体记忆的基质。第一次世界大战后,这一地理区域的政治边界经历了巨大的变迁,包括民族国家的外在环境的变迁。当新的民族国家建立,既有的民族的、族群的和宗教的历史家园受到严重的冲击而中断。从奥斯曼帝国(约1299—1922)过渡到第一次世界大战后土耳其的独立战争时期,帝国原欧洲版图上的省份成为民族国家,亚美尼亚人试图获得独立,在中东地区的委任统治中出现了阿拉伯民族主义。历史时间与地点因而发生急遽的变迁。一种拥有五百多年历史的多民族、多宗教的帝国政制,转变为世俗的、共和体制的民族国家,在这一急遽转变过程中,政治与文化发生转型,土耳其的发展事业面临民主化的关键问题,土耳其和阿拉伯历史学家有关"地方"与"全球"之间联系的观念也发生了变化。

这些问题成为本章讨论全球史、跨国史,以及土耳其、阿拉伯中东地区史学史状况的基础。对史学史的讨论将关注发展全球史的努力,它与奥斯曼时期有关,包括奥斯曼近代早期与近代的转型,它也构成了现代土耳其及阿拉伯中东地区有关民族主义与民族认同的辩论的基础。② 事实上,奥斯曼近代早期与近代的转型,以及围绕民族主义的主要争论,不可避免地将奥斯曼的历史书写置于一个全球史的背景之中。因此本章要点之一在于强调,奥斯曼历史书写具有内在的全球性(globality)。当然,什么构成全球,是当前历史书写的突出问题,因为做全球史并不意味着我们可以轻易地战胜民族主义势力,甚或与其达成和解。

---

① Edward Casey, *The Fate of Place: A Philosophical History* (Berkeley: University of California Press, 1997)."超越其严格的解剖学意义,基质(matrix)意指'某物培育、生产或发展的地点或环境''起源地,生长地'。对于基质来说,地点仍然是主要的含义。"第24页。
② 关于世界历史,参考 Jeremy H. Bentley, *Old World Encounters: Cross-Cultural Contacts and Exchanges in Pre-Modern Times* (New York: Oxford University Press, 1993);关于"相互联结的"历史,参考 Joseph Fletcher, edited by Beatrice Forbes Manz, *Studies on Chinese and Islamic Inner Asia* (Aldershot and Brookfield, VT: Variorum, 1995);关于国际史,参考 Akira Iriye, "The Internationalization of History," *The American Historical Review* 94:1 (February 1989), pp. 1-10。我们有关全球史的研究路径得益于上述著述。

民族主义与全球主义看似不协调,但并不总是导致两种对立的历史书写模式:19世纪的普遍史书写,既归功于兰克学派的民族主义框架,也得益于更为宏大的帝国想象。一个例子是,19世纪除了国家支持的编年史之外,还有不少知识分子、学者书写的具有普遍史(à la histoire universelle)性质的奥斯曼世界史。很多奥斯曼知识分子,其中有些人在新近成立的大学教授历史,加入了这股书写"人类与文明"历史的潮流,因而也许为今天的全球史研究奠定了基础。这类世界史(tarih-i umumi)蕴含了一种将历史视作一门社会科学学科的新理解,它们依照奥斯曼人对奥斯曼之外世界的理解及奥斯曼在世界中的位置,把奥斯曼人与整个世界联结起来。这种历史的全球视野,或者特别而言是世界史的全球视野,充分说明了19世纪末奥斯曼历史书写的全球态度。①

这类世界史也说明,奥斯曼的思想遗产是由相互竞争的思想流派构成的,因此,这些思想遗产较那种粗略的伊斯兰与西方的二元对立关系复杂得多。奥斯曼思想界既不走单一的西式现代性道路,亦不全然依伊斯兰立场来反思传统与现代的紧张关系。这一点在世界史中体现得最为明显,这些世界史把奥斯曼帝国看作既是现代的也是伊斯兰的。毫无疑问,在欧洲霸权时代,人们普遍相信欧洲代表进步,奥斯曼帝国当时的秩序——哈米德二世时代(1876—1908)斗争与调整并存的秩序——为历史写作创造了多种可能性,而这又为分析伊斯兰史和奥斯曼帝国史提供了空间。② 这种叙事性的历史书写超越了西方与非西方的二分法。与此同时,现代全球意识的兴起和全球空间这一独特观念的出现,意味着奥斯曼历史书写旨在把帝国放在世界社会与历史中进行考察。正是在这个奥斯曼人的自我定位之中,我们可以发现奥斯曼的全球主义,历史学家认为帝国研究不仅仅是对欧洲历史观念的回应,而且是创造和叙述帝国自身

---

① 例如 Mehmed Murad(亦名 Mizancı Murad), *Muhtasar Tarih-i Umumi* [*Concise World History*](Istanbul: Kitabci Karabet, 1891)。
② Meltem Toksöz, "The World of Mehmed Murad: Writing *Histoires Universelles* in Ottoman Turkish," *Journal of Ottoman Studies* 40 (Fall 2012), pp. 121-142.

第五章 解构帝国与民族叙事:土耳其和阿拉伯中东地区

与现代性的邂逅。

当下的史学工作不仅是思想层面的反思,也是一种积极的政治行动模式,受到在今天土耳其、阿拉伯中东国家流行的民族的、族群的、宗教的与地缘政治问题的影响而政治化。这或许让人想起奥斯曼帝国历史话语中这种根本的全球取向。鉴于当前的全球趋势,今天秉持自由-左派观点的历史学家强调土耳其民族国家构建中的威权/同化特性,目的是质疑反帝国主义的土耳其共和国的民族主义叙事,该共和国因1923年凯末尔革命而建立。这些历史学家关注民族性与宗教等诸问题,为今天有关军事政变、侵犯人权事件(过去的和近来发生的),以及加入欧盟的意愿的争论提供了历史背景。然而这股历史的"去民族国家化"不断地受到民族主义支持者的强烈反对,民族主义已经在几代人的文献中根深蒂固了。目前围绕民族性与宗教而引发的问题转换成了对中世史相关问题的争论,如塞尔柱突厥、库尔德人、亚美尼亚人,或正统的逊尼派与阿拉维异端之间的斗争。① 同样的情形也出现在阿拉伯中东地区,阿拉伯民族主义宏大叙事与1914年后随之出现的解构此宏大叙事的努力,在民族史书写与全球史书写的互动中继续着。②

全球史实验中的文明概念与民族身份的构建

和诸多革命一样,土耳其共和国的历史视野拒绝其过去——奥斯曼的历史,认为这是一段因与伊斯兰教相联系而更加失败和落后的历史。

---

① 关于土耳其和伊斯兰中世史研究中民族主义视角的霸主地位,见 Ahmet Yaşar Ocak, "Türk ve Türkiye tarihinde İslam'ı çalışmak yahut 'arı kovanına çomak sokmak'" ["Studying Islam in the History of the Turks and Turkey or 'To Insert a Stick into a Bee Hive'"] *Toplum ve Bilim* (Winter 2001/2002), pp. 100-114。

② 例如,Adeed Dawisha 讨论了阿拉伯语各民族的政治统一的早期观念向单一民族诸国家的转变,将其视作一种从地区视角向国家视角的转变,并讨论了这一转变对阿拉伯史学的影响,呼吁区分"阿拉伯民族主义""阿拉伯主义""泛阿拉伯主义"等概念。*Arab Nationalism in the 20th Century* (Princeton: Princeton University Press, 2003)。

世俗的土耳其对奥斯曼的批评差不多具有萨义德意义上的东方主义的特征，一种坚定的世俗主义/西方主义的世界观至今仍定义着土耳其政治辩论的一端。凯末尔主义者甚至在1928年禁止使用阿拉伯文字，用拉丁字母取而代之。这可能是20世纪最激进的一场文化革命——有目的地让新生代脱离其"东方"的过去。由于从一开始就拒绝从前的历史，土耳其的官方民族史学立于模棱两可与含糊的根基之上。第二次世界大战结束之时，奥斯曼历史有过激烈的回潮，然而，关于什么构成了土耳其"民族"的民族历史遗产的争论已经开始。

20世纪20年代和30年代早期，新共和国还处在革命热情之中，有人提出与民族身份构建相关的两个相互联系的命题。一个是"泛土耳其"历史身份的奇思妙想：在时间与空间中快速回溯，略过伊斯兰和奥斯曼，在中亚平原地带找寻故园。另一个则是安纳托利亚诸文明，这是共和国政府提出的一个观念，运用了源自近东与古典时代考古学的观念，而考古学作为一个严格的科学领域是在德国和奥地利的指导下设立的。这两个命题的共同之处在于它们与欧洲种族研究有关联，而后者又标记了19世纪末与20世纪初有关土耳其人的话语，认为土耳其人是亚洲的游牧"蛮族"，在文明的印欧领域内没有立足点。

就是在这一背景下，20世纪30年代的两次会议试图寻找一种新的土耳其历史，以构建一个新的国家。参加1932年第一次会议的一些学者准备了一本小册子——《土耳其历史简明纲要》①作为议程，引发了学者间的争论。其中有对土耳其主义命题暗中持怀疑态度的现代奥斯曼学学者，以及欧洲派民族学家、人类学家和定居在土耳其的俄裔穆斯林土耳其主义知识分子。新的土耳其历史命题源自这个会议，并且很快进入了教科书。这一命题效仿欧洲人相应的命题——把中亚当作人类的摇篮，认为印欧民族发源于此，大约公元前五千年开始移民活动，把文明扩散到更

---

① Afet Hanım, Samih Rıfat, Akçura Yusuf, et al., *Türk Tarihinin Ana Hatları: Methal Kısmı* (*The Main Outline of Turkish History: An Introduction*) (İstanbul: Devlet Matbaasi, 1931).

第五章 解构帝国与民族叙事:土耳其和阿拉伯中东地区

加广阔的地方。这个故事的土耳其版本则用讲突厥语的人取代了印欧人,并且将这一取代的发生时间回溯到公元前一万年。

然而到1937年第二次会议召开之际,得到了当时伪科学种族主义者的人类学小册子支持的安纳托利亚文明观取得胜利,将所有安纳托利亚人呈现为一开始即短头颅的土耳其人,而非西方界定的低等的长头颅(dolichocephalic)。这一观点补充了土耳其历史命题,该命题声称突厥人移民始于公元前一万年,引入了冶铁技术,从而将文明引入了安纳托利亚。因此可以证明土耳其人源于一个古代时期,这一古代时期是一个共享的欧洲人传统的一部分。印欧语系的赫梯人、爱奥尼亚的希腊人,有一段时间甚至苏美尔人,也是古代世界最早的"土耳其人"的后裔,这里暗含的意思是,现代世界也源于此。有人甚至依据古突厥语中表示"太阳"的"a",①发明了一种幻想般的语言理论——"太阳语言理论"(Sun-Language theory)。根据这一理论,所有语言都源自于土耳其人的这个古老母语,通过游牧移民从中亚传播到世界各地,包括英国、德国、日本和美洲。②

这一泛土耳其的世界历史图景呈现出这样一番景象:土耳其人从中亚——图兰之地——自东向西飞奔,主要朝向西方世界。在此命题中,没有人返回古土耳其人出生的东亚。与此相对照,安纳托利亚文明版本的世界历史声称,土耳其人与旧石器时代、新石器时代埋葬在安纳托利亚的古人有亲缘关系。当时,欧洲考古学家(确切地说是德国人)怀着极高的

---

① Hasan Reşit Tankut, *Güneş-Dil Teorisine Göre Toponomik Tetkikler* (Ankara: Devlet Basimevi, 1936) 和 *Prehistuvar'a Doğru Bir Dil İzlemesi ve Güneş-Dil Teorisinin İzahı* (Istanbul: TDK, 1937). 以此研究路径为基础的最著名的研究著作之一,把阿拉伯语看作土耳其语言和文化的派生物,见 Naim Hazım Onat, *Arapçanın Türk Diliyle Kuruluşu* [*On the Construction of Arabic as a Turkish Language*] (İstanbul: Maarif Matbaasi, 1944)。

② Büşra Ersanlı, *İktidar ve Tarih, Türkiye'de "Resmi Tarih" Tezinin Oluşumu (1929-1937)*, [*Political Power & History, "Official History" Thesis in Turkey*], Istanbul, AFA, 1992 (2nd expanded edition, 1996, 1998, 4th edition İletişim Yayınları 2002, 2006, and 2008), pp. 139-230.

热情研究深埋在安纳托利亚地下的古赫梯文明，在说土耳其语的安纳托利亚中心地带寻找印欧民族的根源。一位来自马其顿的前奥斯曼军官阿塔图克（Atatürk）①和他的手下人声称，赫梯人是土耳其人。这两种世界历史命题都没有着眼于实际生活在共和国的土耳其人，他们大多是帝国解体后不久留下的欧亚近东居民的混杂群体。这两个命题与共和国的宪法建构没有逻辑联系，共和国宪法围绕公民（citizenship）来确定土耳其民族的概念，"公民"被认为包括所有非土耳其人的少数族群，但这一民族建构的目标并不完全成功。这些新公民曾经分享的奥斯曼历史与今天不再有什么关联，奥斯曼历史成了现代性形成过程中要对抗的稻草人。②

土耳其的共和国历史书写也是一种跨国历史叙事，包含各类分散各地的知识分子的故事，他们成为共和国身份的建构者。民族主义者有关游牧土耳其人的历史叙事事实上并不是在土耳其被建构出来的，而是由讲突厥语的俄罗斯穆斯林知识分子与历史学家通过其流亡文化（émigré culture）的话语建构出来的。1917年十月革命后，罗曼诺夫王朝俄罗斯帝国学院的著名学者，如尤素夫·阿库拉（Yusuf Akçura）、泽基·维利迪·托甘（Zeki Velidi Togan）在土耳其避难。欧洲的一些知识分子在逃离纳粹统治之后也定居在凯末尔的土耳其，帮助改革大学体制。德国/奥地利考古学家在土耳其大学建立了自己的领域，和他们的土耳其同仁一道认定土耳其人有着安纳托利亚的古老根源。研究古代中国的德国自由派历史社会学家艾伯华（Wolfram Eberhard，1909—1989）受阿塔图克总统的邀请，研究几个中国王朝的突厥（匈奴、突厥、拓跋等）起源。他在安卡拉大学人文学院设立汉学讲席，宣传其反汉人中心观的中国王朝史，中华民族

---

① 即凯末尔，土耳其国会授予其阿塔图克姓氏，意指"土耳其人之父"。——译者注
② Ersanlı，见书中各处以及 Anthony Smith，*Ethnic Origins of Nations*（Oxford：Basil Blackwell，1986），p. 216，为了论证将首都从伊斯坦布尔迁往安卡拉的合理性，对安纳托利亚中部赫梯身份的讨论，见第162页。

第五章 解构帝国与民族叙事:土耳其和阿拉伯中东地区

命题的去神秘化因而服务于建构土耳其民族命题的事业。①

拒绝伊斯兰奥斯曼的历史,采用土耳其主义或安纳托利亚根源作为民族认同的基础,这一标新立异的实验存在一个问题——它没有提供建构这种身份认同所需的场所或传统主题。因此,于大多数安纳托利亚人而言,安纳托利亚文明命题仍然毫无意义,顶多提供了精英派视野下的一个文化遗产。就土耳其主义的论调而言,全球化的事务发生在"雾霭那边",正如希罗多德描述的斯基泰人(Scythians)的土地,对于大多数无法深入图兰中亚(Turanist Central Asia)——一个直到苏联解体才得以被触碰的地区——的语言、文化的复杂性之中的人来说,全球化的事务仍然是个幻想。然而,在最糟糕的情况下,这一命题助长了极端民族主义理论家的力量,他们一心想打击左翼人士。②

阿拉伯史学与奥斯曼:一个独特的世界?

在奥斯曼帝国最后的时日,随着巴尔干地区新近独立的国家越来越多,它失去了越来越多的领土,只剩下土耳其安纳托利亚和更大一些的以穆斯林为主的阿拉伯地区。在土耳其语和阿拉伯语地区,以穆斯林为主的职业中间等级依赖国家而取得社会地位和物质利益。现在普遍的观点认为,伊斯兰知识精英乌里玛(ulema)是奥斯曼社会的知识生活的一部

---

① Ersanlı, pp. 205-220; Wolfram Eberhard, *Çin: Sinolojiye Giris* (*China: Introduction to Sinology*) (Ankara Üniversitesi Yayınları, no. 6, 1946); idem., *Çin Tarihi* (*History of China*) (Ankara: Türk Tarih Kurumu, 1947); idem., *Conquerors and Rulers: Social Forces in Medieval China* (Leiden: E. J. Brill, 1970). 德国汉学家艾伯华在美国出版的著作利用了他在安卡拉的研究工作,继续其中国历史研究的跨国的多种族研究路径。泽基·维利迪·托甘是一位参加俄国革命的政治活动家,研究欧亚大陆中的土耳其历史,俄国布尔什维克革命后定居土耳其。他向几位土耳其学生介绍古代土耳其史学史,但是这些学生缺乏必要的俄语和汉语基础,尽管他们对这一学术研究领域可能有些兴趣,还是无法跟上他的思路。一个人如果无法接触其古老的根源,就很难得对此满怀骄傲地投入持久的兴趣,当时遥远的乌兰巴托或中亚的丝绸之路地带都在严酷的斯大林主义的控制之下。

② Ersanlı,高中教科书附录。

分——尽管土耳其民族主义历史路径有意忽略他们,这一事实对阿拉伯史学的形成发挥了至关重要的影响。泛伊斯兰主义也许是历史的全球理解的序曲,对于说阿拉伯语的乌里玛来说是一个重要的关注点。虽然泛伊斯兰主义没有带来一种全球历史视野的发展,却将穆斯林知识精英聚集在一起,并且也暗含了一种全球视野,将奥斯曼社会的穆斯林与流散到俄罗斯、中亚、印度和远东的穆斯林联系起来。①

最终,某种原始民族主义(proto-nationalism)取代了泛伊斯兰主义,然而这一联系在19世纪末既不明显也无法预料。泛伊斯兰主义无法生发出一种国际视野,对此的一个解释是,泛伊斯兰主义是塞利姆·德林吉尔所谓的"奥斯曼文明使命"(Ottoman mission civilisateur)的一部分,它把泛伊斯兰主义局限在奥斯曼帝国主义的世界。② 例如,19世纪末一份重要的阿拉伯文本提出了一种从伊斯兰时代之前到当时的奥斯曼统治的阿拉伯半岛的历史观,以伊斯兰和文明的名义确认奥斯曼的权威。③

第一次世界大战之后,随着帝国的崩塌与分裂,在阿拉伯史学中,民族主义取代了很多思想潮流。当然,泛伊斯兰主义只是没有排除奥斯曼主义的一条路径。我们甚至无法确定,阿拉伯知识精英是否在奥斯曼主义与其他原始民族主义历史视界之间发生了分裂。很多19世纪的阿拉伯精英——如同其他接受过新式教育的奥斯曼精英一样,首先是奥斯曼主义者;像沙基布·阿尔斯兰(Shakib Arslan)、布特鲁什·阿尔-布斯塔尼(Butrus al-Bustani)这样的知识分子,他们的思想被引向一个称作东方

---

① Adeeb Khalid, "Pan-Islamism in Practice: The Rhetoric of Muslim Unity and its Uses" in Elizabeth Özdalga (ed.), *Late Ottoman Society: The Intellectual Legacy* (Milton Park: Routledge-Curzon, 2005), pp. 201-224.

② Selim Deringil, *The Well-Protected Domains: Ideology and the Legitimation of Power in the Ottoman Empire* (London: I. B. Taurus, 1999), p. 158.

③ 指的是 *Mer'at ül-Harameyn* of Eyub Sabri Pasha, Istanbul, 1898, 3 vols., 转引自 Ussama Makdisi, "Ottoman Orientalism," *The American Historical Review* 107:3 (June 2002), pp. 768-796, especially p. 788。

第五章 解构帝国与民族叙事:土耳其和阿拉伯中东地区

身份"觉醒"的时代。① 的确,这是阅读阿拉伯语的土耳其历史学家晚近开始研究的课题之一,他们试图超越奥斯曼历史写作中出现的激烈的民族主义割裂现象。② 这是走向一种全球历史解释的非常重要的一步,因为区域视野扩大是走向世界视野的第一步。

帝国的终结可以说带来了新的能量。根据一项最新分析,这是一种创造性断裂,"每一个独立的国家与帝国历史决裂的同时又不断地提及这段历史"③。的确,政府和知识精英都视民族主义为身份认同与合法性的唯一现代资源。一位开风气之先的埃及学者清楚地表明了那些在帝国瓦解后的民族主义中寻求合法性的人所具有的东方主义腔调:

> 关于停滞问题的事实是,奥斯曼统治着正在衰败的民族,奥斯曼统治无法改变这一点。这是因为奥斯曼人是一个获取而非付出的民族,他们的组织、信仰和文化证实了这一情况。他们组织起他们统治的所有人……并且确保这些人不会发生任何改变或转型。④

因此毫不奇怪,20 世纪的奥斯曼史学史中——无论是阿拉伯语、土耳其语还是英语作品——最明显的缺失是没有形成全球的观念。然而,两个条件是必要的,它们透露出扩大框架的希望,即便框架本身不是全球的,也至少是向着那个方向前进。首先,民族主义历史叙事本身是相当多样的、有选择的,与全球进程并非完全没有联系。其次,很多新生国家的史学呈现出的巨大的多样性,显示出奥斯曼帝国自身之中内嵌的多样性

---

① 见 Rashid Khalidi 等人编辑的影响力颇大的作品,*Origins of Arab Nationalism* (New York: Columbia University Press, 1991)。

② Hasan Kayalı, *Arabs and Young Turks: Ottomanism, Arabism, and Islamism in the Ottoman Empire, 1908-1918* (Berkeley: University of California Press, 1997).

③ Amy Mills, James A. Reilly and Christine Phillou, "The Ottoman Empire from Present to Past: Memory and Ideology in Turkey and the Arab World," *Comparative Studies of South Asia, Africa and the Middle East* 31:1 (2011), pp. 133-136.

④ Shafiq Ghurbal 引自 Gabriel Piterberg, "The Tropes of Stagnation and Awakening in Nationalist Historical Consciousness: The Egyptian Case," in James Jankowski and Israel Gershonş (eds.), *Rethinking Nationalism in the Arab Middle East* (New York: Columbia University Press, 1997), pp. 56-57.

以及与之相关的种种困境,其中一些具有相当的全球特性。即便在民族主义者的范式里,这些20世纪奥斯曼历史的叙事也揭示出一种多民族或非民族主义的历史。

阿拉伯中东地区史学的关键时期是20世纪初,在第一次世界大战瓦解奥斯曼帝国之前。新的国家在前奥斯曼的疆域上建立起来,包括伊拉克、叙利亚、黎巴嫩、巴勒斯坦等殖民托管国,以及阿拉伯半岛上的部族国家。对巴勒斯坦的托管包含1917年的《贝尔福宣言》(Balfour Declaration),该宣言意味着至少建立一个犹太家园的可能,又意味着中东民族主义既包括阿拉伯的各类民族主义(地区的或泛阿拉伯的),也包括犹太民族主义或犹太复国主义。显然,这些民族主义发展了史学工具,不仅针对过去的奥斯曼帝国主义,也针对当今的帝国主义,因为对战后诸帝国的意图的考量主导了大部分历史研究。

运用帝国主义、阿拉伯民族主义和犹太复国主义等关键叙事来进行对中东与第一次世界大战的学术研究,很大程度上得益于一本书——乔治·安东尼厄斯(George Antonius)的《阿拉伯的觉醒》(*The Arab Awakening*, 1936)。安东尼厄斯的主要观点至今未变,即麦加的谢里夫·侯赛因(Sharif Husayn)领导的1916年阿拉伯反叛,是19世纪阿拉伯民族运动的结果,反叛者寄望英国支持阿拉伯人脱离奥斯曼而独立。在安东尼厄斯看来,问题的核心是巴勒斯坦和以色列的创立,以及他认为的英国的口是心非。他有关阿拉伯民族主义的观点大多受到质疑,但是这些观点仍笼罩着那些支持犹太复国主义的主张,力证犹太复国主义发展的合法性,抵抗早在1916年便出现的阿拉伯民族主义武装。此外,这些观点也被用来表明阿拉伯人与以色列的创立脱不了干系,责备阿拉伯人一直依赖英国对独立的承诺。①

---

① 查尔斯·D. 史密斯(Charles D. Smith)从第一次世界大战的角度研究阿拉伯史学史,见"Historiographies of World War I and the Emergence of the Contemporary Middle East" in Amy Singer, Y. Hakan Erdem and Israel Gershoni (eds.), *Middle East Historiographies: Narrating the Twentieth Century* (Seattle: University of Washington Press, 2006), pp. 39-69。在史密(转下页)

第五章 解构帝国与民族叙事：土耳其和阿拉伯中东地区

年鉴学派对奥斯曼历史学的影响与后年鉴学派的研究路径

将奥斯曼历史加以全球概念化的做法出现较晚的一个非常重要的原因是，奥斯曼人从未直接被殖民过。无论是现代化理论、马克思主义，还是新马克思主义史学阐释的殖民史，一直都是通往全球史的路径。然而，奥斯曼研究并不适用于殖民史这条路径。人们一直在争论，奥斯曼的帝国权力是否达到殖民统治，奥斯曼本身是否被半殖民化了。但从奥斯曼经济史研究的开创者奥马尔·卢特菲·巴尔坎（Ömer Lütfi Barkan，他与布罗代尔有私交）开始，年鉴学派的印记就非常明显。他的著作奠定了社会经济史及其后续发展的基础。20 世纪 50 年代，他对奥斯曼档案进行了系统和精细的研究，这使其成为博学学者的代表。这也使得他与其他奥斯曼学学者如科普鲁鲁（Köprülü）及乌宗卡尔西利（Uzunçarşılı）不同，因为后者更严格地遵从现代化研究范式。比照之下，巴尔坎考察帝国境内各类奥斯曼机构、机制，因此他能成为奥斯曼历史与欧洲历史之间的桥梁。在巴尔坎的贡献的基础上，直到最近仍是奥斯曼历史权威的哈利尔·伊纳尔奇克（Halil İnalcık）写了一本颇具影响力的作品，讨论早期帝国史。他把帝国的衰落归因于他在同一本著作中指出的"古典"帝国模

（接上页）斯看来，非阿拉伯学者关于战争期间阿拉伯地区的英法帝国主义的英文作品，或多或少是为这种帝国主义辩护的，与通常的殖民史学史不协调。如 Elie Kedourie, *In the Anglo-Arab Labyrinth: The McMahon-Husayn Correspondence and Its Interpretations*, *1914-1939* (Cambridge: Cambridge University Press, 1976)，及 Isaiah Friedman, *The Question of Palestine: British-Jewish-Arab Relations*, *1914-1918* (London: Transaction Publishers, 1973)。至于阿拉伯学者的英文作品，大致可以区分两种趋势：Abd al-Latif Tibawi 认为巴勒斯坦确定无疑在英国的承诺之中，而 Albert Hourani 更多地从历史事实的角度看待此问题，认为英国和法国殖民主义把实现其帝国目标的任务留到以后。

式的解体。① 很多人追随他的模式,将帝国的衰弱归因于其无法回到黄金时代或者无法进行现代化。

但是这并非继受年鉴学派影响的巴尔坎和伊纳尔奇克之后影响奥斯曼帝国研究的唯一模式。② 在土耳其和阿拉伯史学中,第二条路径是布罗代尔的研究及其对地中海的分析。这一模式从经济社会史视角研究奥斯曼时代,因而自信地解构了主流史学史中奥斯曼暨土耳其道路的独特论点。的确,20世纪70年代以来,从布罗代尔视角入手进行写作的两代人的研究,使奥斯曼历史融入了世界历史。

20世纪70年代正是现代化范式和世界体系论兴盛之时,关键的问题是,欧洲经济渗透进奥斯曼帝国的深度与方式,这一问题内在地把奥斯曼历史放置在一个更大的背景之中。1977年,扈利·伊斯兰奥卢与恰哈尔·肯德所写的关于奥斯曼史的文章,在讨论帝国的变革究竟是内源型还是外源型这个问题方面仍然是经典。③ 然而,很多人批评现代化范式,赞成沃勒斯坦式路径。谢夫凯特·帕穆克和恰哈尔·肯德等历史学家、社会科学家使用沃勒斯坦式中心-边缘分析来解释奥斯曼如何融入全球

---

① Fuat Köprülü, *Osmanlı Devleti'nin Kuruluşu* (*The Foundation of the Ottoman State*) (Ankara: Türk Tarih Kurumu, 1959); idem., *Bizans Müesseselerinin Osmanlı Müesseselerine Tesiri* (*The Impact of Byzantian Institutions on Ottoman Institutions*) (Istanbul: Ötüken, 1981 reprint). 从1939年开始,巴尔坎写了大量文章,它们成为讨论奥斯曼土地保有权与政治经济的基础。他的第一本英文出版物是"The Price Revolutions of the Sixteenth Century: A Turning Point in the Economic History of the Near East" *IJMES* VI, pp. 3-28; idem., *Süleymaniye Cami ve Imareti Inşaatı* (*The Construciton of the Süleymaniye Mosque Complex*) (*1550-1557*) (Ankara: Türk Tarih Kurumu, 1972). 另见 Halil Inalcık, *The Ottoman Empire, the Classical Age, 1300-1600* (London: Widenfeld and Nicholson, 1972)。

② 关于土耳其经济史和史学史中的后年鉴学派风格的评论见 Oktay Özel and Gökhan Çetinsaya, "Türkiye'de Osmanlı Tarihçiliğinin Son Çeyrek Yüzyılı: Bir Bilanço Denemesi," *Toplum ve Bilim* 91: Kış (2001), pp. 8-38。

③ Huri Islamoglu and Çaglar Keyder, "Agenda for Ottoman History," *Review* (Summer 1977) pp. 31-55; 重印于 Anne Bailey and Josep Llobera (eds.), *The Asiatic Mode of Production* (London: Macmillan, 1981), pp. 301-324, 以及 Huri İslamoğlu (ed.), *The Ottoman Empire and the World Economy* (Cambridge: Cambridge University Press, 1987), pp. 42-62; 亦以德语、匈牙利语和塞尔维亚-克罗地亚语出版。

第五章　解构帝国与民族叙事：土耳其和阿拉伯中东地区

资本主义。① 唐纳德·夸塔尔等人则对现代化理论和沃勒斯坦模式都持批评态度，认为后者看待经济融合过于简单，失之偏颇，忽视了内部的动力。在他看来，研究欧洲与奥斯曼的相遇需要借助抵制与分解这两个孪生概念。②

与世界潮流同步，经典的马克思主义解释也让位于共享的、多样的现代性之观念，以解释全球化。胡里希瀚·伊斯莫格鲁（Huricihan İslamoǧlu）与其他史学家一道，深入考察了奥斯曼帝国财产权的理论问题，在这个共享的现代性情境之中运用年鉴学派的分析框架。③ 他有关国家与农民的研究挑战了沃勒斯坦式的研究路径，注重国家-农民关系的原生性动力以及财产所有权。

然而所有这些研究路径都把欧洲当作参照系，以思考奥斯曼的经济与社会发展。一个例子是，在近代早期和近代国家中，欧洲绝对主义与专

---

① Şevket Pamuk, *The Ottoman Empire and European Capitalism, 1820-1913, Trade, Investment and Production* (Cambridge: Cambridge University Press, 1987); Çağlar Keyder, *State and Class in Turkey, a Study in Capitalist Development* (London: New York: Verso, 1987); Resat Kasaba, *The Ottoman Empire and the World Economy: The Nineteenth Century* (Albany: State University of New York Press, 1988). 对全球资本主义研究的新思路的评价，见 Meltem Toksöz, "Reform ve Yönetim: Devletten Topluma, Merkezden Bölgeye Osmanlı Modernizasyonu," in Halil İnalcık, Mehmet Seyitdanlıoğlu (eds.), *Tanzimat: Değişim Sürecinde Osmanlı İmparatorluğu* (İstanbul: İş Bankası Kültür Yayınları, 2011)。

② Donald Quataert, *Social Disintegration and Popular Resistance* (New York: New York University Press, 1983). 更早期的对沃勒斯坦式研究路径表示不满的文章可见其"Limited Revolution: The Impact of the Anatolian Railway on Turkish Transportation and the Provisioning of Istanbul," *The Business History Review* 51:2 (1977), pp. 139-160。

③ Suraiya Faroqhi, *Approaching Ottoman History: An Introduction to the Sources* (Cambridge: Cambridge University Press, 1999) 是今天奥斯曼史学史的最佳入门图书；Suraiya Faroqhi, *Pilgrims and Sultans* (Cambridge: Cambridge University Press, 1994); idem., *Towns and Townsmen of Ottoman Anatolia, Trade, Crafts, and Food Production in an Urban Setting* (Cambridge: Cambridge University Press, 1984); idem., *Men of Modest Substance, House Owners and House Property in Seventeenth Century Ankara and Kayseri* (Cambridge: Cambridge University Press, 1987); Huricihan İslamoǧlu, *State and Peasant in the Ottoman Empire* (Leiden: E. J. Brill, 1994); Huricihan İslamoğlu (ed.), *Ottoman Empire and the World Economy* (Leiden: E. J. Brill, 1994)。

制主义的对立问题。近代早期奥斯曼历史的著名研究者苏莱娅·法鲁基注意到,近些年的研究开始质疑以前泾渭分明的"欧洲绝对主义"与"奥斯曼专制主义"的对立,前者基于等级社会、私有财产这些欧洲现代性之根,后者实行家产制,没有私有财产或贵族。① 相反,土耳其及其海外的奥斯曼学学者在解释奥斯曼从近代早期向现代转型的过程时,使用的模型少了些欧洲中心色彩,多了些全球眼光。这些人包括哈利尔·萨希利奥卢和穆罕默德·扬,前者研究奥斯曼货币史,后者在理论上将奥斯曼经济阐述为一种供给国家的模式,开启了有关国家形成的辩论。这些奠基性质的作品构成了比较奥斯曼史研究的基本书目。② 阿里尔·萨尔兹曼对奥斯曼帝国的"托克维尔"的分析成为过去三十多年来学术研究的代表,这些研究以安德森、蒂利等欧洲学者的研究作为一个比较的框架,因此以前界线分明的国家与社会转型的东方模式与西方模式之对立变得不那么明显了。③

20 世纪 80 年代以来,奥斯曼史学从帝国失败的框架转向将 19 世纪的帝国定位为——至少在世界主义层面上——成功地融合了启蒙和帝国

---

① Suraiya Faroqhi, Contribution to Halil Inalcik with Donald Quartaert, *An Economic and Social History of the Ottoman Empire*, 1300-1914 (Cambridge: Cambridge University Press, 1994).

② Halil Sahillioğlu, *Studies on Ottoman Economic and Social History* (İstanbul: IRCICA, 1999); Mehmet Genç, *Osmanlı İmparatorluğu'nda Devlet ve Ekonomi* (İstanbul: Ötüken Yayınları, 2000).

③ 见 Ariel Salzmann, *Tocqueville in the Ottoman Empire Rival Paths to the Modern State* (Leiden: Brill, 2004);然而,比较框架中的这一潮流趋势及其对欧洲中心论的批评,却并非意味着土耳其的欧洲/西方历史研究与(或)教学的新方向。就是说,土耳其学术并没有越出自己之前的和目前的地理边界,因为几乎没有历史学家对欧洲历史做原创性研究。少有的例外包括 Halil Berktay,在其 *Kabileden Feodalizme* (İstanbul: Kaynak Yayınları, 1983)中讨论欧洲从氏族社会向封建社会的转变,并与奥斯曼的转变进行比较;İslamoğlu 第一个呼吁不仅要阅读欧洲历史(奥斯曼土耳其人在 18 世纪末就已经这么做了)而且应该进行原创性研究。马歇尔·霍奇森和威廉·麦克尼尔可以被视为奥斯曼主义者对欧洲中心的世界历史叙事的批判之中的重要线索。

第五章　解构帝国与民族叙事：土耳其和阿拉伯中东地区

的现代化转型。① 因此我们现在有可能放下 70 年代的帝国衰败命题以及／或者马克思主义阶级分析对它的拒斥，代之以一个"更为柔和的"研究路径，将帝国晚期作为一个现代遗产重新加以利用，这一遗产"作为一种可能的轨迹"，在后帝国时代的民族国家的泥沼中"迷失了"。② 这种对伊斯兰帝国的灰烬中诞生的世俗民族国家的线性分析的批判，始自谢里夫·马尔丁（Şerif Mardin），他重新研究了奥斯曼的思想运动与政治运动，以共和主义与帝国之间的冲突、伊斯兰与世俗主义之间的论战为视角，考察土耳其现代化。他的研究与塞缪尔·莫恩和安德鲁·萨托利有关全球史的讨论不谋而合。1969 年约瑟夫·列文森的研究也蕴含了这种思路。他考察了在面对现代欧洲更高层次的"普遍主义"（universalism）时，中国有关文明的普遍性的经典陈述如何遇到了危机。在列文森看来，西方的"普遍主义"以黑格尔的方式取代中国传统思想系统，迫使中国知识分子做出选择：要么激进地接受西方现代"普遍主义"，要么选择一种新的传统主义——重视传统的特殊性，而不是其普遍性。③ 1961 年，列文森的作品出版几年以前，马尔丁出版了《青年奥斯曼思想的起源》这部著

---

① 奥斯曼历史的争议不仅仅关乎土耳其和中东地区的民族国家历史，也包括其他巴尔干国家在历史纲领上的抵牾，这些国家或是通过民族主义独立运动，或是通过欧洲帝国主义计划，在前奥斯曼帝国的领土之上建立起来。研究奥斯曼帝国巴尔干地区的著名历史学家玛丽亚·托多罗娃（Maria Todorova）说过："在巴尔干谈论奥斯曼遗产，会招来嘲笑。巴尔干就是奥斯曼遗产。"例如今天希腊和保加利亚的民族／地方历史话语发展出一套有关其各自社会的奥斯曼时期的综合性观点，因而在巴尔干地区，全球史的挑战是提出去民族化的解释叙事，它必须解释这个地区各种人群共有的历史过程，然而现在这些人群分裂为几个民族国家，有必要对以独立和民族主义为主题的宏大叙事进行解构。这个问题与土耳其未来融入欧洲特别相关，因为东欧还存在奥斯曼巴尔干的遗产。20 世纪 90 年代以来，土耳其、希腊和巴尔干的历史学家开始讨论把奥斯曼世界的历史过程看作一种共享的历史经验，这有助于解构区域研究的方法论边界。

② 有关转型的叙事见 Erik J. Zürcher, *Turkey a Modern History* (London, New York: I. B. Tauris)。对共和国革命所做的有利的记述见 Bernard Lewis, *The Emergence of Modern Turkey* (New York: Oxford University Press, 2002)，1961 年初版的修订版。

③ Samuel Moyn and Andrew Sartori, *Global Intellectual History* (New York: Columbia University Press, 2013); Joseph R. Levenson, *Confucian China and Its Modern Fate: A Trilogy* (Berkeley: University of California Press, 1968).

作,把土耳其现代化当作全球思想史来考察。如果我们运用列文森的命题来解释这部著作,我们就能更好地理解马尔丁笔下的奥斯曼知识分子。欧洲人声称欧洲的现代性具有"普遍"意义,而"伊斯兰"已成传统。奥斯曼知识分子不得不对此做出回应,或者接受土耳其民族主义和世俗的西方主义,或者加入帝国后期改良派试图构建一种适合伊斯兰的现代性的冒险。①

研究19世纪历史的伊尔伯·奥尔泰利对帝国现代化有一个相似的看法。他有关"奥斯曼帝国最漫长的世纪"的书,简明却有重大影响。他比较了奥斯曼与奥地利、俄罗斯同时代的改革。该书自1990年出版以来一直是畅销书,证实了新的公共意识——已逝帝国是一股建设性的现代力量,它的遗产被雅各宾派突然转变为一个粗糙的民族国家而发生了扭曲。②而在塞利姆·德林吉尔看来,与其他帝国的经验相比,19世纪末的专制君主阿卜杜勒·哈米德二世(被青年土耳其党人的领导者和凯末尔主义者称作"红色苏丹")的时代见证了一种共有的现代性之端倪,而这种现代性可以同其他帝国的经验相媲美。埃德姆·埃尔德姆(Edhem Eldem)则更愿意在奥斯曼银行这样的财政机构中寻找现代进程,该银行曾经被视作欧洲帝国主义的代理和伊斯坦布尔的资产阶级倾向的代表,被指责为"半吊子的、失败的现代事物"。扎非·托普拉克(Zafer Toprak)继续研究1908年宪法革命后的青年土耳其党人时期,他认为该时期汇聚了共和国的民族国家与民族经济所需的各类制度和意识形态。③ 另外,与

---

① Şerif Mardin, *The Genesis of Young Ottoman Thought* (Princeton: Princeton University Press, 1961).其他重要的历史学家及作品包括 Şükrü Hanioğlu, *The Young Turks in Opposition* (New York: Oxford University Press 1995), 以及 Selim Deringil, *The Well-Protected Domains: Ideology and the Legitimation of Power in the Ottoman Empire* (London: I. B. Taurus, 1999)。

② İlber Ortaylı, *İmparatorluğun En Uzun Yüzyılı* (İstanbul: Timaş Yayınları, 1983); 其关于漫长的19世纪的观念与 Jürgen Osterhammel, "In Search of a Nineteenth Century," *GHI Bulletin* 32 (2003), p. 28 的讨论一致。

③ Selim Deringil, *The Well-Protected Domains*, in Edhem Eldem (ed.), *A History of the Ottoman Bank* (Istanbul: Osmanlı Bankası, 1999); idem., *French Trade in Istanbul in the Eighteenth Century* (Leiden: Brill, 1999); Zafer Toprak, *Türkiye'de Milli İktisat 1908-1918* (*National Economy in Turkey 1908-1918*) (Ankara: Yurt Yayınları, 1982).

第五章　解构帝国与民族叙事:土耳其和阿拉伯中东地区

全球史研究保持同步,劳工、反叛、性别和消费等主题如今也在奥斯曼研究中有一席之地。①

今日之史学:超越阿拉伯和土耳其?

就阿拉伯中东而言,阿尔伯特·胡拉尼(Albert Hourani)这位阿拉伯历史研究无可争议的元老,跟进了安东尼厄斯的研究,为阿拉伯学术留下了无可否认的印记。他的著作《现代中东的兴起》(*The Emergence of the Modern Middle East*, London, 1981)或许迈出了走向以更开阔的视野看待阿拉伯民族主义的第一步,因此也是迈出了更具地区视野的一步。换言之,他的作品可以被视为利用了 20 世纪 80 年代以来关于民族主义理论的丰富文献的首部作品。同样地,希山·沙拉比(Hisham Sharabi)出版于 1966 年的专著《阿拉伯世界的民族主义与革命:中东与北非》(*Nationalism and Revolution in the Arab World: the Middle East and North Africa*)追溯了 19 世纪阿拉伯知识分子的历史,他们包括保守派穆斯林、改革派穆斯林和世俗民族主义者。这部作品率先重新考察阿拉伯民族主义,扩大了原有的理论框架与地理框架。② 20 世纪 70 年代同样也标志着对阿拉伯民族主义的重新思考。19 世纪 90 年代的"阿拉伯文化复兴"(Nahda),曾经被视作一场文学、哲学和文化运动,此时被作为一场政治运动加以研究。这些研究表明,尽管泛伊斯兰主义是阿拉伯思想遗产的一部分,奥斯曼主义也仍然有其活力,但并非它们而是"阿拉伯文化复

---

① 国际化的一个例子见 Halil Inalcık with Donald Quataert, *An Economic and Social History of the Ottoman Empire*, *1300-1914* (Cambridge: Cambridge University Press, 1994); Suraiya Faroqhi, Bruce McGowan, Donald Quataert and Sevket Pamuk, *An Economic and Social History of the Ottoman Empire 1600-1914* (Cambridge: Cambridge University Press, 1994)。

② Hisham Sharabi, *Arab Intellectuals and the West: The Formative Years*, 1875-1914 (Baltimore: The Johns Hopkins University Press, 1970)。

兴"为阿拉伯地区的原始民族主义做了铺垫。① 从本尼迪克特·安德森的想象共同体到查尔斯·蒂利对集体行动的表述,民族主义诸理论使得奥斯曼世界与后奥斯曼世界的阿拉伯史学走向一条后民族主义的路径,走进一个更大的地区框架。就为全球史开启一个新时期而言,它同后殖民研究的发展有着相似的影响。

无疑,要想发展出一个把奥斯曼帝国放进世界历史情境之中的框架,民族主义是一大障碍。有意思的是,由于布罗代尔之后的世界体系各路径围绕港口城市展开研究,即使是布罗代尔派对奥斯曼研究的影响也无法创造一个地中海情境。世界体系论学者最初对地中海的兴趣或许并非为了地中海本身,而是为了具体说明该地区为何不断边缘化。这一议程最终让位于地中海背景下的港口城市研究,而地中海东部提供了阿拉伯和土耳其港口城市研究的基础。②

这一新的模式很有前途,因为之前分散的民族主义史学已经开始关注与更广阔的奥斯曼帝国政治体的种种联系。与民族主义的以及反帝国的研究范式相对立的,是把阿拉伯历史视作奥斯曼帝国现代化的一部分来研究,这或许始于恩金·阿卡利(Engin Akarli)关于黎巴嫩的研究。③这一研究路径现在可被定义为"找回国家",它似乎比 20 世纪的种种民族主义提供了更多的联系。承认奥斯曼现代性是阿拉伯史学的一部分,为解决历史学家意识到的问题开辟了研究道路。历史学家发现他们不得不在民族国家与更大的奥斯曼帝国——伊斯兰的、现代的,或者两者都是——之间做出选择。这里值得重视的是,阿拉伯地区出现了成功超越

---

① Marwan R. Buheiry (ed.), *Intellectual Life in the Arab East*, *1890-1939* (Beirut: American University in Beirut Press, 1981).

② Meltem Toksöz, *Nomads, Migrants and Cotton in the Eastern Mediterranean: The Making of the Adana-Mersin Region in the Ottoman Empire 1850-1908* (Leiden: Brill, 2010).

③ Engin Akarlı, *The Long Peace: Ottoman Lebanon*, *1861-1920* (London: Centre for Lebanese Studies and I. B. Tauris, 1993); Kamal Salibi, *Crossroads to Civil War: Lebanon*, *1958-1976* (London, 1976). Abdul Rahim Abu-Husayn and Engin Akarlı, "The Subordination of the Hawran Druzes in 1910, the Ottoman Perspective," in Kamal Salibi (ed.), *Druze Realities and Perceptions* (London: Druze Heritage Foundation, 2005), pp. 115-128.

第五章 解构帝国与民族叙事：土耳其和阿拉伯中东地区

民族主义史学的学者，他们的研究注意把今天的阿拉伯诸国家与它们的奥斯曼历史联系起来。① 还有这样一些研究做出了重要的贡献，如对在奥斯曼帝国变革的动态过程中精英与非精英的研究，以及把民族主义、帝国主义和全球化联系起来的研究。② 因此，现如今有关阿拉伯中东的学术研究在语言上不可避免地具有全球性。目前的挑战是，如何在贝鲁特、阿勒颇、安曼发现史学，以记录这样一些地方的历史：那是一个遭受攻击的世界；一个面对生存挑战时必须坚持自我定位的社会；一个已经消失的世界；一个民族神话和规范曾经盛行，现在似乎破产的社会；一个内部迁徙与国际全球化的力量对身份与自我认知构成挑战的社会。③

积极地看待如今的历史争论，显然，所有问题都是开放的，即便是最富争议的话题——一战期间大量奥斯曼亚美尼亚人遭驱逐后死亡。尽管如此，这场发生在战争东线的屠杀事件仍会引起政府圈子中民族主义者强烈的防御性反应，以及来自政府之外的邪恶的极端民族主义者的暴力反应。如德林吉尔所言，"残忍杀害亚美尼亚记者及人权活动家哈兰特·丁克（Harant Dink）是一个悲剧，它提醒我们，在21世纪的土耳其，过去并非历史"④。

---

① Ussama Makdisi, *The Culture of Sectarianism: Community, History, and Violence in Nineteenth-Century Ottoman Lebanon* (Berkeley: University of California Press, 2000); Jens Hanssen, Thomas Philipp, Stefan Weber (eds.), *The Empire in the City: Arab Provincial Capitals in the Late Ottoman Empire* (Würzburg: Ergon in Kommission, 2002); Malek Sharif, *Imperial Norms and Local Realities: The Ottoman Municipal Laws and The Municipality of Beirut (1860-1908)* (Würzburg: Ergon, 2014).

② Timothy Mitchell, *Colonizing Egypt* (Berkeley: University of California Press, 1988).

③ Amy Mills, James A. Reilly and Christine Phillou, "The Ottoman Empire from Present to Past: Memory and Ideology in Turkey and the Arab World," *Comparative Studies of South Asia, Africa and the Middle East* 31:1 (2011), p. 135.

④ 德林吉尔继续说："我们现在至少还能讨论亚美尼亚问题，即便粗暴的民族主义者可能朝我们扔烂西红柿和鸡蛋。穆拉特·贝尔盖（Murat Belge）事实上把这称作进步，因为在70年代他们用的是子弹。"（2008）

结语：从地方到全球——国际学术是全球化的推动者吗？

土耳其学者构成了奥斯曼/土耳其史学研究的主体，20世纪70年代以来，参与国际学术活动的历史学家在促使该研究领域转型的辩论中发挥了引领性作用。然而，从20世纪70年代起，奥斯曼历史研究的国际化过程具有重大意义，因为土耳其之外的学者（主要来自美国、以色列、黎巴嫩、欧洲和日本）进入这个领域，也因为土耳其历史学家已开始在欧洲和美国从事教学工作。[1] 考虑到这一具有国际色彩的学者阵容，在这个共享的话语之中，很难说谁代表国际，谁代表地方，特别是很多非土耳其人的历史学家的作品越来越多地被翻译成土耳其语并得到广泛阅读。与此同时，土耳其历史学家除了用土耳其语，还使用英语或法语发表作品，这意味着他们随时可以参与国际学术讨论。费里顿·埃米森、凯末尔·贝迪利（Kemal Beydilli）、阿里·阿基尔德兹（Ali Akyıldız）等学者一直用土耳其语撰写关于奥斯曼历史的研究，这些作品基于原始资料和档案材料，涉及广泛的主题。[2] 从事奥斯曼历史研究的国际学者也关注他们的

---

[1] 这样看来，在今天这个全球学术世界中，我们很难严格区分"民族史学"与国际学术。然而，我们还是可以辨别在国内和在国际上工作的历史学家之间流传的不同话语。哈佛大学的杰马尔·卡法达（Cemal Kafadar）和普林斯顿大学的许克吕·汉奥卢（Sükrü Hanioğlu）就是在美国从事研究的土耳其历史学家。

[2] 土耳其出版物，举例来说有费里顿·埃米森研究黑海社群及奥斯曼古典时期的专著。他最近的研究围绕塞利姆一世（即"冷酷的塞利姆"）传记引起的宗教和政治争论展开。这位苏丹在16世纪打败了萨法维王朝。Feridun Emecen, *Yavuz Sultan Selim* (İstanbul: Kapı Yayınları, 2016). 关于奥斯曼帝国的现代化，我们必须提一部经典著作 Mehmet Seyitdanlıoğlu, *Tanzimat Devrinde Meclis-i Vâlâ, 1838-1868* (Ankara: TTK, 1994). Seyitdanlıoğlu 与哈利勒·拉尔契克（Halil İnalcık）也共同编辑过一部关于坦齐马特改革的文集，该文集包括近年来把奥斯曼现代化视作全球行动的研究；参见 *Tanzimat—Değişim Sürecinde Osmanlı İmparatorluğu* (修订版 İstanbul: İş Bankası Kültür Yayınları, 2011). 最近一部重印经典是 Halil İnalcık, *Rönesans Avrupası—Türkiye'nin Batı Medeniyetiyle Özdeşleşme Süreci* (Istanbul: İş Bankası Kültür Yayınları, 2011). 又见 Ali Akyıldız, *Osmanlı Bürokrasisi ve Modernleşme* (Istanbul: Iletişim, 2004), 该书关注奥斯曼官僚制与现代化，以及 *Osmanlı Arap Coğrafyası ve Avrupa Emperyalizmi* (İstanbul: İş Bankası Kultur Yayınları, 2015), 该书关注奥斯曼阿拉伯的地理学与欧洲帝国主义。

第五章 解构帝国与民族叙事：土耳其和阿拉伯中东地区

作品。总体而言，通讯革命让学界走得更近了。

跨地区性——从近东到地中海，从中亚到印度洋、内亚和东亚——的出现是一个新现象，它成为一个新的政治与文化平台，以建构一个超越奥斯曼边界的跨国的历史分析框架。埃森贝尔通过使用这个地缘政治与文化的框架进入全球史领域，他利用日本和美国的材料，关注日本的泛亚洲主义者与俄国、奥斯曼帝国、印度的泛伊斯兰主义者之间的跨国互动，来研究日本与伊斯兰世界的互动，而无论是日本还是土耳其的历史研究都没有很好地研究这种互动。① 因此，一种首先以地方史面目出现的历史也呈现出全球视野，它联结了现代日本或中国的历史与中东、中亚、东亚地区的历史。与此相关，这种原本地方性的知识生产，借助英语出版物以及日本、土耳其与美国学术随之而来的迅速发展变得更具全球性。②

同样于阿拉伯史学来说，英语教育和英语作品的翻译出版的影响也不容否认。对于阿拉伯史学而言，另一个全球化影响是，巴勒斯坦离散知识分子散布在欧洲和美国。这些巴勒斯坦人和阿拉伯裔美国学者（他们

---

① 见 Selçuk Esenbel, *Japan, Turkey, and the World of Islam* (Leiden: Brill, Global Oriental, 2011); "Japan's Global Claim to Asia and the World of Islam: Transnational Nationalism and World Power 1900-1945," *The American Historical Review* (October 2004), pp. 1140-1170. 上述研究可以追溯到 90 年代在伊斯坦布尔发表的"İslam Dünyasında Japonya İmgesi: Abdürresid İbrahim ve Geç Meiji Dönemi Japonları" I, II ["The Image of Japan in the World of Islam: Abdurresid Ibrahim and the Late Meiji Japanese"] *Toplumsal Tarih* (*Journal of Social History*) Temmuz (July) 1995, (August), pp. 18-26.

② 勒妮·沃林格（Renee Worringer）关注伊斯兰中东与日本的作品，杰米尔·艾丁（Cemil Aydin）关注比较泛亚洲主义与泛伊斯兰的思想史作品，是美国的例子。坂本勉、三泽伸生等人是日本的例子，塞尔丘克·埃森贝尔（Selçuk Esenbel）、纳迪尔·厄兹贝克（Nadir Özbek）、梅尔坦·丁达尔（Merthan Dündar）和埃达尔·库库雅辛（Erdal Küçükyalçin）是土耳其的例子。他们代表了那些追寻日本与穆斯林世界关联的学者的全球性质。图兰·利贾奥卢（Turan Kayaoglu）关注日本、奥斯曼帝国和中国的治外法权，是近来把奥斯曼历史放在全球比较框架中的代表。Renee Worringer (ed.), *The Islamic Middle East and Japan* (Princeton: Wiener Markus Publishing, 2006); Cemil Aydin, *The Politics of Anti-Westernism in Asia: Visions of World Order in Pan-Islamic and Pan-Asian Thought* (New York: Columbia University, 2007); Turan Kayaoglu, *Legal Imperialism: Sovereignty and Extraterritoriality in Japan, the Ottoman Empire, and China* (Cambridge: Cambridge University Press, 2014).

比土耳其裔美国学者的人数多得多)一直致力于在不同的地区和语言中传播奥斯曼帝国现代化的研究框架。当然,区域研究奠定了基础,但是从20世纪90年代初以来,美国学界中的这种阿拉伯化(既是背景上的,也是语言上的)不能再归因于区域研究了,因为区域研究已经不再流行。另外,研究奥斯曼帝国的以色列学者推进了关于阿拉伯历史和史学的关键讨论。近来一个值得注意的发展是:伊斯兰修正主义(islamist revisionism)正重新评估奥斯曼遗产,他们在埃及特别活跃,也出现在阿拉伯世界的其他地方和土耳其。然而,民族主义可能仍然有其实力,因为它有多重使用价值与副作用:如把奥斯曼看作抵御西方帝国主义的屏障,又如策略性运用奥斯曼的泛伊斯兰主义政策,把它当作一个能够重新联合所有穆斯林并抵御外国压力、保护帝国遗产的现代工具。

20世纪70年代以来,后年鉴学派那几代人的土耳其和阿拉伯史学的国际化,是一个复杂、持续的过程,无法将其硬塞进全球性的"海外"与"地方"的二元对立之中。而且,任何全球史学的讨论都必须顾及今天人员、思想和信息高度流动的现实。尽管全球化看似会淡化不同知识生产场所与传播模式之间的区别,然而每一个场所都有其独特的话语环境,将历史作为一种争论的手段,同时也显露出其自身与全球及地方的关系。

第六章

世界史工程:北美背景下的全球史

杰里·本特利

北美地区并非全球史的诞生地,然而它为几种独特的全球史路径提供了滋养的环境。的确,20世纪60年代以来,特别是80年代以来,北美出现了引人注目的我称之为"世界史工程"的发展。我使用这个表述是想表明:与政治史、经济史、艺术史等一样,世界史不仅是历史分析的路径之一,而且世界史的北美版本更类似于妇女史、性别史、劳工史和环境史,服务于一个可辨认的思想议程。

然而,我们首先要问:名称里究竟蕴含了什么?北美地区最常用来指称历史研究的全球路径的就是"世界史"。大多数北美史家认为"世界史"与"全球史"没有什么显著的区别,因而交互使用这两个术语。这一用法与世界其他一些地方不同,例如在中国,"世界史"通常指对世界所有社会的一种广泛考察,或者指关于外国历史(非中国史)的专业知识,而"全球史"指从全球视野对历史问题与发展进行分析。大多数北美历史学家认为这种区分并无特别的用处。他们不太愿意采纳这种术语体系,可能因为至少早在20世纪50年代"世界史"在北美地区便已成为全球性历史分析的默认术语了。因此,"世界史"既指对世界所有社会的全面考察,也指从全球视野分析历史问题与进程。北美史学家已经对术语的问题——"世界史"或"全球史"或者其他的标签——不大感兴趣了,而是更偏好关注分析与研究的类型,无论他们选择用什么标签来描述自己

的作品。

北美世界史工程的思想议程涉及三大关切。第一,在学术上,世界史学家一直寻求可以取代欧洲中心论的全球史分析,并希望运用民族国家之外的历史分析框架。长久以来,欧洲中心观和民族国家框架是专业历史学根深蒂固的特征,是历史学科在19世纪成为一门专门的知识领域时就具有的意识形态特色。在应对这两者以及它们所造成的分析问题时,北美历史学家们造就了一种新的世界史,迥异于早前关于全球过往的研究路径,后者更多地是哲学式的或思辨式的,而非经验性质的研究。新的世界史运用19世纪以来专业历史学的方法和技巧,同时致力于克服以欧洲为中心与以民族国家为中心的历史。① 第二,除了在基础性研究中,以及在分析性和综合性作品中追求这些总体的学术目标,北美的世界史学家也特别关注世界史的教育项目。新世界史研究深深地影响了北美教育项目的发展,特别是中等、高等教育及研究生教育。与世界其他大多数地区相较,北美的教育项目更能体现出它对新世界史(作为一种独特的全球史研究路径)发展的重要意义。第三,北美地区很多世界史学者(即使不是全部)认为,他们的工作对社会有重要意义。尽管北美地区绝大多数新世界史学家并未将新世界史视为一种公开的政治或意识形态表达,但他们中的大多数秉持自由、进步的政治与社会理念。他们充分理解,每一种历史都反映了史学家自己的视角,但是他们拒绝利用世界史服务于他们自己政治的、党派的、爱国的、宗教的或其他方面的意识形态。他们相信,全球视野对真实地理解世界史至关重要,而真实地理解世界史对任何民主社会也相当重要。②

本章将回顾20世纪60—70年代北美地区新世界史的缘起,以及几个不同类型的研究机构的兴起,这些研究机构直接支持了新世界史,以及

---

① Jerry H. Bentley, "The Task of World History," in Jerry H. Bentley (ed.), *The Oxford Handbook of World History* (Oxford: Oxford University Press, 2011), pp. 1-16.

② Jerry H. Bentley, "Myths, Wagers, and Some Moral Implications of World History," *Journal of World History* 16 (2005), pp. 51-82.

第六章 世界史工程:北美背景下的全球史

那些界定了 80 年代以来的新世界史的学术研究。新世界史学家思想议程上的三大关切将成为贯穿本章的线索,它们将证明:新世界史不仅仅是诸多历史研究的可能路径之一,也是北美世界史运动的基础。

通往新世界史的北美之路

北美——就本章所述指美国和加拿大——的历史学家并没有发明历史研究的全球路径。从古典时代以来全球路径就以这样或那样的形式成为历史写作的特色。希腊历史学家希罗多德和中国历史学家司马迁主要关注自己国家的历史,但是他们将自己国家的历史经验放置在一个更大的地理与文化背景之中。波斯历史学家阿拉伊丁·阿塔–马利克·朱瓦尼(Ala'iddin Ata-Malik Juvaini)、拉希德·阿尔丁(Rashid al-Din)关注蒙古帝国,但是他们承认,要很好地理解蒙古帝国需要了解帝国在其中出现、繁荣和衰落的整个半球的环境与背景。启蒙史学家在全球史方面更加雄心勃勃:哥廷根历史学家约翰·克里斯托夫·加特勒(Johann Christoph Gatterer)和奥古斯特·路德维希·冯·施勒泽(August Ludwig von Schlözer)决心构建一种专业的"普遍史"(Universalgeschichte),阐明相距遥远的事件之间的隐蔽关系。20 世纪的全球冲突促成了新一轮的全球史反思,如韦尔斯、斯宾格勒、汤因比等人试图在历史中寻找驱动历史发展的动力。北美研究机构的专家们能够获得全部这些作品,然而大多数情况下,这些作品更多地受到公众而非专业历史学家的青睐。确实,19 世纪中期以来,北美的专业历史学家就已经把国家,特别是民族国家,作为其默认的分析单元。历史似乎是附属于民族国家,而非其他社会形式的一种财产。那么某些历史学家开始越过民族国家,发现更大的、不同的历史分析单元,这是如何发生的呢?

北美地区的世界史工程源于发展一种新的世界史类别的努力,这种全新的世界史与早期及前现代历史学家、启蒙主义学者以及具有思辨色彩的、想象力丰富的学者(如斯宾格勒和汤因比)的版本截然不同。二战后这个新世界史开始成形。在发展早期,该运动的中心在芝加哥。芝加哥大学的麦克尼尔、霍奇森,以及西北大学的斯塔夫里阿诺斯各自开始独立地从新的视角思考全球历史。这是一个被错过的机会,因为出于个人的、政治的、思想形态的和性情的缘故,三人没有进行过合作和讨论,甚至没有过多交流。麦克尼尔在自传中回忆,他和霍奇森关系友好,但是两人很少谈论历史话题,尽管他们在芝加哥大学的办公室相邻。他将自己和斯塔夫里阿诺斯称作"对手",从认识便开始"警惕对方"。因此,他们每个人独自探究这一新的视角,没有机会从对方的洞见、反应和批评中受益。①

  这三人中,麦克尼尔似乎是第一个认真思考世界史的。早在 1938 年,刚从芝加哥大学获得学士学位时,他便写了一篇 95 页的论文(从未出版)《涅墨西斯:文明兴衰研究》("Nemesis: A Study of the Rise and Fall of Civilizations")。第二年,他偶然发现阿诺德·汤因比刚出版的《历史研究》前三卷,兴致更浓厚了。他后来成为汤因比的朋友,并共同工作,但最终他对这个曾经给他带来很多想象力的人感到失望。20 世纪 50 年代后期,已经是芝加哥大学教授的麦克尼尔埋头于他的巨著《西方的兴起》(1963 年出版)。与其他著作相比,这部书对北美世界史的兴起有更大的影响力。在专业化深化的时代,麦克尼尔探索在更大规模的层面上书写历史的模式,而学院派历史学家基本上放弃了这种模式,追寻高度精确、讲求细节的研究。然而,他采用了经验研究的路径,用史学家认可的那种风格从事写作,不似斯宾格勒、汤因比等人那样沉溺于推测的冲动,允许这种冲动支配自己的作品。麦克尼尔也提出了一个吸引人的、看似合理的论点,即知识、技能和技术从高度发展的中心向欠发展社会的转移是世界史的主要动力。因此,他的作品吸引历史学家去关注跨文化交流的过程,这是 19 世纪中期以来专业历史学中存在但隐微不显的内容。虽然麦克尼尔在芝加哥大学几乎没有带过研究生,但是《西方的兴起》以及《东欧:

---

① William H. McNeill, *The Pursuit of Truth: A Historian's Memoir* (Lexington, KY: University Press of Kentucky, 2005), pp. 66-74, 引文从第 67 页开始。

第六章 世界史工程:北美背景下的全球史

草原边疆1500—1800》《瘟疫与人》《竞逐富强:公元1000年以来的技术、军事与社会》等反映其全球史视野的后期著作使得他在史学界颇具影响力。①

在麦克尼尔尝试表述他的世界史观时,霍奇森也发展了有些古怪但相当有趣的、富于启发的观点。作为伊斯兰研究专家,他采纳一种开阔的"伊斯兰世界"(Islandom)的观点,这是依照基督教世界(Christendom)发明的一个新词,用来指信奉伊斯兰教的世界。他的三卷本巨著《伊斯兰的历程》(*The Venture of Islam*)将"伊斯兰世界"放在其所在半球的视野中,这是他相当看重的框架。早在1941年,他就在论文和文章中提出,要适当地理解世界史就应当在半球的范围内考察各个社会之间的互动。作为一位虔诚的贵格派教徒与和平主义者,他在工作中也带有强烈的道德感。他认为自己肩负使命,有义务打击那种将工业化的欧洲视作现代性标准的欧洲中心论,他甚至毫不留情地批评使用墨卡托投影法(他戏谑为"种族隔离投影法")制作的世界地图,因为这一方法使得欧洲在地图上看起来比其他地区不成比例地大了许多。和麦克尼尔一样,霍奇森没有几个学生,部分原因是1968年他47岁时就意外去世,然而他的观念在研究伊斯兰世界的学者以及那些寻求以更大范围思考历史进程的人士中引起了不小的反响。他对欧洲中心论的轻视态度也在年轻一代史学家中引起了共鸣,他们愈来愈对传统历史学及其有关欧洲现代性的优越观念持批评态度。②

斯塔夫里阿诺斯是一个有着巨大热情、精力充沛的人,执着于在中等教育和高等教育中进行历史教学改革。二战后,随着美国在世界范围承担更重要的角色,他相信美国学生需要一种新的全球意识。早在1952

---

① 除了 McNeill, *The Pursuit of Truth*,我们也可以看看他记录的与汤因比的关系 William H. McNeill, *Mythistory and Other Essays* (Chicago: University of Chicago Press, 1986), pp. 174-198;还有他的回顾性文章 "The Rise of the West after Twenty-Five Years," *Journal of World History* 1 (1990), pp. 1-21。

② 霍奇森关于世界史的文集,见 Marshall G. S. Hodgson, *Rethinking World History: Essays on Europe, Islam, and World History*, ed. by Edmund Burke, III (Cambridge: Cambridge University Press, 1993)。伯克写作的引论与结论部分是对该书很有价值的贡献。

年,他便在西北大学开设了一门世界历史课程。1957 年,人类第一颗卫星斯普特尼克升空后,他组织了一个"世界史工程",将全球视野引入高中历史课程,后来扩充到大学课程。课程改革取得的成功是有限的,但他鼓吹全球视野的几篇文章以及他的教科书和研究著作却为其他人打下了基础。他严厉地批评那种把世界史的视野局限在西方文明的做法,呼吁历史学家采取一种全球视野,摆脱自身所处社会和传统的束缚,仿佛从月球观察历史:"这一新的视野意味着什么?它包含什么?它意味着观察者立足月球的视角,而不是安坐在伦敦、巴黎或华盛顿。"他写作的大学教材,原本命名为《人的全球史》(*A Global History of Man*, 1962),后来的版本简称为《全球史》,是最早以认真的态度超越欧洲中心主义看待世界的著作之一。他运用马克思主义方法对第三世界的研究《全球分裂》(*Global Rift*),运用长时段方法所做的社会经济史研究《历史的生命线》(*Lifelines from Our Past*),也都影响了年轻学者。最终,他精力充沛的个性激励了有着共同想法的历史学家致力于世界史研究,尽管他们面对着各种障碍。①

芝加哥可能是这一运动的中心,在全球史研究方面发展出新的研究路径,但它不是唯一的创新之地。1953 年,菲利普·科廷在威斯康星大学开设比较世界史课程,1959 年他与从事东南亚、南亚和拉丁美洲历史研究的同事约翰·斯梅尔(John Smail)、约翰·F. 理查兹(John F. Richards)及约翰·莱迪·费兰(John Leddy Phelan)合作,创建了比较世界史的研究生课程。他们并不喜欢麦克尼尔和斯塔夫里阿诺斯的综合的世界史。他们倡导一种全球比较史,分析不同世界地区的几个重要案例,理解诸如跨文化贸易、欧洲帝国主义或种植园社会等一般的历史问题。20 世

---

① 关于其著名的月球视角,见 Leften S. Stavrianos, "A Global Perspective in the Organization of World History," in Shirley H. Engle (ed.), *New Perspectives in World History* (Washington, DC: National Council for the Social Studies, 1964), pp. 616-620,引自第 616 页。对斯塔夫里阿诺斯的作品的有益评论,见 Gilbert Allardyce, "Toward World History: American Historians and the Coming of the World History Course," *Journal of World History* 1 (1990), pp. 23-76, especially pp. 40-62。

第六章 世界史工程：北美背景下的全球史

纪80年代，科廷才开始发表其比较研究，但在1975年前往约翰斯霍普金斯大学之前，在威斯康星大学培养一百余名研究生之时，他便已开始宣传他的研究路径。通过"比较世界史项目"，他和他的同事将比较分析方法深深地印刻在许多学生的头脑之中。的确，他的学生构成了一个了不起的青年史学家网络，20世纪80年代之后或许构成了当时北美世界史学界的核心。这些人包括来自威斯康星的迈克尔·P. 阿达斯（Michael P. Adas）、罗斯·E. 邓恩（Ross E. Dunn）、理查德·M. 伊顿（Richard M. Eaton）、迈伦·埃森伯格（Myron Echenberg）、艾伦·霍华德、克雷格·A. 洛克哈特（Craig A. Lockard）、帕特里克·曼宁、约瑟夫·C. 米勒（Joseph C. Miller）、帕特里夏·希德（Patricia Seed）等，还有来自约翰斯霍普金斯的劳伦·本顿（Lauren Benton）和威廉·K. 斯托利（William K. Storey）。①

与此同时，另外两位学者也对世界史计划的早期发展做出了贡献：阿尔弗雷德·W. 克罗斯比（Alfred W. Crosby）与沃勒斯坦。克罗斯比拓宽了世界史的主题，将大规模的环境发展列入历史学家研究的议程。新世界史的研究者摸索研究全球史的新路径之时，环境史作为一种独特的研究路径也刚出现。环境进程时常不受国家的、地理的和文化的界线束缚，因而成为世界史学家便于选取的分析信息。在克罗斯比和其他人那里，环境史分析特别有助于解释1492年后欧洲扩张的进程。沃勒斯坦是一位历史社会学家，早年研究非洲，因而熟知欧洲帝国主义和剥削的影响。为了将他对非洲的理解应用到更大的世界中，他从马克思、布罗代尔以及依附经济学的拉丁美洲学派那里获得理论灵感，世界体系分析由此出现。世界体系路径在历史社会学中影响很大，但在专业历史学家中经历了一个更为冷静的接受阶段，他们认为沃勒斯坦的建构非常生硬，不够关注个

---

① 科廷至少两次说明了其对世界史研究生教育的思考 Philip D. Curtin, "The Comparative World History Approach," *The History Teacher* 18 (1985), pp. 520-527;以及"Graduate Teaching in World History," *Journal of World History* 2 (1991), pp. 81-89。同时参见回顾性文章 Craig A. Lockard, "The Contributions of Philip Curtin and the 'Wisconsin School' to the Study and Promotion of Comparative World History," *Journal of Third World Studies* 11 (1994), pp. 180-223。

体社会的特殊性。但是历史学家和社会学家欣赏沃勒斯坦对体系性联系的关注，这些联系有助于解释全球经济发展的各种模式。

学界寻求新的视角来看待全球的历史，似乎是一种突然的、自发的、没有事先通气的学术行为，如何解释这一现象呢？麦克尼尔和斯塔夫里阿诺斯的学术生涯在美国度过，但都出生在加拿大。我怀疑他们对美国历史学家中那种自视甚高的态度极为敏感——美国史学家认为美国社会是欧洲的继承者，是欧洲现代性更高层次的表达。科廷和沃勒斯坦都是非洲研究专家，他们当然并不认同这一说法，即欧洲人发现了一条通往现代性的高贵的道路。除此之外，所有新全球史研究的早期实践者都生活和工作在这样一个时刻，即北美在世界史中变得越来越重要的时刻。麦克尼尔在对他的巨著进行回顾性反思时，欣然承认：

> 《西方的兴起》可以说表达了战后美国的帝国情绪。它的范围和观念是文化帝国主义的一种形式，因为它呈现了一个整体的世界，它试图以文化传播理论为基础来理解全球史，而文化传播理论是在20世纪30年代美国人类学家之中发展起来的。①

确实，在一个特殊的政治经济背景之下，世界史作为一种独特的思想工程而兴起。北美人在更大的世界中有经济利益和安全利益，他们有资源支持研究和教育项目，发展和传播有关世界的知识。战后，区域研究兴盛，北美学者闯入世界，去了解遥远地区各民族的语言和文化传统。毫不奇怪，在这一思想环境中工作的历史学家有意愿建构一种更开阔、更具现实意义的对全球历史的理解。

因此，在20世纪60年代和70年代初的形成阶段，北美的世界史工程展现出几个显著的特色，构成了全球史研究的新路径。为这一新世界史奠定基础的学者使人们关注大范围的历史进程和模式，这是以前的专业历史学家几乎忽略的领域，后者更喜欢高度细节化的，对地方和民族经

---

① McNeill, "The Rise of the West after Twenty-Five Years," pp. 1-2.

第六章 世界史工程：北美背景下的全球史

历的经验研究。他们认识到，兰克以来，专业历史学家把民族国家视作其行当的默认范畴，而他们有意识地寻求其他的历史分析框架，尝试用新的方法，思考具有较大规模影响的历史进程的动力。他们的努力包括，承认比民族国家大得多的地理和文化框架——文明、全球经济体系、环境地带等都超出民族国家的范围。新世界史学家也采取一种严格的、经验的和很大程度上唯物主义的路径研究全球历史，拒绝斯宾格勒、汤因比等人的哲学视角和思辨特色。他们承认，欧洲中心论会严重扭曲对全球历史的理解，因而非常重视比较与跨文化的分析，这类分析利用区域研究，并帮助后者寻找欧洲中心论叙事的替代物。总的来说，新世界史学家并不明确地主张任何特定的政治或意识形态目标，但是与此同时，并非出于偶然，他们大多坚持自由的、进步的政治主张。毕竟，他们发现，历史学的一个传统存在严重问题，这个传统与其他东西一道，构建了欧洲和西方文明作为现代性标准的形象，同时认为其他地方与民族在某些方面不如欧洲——这一形象与认识使保守的和帝国主义的政策得到了合法性和正当性。

研究机构：世界史学会、《世界史杂志》、教育课程

直到 20 世纪 80 年代，世界史工程还是学者个人的研究工作。有些人相互认识，形成松散的网络，大多数人则在一定程度上独立工作。早期的世界史学者因为他们的基础性研究和著述而受到同事的普遍尊重，但是世界史领域在史学专业的版图中尚未拥有一席之地。在中学和高等教育中，有很多世界史概论课程，尽管这些课程在路径上有很大的差异：有的采取严肃的全球史分析，依照斯塔夫里阿诺斯推动的路线，但是大多数课程基本上就是西方文明，或者只是略微关注世界其他部分。

20 世纪 80 年代，世界历史研究开始出现一些研究机构和杂志。首先出现的是世界史学会（WHA），1982 年由一群年轻的世界史学者建立。美国历史学会与美国空军学院合作，在科罗拉多的科罗拉多斯普林斯举办了一个教学会议，而世界史学会就是这次会议的直接产物。成立于

1954年的美国空军学院是美国最年轻的军事学院,很早就认识到有必要教育学员了解北美之外的世界,因为他们中很多人将来会前往非常遥远的地方服役。1968年,该学院开设现代世界史(而非西方文明史)概论课程,作为必修入门课程。① 他们决心办好这一课程,但是没有大量专业历史学家来当教员,所以他们希望得到美国历史学会的支持,因而有了这场在美国空军学院校园内举办的"世界史教学会议"(1982年5月12—14日)。

1982年的这次会议的气氛是激动人心的。组织者迟至4月才公布会议举办消息,他们估计与会者不会超过四五十人。事实上,超过180名历史学家从纽约、加利福尼亚、夏威夷等地来到洛基山脉,齐聚科罗拉多斯普林斯——就在此时出现了一场晚春的暴风雪——迫使组织者急忙安排住宿、交通、饮食与后勤工作。在历史学科中,世界史还不是一个得到认可的领域,然而学术界显然已经对这一研究路径有了巨大的兴趣。会议的主要报告者包括麦克尼尔、邓恩、凯文·赖利(Kevin Reilly)、塞利尔·E. 布莱克(Cyril E. Black)和洛克哈特等人。与会者中很多人后来成为世界史学会及更大的世界史议程的重要领导人物。尽管会议宣布的要点是世界史教学,好几位与会者——特别是洛克哈特和我——在会上主张,世界史研究要想繁荣,就要有一个研究维度把比较和跨文化分析作为理解全球历史的适当的研究路径。②

成立一个世界史学家的专业学会的想法至少从1980年开始就成为一个议题。1982年美国空军学院会议的一个影响是聚集了一大批充满

---

① 关于美国空军学院的世界史课程及其在学院课程体系中的角色,见 Captain Donald M. Bishop and Thomas F. McGann (eds.), *World History in Liberal Military Education* (Colorado Springs, CO: Department of History, United States Air Force Academy, 1979)。该书印刷本少见,但可以从互联网获取:ERIC Document ED 259960(2017年11月28日检索)。

② 该次会议的正式记录见 Major Joe C. Dixon and Captain Neil D. Martin, (eds.), *1982 World History Teaching Conference* (Colorado Springs, CO: Department of History, United States Air Force Academy, 1983)。其印刷本少见,电子版见 ERIC Document ED 259961(2017年11月28日检索)。关于会议的报告与回忆见 Kevin Reilly, "Conference on the Teaching of World History," *AHA Perspectives* 20:9 (December 1982), pp. 12-14; Kevin Reilly, "Further Recollections," *World History Bulletin* 24:1 (Spring 2008), pp. 3-4。

第六章 世界史工程:北美背景下的全球史

活力的历史学家,会上的一个重要话题就是成立一个世界史学会。接下来几个月,一个核心团体,包括赖利、邓恩、洛克哈特及另外几个人为他们称之为"世界史学会"的组织制订了一个计划。在美国历史学会接下来的年会中,他们召集了对建立一个新学会感兴趣的人士,一百多位与会者通过投票成立了世界史学会,选举赖利担任临时主席,直至该组织可以招收会员、起草章程、举行定期选举。赖利公开宣布:"在华盛顿特区召开的美国历史学会年会上,在 1982 年 12 月 28 日,世界史学会成立。"① 得到费城德雷克塞尔大学的支持,世界史学会 1983 年春开始出版两年一期的通讯《世界史公报》(World History Bulletin)。这个新组织也开始在美国历史学会年会中赞助世界史环节。诺基山脉地区一群精力充沛的成员联合美国空军学院在科罗拉多斯普林斯举办了几次教学会议。1992 年,世界史学会组织了第一届国际会议。

1982 年美国空军学院会议的目的是促进世界史的教学,世界史学会的早期工作大多围绕教学问题展开。但是,从一开始,这个组织也把研究和出版工作看得和教学工作同等重要。世界史学会会章第二条写道:"本学会的目标是通过鼓励研究、教学与出版推动世界史的研究。"②

为了这一目标,世界史学会与夏威夷大学的一群历史学家合作,后者建议设立一份新的世界史杂志,反映新世界史的兴起。1953 年到 1972 年,联合国教科文组织出版了一份非常有趣的杂志《世界史杂志》(Cahiers d'histoire mondiale),以 Journal of World History 和 Cuadernos de historia mundial 为副标题。这份杂志体现出一流的学术水平,文章主题相当开放。然而这份杂志之所以如此命名,主要是它对世界任何地方的历史事件都持开放态度。有些文章关注较宏大的比较性质或体系性质的

---

① Kevin Reilly, "World History Association Established," AHA Perspectives 21:4 (April 1983), p. 7.《世界史公报》前面几期,特别是在 1983 年至 1985 年间出版的几期,包括了几份追溯世界史学会发展的报告。可见其网站: http://www.thewha.org/world_history_bulletin.php (2017 年 7 月 8 日检索)。

② 学会章程: http://www.thewha.org/wha_constitution.php (2017 年 7 月 8 日检索)。

问题,引人瞩目的包括霍奇森为该杂志贡献的有重要影响的两篇文章。①然而大多数文章,尽管品质高且有内在趣味,但只是关注个别地方,关注某个单一社会的历史发展情形,例如法老时期的埃及、文艺复兴的意大利、殖民时期的墨西哥或现代日本。不管怎样,这份杂志已成为历史。

与之相比,新的《世界史杂志》以关注大范围历史进程的比较的、跨文化的和全球的学术研究为特色,这些历史进程包括大规模的移民、环境变迁、生物交换、跨文化贸易、技术传播、帝国扩张,以及宗教和文化传统的传播,它们需要的分析框架大于那些传统史学的分析框架。1990 年出版以来,该杂志充当了那些需要以大范围的,跨地区、大洲、半球、海洋的或真正全球的参考系进行研究的历史问题的学术论坛。我对前 17 卷(1990—2006)的 195 篇文章的分析表明,这些文章经常探究长时段的历史问题,跨越历史学家和其他学者传统上遵守的国家的、地理的和文化的边界,将大区域视作它们的地理研究区域,让历史经验与概念的、方法论的和理论的问题展开对话。② 与世界史学会一道,新的《世界史杂志》为新世界史研究者提供了一个论坛,以为全球史新的研究路径确立基础,从而为北美地区的世界史工程服务。从 2006 年开始,和《世界史杂志》发表类似文章的《全球史杂志》,也为新世界史提供了机构上的支持。尽管这份杂志在欧洲筹办,在英国出版,北美学者在其编辑、供稿和评论方面仍占有突出地位。

世界史的研究生项目代表了对世界史工程的另一种形式的机构性支持。科廷 1975 年离开威斯康星大学后,比较世界史项目基本上结束了,尽管他在约翰斯霍普金斯大学继续通过一种非正式的方式指导博士研究生。然而,在 20 世纪 80 年代,随着人们对世界史领域的兴趣与日俱增,

---

① Marshall G. S. Hodgson, "The Hemispheric Interregional Approach to World History," *Cahiers d'histoire mondiale* 1 (1954), pp. 17-23; and "The Unity of Later Islamic History," *Cahiers d'histoire mondiale* 5 (1960), pp. 879-914.

② Jerry H. Bentley, "The Journal of World History," in Patrick Manning (ed.), *Global Practice in World History: Advances Worldwide* (Princeton: Markus Wiener, 2008), pp. 129-140.

第六章　世界史工程：北美背景下的全球史

也随着越来越多的学院和大学寻求聘用能够讲授有意义的、有思想的世界史课程的老师,对研究生层次正式教育机会的需求也急剧增加。早在1983年,克雷格·A.洛克哈特便以饱满的热情主张发展世界史领域的研究生项目和研究。① 不到两年,夏威夷大学历史系便设立了世界史领域的博士学位。② 俄亥俄州立大学、明尼苏达大学、东北大学、罗格斯大学、加利福尼亚大学圣克鲁兹分校与尔湾分校、华盛顿州立大学、匹兹堡大学等大学也很快设立了类似的项目。毫无疑问,这些课程各有不同的着重点,俄亥俄州立大学关注世界体系,明尼苏达大学研究近代早期的世界,但是它们都以不同的方式对发展全球史的新视角做出了贡献。

除了研究生项目,大学预修课程(AP)中的世界史课程也是支持世界史工程的制度基础的一部分,因而值得注意。AP课程是大学理事会的品牌。大学理事会是独立的、非营利性质的机构,负责管理SAT(学业能力评估测验)和其他标准化考试,同时也以多种方式改进中学课程,为学生接受高等教育做准备。AP课程从定义上看是大学程度的课程,但是在中学开设。在这些课程中表现优异并在随后的考试中取得高分的学生得到认可,表明他们在特别严格的课程中取得了成功,有时也可以获得高等教育的学分。

AP课程中的世界史课于2001—2002学年开始设立,很快成为一个了不起的事件,原因有以下几个方面:首先,新世界史学家和世界史学会的成员设计了这门课程,因此AP世界史反映了20世纪80年代以来新世界史的发展成就,其意义重大,因为它是北美中学世界史教育中最有影响力的课程。因为知名度很高,它也影响了其他中学世界史课程,新世界史的视角从而延伸到AP课程之外。其次,一开始,AP世界史便极受欢迎。2002年,即课程开设的第一年,它便成为学生选学选考人数最多的

---

① Craig A. Lockard, "The Promotion of Graduate Study and Research in World History," *World History Bulletin* 2:2 (Fall/Winter 1984), pp. 6-7.

② Jerry H. Bentley, "A Graduate Education and Research in World History," *World History Bulletin* 5:2 (Spring/Summer 1988), pp. 3-7.

AP 课程,有 20955 人参加考试,在第一个十年中这一数字又经历了爆炸式增长,有 188417 名学生参加了 2011 年的第 10 次考试。AP 世界史的非凡成长吸引人们关注课程本身,也关注其基础——新世界史。再次,AP 课程在北美高等教育领域引发了对新世界史的强劲需求。很显然,随着 AP 课程的成长,多数中学教师缺乏必要的教育准备,以为学生提供新世界史方面的成熟课程。世界史的研究生项目增多的原因之一正是,它为准教师和现有老师更好地熟悉新世界史的主题、理论、方法、概念及参加学术会议提供了机会。除了研究生项目,对新世界史教育的需求也促使本科课程做出相应安排,数以千计的研究所和工作坊计划帮助中学教师熟悉这一领域。因此,原本从中学教育中发展出来的教学项目对高等教育中的新世界史的发展有着相当大的影响。

到目前为止,我已经提到建立各类教育机构的努力,它们取得的成功是惊人的。有一项值得注意的计划没有那么成功,至少在起始阶段。这就是制订中学世界历史教学全国标准的计划。如果它按原计划实现了,可能比 AP 课程更能传播新世界史的视角。然而,这项计划成为 20 世纪 90 年代北美——特别是美国——文化战争的牺牲品。

1989 年美国总统乔治·布什召集 50 个州的州长齐聚弗吉尼亚大学,试图制订数学、自然科学、英语、美国史和世界史的全国教育标准。接下来的数年,一些学者和教育专家积极为上述领域研究标准和基本课程,希望尽力反映当下的学术水平以及在中学层次施行的可能性。研究设定美国史和世界史标准的主要任务落在了加利福尼亚大学洛杉矶分校的学校历史全国理事会(National Council for History in the Schools)的头上,由美国著名历史学家加里·纳什(Gary Nash)领衔。他本人领导编写美国史标准,邓恩与一个类似的小组编写世界史标准。他们从国家人文基金会(National Endowment for the Humanities)获得了慷慨的资助。基金会主席琳恩·V. 切尼(Lynne V. Cheney,后来的美国副总统理查德·切尼的妻子)亲自批准并支持这一资助。两个小组按时编写出了一套国家标

第六章 世界史工程:北美背景下的全球史

准,准备在 1994 年发布。①

而就在标准发布前夕,切尼主席在《华尔街日报》发表了一篇专栏文章,谴责先前得到她本人资助并高度赞扬的历史标准。接下来的喧嚣主要围绕美国史标准,包括广播界风云人物拉什·林博(Rush Limbaugh)等各色批评者认为,该标准是不爱国的,不够尊重这样一个理念,即欧洲裔白人男性已将美国塑造为世界其他地区的灯塔。世界史标准没有引起太多关注,但也受到了攻击,因为在保守派批评者看来,它是对西方文明的攻击,并且不够欣赏西欧与美国传统例外论的意识形态。②

在学术领域确立国家标准的运动失败了,主要是因为来自 50 个州的抵制。对于美国的教育工作者来说,关于国家历史标准的争论肯定不是一个令人欣喜的时刻。但是,建立美国史和世界史严格的教学标准的尝试真的失败了吗?当各个州的教育工作者致力于书写各自州的历史标准时,当 AP 世界史课程的设计者开发这门课程时,他们都不可避免地参照学校历史全国理事会制订的国家标准,作为他们工作的主要指引。很多人,尽管不是所有人,承认国家标准的创见与思想,认为它反映出当时最新的学术状况,他们从国家标准中汲取了相当多的灵感来实现自己的目标。因此,世界历史的国家标准以一种特殊方式最终发挥了影响,促进新世界史的发展,在教育工作者中间传播了它的理念,虽然它的原则也遇到了政治意识形态和广播评论员的反对。

研究与辩论

由于得到几类很不相同的形式的制度的支持,新世界史作为一个独

---

① National Center for History in the Schools, *National Standards for History* (Los Angeles: National Center for History in the Schools, 1994); *National Standards for History*, rev. ed. (Los Angeles: National Center for History in the Schools, 1996).

② 关于国家历史标准的讨论的详细描述见 Gary B. Nash, Charlotte Crabtree and Ross E. Dunn, *History on Trial: Culture Wars and the Teaching of the Past* (New York: Knopf, 1997)。

138 特的、得到广泛认可的专业历史学领域出现。就研究和出版物而言,新世界史采取了主要是唯物主义的路径。一小部分但十分重要的研究在跨区域和全球情境中考察文化的、宗教的和思想的交流。① 然而更多的研究关注更为接地气的主题,倡导(或者至少看起来倡导)相当精确的、高度经验的和时常定量的研究,如跨文化贸易、经济发展、大规模移民、帝国主义、殖民主义、传染病、生物传播与环境变迁。② 尽管只有几十年的历史,新世界史极大地影响了北美专业历史学家的工作,将世界史确立为一条值得重视的历史研究路径,也激发了跨国问题和边界地区问题的研究,在以民族国家为中心的和以欧洲为中心的历史观念之外开辟了新的道路,鼓励在全球情境中重新思考民族国家的历史。

到目前为止,从新世界史中生发出来的最具影响力的学术团体是"加州学派"。1998年,在加利福尼亚斯托克顿的太平洋大学举行的第三届太平洋世纪会议上,历史社会学家杰克·A. 戈德斯通(Jack A. Goldstone)把这个名称赋予一群历史学家,他们大多在加利福尼亚工作,并从事欧洲与中国的比较研究。以几代人的区域研究为基础,这群历史学家关注亚洲经济史,指出大约到1800年,中国与欧洲的经济发展有很多相似性。虽然无疑反映了中国在当代世界的崛起,这一观点也服务于加州学派更宏大的研究议程,即以新的视角看待1800年后这两个地方不同的经济发展轨迹——如何解释欧洲成功地进行了工业化而中国没有做到。1998年时,除了戈德斯通本人,加州学派还包括丹尼斯·O. 弗林(Dennis O. Flynn)、安德烈·贡德·弗兰克、阿图罗·吉拉德兹(Arturo Giráldez)、李中清(James Z. Lee)、罗伯特·B. 马科斯(Robert B. Marks)、彭慕兰、理查德·冯·格拉恩(Richard von Glahn)和王国斌(R. Bin Wong)等人。自

---

① 讨论见 Jerry H. Bentley, *Cultural Exchanges in World History*, in Jerry H. Bentley (ed.), *The Oxford Handbook of World History* (Oxford: Oxford University Press, 2011), pp. 343-360。

② 关于新世界史与经验主义的讨论见 Jerry H. Bentley, *Shapes of World History in Twentieth-Century Scholarship* (Washington, DC: American Historical Association, 1996); Jerry H. Bentley, "The New World History," in Lloyd Kramer and Sarah Maza (eds.), *A Companion to Western Historical Thought* (Oxford: Blackwell, 2002), pp. 393-416。

第六章 世界史工程:北美背景下的全球史

那以后,加州学派一些代表学者离开了加州,而北美其他地方的学者(如帕桑南·帕塔萨拉蒂[Prasannan Parthasarathi]、彼得·C.珀杜[Peter C. Perdue]),以及欧洲的学者(如帕特里克·奥布莱恩与皮尔·弗里斯[Peer Vries])参与讨论这个问题,加入了最初发端于加州的辩论。尽管地理的边界已经超出了加利福尼亚,加州学派无疑开启了一个重要议题,不仅给新世界史留下印记,也对一般的历史学研究造成影响。如经济史学家彼得·A.科克拉尼斯(Peter A. Coclanis)最近注意到,"在过去二十多年的历史学界,这一'学派'即使不是最重要的知识群体,也是最重要的一"①。十年来的批评已经对加州学派的一些观点产生了影响,辩论立场似乎也正在发生转变,承认科学和国家发挥了比多数加州学派学者所认为的更大的作用。即便如此,多数观察者同意,加州学派的集体研究工作通过认真对待亚洲,试图突破单一的欧洲中心论来解释西方的兴起,建设性地转变了学者思考全球经济史的方式。②

从最开始,寻求不以欧洲为中心的历史就是新世界史的一个重要特征。霍奇森和斯塔夫里阿诺斯特别呼吁,任何配得上世界史这个名称的历史都必须认真对待欧洲之外的历史。麦克尼尔很少直接关注欧洲中心论问题,但是他的史学实践当然代表了一种有意识的全球分析的努力。

在新世界史发展迅猛的早期,直到20世纪80年代,那些造就了该领域的学者把欧洲中心论问题理解得太简单了。他们急于把更大的世界写进世界历史,他们也很清楚,依赖欧洲标准来评价其他地区的历史发展的做法会造成牵强附会的效果,然而他们似乎没有特别担心这样一种可能:

---

① Peter A. Coclanis, "Ten Years After: Reflections on Kenneth Pomeranz's *The Great Divergence*," *Historically Speaking* 12:4 (September 2011), pp. 10-12, 引文自第11页开始。
② 对其持批判态度,但也是欣赏与公正态度的评估,参见三篇文章 Peer Vries, "Are Coal and Colonies Really Crucial? Kenneth Pomeranz and the Great Divergence," *Journal of World History* 12 (2001), pp. 407-446; "The California School and Beyond: How to Study the Great Divergence?," *History Compass* 8:7 (July 2010), pp. 730-751; "Challenges (Non-) Responses and Politics: A Review of Prasannan Parthasarathi, *Why Europe Grew Rich and Asia Did Not: Global Economic Divergence, 1600-1850*," *Journal of World History* 23 (2012), pp. 639-664。

专业历史研究整体而言依赖将欧洲中心论的元素引入工作之中。北美的世界史学家与后现代或后殖民主义学者没有太多交往,尽管我本人好几次在《世界史杂志》上挑起对话。迪佩什·查克拉巴蒂和一些人一直认为,专业历史学的所有形式,包括世界史,所依赖的分析类别和研究方法是欧洲现代性的特色产物,因此世界史不可避免地,不管愿不愿意,代表一种可靠性存疑的欧洲中心论实践。① 有些后殖民主义批评在我看来是细腻的、复杂的,也是强有力的,即使我无法赞成它们全部的细节与含义。在此只代表我自己,而非世界史学家群体,我认为,后现代主义,特别是后殖民主义批评者已经表明,专业历史学研究所面临的认识论和概念问题比早期的世界史学家所意识到的要多得多,但是这些批评者本身低估了以下的可能性:通过有意识的和反思性的实践,历史学家可以拿出好的世界史,即使不是完美的,也是有意义的和可靠的。②

---

① 最令人印象深刻的后殖民批评见 Dipesh Chakrabarty, *Provincializing Europe: Postcolonial Thought and Historical Difference* (Princeton: Princeton University Press, 2000)。关于其他后殖民批判见 Ashis Nandy, "History's Forgotten Doubles," in Philip Pomper, Richard H. Elphick and Richard T. Vann (eds.), *World History: Ideologies, Structures, and Identities* (Malden, MA: Blackwell, 1998), pp. 159-178; Vinay Lal, "Provincializing the West: World History from the Perspective of Indian History," in Benedikt Stuchtey and Eckhardt Fuchs (eds.), *Writing World History, 1800-2000* (Oxford: Oxford University Press, 2003), pp. 271-289。一种基于马克思主义而非后殖民主义原则的对以欧洲为中心的历史的批判,参见两篇文章 Arif Dirlik: "History without a Center? Reflections on Eurocentrism," in Eckhardt Fuchs and Benedikt Stuchtey (eds.), *Across Cultural Borders: Historiography in Global Perspective* (Lanham, MD: Rowman & Littlefield, 2002), pp. 247-284; "Confounding Metaphors, Inventions of the World: What Is World History For?" in Benedikt Stuchtey and Eckhardt Fuchs (eds.), *Writing World History, 1800-2000* (Oxford: Oxford University Press, 2003), pp. 91-133。

② 除了 Bentley, "Myths, Wagers, and Some Moral Implications of World History," 亦可参见两篇来自北美之外地区的文章 Dominic Sachsenmaier, "World History as Ecumenical History?" *Journal of World History* 18 (2007), pp. 465-489; Heather Sutherland, "The Problematic Authority of (World) History," *Journal of World History* 18 (2007), pp. 491-522。

第二部分　全球史的中心议题

第七章

工人与工作史的新视野:全球劳工史

安德烈亚斯·埃克特　马塞尔·范德林登

危机！什么危机？

没有几个术语像**工作**(work)那样,可以概括如此多样的、根本性的问题。目前我们对这个术语的理解,在很大程度上仍然取决于工业发展和劳工运动对现代社会的影响。① 在大多数工业化国家的政治话语中,工作被认为是关键问题之一,它如此重要以至于有时人们认为,一旦工作的问题得到解决,其他所有问题都将迎刃而解。于多数人而言,工作定义了地位:个人和职业上的成功和失败都与工作的概念密不可分。人们自然而然地认为这个术语的含义明晓通达,却轻易地忽略了这一事实——**工作**涵盖了与非常不同的经验相关的、范围宽泛的活动与观念。尽管如此,工业化国家中的争论通常围绕一个非常狭窄的工作概念,即有报酬的

---

① 本章部分内容建立在如下研究的基础之上：Marcel van der Linden, "Labour History Beyond Borders," in Joan Allen et al. (eds.), *Histories of Labour. National and International Perspectives* (London: Merlin Press, 2010), pp. 353-383; Andreas Eckert, "What Is Global Labour History Good For?," in Jürgen Kocka (ed.), *Work in a Modern Society: The German Historical Experience in Comparative Perspective* (Oxford: Berghahn, 2010), pp. 169-181。另一篇勾画全球劳工史的文章,见 Marcel van der Linden, "The Promise and Challenges of Global Labor History," *International Labor and Working-Class History* 82 (2012), pp. 57-76。近来全球劳工史领域重要的论文集,见 Andreas Eckert (ed.), *Global Histories of Work* (Berlin and Boston: De Gruyter, 2016)。

雇佣工作,它或多或少与家庭领域区分开来,尽管这一区分不再符合大多数人的经历。

工作一直是社会理论中的一个重要范畴,约翰·洛克、卡尔·马克思和马克斯·韦伯等思想家都对其进行过讨论。然而,在当代理论中,工作变得几乎无关紧要了,例如在尼克拉斯·卢曼的学术研究中,工作被"沟通"这个范畴取代。① 而且,很多评论家看到了"劳工社会的终结"。② 然而,那种认为工作已经过时的想法并没有考虑到:将劳动视作工资工作或有酬职业的传统理解不再适用于后冷战的全球化世界。越来越明显的是,与发达资本主义下的强大国家密切相关的既定劳动观念需要被重新考虑。受此影响,劳工史成为一个差异化非常大的领域,涵盖广泛的主题与研究。于尔根·科卡说:"目前尚不清楚将工作的历史作为一个一般的研究领域构建起来的主要问题和观点是什么。"③

这种不确定性被一种对劳工史可能性的普遍幻灭所强化。正如马塞尔·范德林登所说:

> 很多劳工史学家认为该研究领域面临持久的危机。首先,新兴的妇女史和族群史研究范式表明,劳工史的研究版图上存在巨大的空白,而填补这些空白需要彻底重写旧的叙事。其次,长期以来占主

---

① Reinhart Kößler and Hans Wienold, "Arbeit und Vergesellschaftung. Eine aktuelle Erinnerung an die klassische Gesellschaftstheorie," *Peripherie* 85/86 (2002), pp. 162-183. Niklas Luhmann, *The Differentiation of Society* (New York: Columbia University Press, 1982).

② Hannah Arendt 是做出这一判断的人之一,*The Human Condition* (Chicago: University of Chicago Press, 1958)在20世纪80年代非常受欢迎。另见 André Gorz, *Critique of Economic Reason* (London, 2011); Jürgen Habermas, "The New Obscurity," *Philosophy and Social Criticism* XI2 (1986), pp. 1-18. 关于德国的情况,参见例如 Ralf Dahrendorf, "Wenn der Arbeitsgesellschaft die Arbeit ausgeht," in Joachim Matthes (ed.), *Krise der Arbeitsgesellschaft? Verhandlungen des 21. Soziologentages in Bamberg 1982* (Frankfurt: Campus Verlag, 1983)。

③ Jürgen Kocka, "Work as a Problem in European History," in idem. (ed.), *Work*, pp. 1-15, here: p. 1. 亦见 Kim Christian Priemel, "Heaps of Work. The Ways of Labour History," in H-SozKult, January 23, 2014, http://www.hsozkult.de/literaturereview/id/forschungsberichte-1223 (2017年2月10日检索)。

第七章 工人与工作史的新视野:全球劳工史

导地位的阶级意识的单线概念受到了质疑。①

由于其组织类别的不确定性逐渐增加,劳工史开始失去它作为一门学科的特性。劳工史与诸如妇女史、族群研究、人类学或社会学等史学分支之间的区分开始消解。概念困境和政治失望进一步加深了危机感。②

事实证明,相邻学科能够提供的帮助有限。在人类学中,人种志研究几乎不关注工作的主题,也没有太多理论性著作和文章。③ 社会科学对劳动的研究或多或少只关注工业化社会,通常集中在国家劳动力市场,以及当前的劳动市场政策、新就业风险、劳务市场与福利国家之间的关系等问题上。④ 在法学研究中,劳工问题研究的发展与民族国家中劳资关系的

---

① Marcel van der Linden, *Transnational Labour History: Explorations* (Aldershot: Ashgate, 2003), p. 2.

② Van der Linden, *Transnational Labour History*. 在小威廉·休厄尔(William Sewell, Jr.)看来,这一"危机"的原因在于劳工史过于嵌入无产阶级化的宏大叙事之中。他指出,无产阶级化的主题汇集了很多过程,同时又承认各种变化,把整个趋势看作普遍的:农民和手工工匠被剥夺了生产资料,被迫进入城市或在农场充当没有保障的雇工。他们的技能不受重视,更为严苛的管理方式被设计出来针对他们;同时,工人们获得了一种集体身份感,他们是劳动力的售卖者,他们的自主性传统及共和主义信心重新汇入阶级身份之中;他们组织起来,进行罢工,以集体的力量挑战资本。休厄尔认为这一无产阶级化主题"没有充分关注生产关系中各种变化的极度不平衡与矛盾特点,更别说劳工史中话语与政治的作用"。见 William Sewell, Jr., "Toward a Post-Materialist Rhetoric for Labor History," in Lenard A. Berlanstein (ed.), *Rethinking Labor History: Essays in Discourse and Class Analysis* (Urbana: University of Illinois Press, 1993), pp. 15-38(引自第18页)。关于这一点,亦可见 Frederick Cooper, *Decolonization and African Society: The Labor Question in French and British Africa* (Cambridge: Cambridge University Press, 1996), 12f。关于劳工史的"危机",亦可见 Marcel van der Linden (ed.), *The End of Labour History?* (Cambridge, 1993); Thomas Welskopp, "Von der verhinderten Heldengeschichte des Proletariats zur vergleichenden Sozialgeschichte der Arbeit—Perspektiven der Arbeitergeschichtsschreibung in den 1990er Jahren," *1999. Zeitschrift für Sozialgeschichte des 19. und 20. Jahrhunderts* 8:3 (1994), pp. 34-53; John Belchem, "Reconstructing Labor History," *Labor History Review* 62 (1997), pp. 147-152。

③ 格尔德·施皮特勒(Gerd Spittler)是个例外,见其 *Hirtenarbeit. Die Welt der Kamelhirten und Ziegenhirtinnen von Timia* (Cologne, Rüdiger Köppe Verlag, 1998), idem., *Anthropologie der Arbeit. Ein ethnographischer Vergleich* (Wiesbaden, 2016)。关于雇佣工人,见 Sutti Ortiz, "Laboring in the Factories and in the Fields," *Annual Review of Anthropology* 31 (2002), pp. 395-417。

④ 例如 Günther Schmid, *Wege in eine Vollbeschäftigung. Übergangsarbeitsmärkte und aktivierende Arbeitsmarktpolitik* (Frankfurt: Campus Verlag, 2002)。

确立(合同状态)密切相关。在全球化背景中,这一有限的视角的问题越来越突出,例如,在欧盟的层面上很难公正地对待"全球化的劳资关系"。①

近来,劳工史和工作史作为一个研究领域再度蓬勃发展。全球劳工史已成为代表该领域新方向的主要方法之一。本章试图概述这一急遽发展的史学分支,分为四个部分:第一部分讨论以 E. P. 汤普森等人为代表的20 世纪 60—70 年代的"新"劳工史的洞见及其(欧洲中心论的)局限。第二部分描绘劳工史学中全球视野的兴起及其方法论意义。第三部分介绍全球史写作中的一些途径与主题。结论部分总结这一领域的潜能与陷阱。

20 世纪 60—70 年代的"新"劳工史及其局限

第一个时期开始于 19 世纪 70 年代,一直持续到 20 世纪 60 年代。在这一时期,劳工史主要是制度性的,侧重描述组织发展、政治辩论、领导人物和罢工。代表人物有西德尼和比阿特丽斯·韦伯(Sidney and Beatrice Webb)、威斯康星学派的约翰·康曼斯(John Commons)等人,以及像菲利普·方纳(Philip Foner)这样的马克思主义者。20 世纪 60 年代,我们看到了所谓的新劳工史的发端,其中 E. P. 汤普森的《英国工人阶级的形成》是一个重要的里程碑。汤普森代表的新劳工史试图在历史的语境中展现工人的斗争。如霍布斯鲍姆所言,它强调"工人阶级自身……(以及)决定劳工运动是否有效的经济和技术条件"。② 新劳工史与之前的劳工史之间的差异时常被夸大,但不可否认的是,20 世纪 70—80 年代的新劳工史为该领域带来了引人注目的更新。不仅是劳动过程和日常文化,性别、族群、种族和年龄最终都得到了应有的关注,家庭结构、性和非正式政治也一同受到了关注。尽管这确实是一场思想革命,新的研究路径还

---

① 见 Alain Supiot et al (eds.), *Beyond Employment: Report for the European Commission* (Oxford: Oxford University Press, 2001)。

② Eric J. Hobsbawm, *Labouring Men: Studies in the History of Labour* (London: Weidenfeld and Nicholson, 1964), p. 4.

第七章 工人与工作史的新视野:全球劳工史

是受制于传统的、有限的视野。如果从全球视角来看《英国工人阶级的形成》,这一点就会变得显而易见:汤普森将英国的阶级形成过程(1792—1832年间)重构为一个**独立自主的过程**。根据他的分析,英国是分析的逻辑单元——虽然存在外部力量的影响,但这些力量被特别描述为外来的。因此,法国大革命在汤普森的描述中发挥着重要的背景作用,对工人阶级的活动来说是一种鼓舞。但是邻近国家的发展始终是一种外部因素。另一个事实是,汤普森在书中没有关注帝国联系,殖民主义在19世纪对下等阶层的生活产生了愈发重要的影响,但却被忽视了。

彼得·莱恩鲍(Peter Linebaugh)和马库斯·雷迪克(Marcus Rediker)指出,伦敦通讯会(LCS,该组织在《英国工人阶级的形成》中扮演着重要角色)1792年宣布成立,主张一切人平等,无论是"黑人还是白人,上等人还是下等人,富人还是穷人"。但是同年8月,该组织宣布,"公民朋友们,各个阶层和各种生活状态中的富人、穷人、上等人或下等人,我们都把你们当作我们的兄弟"。在这里,"黑人或白人"的字眼不见了。两位研究者有力地证明,措辞的突然变化必须从当时发生在海地的革命中寻找解释:"种族因此成为一个棘手的话题,在英国,对很多人来说,这是一个具有威胁性的话题,伦敦通讯会的领导者现在更倾向于避免这个话题。"①在汤普森的作品中找不到这种跨大西洋的关联。汤普森的孤立态度最令人惊讶,毕竟他在政治上是个国际主义者,他从孩提时代起就熟悉英属印度的故事,他的双亲在那里生活过。② 因此我们可以看到,尽管《英国工人阶级的形成》取得了开创性的成就,但显然也存在不足。

大多数新劳工史具有欧洲中心论和一种叫作方法论民族主义(methodological nationalism)的特征:民族国家或多或少被自然而然地看作历史

---

① Peter Linebaugh and Marcus Rediker, *The Many-Headed Hydra: The Hidden History of the Revolutionary Atlantic* (Boston: Beacon Press, 2000), p. 274.

② Bryan D. Palmer, *E. P. Thompson: Objections and Oppositions* (London and New York: Verso, 1994), pp. 11-51. 另见 E. P. Thompson, *Making History: Writings on History and Culture* (New York, 1994), pp. 200-225; Tom Nairn, *The Break-Up of Britain: Crisis and Neo-Nationalism*, 2nd edition (London and New York, 1977), pp. 303-304。

研究的基本分析单元。即使国家间劳工移民的研究发展迅速,民族国家仍然是中心,移民被视为要么保留了母国文化,要么融入新国家文化的人。欧洲中心论有多种表现形式:一种完全忽略或无视(西方)欧洲和美国之外的发展;另一种形式是偏见:作者的确考虑了全球联系,但是他们相信大欧洲(包括北美和大洋洲)为其他地区指明了方向。在现代化理论家那里,这种欧洲中心论尤为明显。①

另一方面,在欧洲之外的很多地区,对劳工史的兴趣在迅速增长,尤其是在南亚。② 在拉丁美洲近年也出现了劳工研究的热潮。③ 根据非洲

---

① Leonard Binder, "The Natural History of Development Theory," *Comparative Studies in Society and History* 28:1 (1986), pp. 3-33.

② 全面概述见 Marcel van der Linden, "Die Geschichte der Arbeiterinnen und Arbeiter in der Globalisierung," *Sozial.Geschichte* 18:1 (2003), pp. 10-40; idem., "Vorläufiges zur transkontinentalen Arbeitergeschichte," *Geschichte und Gesellschaft* 28:2 (2002), pp. 291-304; idem., "Transnationale Arbeitergeschichte," in Gunilla Budde, Sebastian Conrad, and Oliver Janz (eds.), *Transnationale Geschichte. Themen, Tendenzen und Theorien* (Göttingen: Vandenhoeck & Ruprecht, 2006), pp. 265-274; idem., *Workers of the World: Essays Towards a Global Labor History* (Leiden: Brill, 2008)。过去15年,关于南亚劳工史的很多专著与集体著作出版,包括 Samita Sen, *Women and Labor in Late Colonial India: The Bengal Jute Industry* (Cambridge: Cambridge University Press, 1999); Rajnarayan Chandavarkar, *The Origins of Industrial Capitalism in India: Business Strategies and the Working Classes in Bombay, 1900-1940* (Cambridge: Cambridge University Press, 1994); Chitra Joshi, *Lost Worlds of Labor: Culture and Community in North India* (Delhi: Permanent Black, 2002); 新近的有 Ravi Ahuja (ed.), *Working Lives and Working Militancy: The Politics of Labor in Colonial India* (New Delhi: Tulika, 2013); Rana Behal, *One Hundred Years of Servitude: Political Economy of Tea Plantations in Colonial* (New Delhi: Tulika, 2014); Nitin Varma, *Coolies of Capitalism: Assam Tea and the Making of Coolie Labour* (Berlin and Boston: De Gruyter: 2016); 对这一史学史进行的评价,见 Ravi Ahuja, "Erkenntnisdruck und Denkbarrieren. Anmerkungen zur indischen Arbeiterhistoriographie," in Shalini Randeria, Martin Fuchs and Antje Linkenbach (eds.), *Konfigurationen der Moderne: Diskurse zu Indien* (Baden Baden: Nomos, 2004), pp. 349-366; Rana Behal et al., "India," in Allen et al. (eds.), *Histories of Labor: National and International Perspectives* (London: merlin, 2010); Chitra Joshi, *Histories of Indian Labor: Predicaments and Possibilities*, *History Compass* 6:2 (2008), pp. 439-454。

③ John D. French, "The Latin American Labor Studies Boom," *International Review of Social History* 45 (2000), pp. 279-308; John Womack Jr., "Doing Labor History: Feeling, Work, Material Power," *Journal of the Historical Society* 5:3 (2005), pp. 255-296; James P. Brennan, "Latin American Labor History," in José C. Moya (ed.), *The Oxford Handbook of Latin American History* (Oxford: Oxford University Press, 2011), pp. 342-366。一种更加怀疑的态度见: Peter Winn, "Global Labor History. The Future of the Field?" *International Labor and Working-Class History* 82 (2012), pp. 85-91。在拉丁美洲史学中,巴西劳工史目前属于最为活跃的领域,参见 Alexandre Fortes et al., *Cruzando Fronteiras. Novos olhares sobre a história do trabalho* (Sao Paulo: Editora Fundação Perseu Abramo, 2013)。

第七章 工人与工作史的新视野：全球劳工史

史学史,如果说在非洲也出现了一场劳工史研究的热潮有些夸张的话,那么,至少存在源源不断的新研究,其中比较有影响的将雇佣劳工作为影响撒哈拉以南非洲社会变迁的最重要因素之一。① 与此同时,研究劳动和工作的史学家逐渐意识到,有必要超越民族国家的局限,因为国界与研究对象没有太大的关联性。工人阶级的形成与重组并不完全局限于特定的国家边界之内;工人自愿或被迫的跨国移民对这些过程有重大的影响。某个国家的急遽发展可能在其他国家造成动荡;罢工潮时常有跨国效应,可能引发其他地方新形式的运动;不同国家的劳工运动可能相互交流、相互学习,催生出国际性组织。②

从全球史视角来看,值得注意的是,西方的观念与做法毫无疑问极大地影响了欧洲之外地区的发展,然而也有证据表明,非洲、亚洲、拉丁美洲的发展也对西方造成了影响。交织或共享历史的概念在此有其用处。③一方面,这一概念意味着,现代世界的形成与发展可以被概念化为这样一种历史:不同的文化和社会分享了一些核心经验,并通过相互作用与相互依存创造了现代世界。另一方面,这一概念理所当然地认为,商品、人员和思想的日益流通不仅创造了共同的基石,也造成差异与分裂、对特殊性

---

① 例如 Bill Freund, *The Making of Contemporary Africa: The Development of African Society since 1800* (London: Palgrave, 1998)。有关史学史的概览见 Bill Freund, "Labor and Labor History in Africa: A Review of the Literature," *African Studies Review* 27 (1984), pp. 1-58; idem., "Labour Studies and Labour History in South Africa: Perspectives from the Apartheid Era and After," *International Review of Social History* 58:3 (2013), pp. 493-519; Andreas Eckert, "Geschichte der Arbeit und Arbeitergeschichte in Afrika," *Archiv für Sozialgeschichte* 39 (1999), pp. 502-530; Frederick Cooper, "African Labor History," in Jan Lucassen (ed.), *Global Labor History. A State of the Art* (Berne: Peter Lang, 2006), pp. 91-116。在众多关注劳工的新近专著中,有 Lisa A. Lindsay, *Working with Gender: Wage Labor and Social Change in Southwestern Nigeria* (Portsmouth, NH: Heinemann, 2003); Isaïe Dougnon, *Travail de Blanc, travail de Noir. La migration des paysans dogon vers l'Office du Niger et du Ghana (1910-1980)* (Paris and Amsterdam: Karthala, 2007); Babacar Fall, *Le travail au Sénégal au XXe siècle* (Paris: Karthala, 2011)。最新的一部论文集强调,研究非洲劳工史需要同时考虑地方、国家和跨国三种背景,见 Lynn Schler et al. (eds.), *Rethinking Labour in Africa, Past and Present* (London and New York: Routledge, 2011)。
② Van der Linden, *Transnational Labor History*, p. 3.
③ 见 Shalini Randeria, "Geteilte Geschichte und verwobene Moderne," in Jörn Rüsen (ed.), *Zukunftsentwürfe. Ideen für eine Kultur der Veränderung* (Frankfurt: Campus Verlag, 1999), pp. 87-96。

的追寻,以及二元结构的实体化。另外,考虑互动并不意味着可以忽视不平等、霸权与暴力。在过去,欧洲与欧洲之外世界之间的关系往往是等级性的,甚至压迫性的。对欧洲现代性进行概念化时,不可能抛开殖民主义和帝国主义不谈。在这个世界中,欧洲通过与超越其边界的其他社会进行争论和竞争而实现了自身。① 这一点也适用于工作与劳动问题。

走向全球劳工史

二战后,当劳工史向世界范围扩散时,仍保留了欧洲中心论的和方法论民族主义的路径。欧洲和西方劳工史学家倾向于根据相当具体的例子而将他们的观点普遍化。例如,他们忽视加勒比学者的著作,后者追随20世纪30—40年代的C. L. R. 詹姆斯和埃里克·威廉斯,将种植园劳工与全球资本主义的关系视为核心。即便是那些从20世纪60年代开始劳工研究的所谓边缘历史学家,也和他们的欧洲同行一样,关注煤矿工人、码头工人或种植园工人,以及被忽略的家庭和家庭劳作。他们也把注意力集中在罢工、工会与政党方面。最为重要的是,他们拿北大西洋的发展作为模型,而边缘地区的工人阶级仍然无法与之相比。② 逐渐地,史家们

---

① Ann Laura Stoler and Frederick Cooper, "Between Metropole and Colony: Rethinking a Research Agenda," in Ann Laura Cooper and Frederick Stoler (eds.), *Tensions of Empire. Colonial Cultures in a Bourgeois World* (Berkeley: University of California Press, 1997), p. 1.

② 关于在欧洲之外写作的历史作为"尚未发生的事物"和"欠缺的事物"的史学,参见 Dipesh Chakrabarty, "Postcoloniality and the Artifice of History: Who Speaks for 'Indian' Pasts?," *Representations* 37 (Winter 1992), pp. 1-26. 有趣的是,庶民研究计划(查卡拉巴提也是研究者之一)无法逃避这个问题。该研究计划这样宣称:"殖民印度史学的中心问题"是"这个国家没有自己的历史,原因在于资产阶级和工人阶级发展不够充分,无法领导一场战胜殖民主义的决定性胜利,无法实现19世纪那种经典的资产阶级民主革命"。Ranajit Guha, "On Some Aspects of the Historiography of Colonial India," in Ranajit Guha and Gayatri Chakravorty Spivak (eds.), *Selected Subaltern Studies* (New York: Oxford University Press, 1988), pp. 37-43 (引文见第43页)。这个问题尽管以第三国际的措辞为依托,实际上却是个西方观念。Rajnarayan Chandavarkar, "'The Making of the Working Class': E. P. Thompson and Indian History," *History Workshop Journal* 43 (1997), pp. 177-196 (见第182页)。

第七章　工人与工作史的新视野：全球劳工史

努力发展一种淡化欧洲中心论色彩的研究路径。突破性的著作包括沃尔特·罗德尼对上几内亚海岸及圭亚那工人的研究，查尔斯·范·昂塞伦关于南罗得西亚矿工的研究，兰吉特·达斯·古普塔主编的论文集《东印度的劳工与工人阶级》对阿萨姆、孟加拉等地的种植园工人、矿工和纺织工人的研究。① 所有这些发展都从不同方面开始弱化欧洲中心论和方法论民族主义。

这种变化的首要影响就是边缘地区劳工史的兴起。民族国家越来越被解释为历史发展的产物，从而被相对化，欧洲中心论也愈发受到抨击。尽管它们是两种截然不同的倾向，却或多或少是并行的。它们的出现与一系列变化有关，最为重要的是去殖民化，新独立的国家，特别是非洲和亚洲那些新独立的国家，开始考察它们自己社会的历史。这样一来，劳工史也获得了愈发重要的边缘部分（研究单元数量扩大），同时人们很快就明白，不涉及中心地区的历史就无法书写边缘地区的历史。在研究历史中的迁徙时，史学家认识到，从国家到族群飞地的视角无法正确理解移民生活的现实，因为移民经常同时生活在两个世界中。②

当代的经济去疆域化（全球化）浪潮带来的诸多后果包括，劳动迅速临时化，工人抗议出现新形式，新劳工运动兴起，此外日益增强的对于整个世界相互依存的意识也发挥了重要作用。这些发展似乎为一种新型史学提供了条件，它可以超越源自北美和欧洲的传统劳工史，并将其发现放在一种新的全球导向的路径之中。但是通过"**全球劳工史**"这一术语可

---

① Walter Rodney, *A History of the Upper Guinea Coast, 1545-1800* (Oxford: Clarendon Press, 1970); idem., *A History of the Guyanese Working People, 1881-1905* (Baltimore: Johns Hopkins University Press, 1981); Charles van Onselen, *Chibaro: African Mine Labor in Southern Rhodesia 1900-1933* (Johannesburg: Raven Press, 1976); Ranjit Das Gupta, *Labour and Working Class in Eastern India: Studies in Colonial History* (Calcutta: K.P. Bagchi and Company, 1994).

② 想全面了解移民史，参见 Dirk Hoerder, *Cultures in Contact: World Migrations in the Second Millennium* (Durham, NC: Duke University Press, 2002); Jan Lucassen et al. (eds.), *Migration History in World History: Multidisciplinary Approaches* (Leiden: Brill, 2010); Patrick Manning, *Migration in World History* (New York: Routledge, 2013)。

以理解什么？就其**方法论**地位而言，全球劳工史更多的是一个值得关注的领域，而非每个人都必须遵从的理论。作为**研究主题**，全球劳工史在其最宽泛的意义上关注跨国甚至跨大洲的对劳资关系和工人的社会运动的研究。我们所说的跨国，是指将所有历史过程（无论它们在地理上看起来多么小）与其他地方的过程进行比较，以便把这些进程置于一个更广阔的背景之中；也指研究不同地点之间的互动，或者上述二者的结合。劳资关系研究包括那些自由工作、非自由工作、有偿工作、无偿工作，不仅关注劳动者个人，还关注他（她）的家人。工人社会运动研究应该包含正式组织和非正式活动。研究劳资关系和社会运动的历史学家需要像关注工人本身那样关注我们所称的另一方——雇主和公共部门。当然，在家庭内部以及家庭成员个人的工作经历中，性别关系发挥着重要作用。最后，关于所研究的时期，重点应该放在15世纪以来随着世界市场的发展而一道演变的劳资关系与工人社会运动。

全球劳工史面临很多方法论问题。传统劳工史的核心概念一直以来主要基于北大西洋地区的经验，因此有待加以批判性地重新思考。这同样适用于劳动这个概念本身。在最重要的西方语言中（英语、法语、西班牙语、意大利语等），"劳动"（labor）和"工作"（work）之间经常做区别，前者指辛劳和努力（因而有分娩之意[woman's labor]），而后者更多地指创造性过程。这种两分法——哲学家汉娜·阿伦特（Hannah Arendt）为其赋予了深远的分析结果——在很多其他语言中根本不存在，那些语言中有时甚至不存在一个单一的词来指涉"劳动"或"工作"，因为这些概念没有考虑不同劳动过程的具体特征。① 因此，我们应该仔细考察在多大程度上"劳动"和"工作"的概念可以被跨文化使用，或者至少，我们应该更精确地定义它们的内涵。"劳动"起于何处，结束于何处？我们究竟如何划定"劳动"和"工作"的界线，或者说那条界线是否不如我们通常所认为

---

① Hannah Arendt, *The Human Condition* (Chicago: Chicago University Press, 1958).

第七章 工人与工作史的新视野:全球劳工史

的那么清晰?①

那么工作与非工作(nonwork)的界线在哪?什么构成工作的定义,什么被排除在工作的范围之外,这对于全球视野下的劳工研究来说至关重要,围绕这些定义的实践和政策也至关重要。历史研究已经表明,工作与犯罪、工作与休闲、付费劳动时间与非付费劳动时间之间的界线总是模糊的。什么是合法的工作,什么是非法的工作,长久以来关乎国家政策。这不仅仅与犯罪有关,正如失业的历史表明,国家法律与其他监管制度以多种方式定义了工作,从而使其成为被管理的对象。② 然而,并非所有社会规定都源于国家,管理的国家模式与非国家模式之间的相互作用也非常值得分析。

"工人阶级"的概念亦需要批判性地重新思考。这个术语在19世纪被用来指称受人尊敬的工人,他们与奴隶、其他非自由劳工,以及不受雇于他人的个体经营者或小资产者,贫困的流浪汉或破落的无产者相区别。但是这一解释似乎并不适用于世界大多数地区。虽然在过去几个世纪里,非自由劳工在"全球北方"地区可能是罕见的,但在亚洲、非洲和拉丁美洲的大部分地区却是常态。需要一种新的工人阶级概念,这种概念倾向于包含而非排除各种依附性或边缘化的工人群体。奴隶、契约劳工、佃农也应当被视作工人阶级的一部分。这意味着劳工史的学科边界将继续变得更加不稳定。直到最近仍被劳工史学家忽视的奴隶制史事实上与全球劳工史多有重合。相关的研究领域,例如契约劳工史,亚洲、澳大利亚、非洲和加勒比地区的印度苦力(coolies)史等,越来越多地进入劳工史研究的范围。还有一个问题是,对阶级的想象——无论是对精英还是工人——是如何塑造劳工史的。

---

① 关于工作的语义结构广泛而富有洞察力的讨论,见 Jörn Leonhard and Willibald Steinmetz (eds.), *Semantiken von Arbeit: Diachrone und vergleichende Perspektiven* (Cologne: Böhlau Verlag, 2016)。

② 参见迄今为止的经典研究 Benedicte Zimmermann, *La constitution du chômage en Allemagne. Entre professions et territoires* (Paris: Editions de la Maison des Sciences de l'Homme, 2001)。

近来的全球史研究经常建基在以区域为基础的研究之上,已经呈现出许多工作的混合形式,例如奴隶会受主人之命离开大宅邸或种植园去做挣工资的工作,但他们必须带回部分薪水交给主人。①奴隶和工资劳工或者说农奴制与资本主义的其他组合(例如在1900年左右的俄国)看起来让卡尔·马克思及其他经典作家的命题没有那么绝对化了,他们强调契约性质的自由雇佣劳动作为资本主义的一个定义要素的突出重要性。② 在劳动关系和劳工政治的世界中,"自由"与"非自由"劳动的区别至关重要。"自由劳动"一直是西方社会走向"自由"和"解放"的重要叙事的核心要素。与"自由劳动"相对照的是奴隶劳动、强迫劳动或奴役。在奴隶制占中心地位的社会,如美洲和非洲,"自由"与"非自由"的区分也变得很重要,特别是在奴隶制正式结束后。这一区分对于欧洲殖民地的非自由劳动的定义和实践也非常重要。例如,如果没有英国工人作为"仆人"(servants)的具体概念,印度阿萨姆地区茶叶种植园中的契约劳工就是不可想象的。亚洲和加勒比地区种植园内的契约劳工既不是奴隶也不是无产者,那么什么概念范畴适合描述他们呢?③

雇佣劳工与财产性质的奴隶劳工之间的界线并不如看起来那般清晰,事实上是相当模糊。一种更加全球化的劳工史观促使我们利用这种模糊性来重新思考工人阶级这一概念。历史学家和社会学家现在指出,自由雇工、自营职业和非自由劳工之间的界线并不明确。首先,如

---

① João José Reis, "'The Revolution of the Ganhadores': Urban Labor, Ethnicity and the African Strike of 1857 in Bahia, Brazil," *Journal of Latin American Studies* 29 (1997), pp. 355-393.

② 见 Alessandro Stanziani, "The Legal Statute of Labour from the Seventeenth to the Nineteenth Century: Russia in a Comparative European Perspective," *International Review of Social History* 54 (2009), pp. 359-389; idem., *Bondage. Labor and Rights in Eurasia from the Sixteenth to the Early Twentieth Century* (New York and Oxford: Berghahn, 2014)。

③ 巴西历史学家特别强调,在19世纪,从经济以外的压迫来看,奴隶与"自由"劳工没有清晰的分界。与此同时,"自由"的概念相当模糊,却又是一个很有价值的最低层面的社会范畴。见 Sidney Chaloub, "The Precariousness of Freedom in a Slave Society (Brazil in the Nineteenth Century)," *International Review of Social History* 56 (2011), pp. 405-439。

第七章 工人与工作史的新视野：全球劳工史

前所述，有很大的灰色地带，自由雇工和奴隶、个体执业者和破落无产者之间的区分并不非常清楚。其次，几乎所有底层工人都属于结合了多种劳动类型的家庭。再次，底层的个体劳工可以同时或先后结合不同类型的劳动模式。最后，不同类型的下层工人之间的差异也不明显。

上述意涵的影响是深远的。我们知道，在资本主义内部，总有一大群人的劳动力被商品化了，其成员有着巨大的差异，包括奴隶、佃农、手工工匠和雇佣工人。了解这一大群人的历史动态将是未来全球劳工史学家的中心任务。在长期的发展中，资本主义利用了很多类型的劳动关系，其中一些主要基于经济强迫，另一些则带有强烈的非经济成分。数百万奴隶被强行从非洲带到加勒比地区、巴西和美国南部各州。来自印度和中国的合同工被运往南非、马来西亚或南美从事辛苦的劳作。所谓的自由移民工人离开欧洲前往美洲、澳大利亚或殖民地。今天奴隶制仍然存在，佃农的劳动产出在世界农业产出中的比重仍然很大。这些及其他一些类型的工作关系是共时性的，即使看起来似乎存在一个朝向"自由工资劳动"的长期趋势。资本家过去可以，现在也可以，选择任何形式的他们认为最适合某种特定场景的商品化劳动：今天这种看起来获利最大，明天又是另外一种。如果这一论点是正确的，那么我们应该把工薪阶层看作商品化劳工中的一种（重要的）类型。因此，所谓的自由劳动不能被视为现代资本主义剥削的唯一形式，而是多种形式中的一种。

主题与路径

上文提到的方法论及概念确实在很大程度上决定了如何"做"全球劳工史。本节将介绍一些主题和研究路径的示例，这些主题和路径跨越边界，挑战把世界分割成不同部分的普遍做法。在那些长期关注世界不同地区之间的交织关系的研究领域中，奴隶制和奴隶贸易研究名列前茅。

在非洲与欧洲关系的悠久历史中,劳动始终居于中心地位。到近代早期,在工作和劳动方面,奴隶制和奴隶贸易使得欧洲与世界其他地区的联系变得明显。① 欧洲资本家创造了一个世界经济体系,并实际上重新安排了世界各地的经济关系,二者对劳动有着巨大的需求,这些需求只能通过各种形式的强制和压迫才能得到满足。② 奴隶贸易不仅彻底改变了美洲大部分地区的劳动制度,也彻底改变了非洲的劳动制度,在那里,奴隶成为重要的商品,也成为劳动力的主要来源。③ 这引出一个基本问题,殖民主义如何塑造了劳工史。例如,一些作者称加勒比奴隶种植园为"田地里的工厂",他们认为这里的产业生产方法和资本主义劳动关系预见和影响了工业化欧洲的生产方式。④ 当然,这里的一个重要参考是奴隶种植园,它是发展大规模、严密监管型企业的一种经验。这一经验如何在世界范围塑造了劳动的观念、组织和实践呢?

拉维·阿胡贾认为,在南亚历史中印度与欧洲的劳动关系的发展至少有两个世纪的联系。⑤ 在殖民计划背景下出现的这种交织关系,不仅创造了诸多共性,也造成了差异和新的不平等。事实上,资本主义劳动市场的不均衡发展不仅保留了差异,还不断地加深、再造这些差异。

然而,这些交织关系是什么样的?南亚在成为英帝国的一部分之前

---

① 见 David Eltis (ed.), *Coerced and Free Migrations. Global Perspectives* (Stanford: Stanford University Press, 2002)。

② 见 Paul E. Lovejoy and Nicolas Rogers (eds.), *Unfree Labor in the Development of the Atlantic World* (London: Frank Cass, 1994)。

③ Paul E. Lovejoy, *Transformations in Slavery: A History of Slavery in Africa*, 2nd edition (Cambridge: Cambridge University Press, 2000).

④ Sidney W. Mintz, *Sweetness and Power: The Place of Sugar in Modern History* (New York: Penguin, 1985); Albert Wirz, *Sklaverei und kapitalistisches Weltsystem* (Frankfurt: Suhrkamp Verlag, 1984).

⑤ Ravi Ahuja, "Geschichte der Arbeit jenseits des kulturalistischen Paradigmas. Vier Anregungen aus der Südasienforschung," *Geschichte und Zukunft der Arbeit*, pp. 121-134; idem., "Die Lenksamkeit des 'Lascars.' Regulierungsszenarien eines transnationalen Arbeitsmarktes in der ersten Hälfte des zwanzigsten Jahrhunderts," *Geschichte und Gesellschaft* 31:3 (2005), pp. 323-353.

第七章 工人与工作史的新视野:全球劳工史

就是资本主义社会史的一部分。① 17—18世纪,农业部门和一些行业逐渐商业化,这意味着劳动关系至少部分地以契约为基础。因此在殖民统治确立之前,雇佣工人就已存在,也就不需要引入欧洲术语来表达雇佣劳动这种现象了。在泰米尔语中,雇佣工人过去和现在分别被称作 Kuliyal 和 Kuli。印度工人清楚自由劳动与非自由劳动的差别:Kuli 不是任何人的仆人。但是,这个术语有负面的含义,因为它与服从、从属、下等种姓相关。19世纪,英国人捡拾起这个术语(拼作 coolie)以指称非自由劳工,从这个殖民背景出发,这个术语进入欧洲语言,表示劳动力的无限从属性。②

另外一种交织形式还未经过系统的研究,即英帝国殖民劳动法规的实践对宗主国中心地区的影响。有着400多年历史的《主仆法》是英国雇佣法的基石,赋予了基本上无人监督的下级地方官员在雇佣关系上广泛的裁决权,包括因其违反与雇主签订的私人契约而鞭打、罚款和监禁男工、女工及童工。英国模式在殖民地的一千多项法令和条例中被采纳、修改和重新发明,这些法令条例规范了商铺、矿区、工厂、农场、林场、种植园和海上工人的招聘、留用和纪律。③ 一些历史学家认为英国殖民地被当作制度改革的试验场,这种说法仍有待进一步评估。不过,显而易见的是,英国雇佣法的全球化并未导致差异的减小,相反地,最具压迫性和违背平等原则的司法惯例在殖民地得到进一步的发展并延续了更长的时间。契约劳工制度就是这样的例证。这里的契约(学徒合同或雇用合同)指一种专门的殖民司法形式,并不局限于南亚。在合同期限(工人无

---

① 见 David Washbrook, "Progress and Problems: South Asian Economic and Social History, c. 1720-1860," *Modern Asian Studies* 22 (1988), p. 72; Ahuja, "Geschichte der Arbeit," p. 124。个案研究见 Ravi Ahuja, *Die Erzeugung kolonialer Staatlichkeit und das Problem der Arbeit. Eine Studie zur Sozialgeschichte der Stadt Madras und ihres Hinterlandes zwischen 1750 und 1800* (Stuttgart: Steiner Verlag, 1999); idem., "Labor Relations in an Early Colonial Context: Madras, 1750-1800," *Modern Asian Studies* 32:4 (2002), pp. 793-826。

② Ahuja, "Geschichte der Arbeit," p. 125。

③ Douglas Hay and Paul Cravan (eds.), *Masters, Servants, and Magistrates in Britain and the Empire, 1582-1955* (Chapel Hill and London: University of North Carolina Press, 2004)。

法终止)内,种植园主对"他的"工人有着几乎不受限制的处置权。这一做法得到一种可笑的观点的支持——契约对印度工人来说是一所学校,教会他们如何缔结和遵守合约。①

总的来说,在殖民世界,欧洲人把工作看作克服殖民地人所谓的落后状态的方式。工作向他们开放了通向文明的道路,尽管很漫长,因为殖民主义意识形态声称,把足够的资本主义工作伦理注入亚洲人特别是非洲人的头脑中,需要很长时间。"懒惰的本地人"很快成为殖民文学中的经典偏见。② 这不仅是一种种族主义的观点,也表明欧洲在殖民地的统治远远不是无所不能的。例如,在非洲工人身上贴上懒惰的标签,表明殖民者最终不得不接受殖民权力是有限的,非洲人在关于工作的斗争方面取得了部分成功。即便在南非金矿极端恶劣的环境中,非洲人也划定了剥削的限度,特别是通过要求实行日工制,在城市组织工会,在农场实行各种形式的劳动租赁,所有这些都使他们可以在相当程度上控制家庭劳作和工作节奏。③ 另一方面,殖民者一贯地拿非洲地区及其他非欧洲地区人们的工作方式和他们所声称的高质量"工作的民族类型"进行对比。④

教育殖民地人进行工作是殖民政策中的关键内容。塞巴斯蒂安·康拉德认为,19 世纪末 20 世纪初德国对无家可归者的管教努力塑造了与

---

① 见 Ravi Ahuja, "Arbeit und Kolonialherrschaft im neuzeitlichen Südasien. Eine Einführung," in Dietmar Rothermund and Karin Preisendanz (eds.), *Südasien in der Neuzeit* (Vienna: Promedia Verlag, 2003), p. 200; Gupta, *Labor and Working Class in Eastern India: Studies in Colonial History*; Marina Carter, *Voices from Indenture: Experiences of Indian Migrants in the British Empire* (London and New York: Leicester University Press, 1996)。

② Syed H. Alatas, *The Myth of the Lazy Native* (London: Frank Cass, 1977).

③ Frederick Cooper, "Africa in a Capitalist World," in Darlene Clark Hine and Jacqueline McLeod (eds.), *Crossing Boundaries: Comparative History of Black People in the Diaspora* (Bloomington: Indiana University Press, 1999), pp. 399-418,特别是第 401 页。

④ Sebastian Conrad, "Circulation, 'National Work' and Identity Debates about the Mobility of Work in Germany and Japan, 1890-1914," in Wolf Lepenies (eds.), *Entangled Histories and Negotiated Universals: Centers and Peripheries in a Changing World* (Frankfurt: Campus Verlag, 2003), pp. 260-280.

第七章 工人与工作史的新视野:全球劳工史

之并行的在德国殖民地施行的非洲人"文明开化"计划。① 而且,他声称,殖民地使命反过来对德国的相关讨论与实践也产生了影响。然而,最终没有多少线索表明东非与东威斯特伐利亚之间存在共同的经历、话语和实践。可以肯定的是,德国与东非的教育项目有着相似的结构,这一点令人震惊。然而,我们仍不清楚,德国针对无家可归者的措施和话语是否与殖民地的经验和做法有关。

还有很多主题可以帮助我们探索劳工史中的全球联系:

在不同地点的劳动过程(labor processes)可以通过全球商品链分析联结起来。例如路易斯·瓦伦苏埃拉(Luis Valenzuela)表明从19世纪30年代到60年代,在智利铜矿工人与英国南威尔士斯旺西的铜精炼厂工人之间存在着紧密的联系:

> 大量的智利铜和粗金属抵达斯旺西,等着在南威尔士的熔炉里熔化精炼。另一方面,威尔士的煤和耐火砖以及其他英国产品被装船运往靠近铜矿的智利港口,这些物资作为对铜矿的偿付,附带刺激着采矿业和冶炼业的发展。②

劳动过程本身有时内在地具有国际性并且可以从国际的视野进行研究。运输工人如水手、港口工人成为相距遥远的地区之间的联络人。早在16—17世纪,甚至更早,他们便使身处不同大陆的底层工人之间建立了物流关联。水手作为海港人群中的激进存在,"影响着无产阶级抗议的形式与内容","利用他们的流动性……与其他工人建立起了联系"。③

---

① Sebastian Conrad, "Eingeborenenpolitik" in Kolonie und Metropole. "Erziehung zur Arbeit" in Ostafrika und Ostwestfalen, *Das Kaiserreich transnational. Deutschland in der Welt* 1871-1914 (Göttingen: Vandenhoeck & Ruprecht, 2004), pp. 107-128; idem, *Globalisation and the Nation in Imperial Germany* (Cambridge: Cambridge University Press, 2010), ch. 2.

② Luis Valenzuela, "Copper: Chilean Miners—British Smelters in the Mid-Nineteenth Century," in Prodromos Panayiotopoulos and Gavin Capps (eds.), *World Development: An Introduction* (London and Sterling: Pluto Press, 2001), pp. 173-180 (见第177页)。

③ Marcus Rediker, *Between the Devil and the Deep Blue Sea: Merchant Seamen, Pirates, and the Anglo-American Maritime World, 1700-1750* (Cambridge: Cambridge University Press, 1987), 294; Linebaugh and Rediker, *The Many-Headed Hydra*.

交通运输工人在集体行动的跨大陆传播方面发挥了重要作用,例如世界产业工人协会(IWW)的模式从美国传到了智利、澳大利亚、新西兰和南非等地。1911年,该协会也第一个组织起跨大陆的集体行动,在英国、荷兰、比利时及美国东海岸同时发起罢工。①

移民可以把他们的经验带给移民国的工人,例如印度工人在加勒比地区和东南亚,英国工人在澳大利亚,意大利工人在美洲,中国工人在亚洲人散居地区所做的那样。一方面,他们在一个新的国家的出现可能引起劳动市场的分化,因而工人阶级因民族差异而被划分开来。另一方面,归国的移民也可能从他们各自的临时家园引入一系列集体行动。②

底层工人消费的产品是由其他地区的工人生产的,这是劳工史的全球路径可以阐述的另外一种值得注意的关系。例如,18世纪欧洲工人对糖的消费量增加,影响了美洲糖业种植园的奴隶的活动。反过来的影响

---

① Verity Burgman, *Revolutionary Industrial Unionism: The IWW in Australia* (Melbourne: Cambridge University Press, 1996); Erik Olssen, *The Red Feds: Revolutionary Industrial Unionism and the New Zealand Federation of Labor 1908-1914* (Oxford: Oxford University Press, 1988); John Philips, "The South African Wobblies: The Origin of Industrial Unions in South Africa," *Ufahamu* 8:3 (1978), pp. 122-138; Lucien van der Walt, "'The Industrial Union Is the Embryo of the Socialist Commonwealth': The International Socialist League and Revolutionary Syndicalism in South Africa, 1915-1920," *Comparative Studies of South Asia, Africa and the Middle East* 19:1 (1999), pp. 5-30. 关于1911年罢工,见 Marcel van der Linden, "Transport Workers' Strike, Worldwide 1911," in Neil Schlager (ed.), *St. James Encyclopedia of Labor History Worldwide: Major Events in Labor History and Their Impact*. 2 vols. (Detroit: St. James Press/Gale Group/Thomson Learning, 2003), vol. II, pp. 334-336。

② 例如 Sandew Hira, *Van Priary tot en met de Kom. De geschiedenis van het verzet in Suriname, 1630-1940* (Rotterdam: Futile, 1982); Chandra Jayawardena, "Culture and Ethnicity in Guyana and Fiji," *Man*, New Series, 15:3 (September 1980), pp. 430-450; Prabhu Mohapatra, "The Hosay Massacre of 1884: Class and Community Among Indian Immigrant Laborers in Trinidad," in Arvind N. Das and Marcel van der Linden (eds.), *Work and Social Change in Asia: Essays in Honour of Jan Breman* (New Delhi: Manohar, 2003), pp. 187-230; Seymour Martin Lipset, "Radicalism or Reformism: The Sources of Working Class Politics," *American Political Science Review* 77 (1983), pp. 1-18; Donna Gabaccia, "The 'Yellow Peril' and the 'Chinese of Europe': Global Perspectives on Race and Labor, 1815-1930," in Jan Lucassen and Leo Lucassen (eds.), *Migration, Migration History, History* (Berne: Peter Lang, 1997), pp. 177-196; Touraj Atabaki, "Disgruntled Guests: Iranian Subaltern on the Margins of the Tsarist Empire," *International Review of Social History* 48 (2003), pp. 401-426。

第七章 工人与工作史的新视野:全球劳工史

也是成立的。例如,西德尼·明茨(Sidney Mintz)认为,糖使得英国工人的饮食结构更加多样与丰富,从而推动了工业革命。①

此外,全球视野将集体行动的跨国浪潮带入我们的视野。只引述一个例子:除了刺激1905年的第一次俄国革命,日本在日俄战争中的胜利推动了亚洲民族主义者和反殖民主义力量的出现,并在很多地方引发了工人的集体行动。1917年3月俄国发生第二次革命以及布尔什维克夺取政权引发了世界各地工人集体行动的爆炸式增长。同样地,1956年的匈牙利起义受到更早的波兹南起义的影响,也是对翌年上海劳工骚动的"有力刺激"。②

最后,在一个稍微不同的层面,国际组织,特别是国际劳工组织(ILO)被认为是关于劳动与工作的全球性交织对话的场所,它也是一个广泛宣传国际劳动标准的组织机构之例证,尽管它无法强制实施这些标准。③

结语:复杂性

工作史和劳工史的全球视野并不意味着简单地拓展西方劳工史或者使其更加复杂,也不是完全聚焦非欧洲世界。事实上,这一视角可以成为看待西方与世界其他地区之间相互影响方式的工具。④ 全球劳工史的一

---

① Mintz, *Sweetness and Power*, p. 183.
② Elizabeth Perry, "Shanghai's Strike Wave of 1957," *China Quarterly* 137 (March 1994), pp. 1-27 (见第11页)。
③ 见 Jasmien Van Daele et al. (eds.), *ILO Histories. Essays on the International Labour Organization and Its Impact on the World during the Twentieth Century* (Berne: Peter Lang, 2010); Sandrine Kott and Joelle Droux (eds.), *Globalizing Social Rights: The ILO and Beyond* (London: Palgrave Macmillan, 2012); Daniel R. Maul, *Human Rights, Development and Decolonisation: The International Labour Organization (ILO) 1940-1970* (London: Palgrave Macmillan, 2011).
④ Rana Behal et al. (eds.), *Rethinking Work: Global Historical and Sociological Perspectives* (New Delhi: Tulika, 2011); Sabyasachi Bhattacharya (ed.), *Towards a New History of Work* (New Delhi: Tulika, 2014).

个贡献是,它首先意识到,自由的和非自由的劳工,有偿的和无偿的劳工应该放在一起研究。其次,这一研究认识到,并不存在一条从非自由到自由劳工的线性道路。然而,尽管我们很容易说明欧洲如何影响了美洲、非洲、亚洲的劳动制度和工作实践,证明欧洲如何受到其殖民经历和实践的影响却要困难得多。

未来的全球劳工问题研究应该小心,避免"使产生于多个社会空间尺度的丰富的劳工史湮没在全球化轨迹之中"。① 弗雷德里克·库珀已经警告过我们后见的历史研究的危险,以及把自己局限于确认全球化的潮流与节点的危险。② 近来的研究关注非洲和亚洲的海员以及其他流动劳工,这绝非偶然,他们对全球商品和劳动力市场的兴起做出了贡献。③ 这一关注毫无问题。然而,我们不能忽略其他工人,例如非种植园农业工人,因为劳工的全球化不仅意味着不受束缚的流动性,也意味着空间的不可流动性,我们需要看到全球一体化过程中的矛盾与不平衡。

而且,最近几十年劳工史的一个长处是,以微观史的方法考察工人、工作与特定地区的一系列社会进程,如种族、性别、族群之间的关系。这为什么重要?我们如果超越地域和地区,转向更广阔的空间关系,除了我们面对的模糊的范畴和组合之外,我们还知道什么?比如,我们看非洲的例子,可以看到线性的无产阶级化模式以及工人阶级的"形成"并不适用

---

① Ravi Ahuja, "Scenarios of Labor Regulation and Transterritorial History: Some Preliminary Observations," *Rethinking Labor History from a Global Perspective* (Berlin, October 12, 2006)会议的开幕演讲。

② Frederick Cooper, *Colonialism in Question. Theory, Knowledge, History* (Berkeley: University of California Press, 2005), ch. 4.

③ 例如 Golan Balanchandran, *Globalizing Labor? Indian Seafarers and World Shipping, c. 1870-1945* (Delhi and Oxford: Foundation Books, 2012); Ravi Ahuja, "Mobility and Containment. The Voyages of South Indian Seamen, c.1900-1960," in Rana Behal and Marcel van der Linden (eds.), *India's Labouring Poor: Historical Studies, c.1600-c.2000* (Delhi, 2007), pp. 111-141; Leon Fink, *Sweatshops at Sea: Merchant's Seamen in the World's First Globalized Industry, from 1812 to the Present* (Chapel Hill: University of North Carolina Press, 2011); Diana Frost, *Work and Community among West African Migrant Workers Since the Nineteenth Century* (Liverpool: Liverpool University Press, 1999)。

于解释非洲劳工史。无论是在车间里,还是在矿区和种植园,权力都植根于特定的文化结构——从以种族为基础的殖民统治体系,到非洲人利用个人关系按照他们自己的需求塑造工作模式的努力。劳工运动不仅仅是对成为无产者的自发的反应,因为这些运动植根于特定的隶属模式以及动员与联盟的战略。那么,挑战在于"像一个工人那样看待不同的思维模式、言语模式、行动模式,这些模式不是由静态想象出的'文化'塑造的,而是由历史、不同层次的经验和记忆塑造的"①。比如,非洲劳工史学家面对的困难是,关注非洲某些地方必然特定的历史轨迹,以及区域移民的具体模式,同时不忽略更宽广的背景,以评估非洲劳动力在多大程度上被它与世界其他地区的联系所塑造,又在多大程度上塑造了世界。这一历史兼具特殊性与比较性;这一历史把共同的纠缠关系视为双向或多向的,而非单向的;这一历史不会把某个时期的、某个民族的或某一地区的模式强加给另一个时期、民族或地区。除了全球史,我们还能把这一历史称作什么呢?

---

① Cooper, "African Labor History," p. 116.

第八章

规模、范围和学术:地区实践与全球经济史

彭慕兰

一个新兴的领域:从民族经济史到全球经济史

作为一个学术领域的经济史长久以来主要是民族经济的历史,正如普遍史整体来说倾向于是民族国家史。诚然,跨越边界的贸易一直是常见的研究对象,尤其是因为它是被记录得最好的经济活动形式。但直到最近,资金和商品的跨界流动相对于总体经济活动而言体量通常还是不大,而人员的流动(即移民)通常是社会史学家关注的对象。如果说有什么不同的话,二战以后,越来越复杂的国民收入统计方式(受到战时计划及计算机兴起的影响),以及人们愈发坚信国民经济构成了统一的各个单元,都加速了这一趋势。① 去殖民化——意味着宗主国与殖民地进行捆绑统计的情况不再继续——也加速了这一趋势。接着,20世纪60年

---

① 关于国民经济核算,见例如 Yuval Yonay, *The Struggle over the Soul of Economics: Institutionalist and Neoclassical Economists in America between the Wars* (Princeton, NJ: Princeton University Press, 1998), pp. 184-195。把国民经济看作研究单元,见 Timothy Mitchell, "Economist and the Economy in the Twentieth Century," in George Steinmetz (ed.), *The Politics of Method in the Human Sciences* (Durham, NC: Duke University Press, 2005), pp. 126-141, especially pp. 132-138。

第八章 规模、范围和学术:地区实践与全球经济史

代新经济史兴起,它更多地运用形式化建模(formal modeling)来衡量某个特定事件、机构、发明等的重要性。建模需要数据,然而似乎只有少数几个北大西洋地区国家的数据是可获取的。[1]

出于这些原因,全球性的或者至少洲际性的经济史很少见。北大西洋地区之外的人书写的经济史也很少得到更富有国家的经济史学者的注意。两个例外是埃里克·威廉斯(来自特立尼达)和沃尔特·罗德尼(来自英属圭亚那),他们认为不谈非洲、拉丁美洲与欧洲之间的关系,就无法理解欧洲经济史;也有印度学者强调殖民榨取对英国的重要性。[2] 20世纪60—70年代,来自"全球北方"地区的一些学者拾起这一主题,更为成功地引起了同行的注意。[3] 这些同行大多来自历史学系而非经济学系,因此,他们对"全球北方"的经济史研究相对来说几乎没有什么影响。[4] 河野健二、饭沼次郎和角山荣的著作强调所谓的边缘地区对经济发达国家的发展有重要意义,坚持认为有必要把全球资本主义当作统一

---

[1] 自那以后,其他一些地方的大量定量数据被发现并重建,这一趋势很可能继续,但差距仍然很大。

[2] Eric Williams, *Capitalism and Slavery* (New York: Russell and Russell, 1944); Walter Rodney, *How Europe Underdeveloped Africa* (Washington, DC: Howard University Press, 1981); Romesh C. Dutt, *The Economic History of British India: A Record of Agriculture and Land Settlements, Trade and Manufacturing Industries, Finance and Administration from the Rise of British Power in 1757 to the Accession of Queen Victoria in 1837* (London: K. Paul, Trench, Trubner and Co., 1902); Romesh C. Dutt, *India in the Victorian Age: An Economic History of the People* (London: K. Paul, Trench, Trubner and Co., 1904).

[3] 例如 Andre Gunder Frank, *Capitalism and Underdevelopment in Latin America: Historical Studies of Chile and Brazil* (New York: Monthly Review Press, 1967); Andre Gunder Frank, *World Accumulation, 1492-1789* (New York: Algora Publishing, 1978); Immanuel Wallerstein, *Capitalist Agriculture and the Origins of the European World Economy* (New York: Academic Press, 1974); Henrique Cardoso and Enzo Faletto, *Dependency and Development in Latin America* (Berkeley: University of California Press, 1979)。

[4] 值得注意的是,"全球北方"地区的学者时常想当然地认为甚至强调西方历史与当今"全球南方"地区的关联,并对这段历史进行认真的非计量经济学研究。*Economic Development and Cultural Change* 杂志在诸多例子中最为突出。但是,特别是在那些"发达"国家,却没有那么多人接受"全球南方"地区自己的历史与现代经济问题之间的关联。

的系统来研究,然而,他们的研究也没有受到日本之外的学者的注意。①

不过,在世界史这个新兴领域则是另外一番图景。当然,这个领域主要兴起于历史学系,一些历史学者试图跨越大地理空间,进行比较与(或)联系的研究。有趣的是,诸多经济趋势(广义上也包括移民这样的现象)成为人们最早尝试研究和教授世界史的基础。一公斤大米的营养价值,或者钢的某种特定塑形方法的历史,在跨越边界的时候不会发生什么变化;而政治的、社会的和文化的价值观却不是这样,这使得在前者的领域中超越边界的思考更为容易。而且,物质的进出口(及其可能的影响)远比思想的流动更容易追踪。事实上,全球史的批评者与支持者有一个共同的认识,到目前为止全球史过于物质主义了。

随着世界史/全球史在西方大学兴起,被它视作核心内容的问题的争论在学术界引起回响,在当代全球化的背景之下,这些问题与讨论在那些之前并未进入全球史领域的经济史学家之中引发了相当多的议论。大约在1980年之后的几十年间,经济史在历史学系和经济学系式微。从60年代开始,越来越多的经济史研究(尽管不是全部)运用形式化计量经济模型;80年代很多历史学系发生"语言学/文化转向",而使用定量分析方法的经济学研究者时常发现他们处于自己学科的知识边缘地带。与此同时,很多经济学系越来越注重理论,忽视经验研究,因此经济史学家也时常感到在这样的院系受到了轻视。无疑,经济史研究发现在这两个学科里找到大批听众愈发困难。近年来,有迹象表明这一趋势出现逆转,②主要原因很可能来自外部——例如全球经济危机,来自跨国经济史的新问

---

① Kawano Kenji and Iinuma Jirō, *Sekai shihonshugi no keisei* [*The Formation of World Capitalism*] (Tokyo: Iwanami Shoten, 1967); Kawano Kenji and Iinuma Jirō, *Sekai shihonshugi no rekishi kōzō* [*The Historical Structure of World Capitalism*] (Tokyo: Iwanami Shoten, 1970). Shigeru Akita 在本书另一处认为,这一研究工作先行使用了一些关键概念,后来沃勒斯坦的世界体系理论使它们闻名。

② Kenneth Lipartito, "Reassembling the Economic: New Departures in Historical Materialism," *American Historical Review* 121:1 (2016), pp. 101-139; Jeremy Adelman and Jonathan Levy, "The Fall and Rise of Economic History," *Chronicle of Higher Education* (December 1, 2014), 获取自 http://chronicle.com/article/The-FallRise-of-Economic/150247 (2017年11月28日检索)。

第八章 规模、范围和学术:地区实践与全球经济史

题、新路径和新数据可能也发挥了某些作用。

一项不太精确的调查表明,到目前为止,这种刺激在历史系比在经济学系更为显著。世界史课程的迅猛发展(尤其是在北美,虽然不只在北美)保证了一个读者群体的存在,他们所关注的学术可以为世界史这类课程提供组织框架,并且/或者提供一条途径,让某一领域的史学家进入其他领域(这些领域是他们需要教授的概论课程的一部分)。经济学课程很少依照时间/地点展开,也就没有多少兴趣关注本章描述的那些文献。此外,由于历史学在方法论方面比经济学更加兼收并蓄,毫无疑问历史学家比经济学家更经常取法于本文提到的诸多研究路径。但这些都是程度问题,只要使用大相径庭的研究方法的学者们相互回应,即使是被动的观察者也会接触到一些之前不熟悉的方法和路径。

到目前为止,由此而来的对话主要发生在世界较富裕国家的学者之间。然而,讨论的话题变得愈发具有全球性,人们已经认识到,如果不把西方经济放在一个更大的研究框架之中,它就无法得到充分的理解。这一转变使得更多人可以发挥重要作用,有人因此猜测,研究内容也会进一步发生转变。

三个中心议题与一个反复出现的问题

至少从原则上看,经济史的很大部分是可计量的,因而特别容易陷入目的论——为一个不可避免的现实寻求根源,而不是探索其偶然性并且/或者对过去的经验作定性分析。于全球经济史而言,可能这类情况更多一些,因为研究者会认为全球经济史的主题只存在于现代,或许还有近代早期。① 对

---

① 有些人提出一个更早的时期,例如 Janet Abu-Lughod. *Before European Hegemony: The World System*, *A. D. 1250-1350* (New York: Oxford University Press, 1989); Christopher Chase-Dunn and Thomas D. Hall, *Rise and Demise: Comparing World Systems* (Boulder: Westview, 1997); Andre Gunder Frank and Barry Gills, (eds.), *The World System: Five Hundred Years or Five Thousand?* (London: Routledge, 1993)。但是即便人们接受他们关于欧亚大陆的观点——实际很多人并不接受——在1500年之前美洲显然也不属于亚洲、欧洲和非洲所在的全球经济。这些问题将在本章详细说明,特别是在讨论杰弗里·威廉森有关全球化和世界体系理论的工作时。

于任何一个给定的时期,我们应该在多大程度上把全球经济视为一个研究单元,而非各个部分的总和,是有争议的。但在本书中,我排除了那种殚精竭虑使整体从属于部分的做法:可能会纳入来自世界各地、各种各样的"案例",但是把每一个案例都严格地视作国家的或地区的故事。①

因此,全球经济史主要关注三个互相重叠的议题:一体化/相互依存、等级与计量。② 一体化在这里不仅指商品、资本、工人、污染物的数量及其在不同地区的流动,也指区域间的动量(inter-regional dynamics)在多大程度上决定着地方的结果。无论今日的相互依存关系在类型上是否有其独特性,其依存度肯定是前所未有的。今天的世界经济也明显具有等级性质。尽管无法给出准确的数据,250年前最富有的社会与最贫穷的社会之间的人均收入差异不大可能超过4∶1,今天已经远远超过40∶1。财富不平等甚至更为明显。由于一体化的程度加深,这些差异导致更为严重的**权力**不平等,甚至比17世纪的伦敦和吐鲁番之间的差距还要大。一体化与等级不是全球经济史中唯一值得讲述的故事,但它们的重要性是不言而喻的。

计量显然无法与一体化、等级完全分开:二者时常是我们想要计量的对象。但是计量应享有其自有的范畴,因为如此多的研究工作把目标放在计量全球经济史的重要特征方面,却没有直接涉及一体化和等级。例如安格斯·麦迪逊(Angus Maddison)估测历史上的GDP时,他提供了相当多的素材用于等级分析,但是没有关注互动关系,而这类互动关系导致的等级关系就不止是不平等了,同时,他也没有留意全球劳动分工的

---

① 一个著名的例子是 David Landes, *The Wealth and Poverty of Nations: Why Some Are So Rich and Some So Poor* (New York: W.W. Norton, 1998)。值得注意的是,有很多人认同兰德斯的观点,确实,在我们这里讨论的辩论出现之前,这些观点代表了全球经济史的"常识",但是,兰德斯不属于那群致力于研究全球主题的团体,那些学者因为研究机构或共同的理论、方法而联合起来。

② 我受约瑟夫·伊尼科里(Joseph Inikori)启发,提出"一体化与等级","Africa and the Globalization Process: Western Africa, 1450-1820," *Journal of Global History* 2:1 (2007), pp. 63-86, 见第64页。

第八章 规模、范围和学术:地区实践与全球经济史

出现。同样的情况也出现在对全球人口、森林砍伐、识字水平等方面的估测中。

合 作

今天,全球经济史是一个迅速发展的领域,本章不可能讨论该领域所有的研究者,甚至不可能接近这个目标。幸运的是,对我们而言——同时对这个领域而言——大部分更为突出的研究工作至少具有某种松散的合作性质。我们可以讨论几个主要的研究团体,每一个团体都涉及相当数量的学者。

我们大致可以辨识出以下两种组织形式的研究:有组织的机构研究项目,通常可以获得不菲的资助;非正式团体,时常由一部具有重要影响的出版物促成。近来的例子中,前者的代表有"全球价格与收入史研究团队"(Global Price and Incomes History Group,总部设在加利福尼亚大学戴维斯分校,合作者来自欧洲与日本),"全球经济史网络"及其后续项目(总部在伦敦政治经济学院,参与者来自欧洲、美国、日本、中国和印度),还有在阿姆斯特丹的国际社会史研究所展开的多种研究项目,以及"欧亚项目"(Eurasia Project,总部设在瑞典隆德大学,参与者来自欧洲、日本、中国和美国)。后者的例子包括受世界体系理论影响的研究网络,受达龙·阿塞莫奥卢(Daron Acemoglu)等人《命运的逆转》("Reversal of Fortunes")一文及相关文献影响的研究网络,受日本学界关于"东亚的现代性道路"及加州学派合流影响的研究网络等。这份粗浅且不完整的研究项目清单表明,源自"发达"国家的项目居主导地位,尽管"全球南方"对全球经济史的观察视角也引起了人们广泛的兴趣。

接下来,我将对这些研究做一个概述性的介绍,从有组织的机构研究项目到非正式的研究项目。在每一种类型中,我大致按时间先后顺序展开叙述,从数据搜集和计量到解释模型,再到不那么过分关注源于西欧的动力的研究。本章最后将指出,我们需要多地区的、相对深入的历史以建

构一个没有明显目的论色彩的全球经济史。

机构研究项目

不出所料,甚于机构的合作所做的贡献,更多集中在搜集数据并进行数据标准化方面,而不是细致地发展一个特别的解释框架。然而,它们确实有方法论,并且这些方法论也从不是完全中立的。

经济合作与发展组织(OECD)的项目——目前由麦迪逊项目(Maddison Project)承续,以荷兰的格罗宁根大学为基地①——主要估测世界各地历史上的生产总值,但并不试图解释差异与地区互动;这些不同部分的总和被称为"世界经济",无论是在公元1000年还是2000年。这些估测需要做出重大假设:在跨越差异巨大的时间段与地区的时候,购买力平价校正是否能产生真正的可比较的数字,②遗失的关键性数据是否有最佳的替代数值,如何估测非货币化的经济活动。这些假设有时会受到挑战,但是如果它们表达明确,我们可以预计有可能导致的偏见并适当地

---

① http://www.rug.nl/research/ggdc/(2017年11月28日检索)。
② 对使用历史的购买力平价数据的两类批评,见 Roberto Patricio Korzeniewicz and Timothy Patrick Moran. "Measuring World Income Inequalities," *The American Journal of Sociology* 106:1 (2000), pp. 209-214; M. Shahid Alam, "Global Disparities since 1800: Trends and Regional Patterns," *Journal of World-Systems Research* 12:1 (2006), pp. 36-59。有观点认为,将购买力平价用于比较今天的发达经济与落后经济也是不可靠的,见 Sanjay Reddy and Thomas Pogge, "How Not to Count the Poor." Social Science Research Network (2005) 研究报告可见 SSRN: http://ssrn.com/abstract=893159 (2017年11月28日检索)。对于这种怀疑主义在全球经济史中的具体问题上的应用,见 Kent Deng and Patrick O'Brien, "Nutritional Standards of Living in England and the Yangzi Delta (Jiangnan) c.1644-c.1820: Clarifying Data for Reciprocal Comparisons," *Journal of World History* 26:2 (2015), pp. 233-268。邓钢与奥布莱恩认为 GDP 数字,无论是否经过购买力平价调整过,都不适合回答近代早期经济的关键问题。Morten Jerven 批评将 GDP 及其统计数据作为衡量历史非洲和当代非洲发展水平的指标。他的一些(富有争议的)观点原则上也适用于非洲或非洲之外的各种历史背景,参见 Morten Jerven, *Poor Numbers: How We Are Misled by African Development Statistics and What to Do About It* (Ithaca, NY: Cornell University Press, 2013)。

第八章 规模、范围和学术:地区实践与全球经济史

使用数据。① 除了麦迪逊项目,近来的项目还包括重新计算中世纪晚期/近代早期荷兰与英格兰的国家收入(表明这两个国家比我们原本认为的更早达到相对富裕的状态),估算18世纪长江下游地区的生产总值(表明了其令人惊讶的繁荣),并且将其与1800/1820年左右的荷兰进行比较(表明此时长江下游地区已经落后了)。②

---

① 例如,认为城市化可以作为农业生产率的指标的观念假定,城镇人口可以用来粗略估计非农业人口的数量,农业人口不仅供养了他们自己,也供养了这些人口(在因重大食物进口因素做出调整之后)。这一方法对研究近代早期的英国和荷兰特别理想,这些地区或多或少有了资本主义农业,那些不需要做农业劳工的人是自由的,又没有土地权利,完全有理由搬迁到城镇。尽管在19世纪的英国,城市化比"它本应该的样子"缓慢得多,这是威廉森几年前指出的。Jeffrey Williamson, *Coping with City Growth during the British Industrial Revolution* (New York: Cambridge University Press, 1990), p. 193; Jeffrey Williamson, "Leaving the Farm to Go to the City: Did They Leave Fast Enough?" in John James and Mark Thomas (eds.), *Capitalism in Context: Essays in Honor of R.M. Hartwell* (Chicago: University of California Press, 1994), pp. 159-182。在拥有相当数量非自由人的社会中,或是不少家庭拥有小块土地,家庭只有部分劳动力在这块土地上劳动的社会中,可以在城市化进程相对停滞的情况下发展出非常庞大的农村产业劳动力。在江户时代的日本和清朝时期的中国的某些地方就是这样的情况。(对长江三角洲地区农村产业在劳动力中比重的粗略估计,见 Kenneth Pomeranz, "Beyond the East-West Binary: Resituating Development Paths in the Eighteenth Century World," *Journal of Asian Studies* 61:2 [2002], pp. 539-590,特别是第544—545页)。差异可能非常明显,例如 Van Zanden 指出,麦迪逊相信在1750年,欧洲人均收入已经接近中国的两倍,英格兰比长江三角洲多出50%,但只要考虑到中国农村地区大量不从事农业生产的人口,中国/欧洲,英格兰/长江三角洲的差异都将缩小到10%(Jan Luiten van Zanden, *Estimating Early Modern Economic Growth*. Working paper. International Institute for Social History, Amsterdam, 2004. www.iisg.nl/research/jvz-estimating.pdf, pp. 21-22)。鉴于这些数据的非常不确定性,以及在比较的视野下不大的差距,长江三角洲在人均收入方面比任何欧洲国家(除卢森堡外)都更接近英格兰,这样的差异可能不重要,因此更需要一个非常不同的叙事,来说明东西方经济分流的时间与性质,除非我们坚持使用麦迪逊的原始数据。

② Jan Luiten Van Zanden, "The Dutch Economy in the Very Long Run," in Szirmai et al. (eds.), *Explaining Economic Growth* (Amsterdam: North Holland, 1993), pp. 267-283; Stephen Broadbery et al., *English Economic Growth, 1270-1700* (2011),获取自 www2.lse.ac.uk/economicHistory/pdf/Broadberry/Pre1700.pdf (2017年11月28日检索); Debin Ma, "Modern Economic Growth in the Lower Yangzi in 1911-1937: A Quantitative, Historical, and Institutional Analysis," Discussion paper 2004-06-002, Foundation for Advanced Studies on International Development, Tokyo, 2004; Li Bozhong and Jan Luiten Van Zanden, "Before the Great Divergence? Comparing the Yangzi Delta and the Netherlands at the Beginning of the Nineteenth Century," *Journal of Economic History* 72:4 (2012), pp. 956-989;李伯重:《中国的早期近代经济:1820年代华亭-娄县地区GDP研究》(北京:中华书局,2010年)。

国际社会史研究所(IISH)诞生于 1935 年,但是直到不久前它还完全只关注欧洲。近来,它的全球史项目包括一个由卢卡森夫妇领导的远距离移民史研究①和一个由范德林登协调的追踪雇佣劳动(以及其他劳动关系)扩散过程的研究。其研究成果很大一部分已经在"世界经济史大会"上展示过,这是另外一个以荷兰为基地的研究机构,近年来也将研究的视野望向欧洲之外。②

"欧亚项目"的合作要有限得多,它将来自几个(主要是欧洲)国家的历史学家、人口统计学家、经济学家聚在一起,紧紧围绕一组比较性质的问题寻找答案(它并没有关注跨区域的流动,所以并不适用于全球史的某些定义)。而且,这些作者大多避免声称是对整个人类社会进行研究。③ 他们关注小的社会单元,例如 18 世纪的托斯卡纳、辽宁、仙台、弗兰德斯等地方的村庄。这些社会单元留下了记录,学者们可以依此提出一组共同的、相对细致的、以事件为中心的问题。研究的内容有:在年轻的户主死后的农村家庭如何继续生活;财产、家庭规模等对农村家庭生活

---

① Jan Lucassen and Leo Lucassen, "The Mobility Transition Revisited: What the Case of Europe Can Offer to Global History," *Journal of Global History* 4:3 (2009), pp. 347-377;对该研究的一组回应文章见随后的 6:2 (2011)。后者大多关注欧洲,除了 Adam McKeown, "Different Transitions: Comparing China and Europe, 1600-1900," *Journal of Global History* 6:2 (2011), pp. 309-319。国际社会史研究所对全球移民研究的其他两个特别贡献见 Ulbe Bosma, "Beyond the Atlantic: Connecting Migration and World History in the Age of Imperialism, 1840-1940," *International Review of Social History* 52:1(2007), pp. 116-123; Ulbe Bosma, "European colonial Soldiers in the Nineteenth Century: Their Role in White Global Migration and Patterns of Colonial Settlement," *Journal of Global History* 4:2 (2009), pp. 317-336。

② 仅举一个例子,2002 年之前"世界经济史大会"从未在欧洲之外的地区举办,但后来有两次在阿根廷和南非举办,2015 年在日本举办,其会议管理机构也增加了来自世界其他地区(如中国)的成员。

③ 见论文集 Tommy Bengtsson, Cameron Campbell and James Lee, (eds.), *Life under Pressure: Mortality and Living Standards in Europe and Asia, 1700-1900* (Cambridge: MIT Press, 2004); Robert Allen, Tommy Bengtsson and Martin Dribe, (eds.), *Living Standards in the Past: New Perspectives on Well-Being in Europe and Asia* (Oxford: Oxford University Press, 2005); Renzo Derosas, Michel Oris and Osamu Saito, (eds.), *When Dad Dies* (Bern: Peter Lang, 2002); Noriko O.Tsuya, Feng Wang, George Alter and James Z. Lee, *Prudence and Pressure: Reproduction and Human Agency in Europe and Asia 1700-1900* (Cambridge: MIT Press, 2010)。

第八章 规模、范围和学术:地区实践与全球经济史

的影响有多大;一个由父母子女组成的小家庭向上流动会对他们的远亲造成什么样的影响;坏收成如何影响出生率与死亡率;等等。比如说,对面临特定类型的常见冲击时的脆弱性的比较研究,可以用来补充说明人均收入指标无法说全面的内容,甚至可以代替人均收入指标,以衡量前工业社会中民众的物质财富水平(尽管这一研究也注重衡量生活水平的某些常规指标)。

这类比较研究依据外部强加的范畴进行,而不是基于主体的(emic)范畴。因此,即使"收入最低的 20%"这一群体在某地是小土地所有者,而在另一个地方是无产者,也可以进行比较。比较的结果可以为经济史和社会史提出重要的新问题。然而,即使这些案例来自很多不同的地方,这一方法更适合于捕捉地方结构,而不是解释全球动量的出现。尽管例如收成脆弱性(harvest vulnerability)这样的指数在原则上和人均 GDP 或实际工资一样,对全球比较有重要意义,但它们往往依赖特别详尽的地方数据组:如详细且频繁更新的人口登记册,这类登记册对于跟踪婴幼儿死亡率的变迁,分析婴幼儿死亡率与诸如谷物价格波动等短期变量之间的关系十分必要。因此,只要是以距离我们稍远的历史时期为研究对象,在世界大多数地区都不太可能有足够的数据来复制上述研究,因而这一工作对统一的全球经济史叙事的贡献是相当间接的。

"全球价格与收入历史研究项目"采用更为传统的计量方法,同时也对这些方法进行了改进和拓展。特别的是,它一直在世界范围搜集近代早期城市的工资和价格数据。(它还为没有进行过这项工作的地区整理了最近 150 年的一些材料,并对罗马帝国进行了初步研究。①)

---

① Robert Allen, "How Prosperous Were the Romans? Evidence from Diocletian's Price Edict (301 AD)." GPIH working paper #7 (September 2007),获取自 http://gpih.ucdavis.edu/papers.htm#7 (2017 年 11 月 28 日检索); Branko Milanovic, Peter H. Lindert and Jeffrey G. Williamson, "Measuring Ancient Inequality." GPIH Working Paper #8 (November 2007),获取自 http://gpih.ucdavis.edu/papers.htm#8 (2017 年 11 月 28 日检索)。

除了数据本身,这项工作到目前为止产生了三个值得注意但尚不确定的结论。

首先,17世纪,英格兰和荷兰的实际工资已经远高于欧洲其他地区,尽管仍低于15世纪中叶的水平。① 其次,该项目的加盟机构对20世纪30年代至50年代编制的欧洲历史实际工资指数进行了两个重要修正。其一,以前的指数没有充分考虑住房租金,这类租金对多数人而言是一项(高度可变的)支出,但为其他一些人提供了收入。其二,以前的指数忽略了穷人与富人在购买商品方面的差异。穷人购买的主要商品(特别是谷物)的价格在近代早期大部分时间里上升明显,而富人购买的很多物品(例如外国的进口商品、仆人的劳动)的实际价格呈下跌趋势。② 因此,总的说来,近代早期的西欧比旧数据所显示的更富有,但更不平等。比较西欧民众的生活水平与其他地方民众的生活水平,前者并不占优势,但西欧所有阶层的平均收入高于其他地方。这一区分与其他比较结果一道有助于为关于欧洲经济居于领先地位的时间的讨论提供精准性,该讨论由加州学派及其他一些学者发起。这一区分也对乔瓦尼·阿里吉(Giovanni Arrighi)等人的论点产生了影响,他们围绕前工业时期欧洲"资本主义"是否具有独特性进行讨论。阿里吉(追随布罗代尔的脚步)不是从生产或要素市场的角度来定义"资本主义",而是将其定义为一种制度,在这一制度中,权力关系促使特权利益方(privileged parties)进行资本积累和再投资。

最后,该研究项目的数据——虽然不坚实,但比之前的好些——表明近代早期英格兰和荷兰的实际工资也大大超过欧亚大陆其他"核心区":他们已经整理的有广州、北京、德里、大阪、伊斯坦布尔等城市的工资情况,基本接近欧洲18—19世纪较贫困地区如米兰的水平(也接近估测的

---

① Robert Allen, "The Great Divergence in European Wages and Prices from the Middle Ages to the First World War," *Explorations in Economic History* 38:4 (2001), pp. 411-447.

② D. Philip Hoffmann, P. Levin Jacks and P. H Lindert, "Real Inequality in Western Europe Since 1500," *Journal of Economic History* 62:2 (2002), pp. 322-355.

第八章 规模、范围和学术：地区实践与全球经济史

1世纪罗马的收入水平①），后来则更加落后了。② 对印度和英国的单独分析得到了相似的结论。③ 关于印度的比较研究受到帕桑南·帕塔萨拉蒂（Prasannan Parthasarathi）和沙希·西瓦拉玛克里希纳（Sashi Sivaramakrishna）的挑战，他们看到的是1780年左右南印度工人与英国工人的收入水平大致相同；他们质疑数据的代表性，技术工人与非技术工人的划分，以及印度工资中非现金部分的待遇。在外人看来，双方似乎都存在数据问题，因此定量问题仍然没有定论。④ 如我们将要看到的，工资并不总是一个衡量民众福祉的可靠的参数。

这项研究的一个重要贡献是，引入了一种经过改进的计量标准："福利比率"（welfare ratio）。⑤ 它首先考察北欧劳工家庭的基本身体单位消费（如卡路里、蛋白质克数、热量、饮酒量等）；在任何一个给定的地方，用于购买最便宜的符合这些标准的商品的日工资代表"福利比率"1.0（这不是"生存"指标，挣取更低工资的成年人可以少喝酒，少生孩子，一年工作更多天，等等）。这一指标比基于固定市场的实际工资的衡量方法有更多优点，因为市场可能只与进行比较的若干地方中的一个有关联。

尽管如此，用任何以工资为基础的指标来衡量生活水平都是危险的。除了前面提到的问题，雇佣劳动在不同的社会中有不同的地位。例如，18世纪英国、荷兰的工人有约一半以上依赖工资，其中大部分是非技术工人；在长江三角洲地区，这一数字可能低于20%。粗略估计，长江三角洲

---

① Allen, "How Prosperous Were the Romans?".

② Robert Allen, Jean-Pascal Bassino, Debin Ma, Christine Moll-Murata and Jan Luiten Van Zanden, "Wages, Prices, and Living Standards in China: In Comparison with Europe, Japan, and India," *Economic History Review* 64: issue supplement s1 (2011), pp. 8-38.

③ Stephen Broadberry and Bishnupriya Gupta, "The Early Modern Great Divergence: Wages, Prices, and Economic Development in Europe and Asia, 1500-1800," *Economic History Review* 59:1 (2006), pp. 2-31.

④ 特别是，它的指数主要包括谷物和布匹（特别见709页），这两种商品在印度特别便宜，正好与英国相反。尽管这些商品占据了穷人消费的大部分比重，但认为这些工人相当富足的断言表明他们应该还有其他消费品。

⑤ R. Allen, J. Bassino, Ma, Moll-Murata and Luiten Van Zanden, "Wages, Prices, and Living Standards in China," pp. 8-38.

地区佃户(人数最多的职业群体)的收入所得是雇工的2.5—3倍,小自耕农(也比无产阶级人数多)的收入更多。因此,比较非技术工人的工资,可以将英国或荷兰收入分配中点附近的工资与长江三角洲收入分配中点较低的工资进行比较,因而艾伦等人发现的巨大的实际工资差异并不必然表明民众的生活水平有显著的差异。① 有鉴于此及其他一些问题,邓钢(Kent G. Deng)与奥布莱恩近来提出,工资和GDP数据都不可靠,无法用于估测东西方经济大分流的开端,而反映穷人基本营养状况的数据可能更可靠。② 但是实际工资可以被用来——尽管同样只能谨慎地用来——估测另一个重要变量:劳动生产率(labor productivity)。在劳动力市场运行良好的地方,工资可以大致反映比较生产率(comparative productivity),但仅适用于处境相似的工人。例如,可以自由使用织布机的纺织工或获得土地的农民通常会比契约工人或无产者保留更多的产出:因此可比较所得(comparable earnings)可能掩盖了巨大的生产率差异。值得注意的是,那些主张18世纪南印度劳工和英国劳工之间收入平价的研究者也认为,在与雇主的谈判中,前者更有优势;这加强了人们对可比较生活水平(comparable living standards)的要求,但可能表现出更低的劳动生产率。③(对

---

① 相关讨论见 Kenneth Pomeranz, "Standards of Living in Rural and Urban China: Preliminary Estimates for the Mid 18th and Early 20th Centuries," Paper for Panel 77 of International Economic History Association Conference, Helsinki, 2006; Kenneth Pomeranz, "Chinese Development in Long-Run Perspective," *Proceedings of the American Philosophical Society* 152:1 (2008), pp. 83-100; Kenneth Pomeranz, "Ten Years After: Responses and Reconsiderations," *Historically Speaking* 12:4 (2011), pp. 20-25。

② Deng and O'Brien, "Nutritional Standards of Living in England and the Yangzi Delta (Jiangnan) c.1644-c.1820."

③ Prasannan Parthasarathi, "Rethinking Wages and Competitiveness in the Eighteenth Century: Britain and South India," *Past and Present* 158 (1998), pp. 79-109. Prasannan Parthasarathi, *Why Europe Grew Rich and Asia Did Not: Global Economic Divergence, 1600-1850* (Cambridge: Cambridge University Press, 2011); Sashi Sivaramkrishna, "Ascertaining Living Standards in Erstwhile Mysore, Southern India, from Francis Buchanan's Journey of 1800-1801: An Empirical Contribution to the Great Divergence Debate," *Journal of the Economic and Social History of the Orient* 52:4 (2009), pp. 695-733.

第八章 规模、范围和学术：地区实践与全球经济史

18 世纪中国非农业工人的一些比较,可能也是如此。①)因此,即使工资差异巨大,也可能并不意味着生活水平不同,而相对同等的收入又可能掩盖了新出现的生产率差异。

我们最后讨论的机构网络是奥布莱恩组织的"全球经济史网络"(及其后继者)。② 它专注于召集各种全球主题的研讨会：棉纺织品的历史、创造和传播"有用知识"的制度、帝国主义、要素市场等等。其他活动包括学者交流、博士后项目、其他主办方组织的会议和研讨会等。虽然收集了一些数据并发表了一些出版物,③该项目的主要关注是参与者之间的讨论——选择时强调主题、方法和观点的多样性,而不是共同的观点。因此,尽管该组织的大部分产出都是个人著述,但受到了这些交流互动的影响。

与我们在这里讨论的其他大多数团体相比,"全球经济史网络"的出版物更具叙事性。这一倾向之所以得到加强,是因为组织机制、技术和"有用的知识"这些主题不利于直接测量。这一议程导致讨论更侧重于跨区域比较而非跨区域联系,由此产生的一些工作显然是全球性的,但更多的可能是全球背景下的区域经济研究。因此,这个网络对那些从某一具体时间段或地区的专门研究进入全球史的人来说特别有帮助;并且由于这通常也是历史学家工作的方式,"全球经济史网络"的研究路径可能有利于在经济史之外施加影响。然而,这也意味着它几乎无法提供得到

---

① 关于收入平价的简明观点见 Kenneth Pomeranz, "Beyond the East-West Binary: Resituating Development Paths in the Eighteenth Century World," *Journal of Asian Studies* 61:2 (2002), pp. 549-551; 但是注意,它比较了独立生产者与英国纺织工人,后者通常无法脱离对商人的依赖而完全独立,或者是成为制造业主的雇工。如我们所看到的,工资比较似乎有利于英国。然而,即使在 1820 年左右,二者的农业劳动生产率仍然非常接近：Robert Allen, "Agricultural Productivity and Rural Incomes in England and the Yangtze Delta, *c.*1620-1820," *Economic History Review* 62:3 (2009), pp. 525-550。

② 后续研究团队中最值得关注的是 Useful and Reliable Knowledge, East and West (URKEW)研究网络,但是这个团队主要关注观念史和技术史,而不是经济史本身,因此本文不做论述。

③ "全球经济史网络"会议的第一批出版物(除了该网络自己的研究论文)是一组讨论土地市场的比较性质的文章,见 *Continuity and Change* 23:1 (2008)。

一致认同的结论。

一些解释上的问题

如我们所见,全球经济史特别关注跨社会的比较与互动,因此它有时会扰乱从单个区域史推导出来的因果序列——在某一地区,B 紧随 A 之后,在另一地区则不然,新的问题也由此产生:区域间的各类影响可能如何强化、破坏或以其他方式改变某一地方的动态?与此同时,我们在远距离影响或相似性背后察觉到的任何结构性规律都必须通过某种地方机制发挥作用;所以,进行分析时,不同尺度上的动态不能完全相互隔离。因此,于全球史而言,做出定性和评价性解释是格外困难的,对于任何规模的经济史而言也足够困难了。当我们关注过去两个世纪时,数据变得更加丰富,但有待解释的变化也愈发频繁,在某种意义上也愈发难以捉摸。

在讨论由共同的解释框架而定义的各类群体之前,有必要注意从计量走向解释涉及的一些方法论问题。对过去两百多年的经济增长的解释并不直接来自经典的生产要素如土地、劳动和资本的增长。人口增长显然无法解释人均收入的增加;劳动时间的增加只能解释现代经济增长的一小部分。(人口增长和"勤勉革命"①有助于增加劳动投入——这确实可以解释**前**现代经济增长中的很大一部分,以及新土地的开辟和适度的资本深化。)资本积累——以人均资本存量市场价值的增加来衡量——只能解释富裕社会 1800 年后人均增长的 1/4;土地利用的增加几乎解释不了什么。

---

① 关于这一术语的不同使用,见 Hayami Akira, "Kinsei Nihon no keizai hatten to Industrious Revolution" (Modern Japanese Economic Development and the Industrious Revolution), in Hayami Akira, Saito Osamu and Sugiyama Chuya (eds.), *Tokugawa shakai kara no tenbo: hatten, kozo, kokusai kankei* (*A View from Tokugawa Society: Development, Structure, and International Relations*) (Tokyo: Dobunkan, 1989), pp. 19-32; Jan de Vries, "The Industrious Revolution and the Industrial Revolution," *Journal of Economic History* 54:2 (1994), pp. 249-270; Jan deVries, *The Industrious Revolution: Consumer Behavior and the Household Economy 1650 to the Present* (Cambridge: Cambridge University Press, 2008). Kenneth Pomeranz, *The Great Divergence: China, Europe, and the Making of the Modern World Economy* (Princeton: Princeton University Press, 2000).

第八章 规模、范围和学术:地区实践与全球经济史

市场价值可能严重低估了这些要素的贡献,因为若不是这样,大多现代经济增长就是无法得到解释的残差(residual)。

这个残差通常被叫作"全要素生产率"或者"效率",并归因于"创新""改善的制度""技术""劳动质量"以及其他无法直接量化的要素。教育是一个常见的用以说明这类要素的指标,但是它也只能解释残差的三分之一或更少。①

因而我们必须求助于那些不那么直观的要素。制度的影响——例如新的法律——难以计量,但至少它们本身是可见的,有关它们的重要性的叙述可以经受最基本的可靠性测验。变化在应该发生的时间和地点发生了吗,可以解释结果吗?时人是否将它们看得很重要?对于技术性的解释也可以这样追问:某些机器或技术是做什么用的?应用这些技术的经济部门规模有多大?在这些创新出现之前,人们是否已经遇到瓶颈了?他们是否认为这些创新有溢出效应?问题的复杂性在于,新技术可能使某类活动更有价值(因此成为主流),但是也可能将资源从某一活动中解放出来,重新配置到一个完全不同的部门;这可以阻止我们用衰退来说明特定技术变革与总产量之间的关联。② 文化的影响甚至更

---

① 简略的估算参见 Gregory Clark, *A Farewell to Alms: A Brief Economic History of the World* (Princeton: Princeton University Press, 2007), pp. 201-202。

② 此处只举一个著名的例子,统计数据未显示美国产业效率在短期内有显著提高,也未显示随着电气化而来的投资的迅猛增加,而从常识来看,电气化应该产生重要影响。然而,翻翻工程杂志就会发现,收益出现得更缓慢,也更隐蔽。使用电力发动机比蒸汽发动机便宜,而且更加小巧、安全,因而工厂可以增加更多电动机器而无须对地板进行加固,并且设置活动障碍较少的车间。因此电气化的大部分影响来自于不再需要过去那种蒸汽动力所需的投入,在纯粹的定量测算中这些抵消了它们所刺激的投资的效果;电气化还经常通过让各类工人得以在车间中更自由地移动来降低劳动力成本,而不仅仅是专门提高使用电动机器的工人的生产率。新的可能利用电气设备的工厂建立起来,所有这些变化都是随之逐渐出现的。(例如,当时机来临,人们可能建造一座没有加固地板的新工厂;他们也没有停止使用已付费的加固过地板的厂房。)见 Gavin Wright and Paul David, "General Purpose Technologies and Surges in Productivity: Historical Reflections on the Future of the ICT Industry," *Oxford University Discussion Papers in Economic and Social History* #31 (1999), http://www.nuff.ox.ac.uk/economics/history/papers1/a4.pdf (2017 年 11 月 28 日检索)。不用说,当我们处理广泛的技术变革时,这类问题会成倍增加,我们很难跟踪技术发明和传播的时间,如双季稻的出现、谷物轮作中对苜蓿的使用、关于海洋季风模式知识的进步等等。

难以捕捉。①

与此同时,通常随时间增加的"生产率"残差,将会与那些也随着时间增长的序列(series)发生关联。例如,美国经济增长的残差与"有效"能源利用的时间序列数据非常吻合——直到最近,计算机和去工业化为其中的差异提供了可信的解释。② 这看似是一个合理的故事,但是关联性本身几乎没有告诉我们任何东西:其他各种序列(例如用水量或报刊用纸量)也会显示出类似的模式。此外,当我们考察那些没有留下多少文献记录,以及/或者货币化程度不高的经济体时,所有这些问题都会变得更加复杂。因此,尽管统计数据对全球经济史来说至关重要,但这并不意味着全球经济史不需要其他类型的叙事、论据和论证。

以知识亲缘关系为基础的团队研究项目

接下来我将讨论四个研究团队,但我必须承认,还有很多其他团队。很多相关团队并没有把"全球经济"当作他们**明确的**关注点,但也进行了跨越国界和地区界线的研究,其研究主题显然与全球经济史相关。比如,一个团队研究商品——咖啡、棉花及其制品、白银、丝绸、谷物、烟草、违禁药品等③,另

---

① 最近受人瞩目的研究是 Clark, *A Farewell to Alms*。相关评论,见 Samuel Bowles, "Genetically Capitalist? A Review of Gregory Clark, A Farewell to Alms," *Science* 318 (2007), pp. 394-395 以及 Kenneth Pomeranz, "Review of Gregory Clark, "A Farewell to Alms: A Brief Economic History of the World," *American Historical Review* 113:3 (2008), pp. 775-779。

② 受所有在用机器的平均能效指数影响,能耗成倍增加了。报告见 Robert Ayres and Benjamin Warr, "Accounting for Growth: The Role of Physical Work," homepage of the International Energy Agency (Fontainebleau, France: Center for the Management of Environmental Resources; http://www.iea.org/dbtw-wpd/Textbase/work/2004/eewp/Ayres-paper1.pdf,(2005 年 8 月 2 日检索)。

③ Beckert Sven, *Empire of Cotton: A Global History* (New York: Alfred A. Knopf, 2014); Dennis Flynn, "Arbitrage, China, and World Trade in the Early Modern Period," *Journal of the Economic and Social History of the Orient* 38:4 (1995), pp. 429-448. Dennis Flynn and Arturo Giraldez, "Born with a Silver Spoon: The Origin of World Trade in 1571," *Journal of World History* 6:2 (1995), pp. 201-221; Steven Topik, Carlos Marichal and Zephyr Frank, (eds.), *From Silver to Cocaine: Latin American Commodity Chains and the Building of the World Economy, 1500-2000* (Durham: Duke University Press, 2006); Mark Kurlansky, *Salt: A World History* (New York: Penguin, 2003); Barbara Freese, *Coal: A Human History* (Cambridge, MA: Perseus, 2003).

第八章 规模、范围和学术:地区实践与全球经济史

一个团队研究商人群体——亚美尼亚商人、福建商人、帕西商人、犹太商人、热那亚商人等①,第三个团队考察影响长途贸易的技术——航海方法、融资、合同执行、打击海盗、关税等。对于商品链的研究很能说明世界经济中的等级结构,其他类型的研究则更关注一体化,解释交易成本的下降(或是不那么经常的上升),这导致新的相互依赖模式的出现。由于篇幅有限,我只列出几个例子。

另外一类贡献集中于全球经济一体化的建模。杰弗里·威廉森及其合作者的研究特别重要,他们重视价格收敛(price convergence)以及/或不同地方的价格变动之间的关联。其中包括了移民研究、工资收敛研究②,以及单一商品与广阔的市场篮子(broad market baskets)的价格关联性研究。③

该项研究将真正的全球化的开端定位在19世纪最初十年,在三个世纪几乎漫无方向的游移之后,洲际(特别是跨大西洋)的价格差异迅速缩小。④

---

① Shelomo Dov Goitein, *A Mediterranean Society: The Jewish Communities of the Arab World as Portrayed in the Documents of the Cairo Geniza* (Berkeley: University of California Press, 1967-1993); Sebouh Aslanian, *From the Indian Ocean to the Mediterranean: The Global Trade Networks of Armenian Merchants from New Julfa* (Berkeley: University of California Press, 2011); Claude Markovits, *The Global World of Indian Merchants, 1759-1947: Traders of Sind from Bukhara to Panama* (Cambridge: Cambridge University Press, 2000); Ng Chinkeong, *Trade and Society: The Amoy Network on the China Coast, 1683-1735* (Singapore: Singapore University Press, 1979); Wang Gungwu, "Merchants without Empire: The Hokkien Sojourning Communities," in James Tracy (ed.), *The Rise of Merchant Empires: Long-Distance Trade in the Early Modern World, 1350-1750* (Cambridge: Cambridge University Press, 1990), pp. 400-421.

② Timothy J. Hatton and Jeffrey Williamson, *The Age of Mass Migration: Causes and Economic Impact* (New York: Oxford University Press, 1998).

③ 例如 A. J. H. Latham and Larry Neal, "The International Market in Rice and Wheat, 1868-1914," *Economic History Review* 36:2 (1983), pp. 260-280 关于一个全球谷物市场的形成的研究。

④ 例如 Kevin O'Rourke and Jeffrey Williamson, *Globalization and History: The Evolution of a Nineteenth Century Atlantic Economy* (Cambridge: MIT Press, 1999); Kevin O'Rourke and Jeffrey Williamson, "When Did Globalization Begin" NBER Working Paper 77632 (April 2000), 获取自 http://www.nber.org/papers/w7632 (2017年11月29日检索); Kevin O'Rourke and Jeffrey Williamson, "After Columbus: Explaining Europe's Overseas Trade Boom, 1500-1800." *Journal of Economic History* 62:2 (2002), pp. 417-456; Kevin O'Rourke and Jeffrey Williamson, "Once More: When Did Globalization Begin?" *European Review of Economic History* 8:1 (2004), pp. 109-117。

该研究认为1492年到1800年间贸易的扩张主要受到世界的各组成社会**内部**发展(特别是人口增长)的驱动,而1800年后的扩张愈发受到贸易经济体之间的市场一体化驱动。只有后者称得上"全球化"。

如此定义的全球化只是"全球经济史"的一部分。它遗漏了很多可以比较的现象,这些现象可能影响了同等数量的人:例如凯勒和薛华发现1780年左右的中国比欧洲大陆有更多价格整合(price integration)[1],而中国的人口比整个大西洋世界还多得多。它还忽略了那些影响巨大但未导致大规模重复性流动的全球性趋势。美洲作物如玉米、烟草、土豆等的传播并没有使爱尔兰、波兰、加纳或云南年复一年地进口它们,相反地,这些地方开始自己种植这些作物。同样的情况也出现在机器、制度等的传播上。因此我们看到,由跨越大陆的接触引发了重大的经济转型,却不在"全球化"范围之内。政治的影响也被遗漏了:例如,贸易中的关税限制了价格整合,然而正是这些关税促进国家建设,为后来的经济扩张提供了财政条件(在讨论"世界体系""财富逆转"[reversal of fortunes]的文献中,这类影响特别重要)。有人认为由于无法跟踪探究这些影响,威廉森等人的研究方法无法回答这一问题:"全球化始于何时?"[2]然而,一种赋予全球化明确且可检验的含义的方法似乎相当有用,只要我们理解这样的全球化并未涵盖全球层面经济史的整个领域,即便是1800年之后也是如此。[3]

凯文·奥罗克(Kevin O'Rourke)和威廉森有力地论证了1500年以来

---

[1] Wolfgang Keller and Carol Shiue, "Markets in China and Europe on the Eve of the Industrial Revolution," *American Economic Review* 97:4 (2007), pp. 1189-1216.

[2] 见 Dennis Flynn and Arturo Giraldez, "Path Dependence, Time Lags, and the Birth of Globalization: A Critique of O'Rourke and Williamson," *European Review of Economic History* 8:1 (2004), pp. 81-108; 同时见 Kevin O'Rourke 与 Jeffrey Williamson 的回答,"Once More: When Did Globalization Begin?" *European Review of Economic History* 8:1 (2004), pp. 109-117。

[3] 清晰地反对"全球化"的多重用法,见 Frederick Cooper, "Globalization" in Frederick Cooper, *Colonialism in Question: Theory, Knowledge, History* (Berkeley: University of California Press, 2005), pp. 91-112。

第八章 规模、范围和学术:地区实践与全球经济史

所谓的"全球"贸易(即欧洲与非欧洲地区之间的贸易)①中的几乎是持续增长掩盖了两种差异很大的扩张模式。只有在第二种扩张模式(开始于1800年,或者说1840年)下,贸易量增加的同时,会伴随发送港口与接收港口之间的价格和工资差异急剧减小。这种趋同反映了船运业和通信业的技术进步,但是他们估测,制度机制的变化也是同样重要的:削减关税、废除专营权、遏制海盗活动等等。相比于纯粹的技术变化,价格收敛的时间更能紧密地跟踪这些变化。而且,与20世纪相比,欧洲的对外贸易在19世纪这个经典的自由主义时期增长更迅速,尽管收入增长(应该会增加贸易)在1900年后更迅速。② 他们还指出,1800年以来的全球化总的来说导致实际工资实现了更大的跨国平等——尽管他们很谨慎地提到,这种趋同主要受移民活动(主要流向几个资源丰富的国家③)的驱使,而非其他流动导致的,因此在具有相对自由的移民活动的时间和地点才能发生。

在第一种全球贸易扩张(大约从1500年到1800年)之下,奥罗克和威廉森还发现了持续增长的贸易量,但是因为贸易限制和高昂的保护成本,他们在这一时期几乎看不到价格收敛。④ 在这些情况下,他们认为,增加的贸易量一定是受到欧洲需求的变化或欧洲之外供应端的变化的驱

---

① 奥罗克和威廉森在大部分作品中将"全球"贸易等同于跨大洲贸易——尤其是商品从美洲、亚洲流向欧洲,劳工从欧洲流向美洲。这种简单化处理自有其用处,他们却因此无法注意到没有欧洲参与的一体化,例如中国与印度、中国与东南亚、印度与东南亚之间持续增长的贸易。欧洲并非早期现代商业化、增长和全球接触的唯一动力,这一点很重要。这对理论研究也有意义,如果我们看到亚洲内部的贸易,我们就有机会比较两类空间:一类空间中,政府许可的垄断和公海上的战争(威廉森等人合理地认为这些阻止了欧洲与世界其他地方的贸易在1500—1800年间发展得更快)影响范围更小。在另一类空间中,它们明显是起支配作用的。他们也没有注意到近代早期没有经过欧洲的商品流,尽管欧洲在这些商品流中发挥了重要作用:尤其是从非洲到美洲的奴隶贸易,也有从美洲到东亚的白银流。

② Kevin O'Rourke and Jeffrey Williamson, *Globalization and History: The Evolution of a Nineteenth Century Atlantic Economy* (Cambridge: MIT Press, 1999).

③ Marvin McInnis, "Review of O'Rourke and Williamson, Globalization and History." Published by EH. NET (2000). 获取自 http://www.h-net.msu.edu/reviews/showrev.cgi? path = 2441965413322 (2017年11月28日检索)。

④ 此处及后文中的观点主要来自 Kevin O'Rourke and Jeffrey Williamson, "After Columbus: Explaining Europe's Overseas Trade Boom, 1500-1800," *Journal of Economic History* 62: 2 (2002), pp. 417-456。

动所致。且不论可能发生的风尚改变,他们认为,欧洲需求的增长一定源于收入的增长,特别是富人的收入,因为 1800 年前大多数进口商品是奢侈品。接着,他们估计富人的收入趋势与进口商品有着密切的关系。①但是欧洲的发展无法解释亚洲进口商品与美洲进口商品的数量与/或价格出现分流的阶段。他们估计,中国、日本和朝鲜退回到"相对专制统治"的时期可能非常关键,因为它们使得欧洲人能在不推高价格的情况下购买更多来自东南亚的胡椒和香料等商品。反过来这又表明,1800 年后欧洲贸易的扩张主要受到增强的全球一体化的驱动,而 1800 年前贸易的增长部分是因为全球分裂。

这种 1800 年前后两个时期的粗略对照颇具吸引力,但是需要谨慎对待。除了 17 世纪中叶,中国贸易似乎不太可能出现大幅度收缩,而我们关于 18 世纪(以及更加初步的关于 16 世纪大部分时间)的数据表明情况正好相反。②

---

① 威廉森和奥罗克使用土地租金作为指标来衡量欧洲富人的收入,这得到前文中提到的霍夫曼等人的支持,以及本章结尾处他们的另外一篇文章的支持,这篇文章希望解释英国主要通过长途贸易实现经济现代化的过程。

② Li Tana, "Rice from Saigon: The Singapore Chinese and the Saigon Rice Trade of the Nineteenth Century," in Qang Gungwu and Ng Chin-keong (eds.), *Maritime China in Transition 1750-1850* (Wiesbaden: Harrassowitz Verlag, 2004), pp. 261-269; Anthony Reid, "A New Phase of Commercial Expansion in Southeast Asia, 1760-1850," in Anthony Reid (ed)., *The Last Stand of Asian Autonomies* (London: MacMillan, 1997), pp. 57-82; Paul Van Dyke, *The Canton Trade: Life and Enterprise on the China Coast, 1700-1845* (Hong Kong: Hong Kong UP, 2005); Victor Lieberman, *Strange Parallels: Southeast Asia in Global Context c. 800-1830* (2 vols.) (Cambridge: Cambridge University Press, 2003, 2009); Sarasin Viraphol, *Tribute and Profit: Sino-Siamese Trade 1652-1853* (Cambridge: Harvard Council on East Asian Studies, 1977); Robert Marks, *Tigers, Rice, Silk, and Silt: Environment and Economy in Late Imperial South China* (New York: Cambridge University Press, 1998); Flynn and Giraldez, "Born with a Silver Spoon"; Leonard Blussé, *Strange Company: Chinese Settlers, Mestizo Women, and the Dutch in VOC Batavia, 1619-1740* (Dordrecht, Netherlands: Foris Publications, 1986); Leonard Blussé, *Visible Cities: Canton, Nagasaki, Batavia, and the Coming of the Americans* (Cambridge, MA: Harvard University Press, 2008); Takeshi Hamashita, "The Tribute Trade System and Modern Asia," *Memoirs of the Research Department of the Toyo Bunko* 46 (1988), pp. 7-25; Takeshi Hamashita, "Kindai Dō Ajia kokusai taikei" (The International System of Modern East Asia) in Takeshi Hamashita et al. (eds.), *Chi-iki Shisutemo to kokusai kanken* (Regional Systems and International Relations), volume 4 of *Kōzai gendai Ajia* ([Writings from the] Chair for Modern Asia) (Tokyo: Tōdai shuppankai, 1994), pp. 285-325; Ng Chin-keong. *Trade and Society: The Amoy Network on the China Coast, 1683-1735* (Singapore: Singapore University Press, 1983).

第八章 规模、范围和学术：地区实践与全球经济史

1500—1800年，至少在南亚和东南亚，也许还有中国（尽管出现了几次倒退），也出现了某种整体的贸易自由化的特征。因此奥罗克和威廉森推测的欧洲的断裂情况可能在亚洲并没有发生过。① 南亚的大部分地区（以及爪哇）甚至经历了一次与欧洲1800年左右的中断相反的断裂，因为英国与荷兰日益增长的领土控制权，它们比更早时期的控制权创造出更多垄断性质的贸易组织与制度，这些贸易组织和制度极大地影响了贸易的发展。②

更一般地说，把所有真正的"全球化"放在19—20世纪，会忽略近代早期非自由主义（illiberalism）因素为后来的发展奠定基础的诸多方式。特许专营权当然阻碍了某些贸易，但是鉴于远途贸易和海外开拓非常不确定的回报率及高昂的启动成本，投资者只有找到办法在一个持续的时期排除竞争对手，继而树立对未来利润的信心，这些活动才有可能发展得更加迅速。③ 更难以想象的是，如果没有大量非自由劳动力的输入，美洲如何达到这样的地位，才能使跨大西洋贸易成为19世纪一体化的主要驱动力。④ 威廉森等人对技术的重要性的淡化，以及严格区分外部要素与内部要素（关注非竞争性进口商品如香料和胡椒，而不是竞争性商品如

---

① Kaoru Sugihara, "Introduction," in Kaoru Sugihara (ed.), *Japan, China, and the Growth of the Asian International Economy, 1850-1949* (Oxford: Oxford University Press, 2005). 该书第6—7页表明1914—1939年在大西洋世界出现了地区一体化的逆转现象，这在亚洲内部贸易中也没有出现过。

② 沿着这一思路的讨论，见 Debendra Biyoy Mitra, *The Cotton Weavers of Bengal, 1757-1833* (Calcutta: Firma KLM Private Limited, 1978); Parthasarathi, *Why Europe Grew Rich and Asia Did Not*。关于爪哇，见 Jan Luiten Van Zanden. "Colonial State Formation and Patterns of Economic Development in Java, 1800-1913" (2008), http://www2.warwick.ac.uk/fac/soc/economics/news_events/conferences/econchange/programme/ luiten_-_venice.pdf (2017年11月28日检索)。注意，范·赞登把荷兰最具垄断专卖特色的时期融入了一段漫长的发展时期，他认为尽管荷兰在19世纪中期获取了高额租金，但它也建立起了有助于后来发展的自由贸易体制——这样一个观点需要联系不同时期，联系国外与国内的诸多变化，我后文会强调，这也是大西洋世界研究非常需要的。

③ 这种观点的一个版本，见 Pomeranz, *The Great Divergence*。

④ 关于这一论点的各种版本之一，并且是与此处所述特别相关的一种版本，认同真正的"全球化"开始于1800年之后，至于那些与威廉森相似的理由，见 Inikori, "Africa and the Globalization Process"。

棉布,使得这种区分更加明显①)的做法也表明,需要其他补充性的议题。同样重要且需要记住的是,"全球化"研究议题非常注重我们的双元议程———一体化与等级——中的一体化那一面。考察权力的运作,有助于我们区分持久的等级关系与单纯的(也许是暂时的)不等价关系,将我们更频繁地带回到近代早期以及欧洲海外帝国兴起时期(同一时期,俄国和中国在欧亚大陆拓展疆域,拥有更大的贸易路线控制权)。有不少著作表明,这些关系带来的影响力持续到1800年之后的世界,无论是在具体的殖民纽带很快断裂的拉丁美洲,还是20世纪的印度。②

与之相对照,沃勒斯坦世界体系的理论家们更注重解释等级制度而不是一体化。他们的基本观点在此不必详述。这些观点在全球经济史领域引发了大量的研究,包括1990年后尝试应用这一模式研究1500年之前的时期,并将其应用到西方"核心"区之外的地区,这是沃勒斯坦本人的分析未触及的。在这一过程中,学者寻求澄清一些关键的概念,包括判定"世界体系"存在的标准。③

---

① 公平地说,某些商品如胡椒因无法在欧洲生产,成为16—17世纪欧洲大宗进口的域外商品,如果我们有走私商品的数据,将在多大程度上改变已有的结论,仍然是不清楚的。(显然,进口商品与国内产品竞争,前者通常关税重,或者受到限制,因此更有可能走私。)然而,到18世纪,纺织品正成为远途贸易的重要商品。而且,无法在欧洲生产的商品与在欧洲生产的商品竞争(例如带蜂蜜的糖、茶、咖啡等饮料)。在欧洲生产的商品在近代早期亚洲内部的远途贸易中的份额似乎更大——这可能是另外一种方式可以看出19世纪的分流,只是没那么明显。

② 关于拉丁美洲的例子,见 Daron Acemoglu, Simon Johnson and James A. Robinson, "Reversal of Fortune: Geography and Institutions in the Making of the Modern World Income Distribution," *Quarterly Journal of Economics* 117:4 (2002), pp. 1231-1294; Kenneth Sokoloff and Stanley Engerman, "Factor Endowments, Inequality, and Paths of Development among New World Economies," *Economia* 3 (2002), pp. 41-102。印度的例子,见 Dutt, *The Economic History of British India*; A. K. Bagchi, *Perilous Passages: Mankind and the Global Ascendancy of Capitalism* (Lanham, MD: Rowman & Littlefield, 2005); Parthasarathi, *Why Europe Grew Rich and Asia Did Not*。

③ Frank and Gills, *The World System*; Immanuel Wallerstein, "Hold the Tiller Firm: On Method and the Unit of Analysis," in Stephen Sanderson (ed.), *Civilizations and World Systems* (Walnut Creek, CA: Alta Mira Press, 1995), pp. 239-247; Abu-Lughod, *Before European Hegemony*; Chase-Dunn and Hall, *Rise and Demise*; Andre Gunder Frank, *ReOrient: The Silver Age in Asia and the World Economy* (Berkeley: University of California Press, 1998). 某种程度上说,这些争议可能源自这个事实——世界体系理论更关注解释等级而非一体化。沃勒斯坦(转下页)

第八章 规模、范围和学术：地区实践与全球经济史

然而，最初的沃勒斯坦模式与近年来的很多研究有诸多矛盾之处。来自"边缘"经济体内部的更多资料被发现，因而那些曾经被视为完全受"核心"区控制的地方，如拉丁美洲和加勒比，逐渐表现出并不像世界体系理论所主张的那般强烈的依附性。① 而且，计量研究没有表明在"边缘"地区获得的超额利润对欧洲资本积累具有决定性作用（当然计量研究也没有完全排除那一可能性，也更少提到边缘地区出于其他原因是非常重要的）。② 此外，各种关键术语的定义似乎模糊不清或者相互抵牾。比如"半边缘区"的概念就引起很多争论，沃勒斯坦坚持认为这代表了一种长久的状况，但是原本归入这个范畴的好几个国家（特别是欧洲边缘的国家及东亚国家）现在的收入都达到了"核心"地区的水平。③

（接上页）声称有明确的标准来界定世界体系中的"边缘地区"和体系外的"外部地区"。不过，这又引发一个疑问：是否存在一个覆盖某一特定地区的世界体系？大体来看，沃勒斯坦的判断标准可归纳为：在某个特定地区与更为发达的"核心"地区之间进行交流的商品是"贵重物品"（preciosities）还是"生活必需品"（essential staples）。不过，这些更多的是主观的标准，而威廉森等人则看重这些商品对谁是必需的，为了做什么用。Christopher Chase-Dunn 试图进一步挖掘讨论的深度，提出不同类型的体系在空间中重叠，适用不同的重要性标准，例如："贵重商品网络"，这类商品对 GDP 的贡献率低，与大多数人的生活无关，但是有助于确定区域政治结构中的精英地位和庇护网络；"政治军事网络"中所有的政治体都是潜在的敌人或联盟；"必需商品网络"中，一些人依赖其他人获得经济必需品，如食物和燃料。参见 Thomas D. Chase-Dunn and Andrew K. Jorgenson, "Regions and Interaction Networks: An Institutional Materialist Perspective," *International Journal of Comparative Sociology* 44:1 (2003), pp. 433-450。然而这些修正还未被接受为世界体系理论的内容。

① 关于殖民时期的拉丁美洲，见沃勒斯坦与 Steve Stern 在 *American Historical Review* 中的讨论：首先是 Steve J. Stern, "Feudalism, Capitalism and the World System in the Perspective of Latin America and the Caribbean," *American Historical Review* 93:4 (1988), pp. 829-872。沃勒斯坦的回应见"Comments on Stern's Critical Tests," pp. 873-885；Stern 对沃勒斯坦回应的答复见"Reply: Ever More Solitary," pp. 886-897。

② 参见例如 Patrick O'Brien, "European Economic Development: The Contribution of the Periphery," *Economic History Review*, 2nd series 35:1 (1982), pp. 1-18; Patrick O'Brien, "The Foundations of European Industrialization: From the Perspective of the World," in José Casas Pardo (ed.), *Economic Effects of European Expansion, 1492-1824* (Stuttgart: F. Steiner, 1992), pp. 463-502; Pomeranz, *The Great Divergence*; Joseph Inikori, *Africans and the Industrial Revolution in England* (Cambridge: Cambridge University Press, 2002)。

③ 日本、韩国、冰岛和芬兰的人均 GDP 如今大约与德国、法国、比利时和英国相似；挪威更高一些，西班牙（尽管目前的经济低潮）也并没有低太多。2012 IMF data at http://en.wikipedia.org/wiki/List_of_countries_by_GDP_(PPP)_per_capita（2014 年 2 月 1 日检索）。

在许多世界体系研究中,资本主义的概念化也存在诸多问题。沃勒斯坦重视布罗代尔的定义:一个系统(无论规模大小),其中政治权力服务于资本投资者的持续利润积累,而这通常是通过**规避**真正的竞争性市场来实现的。这就让我们更容易理解为什么一些不是以雇佣劳动为基础的社会却可以成为"资本主义"体系的一部分,并且与中心地区有愈来愈紧密的关系,而又没有变得和中心地区一样。但是这种做法有时会过于简单地把所有基于专有权的利润混为一谈——无论是基于数年研究获得的专利权、武装贸易垄断,还是奴隶所有权,并且会刺激一个抽象的资本主义体系的假定需求,以解释很多迥然不同的现象。①(相反,世界体系理论所认为的与资本主义相一致的各种盈利途径应该使我们非常不愿意假设,该体系而不是某个特定参与者需要某些特定的机制来生存。)

随着沃勒斯坦世界体系之外的经济动量的证据增加,世界体系论学者用不同的方式做出回应。有些学者对这些证据怀有兴趣,是为了强化这一观念——占有来自其他地方的贡献,于欧洲来说是重要的。(然而,这些贡献,如奴隶劳动、穆斯林保存和发展的希腊科学、土豆、第三世界的资源,有时具有多样性、异质性,因此这个观念对分析没有多少帮助。②)只有少数学者接受这一观点:这些"外部的"经济体已经有足够的动量,因此世界经济发生"融合"之后,这些经济体的发展以及世界经济的发展,不能再仅仅用欧洲的影响来加以解释了。

阿里吉的《亚当·斯密在北京》特别认真地对待这个观点。该书把一个本质上属于沃勒斯坦式的西方经济发展论述与"加州学派"、杉原薰有关东亚独特发展道路的观点结合起来,认为(也继承了杉原薰的观点)

---

① 这一趋势的好些例子见 Bagchi, *Perilous Passages*。我在一篇该书的书评中详细讨论过这个问题,见 Kenneth Pomeranz, "Review of Amiya Kumar Bagchi, Perilous Passage: Mankind and the Global Ascendancy of Capitalism," *Economic and Political Weekly* 42:9 (2007), pp. 752-754。

② Bagchi, *Perilous Passages*; John Hobson, *The Eastern Origins of Western Civilization* (Cambridge: Cambridge University Press, 2004).

第八章 规模、范围和学术:地区实践与全球经济史

今天的世界经济是二者融合的产物。①

达龙·阿塞莫奥卢和他的同事同意,欧洲殖民主义对其他地区的制度影响,对解释当今世界的不平等有很大帮助,但是他们与世界体系论的相似之处也就止步于此了。他们提出了"财富逆转"这一命题,发现了一个有趣的现象:过去相对繁荣的地方,现在却相对贫困。对阿塞莫奥卢来说,经济表现主要是由一个国家的制度决定的,这些制度源自早期的殖民选择。也就是说,"财富逆转"是一种与"欧洲殖民"相关联的现象,特别是那些成为殖民地之前比较繁荣的地区的特殊现象。依照他们的观点,在人口非常稀少的地方,原住居民的制度设计阻碍了经济增长;欧洲人在这些地方建立起定居殖民地,殖民定居者通常能确保自由的财产权制度,这鼓励了增长,创造出了今天最富裕的一些社会。这些社会过去通常是白人拓殖型殖民地。但是在人口稠密的地方——具有反讽意味的是,这些地方具有"更好的"原生制度——相比于驱逐原住人口,通过强迫劳动或强迫纳贡来剥削利用他们能够获得更多好处。这需要强化强制性的前殖民制度(如印加的劳役献贡)并且/或者引入其他制度(如奴隶制度)。因为这些制度,剥削型殖民地的发展比定居殖民地慢得多,在其独立后甚至更加落后,因为新的统治者继续采用剥削制度而不是废除它们,其恶劣的影响束缚了这些国家的发展,因为现代经济体变得愈发依赖技术工人。② 因此1800年左右的城市化率及人口密度(在殖民者与土著居民开始接触时的人均产量

---

① Giovanni Arrighi, *Adam Smith in Beijing: Lineages of the 21st Century* (London: Verso, 2007). 有趣的是,很多受到世界体系理论影响而向这一方向靠近的学者是东亚学研究者,如 Bruce Cumings 与 Mark Selden。我没有做系统调查,但是我感觉那些运用世界体系理论进行拉丁美洲、非洲及南亚研究的学者更愿意接受其经典学说。当然也有例外,最明显的如贡德·弗兰克(原本是拉丁美洲研究学者),还有非洲研究者 Joseph Inikori。

② Acemoglu et al., "Reversal of Fortune." 同一论点的更为流行的版本是 Daron Acemoglu and James Robinson, *Why Nations Fail: The Origins of Power, Prosperity, and Poverty* (New York: Crown Books, 2012)。

指标是有问题的①)与今天的人均收入成反比关系。②

此处与世界体系理论的比较比任何表面上的相似性都要重要得多。在沃勒斯坦看来,一直在发展着的中心区域对边缘地区发挥**持续的**影响,使边缘地区复制制度设施,保持其资源与劳动力便宜廉价,推动利润输出。然而,"财富逆转"论假设单一的关键干预因素:殖民者介入,带来"制度的逆转",进而引发"财富的逆转"。但是这个观点没能说明后来的全球联结关系带来的任何影响,也没有充分解释为什么糟糕的制度持续存在,只简单地将其看作内部驱动的结果。

这个模式是精巧的,但是存在好些问题。首先,它把殖民主义的影响局限为一个非此即彼的变量——造就好的或糟糕的财产权利——从而忽略了很多其他相关的政策领域。其次,它只把殖民者偏好看成是决定性的,尽管大多数殖民地还有小型官僚机构,并且把很多纠纷交由运用"传统律法"的"传统"权威解决。最后,人口稀少有时导致出现**更为**强制性的制度而非自由的政策:在赤道非洲抓捕矿工、橡胶采集者的极端暴力就是一个明显的例子。殖民统治前的人口密度确实影响欧洲人有关殖民地的决策,白人殖民者的存在确实影响着制度,但是这种联结关系,远不如

---

① 圣多明各和牙买加提供了这一研究成果所依赖的反比关系——它们在1790年代有更高的人均收入,但是今天贫困现象严重。然而,我们需要注意,这些殖民地被压迫的劳工并非欧洲人到达时生活在这些地方的人的后代:在最初的殖民过程中,原住民被清除了,这些劳工是从外地输入的,加之于他们身上的压迫形式也是新的。因此,如果我们可以获得这些地方1500年或1600年左右的人口及城市化率的数据(而不是从1800年开始的指标数据),可能会削弱"好的制度"(如人口密度标示出来的)与后来的经济困境之间的关联关系,而不是强化这种关系。

② Sokoloff and Engerman(2002)得出一个相关但不同的论点(局限在美洲),重度依赖劳动密集和资源榨取的殖民地经济的坏制度具有自我存续的特点。作者认为,这样的社会会产生一小撮精英,他们从初级产品出口中获取利益,还有一大群无技术无自由的劳工,劳动所得少得可怜。在这样的社会中,精英对民主制度毫无兴趣,因而倾向于支持威权政治(对政府透明度、法律的可信度有可预见的恶劣影响)。这些精英和政府因而也不愿进行大型公共投资,不愿培育人力资本(例如实行高质量的公共教育)。这又助长了一种情形——这些国家唯一具有的比较优势,就是资源榨取和廉价的非技术劳工所生产的产品。注意,虽然这一论点确实假设了一种机制,这种机制保证了增长-压迫型制度的运作,但一旦最初的体制成型,这种机制就不再需要"发达"国家进一步的行动。

第八章　规模、范围和学术：地区实践与全球经济史

阿塞莫奥卢等人所认为的那样直接。

实际上，几位历史学家论证，"拓殖型殖民地"与"剥削型殖民地"的区分主要是后世回顾殖民历史时创造出来的，哪怕是在1850年，也没人明白这些区分。有研究者强调，我们所谓的主要吸引"自由劳工"的"拓殖型殖民地"，最初多是非自由移民，他们在自由移民大量到达之后对经济仍然至关重要。① 清晰地区分"尊重财产"的制度与"财产不安全"的制度，也许可以**反映**长期发展，因为这些制度几乎决定着这种长期发展的状况。（应该注意到，斯坦利·恩格尔曼［Stanley Engerman］和肯·索科洛夫［Ken Sokoloff］版本的制度主义论本身存在反馈回路［feedback loops］，②多少缓和了这个问题面临的困境。）毕竟，殖民化时常会暴力剥夺某些人，为的是把这些财产权授予他人：如在印度的某些地方，不仅有分得土地的移民定居者，还有愿意合作的地方精英；使用强制劳动的种植园建立者；得到大量赠予土地的铁路开发者；等等。那些抵制土地、水、劳动和其他权利转让与重新分配的人会受到严厉的镇压，相对安全的财产权只属于胜利者和他们的同盟。在没有达到完全胜利的地方，包括殖民者一开始就以榨取为目的的地方，还有遇到严重阻碍和抵抗的地方（如阿尔及利亚和南非），殖民者最初旨在赶走碍事的被殖民者，同时采取措施保护受优待的群体。

埃沃特·弗兰克马效仿阿塞莫奥卢，在一大组数据中考察相关性，而不是进行案例研究。他的一篇文章发现，不管怎样，白人殖民地与通过税收（按绝对价值计算或依照收入核算的）进行榨取的殖民地之间

---

① Thomas Holt, *The Politics of Freedom: Race, Labor and Politics in Jamaica and Britain, 1832-1938* (Baltimore: Johns Hopkins University Press, 1992); Gunther Peck, *Reinventing Free Labor: Padrones and Immigrant Workers in the North American West, 1880-1930* (New York and Cambridge: Cambridge University Press, 2000); Bosma, "Beyond the Atlantic."

② 指其既研究制度对于经济行为和经济发展的影响，又研究经济发展如何影响制度的演变。——译者注

没有相关性。① 榨取的程度更多受地方因素的影响,如港口使用(以及因此带来的出口收入)、殖民的时间、殖民当局将委派管理权赋予"本地人"的意愿等等。弗兰克马总结说,如果白人定居殖民地拥有财政优势,并不在于它享有低税率,而是其政府在公共商品方面相对高的支出。② 这表明殖民制度和发展之间更复杂的联系。对公共商品的投资需要**重复的**选择,具体的投资可能是好的选择也可能是坏选择,因此不似非此即彼的、相对缓慢的决定,例如关于矿产的皇家所有权,这并不意味着一个以"财富逆转"为重要特征的故事。

我最后要谈的这个研究项目是我参与最多的。该项目也倾向于采取"叙事"的路径,进行跨区域比较,把国家、全球体系作为分析单元的同时,保留各种大小不一的、定义不一的"区域"作为分析单元。它对东亚在全球经济史中的角色尤其关注,这是因为东亚本身,也是因为相对于我们熟悉的大西洋中心叙事,东亚一直是我们忽略的陪衬。这一区域基础当然也是有局限的,引发了关于是否其他区域史也可以采用相似的研究方式的问题。③

20世纪80年代以来,几位日本学者——滨下武志、川胜平太、杉原薰等人——追溯了一个东亚、东南亚滨海地区的历史缘起,历经数个世纪

---

① Ewout Frankema, "Raising Revenue in the British Empire 1870-1940: How 'Extractive' Were Colonial Taxes?" *Journal of Global History* 5:3 (2010), pp. 447-477, 见第458页。Waijenberg认为,强迫劳动的价值增加会极大地提高殖民地税率,但是增加量会逐渐减少,我们并无理由认为这个观点可能改变弗兰克马的结论,参见 Marlous van Waijenberg, "Financing the African Colonial State: The Revenue Imperative and Forced labor," *African Economic History Network*, working paper, #20 (2015), https://www.aehnetwork.org/wp-content /uploads/2016/01/AEHN-WP-20. pdf (2017年11月28日检索)。确实,如果一个殖民地拥有更多白人定居者,某些强迫劳动可能从公共工程转向私人工程,但是这仍然不太可能实现白人定居者要求的"更好的"财产权。

② Frankema, "Raising Revenue in the British Empire 1870-1940," 见第469页。

③ Gareth Austin 表示有好几种方式从撒哈拉沙漠以南地区的视野来这么做,见 Gareth Austin, "Reciprocal Comparison and African History: Tackling Conceptual Eurocentrism in the Study of Africa's Economic Past," *African Studies Review* 50:3 (2007), pp. 1-28,但是在集体研究活动中运用得还不够充分。

第八章　规模、范围和学术：地区实践与全球经济史

（也有中断），特别是在 1400 年到 1800 年间发展迅速。① 区域间贸易逐渐发展，最终跳出了对以中国为中心的"朝贡体制"的依赖。绕过中国的多边网络也变得更加强大，尽管很多网络仍使用可在中国出售的商品作为"货币"，它们可以抵消差额，实现利润。②

与此同时，日本开展了大量的进口替代工业化（在丝绸、瓷器、炼糖等领域），德川家康退出中国的朝贡体制，创造出自己的小体系，适度增加了与亚洲其他地区的贸易。③ 到 1800 年左右，这一体系发展为试图取代中国在东亚区域体制中的中心位置的野心；构建一个亚洲内部框架，它对明治时期日本的发展的重要性比多数西方学者承认的还大得多。例如，很多早期日本纺织工厂获得海外中国商人的融资，目标对准中国市场；从 1890 年（西方在亚洲贸易中的份额短暂达到顶峰）到第二次世界

---

① 在某些研究中，这一海洋区域经过新加坡延伸到印度沿海地区，在另外一些研究中并非如此。

② Hamashita, "The Tribute Trade System and Modern Asia"; Takeshi Hamashita, "Kindai Dō Ajia kokusai taikei" (The International System of Modern East Asia) in Takeshi Hamashita et al. (eds.), Chi-iki Shisutemo to kokusai kanken (Regional Systems and International Relations), volume 4 of Kōzai gendai Ajia ([Writings from the] Chair for Modern Asia) (Tokyo: Tōdai shuppankai, 1994), pp. 285-325; Reid, "A New Phase of Commerical Expansion in Southeast Asia, 1760-1850."

③ Kawakatsu Heita, *Nihon Bunmei to Kindai Seiyō: "Sakoku" Saikō* [*Japanese Civilization and the Modern West: "The Closed Door Policy" Reconsidered*] (Tokyo: Nippon Hōsō, 1991); Kawakatsu Heita, "Nihon no kōgyōka o meguru gaiatsu to Ajia kan kyōsō" ["Outside Pressures Surrounding Japanese Industrialization and Intra-Asian Competition"] in Hamashita Takeshi and Kawakatsu Heita (eds.), *Ajia kōekiken to Nihon kōgyōka 1500-1900* [*The Asian Trading Sphere and Japanese Industrialization*] (Tokyo: Riburopōto, 1991); Kawakatsu Heita, "Datsu-A katei to shite no Nichi, Ō no kinsei" ["The Japanese and the European Early Modern Periods as Processes of 'Escape from Asia'"], *Rekishi hyōron* 515 (1993), pp. 43-58; Christian Daniels, "Jushichi, hachi seiki Higashi, Tōnan Ajia ikinai boeki to seisan gijutsu iten: seitō gijutsu o rei to shite" ["The Intra-Regional Trade in Seventeenth and Eighteenth Century East and Southeast Asia and the Transfer of Productive Technologies: The Case of Sugar Refining"] in Hamashita Takeshi and Kawakatsu Heita (eds.), *Ajia kōekiken to Nihon kōgyōka 1500-1900* [*The Asian Trading Sphere and Japanese Industrialization*] (Tokyo: Riburopōto, 1991), pp. 69-102. 日本与东南亚的一些贸易事实上是与中国的非直接贸易，代替了之前的朝贡体制。这是事实，例如越南沿海一些贸易就是这样。

大战,日本贸易在亚洲的份额持续增长。①

这项研究有些类似经济学家的雁行理论(对战后东亚发展的研究)的前奏,日本在攀登附加值产业的云梯时,把更为劳动密集型产业的负担抛给其他东亚、东南亚国家和地区,几十年后韩国和中国台湾也重复了这一过程。② 研究表明,日本殖民统治下的朝鲜、中国台湾和伪满洲的工业化发展比其他大多数殖民地更迅速。③

类似的研究还包括以中国为研究对象的比较研究,如"加州学派"。这些作者(安德烈·贡德·弗兰克、杰克·戈德斯通、李中清、李伯重、彭慕兰、王国斌、罗伯特·马克斯等人)在很多方面有分歧,但是普遍认为直到18世纪某个时间点,在中国与欧洲(中国最发达的长江三角洲地区与英国、荷兰)的经济表现之间存在大致的可比性。④ 值得注意的是,这一分流的时间表,曾经与建构历史GDP估值的学者(主要是欧洲学者)的估计截然不同,如今已不再是异常值了,尽管二者之间仍存

---

① Andō Yoshio, (ed.), *Kindai Nihon Keizai Shi Yōran* [*Overview of Modern Japanese Economic History*] (Tokyo: Tokyo Daigaku Shuppankai, 1979), p. 23.

② 例如 K. Akamatsu, "A Historical Pattern of Economic Growth in Developing Countries," *Developing Economies* 1 (1962), pp. 3-25; Kaoru Sugihara, "The East Asian Path of Economic Development: A Long-term Perspective," in Giovanni Arrighi, Takeshi Hamashita and Mark Selden (eds.), *The Resurgence of East Asia: 500, 150 and 50 Year Perspectives* (London: Routledge, 2003), pp. 78-123。

③ 例如 Samuel P. S. Ho. "Colonialism and Development: Korea, Taiwan, and Kwantung," in Ramon Myers and Mark Peattie (eds.), *The Japanese Colonial Empire, 1895-1945* (Princeton: Princeton University Press, 1984), pp. 347-398; Lewis Gann, "Western and Japanese Colonialism: Some Preliminary Comparisons," in Ramon Myers and Mark Peattie (eds.), *The Japanese Colonial Empire, 1895-1945* (Princeton: Princeton University Press, 1984), pp. 497-525; Mark Peattie, "Introduction" in Ramon Myers and Mark Peattie (eds.), *The Japanese Colonial Empire, 1895-1945* (Princeton: Princeton University Press), pp. 3-52; Anne Booth, *Colonial Legacies: Economic and Social Development in East and Southeast Asia* (Honolulu: University of Hawaii Press, 2007)。除了这些经济方面的辩论,还有一些非常敏感的方面涉及日本在亚洲的侵略史,如日本的残暴、战争罪行、战争赔偿、民族主义和历史记忆等。

④ 弗兰克去世时留下的手稿中提到这一平价实际延伸到19世纪。

第八章 规模、范围和学术:地区实践与全球经济史

在差距。① 加州学派中有些人也论证说,西欧后来的领先地位很大程度上归功于其与欧洲之外地区的关系,这种关系大大缓解了西欧近代早期发展引发的生态压力。东亚核心区域从其周边地区也可以获得缓解,然而其程度及效果无法与前者相比较。

显而易见的是,中国制度的运作方式与欧洲差别很大,我近来的一些研究也寻求概述这些制度。我认为中国在19—20世纪面临多次动荡,然而中国的制度仍然与20世纪末的快速增长相关。② 其突出的特征是拥有高产的农业:以小农和相对有保障的佃农为基础,以及随后的低无产阶级化率,尽管出现了相当程度的商品化;在工业化最初几十年,农村流出异乎寻常地缓慢;农业和工业中的技术选择与组织选择吸收了相当多的技术工人和非技术工人,并且(直到近来)耗费的资本、能源与自然资源都相对较少。这部分地反映了一个事实,西方工业化有丰富的资源,而东亚不是这样,如杉原薰注意到的,在全球大移民潮时期,即1830—1930年期间,亚洲人大多被禁止进入资源最丰富的国家。

---

① 见例如 Stephen Broadberry, Hanhui Guan and David Daokui Li, "China, Europe, and the Great Divergence: A Study in Historical National Accounting, 980-1850" (2014),获取自 http://eh.net/eha/wp-content/uploads/2014/05/Broadberry.pdf (2017年11月8日检索),表明长江三角洲地区到1700年左右已经落后欧洲最富裕地区,这一结论与其中两位作者的早期观点有很大差异,他们曾经认为大分流在1400年已经很明显。(管汉晖、李稻葵:《明代GDP及结构试探》,《经济学[季刊]》,2010年03期,第787—828页。)还有很多人认为决定性的分流发生在1500年或1000年左右,有些人甚至提出更早的时期。

② 例如 Kenneth Pomeranz, "Is There an East Asian Development Path? Long-Term Comparisons, Constraints, and Continuities," *Journal of the Economic and Social History of the Orient* 44:3 (2001), pp. 3-41; Pomeranz, "Chinese Development in Long-Run Perspective"; Pomeranz, "Ten Years After: Responses and Reconsiderations"; Kenneth Pomeranz, "Labor Intensive Industry in the Rural Yangzi Delta: Late Imperial Patterns and Their Modern Fates," in Gareth Austin and Kaoru Sugihara (eds.), *Labor-Intensive Industrialization in Global History* (London: Routledge, 2011), pp. 122-143。亦可见 Sugihara, "The East Asian Path of Economic Development"; Kaoru Sugihara, "Introduction," in Kaoru Sugihara (ed.), *Japan, China, and the Growth of the Asian International Economy, 1850-1949* (Oxford: Oxford University Press, 2005)。关于东方西方制度比较研究,见 Jean-Laurent Rosenthal and R. Bin Wong, *Before and Beyond Divergence: The Politics of Economic Change in China and Europe* (Cambridge: Harvard University Press, 2011)。

这些特征中有很多亦是日本发展的特征,尽管存在非常不同的制度。① 把以中国为中心和以日本为中心的叙事结合起来,可以看到一条"东亚的发展道路",鉴于这一道路改变了很多人的生活,可能具有与北大西洋叙事同样的历史意义。随着时间的推移,东方道路与西方道路合流——特别是二战后的国际秩序给予日本、韩国及后来的中国利用国际资源与市场的同等权利,但是合流还不充分。而且,这些学者认为,这种合流是相互的,不仅是东亚"追赶"的结果。(20世纪70年代以来西方能源强度急剧下降就是一个例证。)杉原薰进一步论证,因为东亚发展道路依赖更多的是劳动密集型产业,资源密集型产业相对少些,它代表了一种比北大西洋模式更具持续性、更加面向未来的发展模式。②

然而,中国近来的发展究竟与这种模式有多大的契合度仍然不明朗:其内陆地区的发展远落后于沿海省份,而且始终更多依赖于资源密集型产业。③

---

① 应该注意的是,Kawakatsu 拒绝这个观点,即日本和中国有可比较的动量,见 Kawakatsu Heita, "Datsu-A katei to shite no Nichi, Ō no kinsei"["The Japanese and the European Early Modern Periods as Processes of 'Escape from Asia'"] *Rekishi hyōron* 515 (1993), pp. 43-58。另一方面,Hamashita, Suighara and Saito 似乎支持这一观点,即在近代早期东亚的不同地方,不同的制度带来了相似类型和程度的动量。

② Kaoru Sugihara, "The European Miracle and the East Asian Miracle: Towards a New Global Economic History," *Sangyō to Keizai* 11:2 (1996), pp. 27-48; Kaoru Sugihara, "The East Asian Path of Economic Development: A Long-Term Perspective," in Giovanni Arrighi, Takeshi Hamashita and Mark Selden (eds.), *The Resurgence of East Asia: 500, 150 and 50 Year Perspectives* (London: Routledge, 2003), pp. 78-123. 下面的论文集中有好几篇论文重新讨论这个问题,有各种结论,见 Gareth Austin, (ed.), *Economic Development and Environmental History in the Anthropocene* (London: Bloomsbury Academic, 2017)。

③ 一些一般性评论见 Pomeranz, "Is There an East Asian Development Path?"以及我的另一篇论文,见 Gareth Austin, (ed.), *Economic Development and Environmental History in the Anthropocene* (London: Bloomsbury Academic, 2017)。见 Peter Sheehan and Fiona Sun, "Energy Use in China: Interpreting Changing Trends and Future Directions," *Centre for Strategic Economic Studies, University of Victoria, Working Paper* # 13 (2007),获取自 http://www.cfses.com/documents/climate/13_Sheehan_&_Sun_Energy_Use_China.pdf (2017年11月28日检索)。他们认为会出现能源消耗的降低,但其他人只看到效率降低了,Ma and Oxley (2012: 65-68)的研究表明,某些富裕地区的能源消耗相比整个国家来说要低很多(而且仍然在下降)。关于这些观点的数据问题,见 Wang Yanjia and William Chandler, "Understanding Energy Intensity Data in China," *Carnegie Endowment for International Peace Policy* Outlook March 24, 2011,获取自 http://www.carnegieendowment.org/files/chinese_energy_intensity.pdf (2017年11月28日检索)。

第八章 规模、范围和学术:地区实践与全球经济史

"东亚道路"的历史意义当然不是要把这一道路进一步延伸到其他地方,但是这条道路能否保持活力,还是逐渐削弱,最终汇入一条西方道路,抑或是作为东西相互融合的一个方面,必将影响我们对它的历史意义的理解。

这一研究的很多方面仍然有待检验,有待继续发展,以回应新的证据。新证据由这个学派中的成员(主要是李中清与李伯重)以及回应他们的人(如马德斌与扬·吕滕·范·赞登)提出。例如,更多的研究表明,与实际工资相比较,长江三角洲的生活水平保持接近西欧水平的时间要长得多,① 解释中国的低无产阶级化率的成因及意义,成为我的工作重心。② 还有人关注城市化和非农业技术变革等相关问题。

不管"西方"的某些地方与"其他"某些地方存在着什么经济方面的关键差异,这些差异并非产生于发达的乡村与落后的乡村之间的差异,这一点似乎愈发清楚了。到18世纪,英国与荷兰的城市化率、城市生产的资本密度和城市工人的生产率似乎一直是特例。③ 对于大多数的农业社

---

① Robert Allen, "Mr Lockyer Meets the Index Number Problem: The Standard of Living in Canton and London in 1704" (2004), 获取自 http://www.economics.ox.ac.uk/Members/robert.allen/default.htm (2017年11月28日检索); Robert Allen, "Agricultural Productivity and Rural Incomes in England and the Yangzi Delta, c. 1620-1820" (2005), 获取自 http://www.economics.ox.ac.uk/Members/robert.allen/default.htm; Robert Allen, Tommy Bengsston and Martin Dribe, (eds.), *Standards of Living and Mortality in Pre-Industrial Times* (Oxford: Oxford University Press, 2005); Ma Debin, "Modern Economic Growth in the Lower Yangzi in 1911-1937: A Quantitative, Historical, and Institutional Analysis" (2004). *Discussion paper 2004-06-002*, Foundation for Advanced Studies on International Development, Tokyo. 亦可见 Stephen Morgan, "Economic Growth and the Biological Standard of Living in China 1880-1930," *Economic and Human Biology* 2:2 (2004); Joerg Baten, Debin Ma, Stephen Morgan and Qing Wang, "Evolution of Living Standards and Human Capital in China in the 18th-20th Centuries: Evidences from Real Wages, Age Heaping, and Anthropometrics," *Explorations in Economic History* 47 (2010), pp. 347-359。

② 部分解释见 Pomeranz, "Standards of Living in Rural and Urban China"; Kenneth Pomeranz, "Land Markets in Late Imperial and Republican China," *Continuity and Change* 22:3 (2008), pp. 1-50; Pomeranz, "Chinese Development in Long-Run Perspective" and Pomeranz, "Ten Years After: Responses and Reconsiderations"。

③ Rosenthal and Wong, *Before and Beyond Divergence*; Bozhong and Van Zanden, "Before the Great Divergence?"; Philip Hoffman, "Why Was It that Europeans Conquered the World?" (2010) http://www.econ.barnard.columbia.edu/~econhist/papers/Hoffman_01Apr2010.pdf (2017年11月28日检索)。

会,即便在 19 世纪早期,也没有出现明显的大分流,长江三角洲的农业全要素生产率仍然远高于欧洲任何地方。① "农业原教旨主义"(agrarian fundamentalism)②是前现代社会的基础,是人们曾经普遍持有的观点,因此农业一定是解释为什么有些地方率先走入工业化这一问题的关键。然而,"农业原教旨主义"现在看来不足信了:农业劳动生产率很高——更不必提全要素生产率,与早期工业化简直没有关系。③ 但是,关于"不应在何处寻找问题根源"的共识的达成并不意味着我们在"应在何处"或"如何寻找"的问题上达成了一致。

在讨论了中国和欧洲的制度可能同样适应一个前工业化的世界之后,罗森塔尔和王国斌转向考虑不同的政治结构如何影响制造业。他们论证,欧洲政治上的分裂以及频繁战争(中国则是**相对**统一与内部和平)促使固定资本留在城墙内;因为城市劳工一般成本更高(主要是食物成本),资本更便宜(因为信息更为便宜),城市更鼓励资本密集型生产技术,这逐渐提高了产业劳动生产率。④ 其他人认为,行会组织结构、摆脱贵族权力的自由、相对廉价的能源、独特的欧洲科学传统可以作为替代的或补充性的解释。⑤

---

① Robert Allen, "Agricultural Productivity and Rural Incomes in England and the Yangtze Delta, c.1620-1820," *Economic History Review* 62:3 (August 2009), pp. 525-550; Bozhong and Van Zanden, "Before the Great Divergence?".

② Robert Allen, *Enclosure and the Yeoman: The Agricultural Development of the South Midlands 1450-1850* (Oxford: Clarendon Press, 1992), pp. 2-3.

③ 数据见 Robert Allen, "Agricultural Productivity and Rural Incomes in England and the Yangzi Delta, c. 1620-1820." (2005), 获取自 http://www.economics.ox.ac.uk/Members/robert.allen/default.htm (2017 年 11 月 28 日检索); Robert Allen, *The British Industrial Revolution in Global Perspective* (Cambridge: Cambridge University Press, 2009) 对此富有指导性。

④ Rosenthal and Wong, *Before and Beyond Divergence*.

⑤ Joel Mokyr, *The Gifts of Athena: Historical Origins of the Knowledge Economy* (Princeton: Princeton University Press, 2002); Joel Mokyr, *The Enlightened Economy* (New Haven: Yale University Press, 2009). Patrick O'Brien. "The Needham Question Updated: A Historiographical Survey and Elaboration," *History of Technology* 29 (2009), pp. 7-28; Jan Luiten Van Zanden, *The Long Road to the Industrial Revolution: The European Economy in a Global Perspective, 1000-1800* (Leiden: Brill, 2009); Jan Luiten Van Zanden, "The Skill Premium and the 'Great (转下页)

第八章 规模、范围和学术:地区实践与全球经济史

无论加州学派的主张在未来的研究中发展如何,他们仅仅涉及了全球经济史的一个部分。然而,他们似乎影响了其他各领域的研究工作。例如,近年来的南亚研究参考了这一重构的欧洲/东亚比较框架,甚至还把"大分流辩论"引向其他方向。① 关注其他地区和其他时间段的研究也有类似的情况。这一影响可能部分地因为加州学派的观点避免了其他研究路径中具有核心地位的鲜明的范畴区分(categorical distinctions):依据某地处于中心、半边缘或边缘的位置,无论其是白人殖民地,还是"全球化的",来推断其发展前景。与此相对照,加州学派的研究路径认为通向现代性有多条道路,它以若干连续的变量而非二分的变量为基础,这使全球联系具有影响力,却不是决定性的。因而加州学派的研究路径也表明,研究方法可以是多样的,其中各种类型和大小的区域单元对于全球经济史叙事来说依然是重要的。

与此同时,其他类型的历史运用跨区域比较和联系来理解欧洲的发展,因而以不同的方式来看待一体化与等级之间的关系。在这些历史叙事中,欧洲仍然居中心位置,但已经不是经济现代性的"不可动摇的推动者"。接下来我用两项最新研究结束本章,它们很明确地聚焦英国。

罗伯特·艾伦的《全球视野下的英国工业革命》(2009)关注一系列节省劳动力、运用能源的技术革新。这些发明大多出现在英国,并且接下来几十年里主要应用于英国,然而,艾伦坚持认为,这并不是因为其他人不会采用新技术。确切地说,他认为"工业革命在英国发生"的原因是高工资与廉价能源的独特结合。这让英国人觉得特别值得开发和应用节省劳动力的设备,即使会耗用大量能源——例如早期的蒸汽机只转化了不

(接上页)Divergence,'" *European Review of Economic History* 13:1 (2009), pp. 121-153. 如我们看到的,过去以财产权为基础的观点也没有消失。又见 C. Douglass North, John Wallis and Barry Weingast, *Violence and Social Orders: A Conceptual Framework for Interpreting Recorded Human History* (Cambridge: Cambridge University Press, 2009); Tuan-Hwee Sng, "Size and Dynastic Decline: The Principal-Agent Problem in Late Imperial China, 1700-1850" (2010). http://www.econ.upf.edu/docs/seminars/sng.pdf (2017 年 11 月 28 日检索)。

① 例如 Parthasarathi, *Why Europe Grew Rich and Asia Did Not*。

到1%的热能为动能。但是随着这些机器的市场扩大,技术改进变得有利可图,包括那些降低机器能源需求的技术改进。最终,这些"微观发明"(micro-inventions)使得原来的"宏观发明"(macro-inventions)在一些地方达到了节省费用的目的,这些地方的相对价格与英国的差别非常大,于是工业化就向英国之外的地方扩散。①

乍看起来,这一论点没有多少"全球视野"。它与帕塔萨拉蒂近来有关英格兰与南亚的研究不相吻合,后者的研究关注纺织业,以及英国试图追赶印度产品的**质量**而非降低生产成本的企图。② 但是艾伦关注的是英国不同寻常的低能源成本,这与我关于蒸汽机的论点相似③,他也关注较高的名义工资与技术选择,与罗森塔尔、王国斌的比较论点及帕塔萨拉蒂更早期的研究有相似之处④。追寻这些高工资的缘起,使得我们的研究超出了英国本身。

如我们看到的那样,艾伦拒绝了"农业原教旨主义",他看到海外贸易的发展推高了英国的工资:需要生产出口品的工人,还需要从事各类与贸易有关的服务行业的工人(如码头工人、水手、保险交易员)。英国海军的胜利及伴随而来的殖民事业的成功对创造这一动量至关重要。菲利普·霍夫曼总结艾伦的研究时说道,"战争的胜利使英国获得了殖民地

---

① Robert Allen, *The British Industrial Revolution in Global Perspective* (Cambridge: Cambridge University Press, 2009), pp. 135-181.

② Parthasarathi, *Why Europe Grew Rich and Asia Did Not*.

③ Pomeranz, *The Great Divergence*, pp. 59-628; Kenneth Pomeranz, " Le machinisme induit-il une discontinuité historique? Industrialisation, modernité précoce et formes du changement économique dans l'histoire globale," in P. Beaujard, L. Berger and P. Norel (eds.), *Histoire globale, mondialisations, capitalisme* (Paris: La découverte, 2009), pp. 335-373. 我没有太多谈及工资,部分原因是早期的蒸汽装置主要用在矿井中的水泵上,代替了马的动力而不是人力。我在下面的文章中做了详细的论述:"Le machinisme induit-il une discontinuité historique? Industrialisation, modernité précoce et formes du changement économique dans l'histoire globale" in P. Beaujard, L. Berger and P. Norel (eds.), *Histoire globale, mondialisations, capitalisme* (Paris: La découverte, 2009), pp. 335-373 以及 Pomeranz, "Ten Years After: Responses and Reconsiderations。

④ Parthasarathi, "Rethinking Wages and Competitiveness in the Eighteenth Century."

第八章 规模、范围和学术：地区实践与全球经济史

商品及洲际贸易的大份额……这是主要原因,提高了英国工资,刺激了机械化的发展"①。他进一步认为,英国的胜利可能不仅仅改变了早期工业化发生的**地点**,而且决定了它是否会发生:鉴于英国17—18世纪的人口相对较少,在海外贸易中居支配地位大大提高了工资——这促使人们想要使用更少的工人——远高于人口更多的(但煤矿资源贫乏)、本可能出现类似增长的法国。

与此同时,霍夫曼在其他文章中做出了令人信服的论证:早在经济生产率取得明显优势之前,欧洲人已经领先他人,开始生产便宜、可靠、复杂的武器了。② 这并不意味着欧洲持续的军事优势直接提高了大陆的工资;其实,欧洲的大部分地区,工资没有提升很多,机械化稳步进行之时工资才有所增长(证明了微观型发明的重要性,微观型发明使得机械在新的地方有用武之地)。而且,霍夫曼对战争造成的技术溢出与因征服而来的直接收益的兴趣不大。他对这样一种说法也不感兴趣——欧洲大陆之外的贸易(extra-continental)提高了工资,杉原薰和我在谈到生态压力的缓解时也不这样认为。但是,在奥罗克与威廉森的文章《从马尔萨斯到奥林:1500年以来的贸易、工业化和分配》("From Malthus to Ohlin: Trade Industrialisation, and Distribution since 1500")中,这些视角(至少于英国而言)之间存在有趣的联系。

两位作者声称,在马尔萨斯的世界里,**相对于土地租金**,人口增长应该会降低工资(当然,如果生产率得到足够的提高,工资仍然可能增长)。然而,在现代经济中,工资对租金的比率可能上升,即使土地相对于劳动来说变得更稀缺。或者说即使人口增加,工资增长速度也总会快于租金。

奥罗克和威廉森接着创造了一个以马尔萨斯假设为基础的模型,用

---

① Philip Hoffmann, "Comment on Ken Pomeranz's *The Great Divergence*," *Historically Speaking* 12:4 (2011), pp. 16-17.
② Hoffman, "Why Was It that Europeans Conquered the World?" 一些人对此提出了质疑,至少是就针对印度的陆军武器来说: Parthasarathi, *Why Europe Grew Rich and Asia Did Not*。但是至少对于海军武器来说是没有争议的;不管怎样,显然到18世纪末,欧洲人在军事上占了优势,即便是在印度次大陆上。

以估测工资对租金的比率变化,建立在英国1500—1936年的人口趋势之上。这个模型对1730年之前的情况有近乎完美的说明,1730年到1800年就没那么好了,1800年到1842年就更差了:人口增长仍然抑制了工资/租金比率,它远低于模型估测的结果,并且随着时间的推进,吻合度进一步降低。1842年后,模型完全失效了,当时人口快速增长,而工资/租金比率也在飙升。也就是说直到1730年,英国还是个马尔萨斯社会,到1800年马尔萨斯特性开始慢慢减弱,直到19世纪的某一时刻,马尔萨斯假设就不再有效了。这种现象与"大分流"的时间线不谋而合。

这样的结果并不令人惊讶,尽管大致标记出英国脱离准马尔萨斯①假设的时间对于我们是有帮助的。接下来,两位作者认为可以从两个方面解释这种转变:(1)前所未有的劳动生产率以及(2)比基于人口的模型所估测的小得多的土地价格涨幅,因为土地密集型产品进口与英国的农场、牧场和森林的竞争日益激烈。威廉森和奥罗克进行了两组模拟——一组假定劳动生产率不变,另一组假定跨大西洋贸易(所有海外贸易的代理)仍然规模太小,无法影响英国的价格。他们发现这两个因素几乎同样重要。换言之,根据这些估计,该世纪所有著名的提高生产力的变革——新技术、组织变革、化石燃料、受过更好教育和更健康的工人等等——在启动英国经济现代化方面并不比单独的跨大西洋贸易更重要。如果将英国庞大的移民规模及其与亚洲、非洲和澳大利亚的贸易纳入模型,那么大陆之外的联系会显得更加突出。

如果从欧洲之外进口的土地密集型产品对1842年后工资/租金比率的变化而言很重要,这些产品可能在1730—1842年(数据质量无法支持一个类似的模型)对于脱离马尔萨斯假设也非常关键。毕竟,技术变革

---

① 我在此处添加了一个修饰词"准",表明两位作者和我都不认为马尔萨斯主义的严格的逻辑全部适用于18世纪的英国;工资并不必然回到"生存"水平,生活水平可以随时间提高。但是"马尔萨斯主义"这个术语可以容纳马尔萨斯更为深邃的洞察力——在一个几乎所有生活必需品都来自土地的世界里,土地供应是限制经济增长的一个要素,土地与劳动的比率对经济的影响很大。

第八章 规模、范围和学术:地区实践与全球经济史

在那个时期缓慢下来了,工人的健康和教育的改善幅度也很小;另外,与后来的情况相比,此时的农业和林业对生产力指数对消费者的市场篮子发挥了更重要的影响力。

真实世界总是比模型更复杂,毕竟这只是一项研究。然而,它强有力地表明,海外联结关系对西北欧洲的"自我持续增长"的出现与维持非常关键。如我早前表明的,这些联结关系无法轻易地与早期殖民主义脱钩,也无法与某些模型描述过的持续的强制劳动脱钩。

因此在近代早期,一体化与等级关系这两个方面都得到了加强,尽管无法达到1800年后那样的程度。这一认识很重要,因为它有助于解释:世界某个部分为什么会成为一个更加一体化同时也更加不平等的世界经济的中心。我们对这些过程的了解还非常有限,我们需要在多重空间中继续探索。互动的区域史,而不是来自单一地区的力量,造就了世界经济。然而,与此同时,一个兴起的世界经济也重新塑造了各个区域。

因此我们需要更多关注区域/地方研究,特别是今天所谓的"全球南方"的各个地区。我们也有必要更多地研究全球结构和动力,有必要让全球经济史与正在成型的其他类型的全球史保持联系。专业化是新知识生产不可避免的一部分,但是历史强调情境理解,如果没有持续的融合与综合的尝试,"新知识"的重要性就非常有限。目前,专门的全球经济史研究比一般的经济史研究更为重要,这是件好事。在全球史领域中,全球经济史不再如以往那样占据正中心的位置,这可能也是件好事,因为政治史、社会史、文化史和思想史研究者有更多的意愿去尝试全球叙事。但是全球经济史不能完全被这些领域吸收,也不能脱离它们,否则它会失去研究动力,这种动力源于全球史各个领域相互竞争产生的压力。

第九章

全球移民史

阿米特·库玛尔·米什拉

在我们生活的世界中,人类迁徙对社会生活来说往往具有决定意义,而非例外事件。——阿琼·阿帕杜赖①

近年来,主要因为全球化的力量,各地区间的互动与一体化急剧发展,历史学家试图冲破疆域的束缚,超越民族国家的边界,通过分析网络与联系来认识历史。历史研究的全球转向旨在考察全球状况与联系的历史根源。这样做并没有过度概括或忽略区域的特殊性和差异性。此外,全球转向希望帮助我们更好地理解当下盛行的历史叙事的复杂性与局限性。局限之一是将领土的政治边界视作认识论的界限,即所谓的中心论,如欧洲中心论。全球史试图通过接受"空间转向"解决历史认识中这种褊狭的状况——从概念上摆脱本质化的欧洲中心论,承认非西方地区和人民在现代世界形成中的历史意义,摈除任何"中心主义"的方法论霸权。② 单一的、固定的空间框架无法阐明跨地区流动、交流和迁移,无法捕捉跨越边界的网络与流动的辩证关系。没有哪个单一空间的研究路径

---

① Arjun Appadurai, "Sovereignty Without Territoriality: Notes for a Postnational Geography," in Patricia Yeager (ed.), *Geographies of Identity* (Ann Arbor, MI: Michigan University Press, 1996), pp. 40-58,特别是第43页。

② Barney Warf and Santa Arias (eds.), *The Spatial Turn: Interdisciplinary Perspectives* (London: Routledge, 2008).

第九章 全球移民史

可以被假定为解释整个世界的历史进程与发展的决定性话语。①

全球史并不是书写全球所有部分、所有事物的宏大叙事,也不是像范德·林登在其全球劳工史悖论中所表明的那样——试图替换世界体系等早期解释模式。② 关键的出发点是试图通过将分析的焦点转向经由资本、商品和思想的网络化流动而实现的全球一体化、包容性和联通性的历史进程,克服对历史事件和过程狭隘的国家/地区解读。全球史试图考察跨越空间的联系,对历史分析的比较框架做出了补充。

全球史转向意味着人的流动已经被认作"历史变迁中的重要力量"③,也被认作一个历史常量,塑造了跨越时空的政治、经济和社会文化诸形态的轮廓与特点,造成空间参照与界线的移动并相互勾连成网络。其他历史主题和进程不一定涉及或引起联系与跨越,而人类迁徙却是一种独特的现象,运动、跨越,以及联系④和比较全都处于这一过程的核心。移民史与联系、跨越直接相关,可以作为全球一体化的指标,成为全球史的核心主题之一。全球移民史是全球史书写中的一个关键分支,因为"人类共存的历史也总是迁徙的历史"。⑤ 帕特里克·曼宁做了类似的论断,人类迁徙是"我们历史中的一个如此基本的要素,以至于我们历史经验的每一个方面的研究都需要思考它"⑥。人们越来越认识到人类迁移的历史意义,因此,移民史这个曾经长期作为以民族国家为中心的经济史、社会史之注脚的领域,已经进入研究的中心地带,而它也绝对配得上

---

① Arjun Appadurai, "Sovereignty"; Saskia Sassen, "Spatialities and Temporalities of the Global: Elements for a Theorisation," *Public Culture* 12:1 (2000), pp. 215-232.

② Marcel van der Linden, "The Promise and Challenges of Global Labour History," *International Labour and Working-Class History* 82 (Fall 2012), pp. 57-76, 特别是第 60 页。

③ Judith M. Brown and Rosemary Foot (eds.), *Migration: The Asian Experience* (London: Palgrave MacMillan, 1994), p. 1.

④ Patrick Manning, *Migration in World History* (New York: Routledge, 2012) (second edition), p. 2.

⑤ Ludger Pries, "New Migration in Transnational Space," in Ludger Pries (ed.), *Migration and Transnational Social Spaces* (Aldershot: Ashgate, 1999), p. 1.

⑥ Manning, *Migration in World History*, p. 2.

这一地位。①

从全球史视角研究移民已经成为当代世界的一股潮流,因为人们跨越边界的运动向固定不移的区域化和空间化提出了挑战,这些挑战对全球化过程本身而言是根本的。这意味着我们必须承认"移民趋势与样式构成全球史定义的一部分"②。尽管如此,大多数移民史研究仍然依据地区、时代和社会状况来分割。

本章认为,移民一直受到全球因素的影响,因此必须在全球史的历史情境和概念框架中进行研究和评价。我不打算构建宏大叙事,或为全球移民史提供一个单一的包罗万象的理论;我将从各种不同的文献中提取观念、术语、思路和概念,它们回应着不同的移民流动与过程,并且允许我在不忽略具体情况的前提下推断出某些具有普遍意义的内容。我也试图思考一些基本问题,如帝国如何决定着移民的流动、方向与特点。总的来说,我把这些问题放在"全球南方"地区,特别是印度的情境之中来思考。

在进一步论述之前,我想说明本章的范围与目标。移动总是在时间和空间中显现,因此我们首先探讨时间的范围。尽管移民活动一直存在于人类历史之中,但19世纪和20世纪最初几十年见证了人类前所未有的迁移过程,他们跨越地区、国家、海洋和大陆,因而这个时期可以被称为"人类迁徙"的世纪。③世界银行的一份报告《国际移民与全球经济秩序》估计,1850—1914年间,约10%的世界人口从他们的家园移居到了其他国家,然而在今天这个全球化时代,这个比例只有3%左右。④使这个时

---

① Leo Lucassen, Jan Lucassen and Patrick Manning (eds.), *Migration History in World History* (Leidedn: Brill, 2010), p. 6.
② Wang Gungwu, "Migration and Its Enemies," in Bruce Mazlish and Ralph Buultjens (eds.), *Conceptualising Global History* (Boulder, CO: Westview Press, 1993), pp. 131-151,特别是第132页.
③ Eric Hobsbawm, *The Age of Capital: 1848-1875* (New York, NY: Vintage, 1996).
④ http://www.globalization101.org/uploads/File/Migration/migration.pdf (2014年3月10日检索).

期独具特色的,不仅是数量,还有质的特征,如帝国的作用与资本主义经济发展的特性。19世纪及20世纪早期的移民出现在历史的交汇点——在帝国扩张和资本主义发展的背景下,世界经济、领土边界和政治实体经历着巨大的重组。因此有必要专门研究这个独特的时期。本章认为这段具有独特移民模式的时期结束于20世纪50年代。之后,去殖民化进程、前殖民经济的不均衡一体化、后殖民民族国家的创建,为公民身份和认同引入了具体细节,以管理跨国移动,从各种根本上改变了移民过程的内容与本质。

其次是移民的空间范围。世界很多地方都经历了在其领土边界内的人的流动,但是本章只讨论跨越边界的移民活动。内部移民与跨越边界的移民有不同的研究范式。因为各种决定因素(例如国家干预、社会文化背景、回报的可能性等)对两种移民流的影响是不同的,任何试图在同一章中合并这两股移民流的努力都无法达成一致的解释,推论也会出问题。因此,我只试图勾画出跨越边界的移民活动的轮廓与轨迹。从这一视角看历史,并不是要忽略这一事实——大多数跨越边界的移民活动受到地方和区域的流动性的推动,并与之相联结。

书写移民史:全球转向

人类迁移史的主流书写模式一直是案例研究,目的是展示人类具体流动的特殊性。① 这一史学潮流从国家严格控制和移动疆域化的角度来

---

① Madhavi Kale, *Fragments of Empire: Capital, Slavery and Indian Indentured Labor in the British Caribbean* (Philadelphia, PA: University of Pennsylvania Press, 1999); Leslie Page Moch, *Moving Europeans: Migration in Western Europe Since 1650* (Bloomington, IN: Indiana University Press, 1992); James H. Jackson, *Migration and Urbanization in the Ruhr Valley, 1821-1914* (Boston, MA: Humanities Press, 1997); Steven Hochstadt, *Mobility and Modernity: Migration in Germany, 1820-1989* (Ann Arbor, MI: University of MichiganPress, 1999); Colin Pooley and Jean Turnbull, *Migration and Mobility in Britain Since the Eighteenth Century* (London: UCL Press, 1998); Kernial Singh Sandhu, *Indians in Malaya: Some Aspects of Their Immigration* (转下页)

看待和解释移民。这一研究路径背后的方法论与概念原理是,跨越边界的移民流动是专门史、社会史、经济史和政治史的产物,因此单一的分析框架无法成功地讨论全球规模的移民。这一从疆域出发的研究路径为移民史提供了多样化的观点,它们以多样的区域视角、优先性和地方状况为基础,然而,在此过程中,这一路径创造了一系列移民叙事,它们彼此之间不总是一致的。

移民史的另外一种路径主要在 20 世纪 80—90 年代受到支持,它关注更大的趋势与更多地区,但基本上以西方(欧洲或北美)为中心,遵循"中心-边缘"模式,只把世界其他地方的发展看作西方事件的结果。这些研究的基本趋势是,研究西方模式和进程的特点,或者把世界其他地方的移民看作欧洲在这些地方扩张的结果。P. C. 埃默与 M. 莫纳主编的《欧洲扩张与移民:来自非洲、亚洲和欧洲的洲际移民论文集》(1992)是一部代表性作品,该论文集考察欧洲扩张与国际移民之间的因果联系。① 以大西洋为中心的路径(把亚洲的移民活动看作是"暂时的""短期的"而忽略之),基于一种永久性的想象——那些去美国的人永远不想返回故土。然而,这一研究思路已经受到沃尔特·纽金特等学者的有效挑战,他已经证明,抵达美洲(包括美国)后"一个季度、一年或几年后返回故乡"②

(接上页) and Settlement, 1786-1957 (Cambridge: Cambridge University Press, 1969); G. William Skinner, *Chinese Society in Thailand: An Analytical History* (Ithaca, NY: Cornell University Press, 1957); Akram Fouad Khater, *Inventing Home: Emigration, Gender, and the Middle Class in Lebanon, 1870-1920* (Berkeley, CA: University of California Press, 2001); J. C. Moya, *Cousins and Strangers: Spanish Immigrants in Buenos Aires, 1850-1930* (Berkeley, CA: University of California Press, 1998).

① Pieter C. Emmer, "European Expansion and Migration: The European Colonial Past and Intercontinental Migration: An Overview," in Pieter C. Emmer and Magnus Morner (eds.), *European Expansion and Migration: Essays on the Intercontinental Migration from Africa, Asia and Europe* (New York, NY: Berg, 1992), pp. 1-12, 特别是第 2 页。

② Walter Nugent, *Crossings: The Great Transatlantic Migrations* (Bloomington, IN: Indiana University Press, 1995), p. 35.

第九章 全球移民史

的情况在欧洲移民中相当普遍。①

移民研究的欧洲中心视角或大西洋中心视角的基础是认为欧洲/北美移民与世界其他地方的移民浪潮存在本质的差异，并将迁移史、移民因素、移民性质作为这些差异的重要标识。欧洲中心论描绘出一个停滞的亚洲，没有什么重要的移民趋势，而19世纪的亚洲移民潮只不过是欧洲经济政治在亚洲发挥越来越大的影响的结果。在"推"与"拉"的二元结构之中，欧洲与北美由于为移民提供了更好的经济选择，具有"拉"的特点；而亚洲人则迫于生存压力选择移民，被"推"着离开原居住地。关于移民流动的性质，欧洲中心论认为，欧洲和北美移民通常有行动和选择的自由，而亚洲移民大多是契约型或者其他劳役类型的移民。② 这些差异的核心是移民的能动性，经典叙事以种族分类为基础：欧洲/北美移民具有主体性，而亚洲移民受制于政治经济的结构性压力。更广泛的，非洲移民是被奴役的，亚洲移民受契约的约束，白人自由移民则位居金字塔的顶端。③ 这些态度决定了研究者会以差异化、区隔化的方式对待19世纪的移民对象，严重降低了进行比较分析的可能性，自然也不可能产生连贯的全球性移民史叙事。

---

① 沃尔特·纽金特表明在整个美洲，1846—1924年间欧洲移民的返乡率大约是25%；1857—1914年间，阿根廷移民返乡率约为43.3%；1899—1912年间，墨西哥移民返乡率约为66%。1908—1914年的返乡率特别高，达到52.5%，这有效地说明了认为某类移民具有未久性而其他移民并非如此是不对的。Nugent, *Crossings*, pp. 35-36. 重要的不是时期，而是返乡的趋势：我想强调的是美洲移民（他们被认为具有永久性移民特征）的返乡率也超过50%，这与亚洲移民（他们被认为具有季节性或暂时性特征）相类似。
② David Eltis, "Introduction: Migration and Agency in Global History," in David Eltis (ed.), *Coerced and Free Migration: Global Perspectives* (Stanford, CA: Stanford University Press, 2002), pp. 1-32.
③ Ulbe Bosma, "Beyond the Atlantic: Connecting Migration and World History in the Age of Imperialism, 1840-1940," *International Review of Social History* 52 (2007), pp. 116-123, 特别是第117页。然而，这种按种族来区分移民流动的本质化做法受到很多学者的挑战，他们质疑自由移民只是"白人特权"的论断。Bosma, "Beyond the Atlantic," pp. 116-123; Thomas C. Holt, *The Problem of Freedom: Race, Labor and Politics in Jamaica and Britain, 1832-1938* (Baltimore, MD: Johns Hopkins University Press, 1992); Adam McKeown, "Global Migration: 1846-1940," *Journal of World History* 15 (2004), pp. 155-190.

然而,过去20年,学术界中无所不在的全球转向已经影响到了移民史,有越来越多的学者致力于将移民活动放在全球情境中进行考察。从全球史视角出发,他们假定,各类移民流动存在一个普遍性基础,尽管也存在大量的例外和地方特点。全球转向的主要诉求是促使移民史家之间展开对话,让他们更好地理解各种移民活动的差异性与共同性,然后提出一个全面的全球视角。对一位历史学家来说,这是一项困难的本体论任务——将各种不同的观点、对立的观点做一连贯的综合,同时继续接纳那些时间与空间不同的移民活动独特的、存在主义的及隐含的面貌。为了描绘出这一全球转向的轨迹,追溯理论创新与方法论创新,找到全球移民史中的关键问题,我将评述那些具有标志性与决定性意义的著述,以及研究机构的种种努力。

关于跨地区移民活动的早期作品,如大卫·诺斯拉普的《帝国主义时代的契约劳工,1834—1922》(1995)关注制度和规定,而非过程与人。① 对全球移民做全面研究的最初努力可以在呈现了漫长时间中的不同移民流动的多卷本著作中找到。一部呈现各类移民流的集体叙事成果是由罗宾·科恩编辑的《剑桥世界移民概览》(1995)。尽管这部书和类似著作没有提出一个比较的路径,但是它们提供了所需的背景及意识,以便进行比较,并找出世界很多地区移民活动的共同点与差异点。②

对于对具体区域问题感兴趣的历史学家来说,一种方法论上的可能是将分析点从具体地区转换到具体问题和具体主题上来。大卫·埃尔蒂斯主编的《强制性移民与自由移民:全球视野》(2002)将自由与强制作为概念工具,提供了一个全球移民研究的比较分析案例。这部作品也有效地说明了全球网络和联系如何通过移民活动得以维持,并将各种不同经

---

① David Northrup, *Indentured Labor in the Age of Imperialism*, *1834-1922* (Cambridge: Cambridge University Press, 1995),放在剑桥大学出版社"比较世界史研究"系列出版。

② Robin Cohen, *The Cambridge Survey of World Migration* (Cambridge: Cambridge University Press, 1995).

第九章　全球移民史

历的移民汇聚在一个单一的分析框架之中。① 然而,强制移民与自由移民的二分法把复杂的问题过度简化了,而且不幸的是,这种分析方法被那些以领土为中心的学者用来对移民进行分类,把他们分隔开来。

与此相对照的,移民史的全球视野以长时段研究路径为基础。德克·霍尔德(Dirk Hoerder)的杰作《相互接触的文化:第二个千年纪的世界移民》(2002)是这类作品的代表。霍尔德主张走出民族国家或空间限制,进入全球视角,因为领土界线遮蔽了我们的视界,让我们无法看到跨国网络和经济体如何在一个日益一体化的世界里发挥影响,特别是19世纪之后。

人们通常认为,移民流动受到更大的政治经济情境与限制的影响,然而这一路径常常削弱甚或忽略移民自身和人类能动性的作用。通过引入文化背景以及移民自身的各种交往活动——这一关键工作呈现了移民的人性,霍尔德使人的能动性成为全球移民活动中至关重要的决定性因素。在强调人的能动性的重要意义时,他指出移民过程由试图决定自己命运的个体引导、架构及形塑。移民不是大规模的人类重新安置计划的被动接受者,他们有自己的思想,有未来的计划,他们会依据自身的参考范围评估在移民活动中的得与失。

一种跨越边界、跨越文化的比较路径表明,不同文化和地区的移民过程存在基本的相似性。然而,如霍尔德所展示,"在这个全球框架中,移民对每个社会都是独特的,这取决于经济行为、社会结构、权力关系,也取决于重新调整的权利、性别等级,以及儿童的地位"。这使得全球移民史研究比分析"几碗意大利面或米袋中的谷物"更为困难。② 他提倡一种综合了历时性、主题性和空间性的视角,借助地区间的经济联系、社会文化联系与制度,来应对其中一些挑战。为了解决全球移民史书写的这些担

---

① David Eltis, *Coerced and Free Migration: Global Perspectives* (Stanford, CA: Stanford University Press, 2002).

② Dirk Hoerder, *Cultures in Contact: World Migrations in the Second Millennium* (Durham and London: Duke University Press, 2002), p. 4.

忧和挑战,他提出一种"以人为中心"的体系路径,为全球移民史的理论-方法论话语引入了新的范式和概念。① 他把一个移民体系定义为"持续一段时间的,发生在源发地与接收地之间迁徙的集群,与那种非集群的、多方向的移民活动相区别",前者联结着"两个截然不同的社会",每一个社会在工业化、政治结构、人口因素、迁移距离等方面有不同程度的差异。② 这种体系研究路径包括对源发社会在全球秩序中的地位、文化实践、礼仪风俗等要素的分析,也包括对接收社会的结构、其族群飞地的形成、网络,以及接收社会与新的社会价值和规范之间的互动等方面的考察。③

霍尔德使用大框架、长时段的视角来分析人类的迁移活动,因而得以追寻移民活动与经济社会发展、政治转型之间的关键联系,表明了移民活动是欧洲力量进入之前的非洲、中国和印度社会的构成要素。然而,该模型太过关注这三者,没有脱离欧洲-大西洋中心观的二分法,将欧洲移民与亚洲移民做了区分:亚洲移民活动受到推动因素(家乡令人绝望的境况和活动困境)的影响,而欧洲移民活动则被描绘为"自由"的经济选择。

按照长时段路径的逻辑,帕特里克·曼宁,全球史的一位积极倡导者,在其《世界历史上的移民》(2005)一书中呈现了或许跨越了最长历史时段的人类移民史。为了证明世界历史上人类移民活动的规模,他描述了 19 世纪和 20 世纪早期的两股移民潮——第一股潮流是约 5000 万欧洲人在整个欧洲迁徙,随后前往北美、南美及其他更远的地方,第二股潮流是约 8000 万人在东亚和南亚的迁徙。曼宁呼吁探究全球层次的变化与微观层次的移民流动之间的联系,以评估移民对历史进程的影响,并深

---

① Dirk Hoerder, *Cultures in Contact: World Migrations in the Second Millennium* (Durham and London: Duke University Press, 2002), p. 15.

② Ibid., p. 16.

③ 早期研究著作把移民体系当作一个分析概念以理解全球互动关系,见 Mary M. Karitz, Lin Leam Lim and Hania Zlotnik (eds.), *International Migration Systems: A Global Approach* (Oxford: Clarendon, 1992) 和 Douglas S. Massey et al. (eds.), *Worlds in Motion: Understanding International Migration at the End of the Millennium* (Oxford: Clarendon, 1998)。然而这些作品更多地是在国家范式和政策视角下使用"系统"概念,主要是为了探求国际移民活动的起因及影响。

入考查移民流动的连续性与变化。

每一次移民活动都有其独特的条件,产生了独特的经历。从全球视角书写移民史遇到的首要方法论挑战是,如何调和普遍性与内在独特性。曼宁的研究模式是"概述移民活动的同时,强调它们的特殊性"。① 这一模式关注五个因素——人类社群的边界、移民活动的主要类型、迁移运动、移民活动引起的短期社会发展、移民活动的长期影响——之间的互动,为的是思考移民活动的潜藏逻辑及反复出现的移民选择。② 曼宁对全球移民史其他有价值的贡献与网络的作用(下文论述),以及移民在希望、成本和风险方面的后果有关。他与荷兰学者卢卡森夫妇合作编辑的《世界史中的移民史:多学科研究路径》(2010)一书,为全球移民史提供了方法论框架,也完善了曼宁自己的观点。作者们呼吁运用一种普通的长时段研究路径,以包含全部人类移民经历。③ 他们对现有的学科研究路径进行检视,认识到它无力解决全球移民史研究面对的问题(尤其是历史路径将移民活动分割开来),于是建议采用更为概括性的框架,容纳长时段和广阔的地理范围,以及多学科的研究路径。④ 尽管这一"长时段"可能失之过简,这一观念为我们超越学科固守的界限提供了途径,因而是建构全球移民史框架的重要一步。

移民活动被视作书写全球史的重要组成部分,全球移民史在方法论及概念框架方面也取得了十足的进展。⑤ 然而,大多数研究作品仍然透过欧洲或大西洋移民的透镜来观察全球问题,而非试图超越欧洲-大西洋

---

① Manning, *Migration in World History*, p. 2.
② Ibid.
③ Jan Lucassen, Leo Lucassen and Patrick Manning (eds.), *Migration History in World History: Multidisciplinary Approaches* (Leiden and Boston: Brill, 2010), p. 17.
④ Ibid., p. 18.
⑤ Dona Gabaccia (ed.), *Gender and Migration Revisited* (Staten Island, NY: Center for Migration Studies of New York, 2006); J. Lucassen and Leo Lucassen, "The Mobility Transition Revisited, 1500-1900: What the Case of Europe Can Offer to Global History," *The Journal of Global History* 4:4 (2009), pp. 347-377; Adam McKeown, *Melancholy Order: Asian Migration and the Globalization of Borders* (New York, NY: Columbia University Press, 2008); L. P. Moch, (转下页)

中心论观照下的移民历史。把亚洲排除在移民叙事之外的最初原因,是对移民规模和散布范围的看法,以及大分流理论——亚洲移民与欧洲或大西洋移民相比数量微不足道。①漠视亚洲移民活动的著述还屡见不鲜,如埃默认为"鉴于亚洲内部移民和外部移民的数量相对较少",亚洲移民活动对移民来说是否有益这样的问题甚至不值得讨论。他指出欧洲发生了移民大爆炸,并估计"1800年至1960年期间至少有6100万欧洲人参与了洲际移民"。从绝对值和相对值来看,非欧洲移民的数量少了很多,同一时期亚洲和非洲移民总数只有五六百万。②另外一个排除"第三世界"移民的理由是,来自这些地区的移民流动具有高度分化的特点。③

移民规模这个理由没多长时间就被推倒了。王庚武编辑的《全球史与移民活动》(*Global History and Migrations*④,1997)是把亚洲移民放置在全球史之中考察的一次早期尝试,该书还对历史学家未能构建全球移民活动的全景表示悲观。该书运用普遍性命题来阐述和解释全球移民史,寻找分析的共同点,如政治经济状况的作用、世界各种移民潮中移民的想法与抱负。不过,王庚武把中国移民活动的起点放在鸦片战争之后(19世纪60年代),似乎在说欧洲势力影响之前的亚洲社会几乎没有移民活动,这本质上还是用欧洲中心论来看问题。

随着亚当·麦基翁颠覆性的论文《全球移民,1846—1940》(2004)的

(接上页)"Connecting Migration and World History: Demographic Patterns, Family Systems and Gender," *International Review of Social History* 52:1 (2007), pp. 97-104; R. S. Parreñas, *Servants of Globalization. Women, Migration and Domestic Work* (Stanford, CA: Stanford University Press, 2001); P. Sharpe (ed.), *Women, Gender and Labour Migration. Historical and Global Perspectives* (London and New York: Routledge, 2001); Ian Goldin, Geoffrey Cameron and Meera Balarajan, *Exceptional People: How Migration Shaped Our World and Define Our Future* (Princeton, NJ: Princeton University Press, 2011); Jan Lucassen and Leo Lucassen (eds.), *Globalising Migration History: The Eurasian Experience, 16th-21st Centuries* (Leiden: Brill, 2014).

① Pieter C. Emmer, "Was Migration Beneficial?" in Jan Lucassen and Leo Lucassen (eds.), *Migration, Migration History, History* (Peter Lang), pp. 111-130, 特别是第113页。

② Emmer, "European Expansion and Migration," p. 3.

③ Timothy Hatton and Jeffrey Williamson, *The Age of Mass Migration: Causes and Economic Impact* (New York: Oxford University Press, 1998), p. 249.

④ 只有王庚武的序言和几篇文章关注亚洲移民,特别是中国移民。

发表,欧洲-大西洋中心论视角才真正发生重大转变。这篇文章之所以影响深远,原因众多,最为重要的是,麦基翁对移民分割起源的探讨,以及他同时超越以欧洲为中心的规范性移民模式与全球史的规范性移民模式的视野。他突出强调了非欧洲人,特别是亚洲人,在世界的扩张及一体化过程中的作用与活动。① 他计划把亚洲人的移民活动,特别是中国人的移民活动纳入全球移民浪潮。他认为亚洲人也是塑造了世界各地移民活动的全球一体化过程的一部分,因此移民不能局限在契约劳工、逗留,或对饥荒及人口过剩的反应等范畴之中。②他的全球移民史框架基于这样一种看法,即世界各类移民活动之间有广泛的相似性,它有两个基本向量:移民活动之间的共性与可比性。他拒绝传统的二元区分——欧洲人/大西洋移民与亚洲移民,因而主张把亚洲移民纳入全球移民框架之中。他在分析了中国、印度、西伯利亚、东南亚、中亚和日本的数据之后认为,19世纪中叶到20世纪中叶的亚洲移民的规模与欧洲的跨大洋移民相当。③

麦基翁的文章也否定了另一个观点——欧洲-大西洋移民与亚洲移民之间存在自由与非自由的差异。他承认,19世纪中叶的亚洲移民活动有强制与暴力的特点,但是他同时认为,大部分移民是在亲友和乡邻的独立网络中进行的,只有不到10%的移民属于契约移民。④ 他在对亚洲契约移民(及其他合同劳工移民)进行研究后发现,这些移民与从欧洲前往美洲的移民没有本质上的差异。毕竟,欧洲人也在动身前后签订了雇佣合同,而且在那些不承认合同移民的地方,也通过不太正式的或债务的关系以及个人人情获得了工作机会。⑤ 他表示,那种**预设的**自由的欧洲移

---

① McKeown, "Global Migration, 1846-1940," p. 156.
② Adam McKeown, "Global Migration, 1846-1940," *Journal of World History* 15: 2 (2004), pp. 155-189.
③ 大约2900万印度人和超过1900万中国人移民到东南亚及印度洋、南太平洋周边地区。McKeown, "Global Migration, 1846-1940," pp. 156-157.
④ Ibid., pp. 157,167. 中国移民中只有不到4%。(McKeown, "Chinese Migration in Global Context, 1850-1940," p. 102.)
⑤ McKeown, "Chinese Migration in Global Context, 1850-1940," p. 103.

民与非自由的非欧洲移民的区分是依据种族主义话语形成的,是划出界限,而不是真正的历史研究。他的研究表明,移民流动自由与否并不是区分欧洲移民与非欧洲移民的可靠标准,因为**所有**的移民都会受到各种各样的规则和强制力因素的影响。

在欧洲、美洲针对亚洲移民的规定性制度和限制方面,麦基翁的研究也至关重要。他认为,这并不是西方模式所认为的那种典型的迁移意愿不足,而是受到帝国权力影响的产物。根据他的估算,在19世纪80年代之前,来自南亚和东亚的约250万移民抵达美洲,当时反亚洲移民的管制刚开始生效。如果没有这类限制,他认为亚洲移民的数量会多得多。①

19世纪的移民活动有其全球性的政治经济背景,受到全球经济与国内变化的影响。经济发展与移民流动之间存在共生关系。随着以欧洲和北美为中心的全球经济的兴起,世界经济也发生转型,影响了之前的移民模式,为远程移民创造了条件、环境和吸引力。移民的增加进而促进经济发展与整合。可见,全球移民史与全球经济环境及转型研究之间需要互动。麦基翁认为,"全球南方"的种植园、矿井、农业地区,如同西欧和北美的工厂、农场一样,也是扩张的全球经济的组成部分,因此去往这些地方的移民也应和欧洲、大西洋移民一样包含在移民的全球叙事之中。②然而,为了把亚洲移民看作与欧洲移民同等的自由移民,麦基翁在19世纪全球移民史的框架内淡化了种族化的话语。

全球移民史书写还涉及一个重要问题——分期。移民一直是人类历史中的常态活动,但是决定分析的程度却是一个艰难的任务,毕竟可实现性及概念/方法的连贯性制约着我们的分析。全球移民史分期是一件棘手的事:时间段太短可能导致非常有限的叙事。而且,经济考虑与种族的、地缘政治的特点也无法被时间段框住,虽然这些要素的环境、形式、程度,甚至分类标准可能随时间而改变。我们需要长时段视距才能理解历

---

① McKeown, "Global Migration, 1846-1940," pp. 157, 174-175.
② Ibid., p. 166.

史的复杂性,但是时间跨度不可能没有边界:曼宁使用五千年的时间跨度,①而霍尔德用千年。我们需要追寻每个历史时期的量与质的特征,只有这样才能在一个更长的历史时间段中跨越各种历史情境,对这些特征进行比较、评估。

如上所述,19世纪标志着一个特别的历史交汇点——欧洲帝国主义的扩张,伴随着奴隶制的废除——因此是一个很好的分析单元。为了满足领土和经济的不断扩张,欧洲创造了新的劳动制度,主要针对亚洲移民(中国人和印度人)劳工。这些劳工制度反映了种族等级制,对移民劳工进行了分割。在一个非常结构化的机制下,这些制度也促使移民劳工在亚洲地区内移动,前往缅甸、马来亚、斯里兰卡,或者到南美、非洲的领地。这一趋势在20世纪40年代发生倒转,因为去殖民化和新独立的前殖民地开始管理其领土内的移民流动。这些大规模的转换改变了全球移民活动的性质、动力与目的地。

关注19世纪全球移民活动,使得人们把种族化话语放置在全球移民史框架之中。19世纪全球移民的模式受到种族偏见、等级、歧视和排外的影响,这些因素创造了一个全球移民的分类秩序。在这一等级秩序中,非欧洲移民被置于边缘位置或最底层,或者兼而有之。在很多地方,亚洲移民落入刚结束的奴隶制的余烬中,他们面对着惩罚性的举措和令人沮丧的奴役。

欧洲中心论把欧洲的殖民干涉与迁移策略视作19世纪亚洲迁移的主要因素,替换这种研究视角的办法是,用看待欧洲移民的方式看待亚洲移民,即承认亚洲移民的迁徙活动是由社会网络引发的。从社会网络的视角看,网络是重要的支撑,为移民活动提供渠道,"移民活动本身可以概念化为网络的建构过程,这一过程依赖于并反过来强化跨越空间的社会关系"②。在一篇关于"移民流中的人际信任网络"的引人联想的文章

---

① 然而在《世界历史中的移民》(2013)修订版中,曼宁囊括了整个人类史,因为"移民活动是可以观察到的从人类活动出现以来的人类组织模式之一"(见第二版序言)。

② A. Portes and R. Bach, *Latin Journey: Cuban and Mexican Immigrants in the United States* (Berkeley, CA: University of California Press, 1985), p. 10.

中,查尔斯·蒂利颇富启发性地提示我们,"信任网络在世界很多地方远程移民流动的组织、维持和转型中发挥着核心作用"。① 于他而言,实际上是网络在迁移。② 在找工作、寻食宿,以及商品与服务的流通过程中,同社会经济信息和道德的支持一道,社会网络发挥了关键作用。

这一网络模式把移民过程描绘成一个自我维持的秩序,它不一定需要像国家干预这样的刺激来维持运作。如莫妮卡·博伊德所说:"网络跨越时空联结移民。一旦开始,移民流动经常可以自主运行,反映出信息、支持和义务网络得到建立,它在接收地的移民与输送地的朋友及亲属之间发展起来。这些网络……使得迁移运动不一定受时间的约束,也不一定是单向的或永久不变的。"③在麦基翁看来,在亚洲移民的环境中,这些网络是基本的组织结构,理解它们对理解移民的全球模式非常关键,④因为这些网络促进了跨地区的移民活动。⑤ 我自己的研究及其他一些历史学家的研究表明,家人网络、亲族网络和地方网络促进了殖民地时期印度与中国的移民活动。⑥ 网络关系的具体结构,包括组织关系、复合关系

---

① Charles Tilly, "Trust Networks in Transnational Migration," *Sociological Forum* 22: 1 (2007), pp. 3-25,特别是第 5 页。
② Charles Tilly, "Transplanted Networks" in V. Yans-MacLoughlin (ed.), *Immigration Reconsidered: History, Sociology and Politics* (New York, NY: Oxford University Press, 1990), pp. 79-95.
③ Monica Boyd, "Family and Personal Networks in International Migration: Recent Developments and New Agendas," *International Migration Review* 23:3 (1989), pp. 638-670,特别是第 641 页。
④ McKeown, "Global Migration, 1846-1940," p. 178.
⑤ Manning, *Migration in World History*, pp. 8-9.
⑥ Amit Kumar Mishra, "Sardars, Kanganies and Maistries: Intermediaries in the Indian Labour Diaspora during the Colonial Period," in Sigrid Wadauer, Thomas Buchner and Alexander Mejstrik (eds.), *The History of Labour Intermediation: Institutions and Finding Employment in the Nineteenth and Early Twentieth Centuries* (New York, Oxford: Berghahn Books, 2014), pp. 368-387; Marina Carter, *Servants, Sirdars and Settlers: Indians in Mauritius, 1834-1874* (Delhi: Oxford University Press, 1995); Gary Hamilton and Tony Waters, "Ethnicity and Capitalist Development: The Changing Role of the Chinese in Thailand," in Daniel Chirot and Anthony Reid (eds.), *Essential Outsiders: Chinese and Jews in the Modern Transformation of Southeast Asia and Central Europe* (Seattle, WA: University of Washington Press, 1997), pp. 254-284.

第九章　全球移民史

和人际关系,带来不同的移民流动与职业构成。① 移民网络的动态效果造成了两个不同的世界——移民世界与地理上界线分明的领土世界。它们创造了复杂的、重叠的移民流动和节点,这是一种单一的民族或地区移民史难以完整把握的。②

以社会网络为基础的方法论路径和理论有相当强的分析能力,为我们提供了关于全球移民复杂性的有益洞见。然而,它们没有对政治经济权力的话语,就出发地和目的地而言的移民内部社会秩序等级,雇主雇佣的行为者和机构(如招工头)的作用,以及最重要的,政权参与创造和发展这些网络以塑造符合其偏好和要求的移民流动进行太多分析。

麦基翁的研究也标志着在这一主题上跨出欧洲中心论的重要一步,因为他探索欧洲移民与非欧洲移民之间的相似性,突出了非欧洲移民模式在19—20世纪全球经济形成中的重要性。然而,他的观点——自由移民是全球移民显著的特征和标准模式——也是有问题的。很多亚洲移民,特别是来自印度的移民,在亚洲内外受到种族歧视和排斥。极具惩罚性质的劳工立法,如英国种植园殖民地的反流浪法,只是有效限制移民自由的办法之一。这些劳工制度近乎奴隶制。移民的自由也受到法律保护下的契约条件或预付债务(debt advances)的限制(如工头[Kangani]和中介[Maistry]管制下的印度移民③,他们是亚洲内部移

---

① Maritsa V Poros, "The Role of Migrant Networks in Linking Local Labour Markets: The Case of Asian Indian Migration to New York and London," *Global Networks* 1:3 (2001), pp. 243-259, 特别是第243页。

② McKeown, *Global Migration*, p. 180.

③ Kangani 与 Maistry 是某种中介,促使和资助印度南部劳工前往东南亚工作,更多详细讨论见 Mishra, "Sardars, Kanganies and Maistries: Intermediaries in the Indian Labour Diaspora During the Colonial Period," in *The History of Labor Intermediation: Institutions and Individual Ways of Finding Employment in the Nineteenth and Early Twentieth Centuries*, Edited by Sigrid Wadauer, Thomas Buchner, and Alexander Mejstrik, [*International Studies in Social History*, vol. 26.] Berghahn, New York [etc.] 2015。

民的一部分）。① 19 世纪，数百万欧洲人在国家支持下前往拉丁美洲、古巴和澳大利亚，在约束条件下工作，非常类似于奴役契约移民。这个事实当然挑战了欧洲中心论的观点——欧洲移民是自由移民，他们为着更好的生活前景做出理性的、独立的选择。

麦基翁对全球移民普遍状况的研究之贡献还在于，他认为亚洲移民是网络的产物，而不是欧洲殖民干预的产物，但是这一点也是有争议的，因为大多数亚洲内部的移民活动发生在欧洲直接殖民统治的地区，或是受欧洲列强影响的地区。他主张超越欧洲中心论，但是当他认为自由移动是全球移民史的正常状况时，他的分析和观点也滑进了将欧洲模式普世化的陷阱之中。他带来了非欧洲移民的视角，但是他的论点主要还是以中国移民的历史经验为基础，没有注意到印度的情况，这使得他的研究更具中国中心论，而非真正意义上的全球观。

近年来，努力将亚洲视角纳入全球移民史的是苏尼尔·阿姆利特的《现代亚洲的移民与离散人群》（2010）。这部著作主张重新检视移民史的欧洲中心论视角，即把殖民主义之前的亚洲人看作静态的、不迁徙的。② 但与此同时，这部著作也把 19 世纪中叶亚洲移民活动的驱动力归因于殖民干预，因此实质上还是落入了传统的欧洲中心论。③

阿姆利特也指出了一个严重束缚亚洲移民研究的方面：缺乏数据与客观性。欧洲移民的数据可以通过航海日志、乘客登记簿获取，然而研究者很难获得亚洲移民离开和抵达的详细信息，特别是亚洲内部的

---

① 在 Hugh Tinker 影响深远的 *A New System of Slavery* 之后，有很多作品讨论这些劳工移民的性质，特别是印度契约移民。对这些讨论的关键问题的概括与评论，参见 Amit Kumar Mishra, "Indian Indentured Labourers in Mauritius: Reassessing the New System of Slavery vs Free Labour Debate," *Studies in History* 25:2 (2009), pp. 229-251。

② Sunil Amrith, *Migration and Diaspora in Modern Asia* (Cambridge: Cambridge University Press, 2011), p. 5.

③ 阿姆利特列出四类因素，作为亚洲 19 世纪迁徙革命的驱动力：第一，殖民入侵和地区冲突；第二，亚洲不平衡的经济发展；第三，殖民国家的拓展及这个过程中人口的被迫迁徙；第四，不安全的环境。Sunil, *Migration and Diaspora in Modern Asia*, p. 6.

迁移活动。① 这意味着研究者不得不在很大程度上依赖人口调查数据，但这是有问题的，不仅因为这些数据带有国家的偏见和视角，还因为循环迁徙没有被计算在内，而这种迁徙又是亚洲内部迁徙的重要部分。②

除了独立学者，全球移民史的议程也受到研究机构项目的支持和强化。阿姆斯特丹的国际社会史研究所于 2005 年启动"全球移民史项目"，致力于"在当前的全球化世界中充分理解移民与定居过程的原因及结果"。③ 这一项目的内容有：通过举办主题研究工作坊构建解释框架、出版系列出版物、建立世界移民活动数据库。④ 在概念理解方面，该项目旨在加强全球移民史中的两个观点：首先，全球视野对充分理解全球化世界中移民活动的原因及结果具有重要意义；其次，除了长期关注的欧洲及大西洋地区，有必要研究非西方世界的移民经历。

帝国的角色与印度例外论

欧洲中心论仅仅把 19 世纪的亚洲移民活动看作帝国主义经济政治干涉的结果，已经受到麦基翁等学者的驳斥，他们试图寻找欧洲移民与亚洲移民的相似处。欧洲中心论对欧洲干预的强调也被批评为支持历史决定论，忽视亚洲移民的能动性。然而，仔细考察欧洲在亚洲地区扩张与介入的程度，以及亚洲内部和离开亚洲的移民数量的增加情况，我们会发

---

① 对于跨越海洋前往斐济和毛里求斯等地的印度移民，可以通过乘客名录等详细文献了解其生平，但是亚洲内部类似的数据则十分匮乏。

② Sunil, *Migration and Diaspora in Modern Asia*, p. 13.

③ http://socialhistory.org/en/projects/global-migration-history-programme（2017 年 11 月 29 日检索）。

④ "全球移民史项目"已经出版了一些非常有价值的图书，有助于人们进一步了解全球移民史，如：Jan Lucassen, Leo Lucassen and Patrick Manning (eds.), *Migration History. Multidisciplinary Approaches*, *Studies in Global Social History*（Leiden and Boston：Brill Publishers, 2010）；Ulbe Bosma, Gijs Kessler and Leo Lucassen (eds.), *Migration and Membership Regimes in Global and Historical Perspective*（Leiden and Boston：Brill Publishers, 2011）；Jan Lucassen and Leo Lucassen (eds.), *Globalising Migration History. The Eurasian Experience (16th-21st Centuries)*（Leiden and Boston：Brill Publishers, 2012）。

现,19世纪的移民活动无法与帝国扩张和资本主义的历史割裂开来,这样做可能更难消除欧洲中心论,毕竟帝国主义和资本主义根植于欧洲。扬·布雷曼等学者已经揭示,殖民国家和欧洲资产阶级如何动用一切强制手段、控制措施,迫使那些生活在亚洲贫瘠乡村的人们和社群背井离乡,进入种植园及其他于帝国扩张而言重要的部门。殖民时期亚洲的劳工有迁移活动,但是没有自由。鉴于这种压迫性的干涉,有人认为欧洲帝国主义的暴力仍然是全球移民叙事的重要内容。①

我想通过考察19世纪印度移民的例外论说明这一概念困境。那些试图运用大西洋中心论、欧洲中心论或中国中心论模式来研究印度移民的研究者会发现,事情不是变得更清楚了,而是愈发不明了。虽然印度人向世界各地迁移的历史由来已久——作为奴隶、商人、劳工等等,但19世纪的印度移民主要由劳工构成,他们在帝国措施的控制之下迁移,在惩罚性契约的规训下劳动。根据从印度到东南亚、斯里兰卡的非契约移民(马来亚的工头制、缅甸的中介制、斯里兰卡的人身可转让的债务劳工[Tundu]占了移民总数的90%左右)的历史证据来看,劳工通过债务和预付制度而发生流动,中间人穿针引线使得劳工与特定的雇主联系起来。尽管不似契约移民,这些劳工在招募时并未经过组织和管理,但当他们到达目的地后,仍会受到严密的约束,面对合法的与不合法的强制劳动。这与中国的情况很不相同,中国是亚洲另一个有很大移民外流量的地区,但契约劳工只占很小的比例。这说明,类似资本主义和帝国这样的分析范畴必须被纳入全球移民史框架,因为它们对世界某些地区(如亚洲,特别是19世纪和20世纪早期的印度)的移民有很大的影响。②

---

① Jan Breman, *Labour Migration and Rural Transformation in Colonial Asia* (Amsterdam: Free University Press, 1990).
② Amit Kumar Mishra, *Survivors of Servitude: Indian Labour Diaspora in Mauritius* (Delhi and Thousand Oaks: Sage,即将出版).

第九章　全球移民史

全球移民史发展现状的局限

如前面讨论过的,发展出可以运用于不同移民制度、不同时代的研究范式与概念,而不以某一特定地区或时代为中心,是一个非常大的挑战。关于"国际移民浪潮之间存在过并仍然存在的人口差异、社会经济差异和文化差异",移民史学家之间有一个共识①:造成移民史书写中的这个难题——对地区特性保持敏感,却可能走向传统的领土国家范式——的原因,可能是我们还相对缺少从全球史视野来书写移民史的尝试。蒂莫西·J. 哈顿与威廉森相当悲观地指出:不平等的状况如此严重,不同移民流动研究与制度研究又彼此分隔,几乎没有可能出现一个统一的范式来发展全球移民史。②

本章并不认同他们的观点,而是表明概念框架如何可以朝着一个更具全面性、包容性的分析方向发展。移民史需要思考移民所造成的集约化影响,这种集约化导致接收社会中移民社区的快速形成,因而创造了新的"族群景观"或者说人的景观。大多数移民史关注原因与过程分析,很多历史学家看待移民如同看待抽象的统计数据,几乎不注意移民的定居过程,以及他们如何与目的地别样的社会经济习惯、政治环境相互适应。研究离散人群的学者和文化研究学者已出版了这些方向的著作,但是他们的理论抽象和历史洞察力的缺乏又令人担忧。

在当前跨国的全球世界秩序的背景之中,人们的位置及位置的再分布经常由他们的民族、疆域/国家身份决定。在很多情况下,移民,哪怕是几个世代之后的在马来西亚或斐济的印度移民后代,还经常得到这样的提醒——他们的根在另一个地方。这一做法有的来自官方,有的从非官

---

① Emmer, "European Expansion and Migration," p. 2.
② Timothy J. Hatton and Jeffrey G. Williamson, *Global Migration and World Economy: Two Centuries of Policy and Performance* (Cambridge, MA: MIT Press, 2005).

方的渠道透露出来,影响了大众观念,进而成为排外和歧视的决定性因素。马来西亚的"土地之子"(Bhumiputera)政策便是其中一例,而最极端的例子是在东非发生的对印度移民的驱逐。离散人群研究的传统是进行大规模的社会学二元研究,几乎不分析跨越地区、国家和大洲边界的人的运动对移民生活的影响,特别是那些经济因素之外的影响,如被排斥在社会、文化、政治领域之外的情况。

即使研究者努力拓展移民史的概念边界和方法论框架,这一空白仍严重限制着全球移民史的发展,因为人的迁移创造了跨越民族、大陆、海洋的社群,这些社群的命运与前途多种多样。另外一个有待研究的问题是,移民对目的地原居民的影响或者说移民的涌入如何影响着他们的生活——他们是否被边缘化,被取代,或者被虐待,他们是否能保持其地位。

来自印度、中国、非洲的移民通常被认为处在绝望的境地,被推动着而离开故土。研究者认为这些推动因素具有积极意义,因为从生存、收入来源、后代变化等方面来看,迁移活动于移民有益。接着,他们又被描述为帝国的受益者,可是全球移民史的当下趋势基本不考虑移民对接收国以及整个帝国的好处(例如糖的生产对帝国的作用,基础设施建设如公路、铁路、港口巩固了帝国的事业)。① 这方面的研究格外重要,因为是移民以他们的个人自由、家庭生活、社会生活,甚至生命为代价做出了这些贡献。

结　论

犹如全球史试图叙述复杂的、纠缠的世界历史故事,全球移民史面对的挑战是,去除概念与方法论的复杂性,重新思考已有的分析范畴,重新

---

① 然而,斯文·贝克特的突破性近著试图修正这些对在帝国保护下的全球资本主义所做的历史分析的谬误,见 Sven Beckert, *The Empire of Cotton: A Global History* (New York：Alfred A. Knopf, 2014)。

第九章 全球移民史

思考在反对某种"中心论"的同时又保留另一种"中心论"主导地位的问题。全球移民史面临的最紧要的挑战是,形成适当的语言、分析概念和方法论路径,以捕捉和平衡不同观点的对立统一。目前,大多数研究作品把跨大洋移民活动看作标准模式,这有助于关注全球进程的一个维度。为了更好地理解移民活动发生的原因,了解一体化与差异化的不同种类,我们有必要更好地了解亚洲等多样性地区的跨大陆移民与国内移民的密度及目的地。更好地了解地区差异,有助于我们更好地理解全球移民史,因而可以进行更合理的叙事。一些差异如何在时间中消失了,而其他的差异变得更明显,我们如果对这些情况有更好的认识,将可以理解世界如何分裂为西方与东方、富足与贫困、发达与欠发达。

本章也试图表明一种可能的前进方向:超越民族国家史时常运用的预设的目的论框架。我们可以把全球移民史看作能够补充和修改的开放式叙事,可以利用跨国研究与离散人群研究所引入的概念。全球移民史的研究者应该采取一种多形态路径,这样可以帮助他们超越二分法模式,将矛盾和冲突看作移民流动与移民过程的内在特点。

本章强调将移民的能动性、动机和妥协历史化的必要性,将他们置于一个更大的历史环境中进行考察,从仅仅对流动做定量分析转向对流动的原因与结果进行话语分析。一种"全球移民的宏大叙事"可能会掩盖具体的移民活动之间的差异。相反,历史学家应该在相近的概念与分析框架中理解各种有特色的过程,以求触及移民活动的关键问题、关注点及争论,并阐明移民活动对世界不同地方的不同影响。在当今的世界秩序中,全球移民获得了一种新的理论意义与历史意义,因为国家界线和边界正在因为移民而被消除、被穿越,变得模糊,得到重造和重议。本章试图尝试必要的空间转向,转向"全球南方",呼吁书写多声部的全球移民史,它重视移民作为人的存在,并承认这一事实——在一系列复杂的事件和环境中进行的人类迁徙塑造了我们生活其间的世界。弗朗兹·法农说过:"我要求受到重视。我不仅仅在此时此地,只有客观的物性。我为着别处、为着他事而存在。我要求人们留意我作出的否定,因为我追求的是

超越生存的东西,也因为我力所能及地为创建一个人类世界而战——那是一个相互认可的世界。"①

---

① Frantz Fanon, *Black Skin*, *White Masks* (translated by Charles Lam Markmann) (London: Pluto Press, 1986), p. 218.

第十章

思想史的全球挑战

多米尼克·萨克森迈尔　安德鲁·萨托里

全球思想史的轨迹

思想史家并未独立于史学史的全球图景之外:通过人员与思想的流动,思想史家之间早已建立起了跨国联系。人们可以在很多国家中发现思想史领域的诸多变化也就不足为奇了。例如,在世界不同地方,较为传统的观念史现在已经让位于受到社会、文化史视角影响的思想史形式。作为一个研究领域,今天的思想史不再主要关注伟大的思想家与知名的著作,而是把目光更多地投向更为一般的思想领域——从公共舆论的诸多面向到概念的转型。在这一过程中,思想史家探寻了不同类型的原始史料,其范围有了相当惊人的扩大:不仅包括不太为人所知的思想家的作品,也包括报纸、小册子或私人信件等文献。①

尽管这些转变出现在很多研究体系之中,但思想史还没有发展成为一个全球标准化的领域。换言之,尽管出现了全球性的缠绕关系,思想史的轮廓仍然受到地方因素的形塑。在各种史学情境之中,该领域的地位不

---

① 关于这一转型,参见例如 Anthony Grafton, "The History of Ideas: Precepts and Practice, 1950-2000 and Beyond," *Journal of the History of Ideas* 67:1 (2006), pp. 1-32;亦可见 Samuel Moyn and Andrew Sartori (eds.), *Global Intellectual History* (New York: Columbia University Press, 2013)。

同,这一点已经得到了证明。例如,直到最近,思想史在印度也没有多少影响力,在法国和日本却是另外一番景象。在欧洲一些国家,特别是第二次世界大战结束之后,思想史家视其工作为学术探索,然而在拉丁美洲的一些国家,这一领域的某些部分确定无疑地被政治化了,这是公开可见的。①

过去十年或二十年,思想史领域还存在另一股潮流,它出现在一种相当不同的学术环境中:全球的和跨区域的视野逐渐兴起。不同国家的学者借助一个复杂的互动模式促进了这一新领域的发展。本章并不试图描绘其复杂的全球形态,而是将注意力放在美国与中国的相关学术发展上。

我们并不想以一种简化的方式呈现这两个全球思想史研究的场域。对比全球思想史的各个面向并不能让论述更为深入,主要原因有二。其一,在中国和美国,这一研究领域极具多样性,很多学者参与跨国合作项目,因此很难清晰地界定这两个国家各自拥有怎样的研究路径。其二,两个国家的全球思想史研究的学术环境绝不相似,这意味着我们必须考察它们各自的学术环境。例如,第二次世界大战以来,很多美国大学逐渐成为全球思想交流的枢纽,中国的研究机构只是从近年才开始做出实质性的努力,以具有国际影响力。在过去数十年,英语仍然发挥着国际支配地位,而汉语还未重新取得其在东亚的通用语地位。

美国的发展

在美国,那些自诩为思想史家的人长久以来不太认为西方世界之外书写的思想生活是思想史研究的对象。的确,如果有人把思想史的核心议程理解为在语境中解释思想与意义,这个人可能会轻易认为后殖民主义学术的很大部分都与这一领域的主要关切相关。可是,在很大程度上,自认的思想史家抑或是后殖民学术的生产者,都不认为非西方世界的思

---

① 关于拉丁美洲,见 Walter D. Mignolo, *Global Histories/Local Designs: Coloniality, Subaltern Knowledges, and Border Thinking* (Princeton, NJ: Princeton University Press, 2000)。

第十章 思想史的全球挑战

想生活属于"思想史"。相似地,很多关于非西方文明的研究,如区域研究或宗教研究中的那种很容易被视作思想史。然而,西方学界一般不认为这类研究与思想史领域的主要研究轨迹有关,纵使有些研究已得到高度精细的发展,如 20 世纪的日本研究。这一情况一直存在,尽管思想史家与那些研究非西方世界的研究者在理论或方法论方面并不存在明显的差异。

思想史领域具有相当开放的学科界限,却有着明确的地理分界,仍然以欧洲和北美为中心。① 这一研究领域通常围绕从雅典、耶路撒冷至今天的"西方思想"史(常以"西方文明"通论的形式被制度化,这种研究在第二次世界大战后逐渐成为显学),以及近现代政治和社会思想史展开。无论是在马克斯·韦伯有关儒家的观念中,还是在半个世纪之后最重要的现代化理论家的路径之中,西方思想史时常被认定为是普遍有效的准则的展开。这意味着世界其他地区只是思想观念的接受者,其思想的开端与阐述已经在另一个地方完成。②

从那时起,思想史便没有跟上历史学其他分支领域的步伐,扩展其研究主题。不过,要说美国及很多其他西方国家的思想史研究呈现出原始的欧洲中心论特征,或者说其研究半径一直没有突破,那也是相当不准确的。一方面,思想史受到人文学科中某些转型的巨大影响。首先是社会史,接着是文化史的兴起,至少从观念上为西方史研究与区域研究的和解铺平了道路。然而,尽管思想史几乎一定受到文化史发展极大的冲击和影响,但是它对这一和解的贡献乏善可陈。即便当思想史的方法论假设和其他传统的界线坍塌时,塑造这一领域的更大的空间概念反而牢固不破。20 世纪 60 年代、70 年代,一些思想史研究类型面临的压力逐渐增大,它们不重视思想、观念得以表达的那些更大的历史背景。与此同时,

---

① 对 2004 年《观念史杂志》(Journal of the History of Ideas)编委的学术背景进行分析,我们可以发现差不多一半人来自历史学之外的学科领域。见 Alan Megill, "Intellectual History and History," Rethinking History 8:4 (2004), pp. 549-557。

② 例如 Joseph R. Levenson, Confucian China and Its Modern Fate: A Trilogy (Berkeley, CA: University of California Press, 1968)。

思想史因其以精英为中心的视角,及其本质主义的国家、文化和文明观念,遭到广泛地批评。在这一背景下,思想史的很多潮流开始出现,寻求摆脱精英视角及本质主义,更多地关注处于边缘地位的声音和文本。很多研究者不再相信可以用一种统一的方式对整个社会进行描述,转而关注个人生平或地方化团体。同时,许多人对非精英的声音甚至是不善表达者的声音有了更多的兴趣——尤其是作为一种手段,用于更清楚地阐明那些经典中更为人所知的文本在历史语境下的意图与含义。①

思想史学界花了很大气力进行辩论:思想观念究竟是自由流动的、内在于文本的,还是根本上依赖于语境而存在的。历史学家愈发难以本质主义地描绘社会——即围绕一些关键的、决定性的观念或价值来组织;他们也无法自信地运用二元结构如精英与民众、理性与宗教来描述社会。同时,一些有关西方与非西方之间差异的隐含的甚至是明确表述的权威性也受到公开质疑,甚至在其中可以研究经典文本的适当界限也开始模糊和转变。

例如在美国,从20世纪70年代开始,一些学者认为主流的学院派史学忽视了这个国家的多样性,现有的历史反映的是精英特权的视角,没有呈现出美国社会更宽广、更多样的生活。②随着身份认同在大学校园和政治话语中变得越来越重要,在一些学校的历史系出现了对历史书写的客观性传统及有关国家、文化的传统观念的挑战。③ 历史研究的基本坐标被超越,传统的空间范围(国家、文化、文明)受到质疑。因此,在全球史

---

① 关于思想史与观念史的历史,见例如 Donald R. Kelley, *The Descent of Ideas: The History of Intellectual History* (Burlington, VT: Ashgate, 2002); Anthony Grafton, "The History of Ideas: Precepts and Practice, 1950-2000 and Beyond," *Journal of the History of Ideas* 67: 1 (2006), pp. 1-32.

② 一部非常有影响的著作是 Howard Zinn, *A People's History of the United States* (New York: HarperCollins, 1980)。

③ Michael N. Bastedo, "Curriculum in Higher Education: The Historical Roots of Contemporary Issues," in Philip G. Altbach, Robert Berdahl and Patricia Gumport (eds.), *American Higher Education in the Twenty-First Century: Social, Political, and Economic Challenges* (Baltimore, MD: Johns Hopkins University Press, 2005), pp. 462-485.

成为今天这样具有活力的样子之前,性别史、种族史、宗教史等领域的学者已经开始批评单一的、线性的"国家"史,以及诸如"欧洲""西方"这样的文明范畴。这些历史学家打破了它们的整体性,开始追寻冲破各种边界的诸多轨迹和联系。如果种族史溢出美国的边界,语境中的种族观念史怎么会在意这些边界呢?与此同时,研究西方世界之外地区的很多学者越过了他们的研究领域所在的空间。他们的做法与安瓦尔·阿卜杜勒·马利克(Anouar Abdel-Malek)、阿卜杜拉·拉鲁伊(Abdallah Laroui)受到后殖民解放观念启发的非美国学者的做法有异曲同工之妙。① 这种跨越边界的做法在思想史中并不新鲜,毕竟思想史家早已习惯追踪思想的对话与网络,而对话与网络并不在意政治或地理界线,尽管他们的研究对象局限在西方世界。但跨越西方/非西方界线的思想互动的研究已经成为可能,并且终于要(尽管有些迟)大规模地成为现实。

例如,在《近代思想史》(*Modern Intellectual History*)杂志于 2004 年诞生之时,它宣称"关注 17 世纪中叶以来的思想与文化史,特别是欧洲和美洲地区,以及非西方的跨国发展情况"。② 虽然其初衷是将欧洲和美洲的思想史研究统一到一个共同的发表平台上来,但杂志后来的历史说明,思想史领域对其他地区的思想以及跨地区的思想纠缠和交互关系持越来越开放的态度。2006 年,该杂志创办的第三年,它开始刊载一系列明确的非西方主题的文章;2007 年,什鲁蒂·卡皮拉(Shruti Kapila)编辑出版"印度思想史"特刊;2010 年,卡皮拉与费萨尔·德吉(Faisal Devji)编辑刊载了几篇有关"薄伽梵歌与现代思想"的文章。诚然,鉴于研究者的地区分布以及自我认定的从事非西方地区思想史研究的学者是新近出现的这一事实,大多数思想史研究,包括《近代思想史》杂志所发表的在内(更

---

① Dominic Sachsenmaier, *Global Perspectives on Global History: Theories and Approaches in a Connected World* (Cambridge: Cambridge University Press, 2011); Anouar Abdel-Malek, "L'orientalisme en crise," *Diogène* 44, 4e trimestre, 109-142 (1963); Abdallah Laroui, *La crise des intellectuels arabes* (Paris: Maspero, 1974).

② 见该杂志的网络介绍 http://journals.cambridge.org/action/newsTop? jid = MIH (2017 年 11 月 29 日检索)。

别说老资格的、保守的《观念史杂志》)仍然主要关注西方世界。然而,该研究领域的地理范围正在松动。在美国之外的地区,全球思想史研究的去中心化努力也很强劲。美国学术圈去中心化的努力与其国内的发展有关,如美国研究型大学里教师和学生群体的族群多元化,以及随之而来的"历史之争"——关于民族历史叙事与世界历史叙事中包含与排除的模式的辩论。在这一背景下,20世纪70年代"西方文明"范式受到广泛的批评,同时受到批评的还有与该范式相关的观念——族群核心价值、哲学见地、科学知识无疑在西方出现,然后经过复杂但并不充分的过程传播到了世界其他地区。①

并非所有思想传播与交流史一定以批判西方历史为目标。很多"空间转向"的作品寻求重新思考非西方地区,如"印度"和"中国"的形成,并将之作为历史研究的空间范围。② 在英美学界,有一种呼声一直存在——超越殖民者/殖民地框架来看待西方与非西方的关系,关注诸如印度知识分子与中欧、意大利或苏联知识分子的关系等问题。③ 研究者也非常希望在思考传播与交流的过程时彻底超越西方中心论。1997年,桑杰·苏布拉马尼亚姆(Sanjay Subrahmanyam)得到广泛阅读的《关联的历史》一文,为思想史家宣布了一个新议程:首先强调不同地区之间存在着多边关系,西方只是这类关系中的一方;其次,该文声称,16—17世纪时"全球视野的思考"已经出现在亚非欧大陆。后来的作品围绕这些观念

---

① 见 Gilbert Allardyce, "The Rise and Fall of the Western Civilization Course," *American Historical Review* 87 (1982), pp. 695-725; Katja Naumann, "Von 'Western Civilization' zu 'World History'—Europa und die Welt in der historischen Lehre in den USA," in Matthias Middell (ed.), *Dimensionen der Kultur- und Gesellschaftsgeschichte* (Leipzig: Leipziger Universitätsverlag, 2007), pp. 102-121。

② 见 Manu Goswami, *Producing India: From Colonial Economy to National Space* (Chicago: University of Chicago Press, 2004)。

③ Bayly and Biagini, *Giuseppe Mazzini and the Globalization of Democratic Nationalism, 1830-1920* (Oxford: Oxford University Press, 2008); Sugata Bose and Kris Manjapra (eds.), *Cosmopolitan Thought Zones: South Asia and the Global Circulation of Ideas* (New York: Palgrave, 2010)。

第十章 思想史的全球挑战

进行论述,如讨论近代早期南亚与中亚之间的联系、泛亚洲主义时期南亚与东亚的联系等等。①

在苏布拉马尼亚姆和他来自世界各地的许多合作者笔下,早期现代性(early modernity)的观念已经出现在南亚、中国、波斯和奥斯曼的历史研究领域,成为一个强有力的分析框架。该框架试图找到"现代性"的源头。一直以来,"现代性"都被视作"西方"身份的标签,与"全球共时"时刻中的"西方"分不开——这一时刻由"各种各样的现象"定义,可能包括"蒙古人征服世界的梦想,欧洲人的探索之旅,散居各地的印度纺织商人的活动,'微生物的全球化'"。从这个角度出发,"现代性"是一个在亚非大陆范围产生的现象,无论它后来如何被欧洲帝国霸权占为己有。这样看来,有关近代早期亚非欧空间内多样的"全球"想象的思想史,打开了我们的思路,使我们可以从多边角度探讨思想相互缠绕的关系,也可以把构成早期现代性这一跨区域空间形态的社会、文化、宗教、经济和政治联系的网络看作其适当的多角度的探讨提供解释语境。在欧洲史学中,"早期现代性"这个术语用来说明中世纪的绵延之力,然而在关注世界其他地区的史学中,它有着另外的作用,为非西方地区提供了他们自己的"模糊的'早期现代性'"。这样一种现代性有其自身独特的载体,可能会与其后随着殖民主义和帝国主义而兴起的关于"西方"现代性的更为褊狭的概念相冲突,也可能会限定、反驳这些概念,或者与之共鸣。② 后殖民时代,人们所焦虑的是现存的一切都是西方影响下的派生物,于是很容易接受"早期现代性"这一研究范式,因为它多少可以抵消殖民主义带来

---

① Sanjay Subrahmanyam, "Connecteld Histories: Notes Towards a Reconfiguration of Early Modern Eurasia," *Modern Asian Studies* 31:3 3 (1997), pp. 735-762; "Historicizing the Global, or Labouring for Invention?" *History Workshop Journal*, 64 (Autumn 2007), pp. 329-334.

② Sanjay Subrahmanyam, "Hearing Voices: Vignettes of Early Modernity in South Asia, 1400-1750," in S. N. Eisenstadt and W. Schluchter (eds.), *Early Modernities*, *Daedalus* 特刊 127:3 (Cambridge MA: American Academy of Arts and Sciences, 1998), pp. 75-104。进一步论述见其两卷本 *Explorations in Connected Histories* (Delhi: Oxford University Press, 2004),以及与 Muzaffar Alam 合作的 *Indo-Persian Travels in the Age of Discoveries*, *1400-1800* (Cambridge: Cambridge University Press, 2007)。

的迷茫感,而具有了补偿的意义。尽管有不足,它却为思想史研究打开了新的前景,而不是迷失在殖民控制和发展主义的桎梏中。

"早期现代性"范式不仅被用于在更广阔的关联网络中——包括或不包括欧洲各节点——重新定位亚非欧历史,也可被用作调和两种不同的历史化维度的手段:一方面,是某一特定传统思想史的深度;另一方面,是该传统嵌入跨区域进程的广度。在中国、印度或欧洲,如果存在一种历经数个世纪的自觉的思想传统,那么既要解释那个(在回溯中构建的和想象的)传统的每一个阶段,又要说明其跨区域的活动,的确是有困难的。很有可能在某些历史时期,这些地区比在其他时期更深入、更有力地参与到跨区域活动之中,而历经数个世纪,不同地区的知识分子或多或少可以强烈感受到这种跨越边界的嵌入式影响。面对这种不对称状态,思想史家,特别是以传统与现代脱节特别突出的地方为研究对象的思想史家,使用"早期现代性"这个范畴作为一个中介空间,为思考传统解释视角如何塑造了"现代历史"历程(主要指西方的兴起)提供了基础。

从"早期现代性"到"多元现代性"的观念之旅,是一个相对短暂且直观的过程:如果欧洲的现代性只不过是从亚非欧复合体中凸显出来的一种类型,并且具有过度膨胀的、压倒性的特征,那么我们似乎有理由想象——可能存在走入现代世界的多种途径,而不是只有两种非此即彼的路径:要么必然屈从于向同一点合流的现代化,要么与任何此类全球进程保持隔绝状态。迪利普·帕拉梅什瓦尔·冈卡因此提出"有限但关键的变化常由合流(或社会现代化)之轴上特定地点的'创造性转化'组成"。① 苏迪普塔·卡维拉吉很早就呼吁认真对待现代南亚思想史,虽然许多进步主义者看法不同,认为印度的"政治现代性"同其他地方一样,在朝着"现代国家、民族主义和民主"迈进,但与这些观念相联系的新实践并非"书写在一块白板上",政治现代性本身也包含着多种异质因素。

---

① Dilip Parameshwar Gaonkar, "On Alternative Modernities," *Public Culture* 11:1 (1999), pp. 1-18,特别是第 16 页。

第十章 思想史的全球挑战

政治思想家在不同时间和空间中关注的问题必然各不相同,因此并不意外,政治现代性在印度的表述不是欧洲版本的简单复述。所以,"这些机制或运动的发展方式不同于那些公认的西方模式"。①确实,无论在地方史层面还是其他层面,如果缺乏这类有关特质性的说法,就很难理解我们为什么要关注现代非西方世界的思想史了。

谢尔顿·波洛克总爱提醒我们,只有明确在世界不同地区存在着先于现代性的内容,我们才能抓住我们称之为现代性的那些东西的特质性。② 在此前提下,在其他研究方向之间,我们也开始看到思想史研究采取比较的方法。波洛克可能是对梵文世界文学、文化进行综合研究的第一人,他也对印度次大陆世俗语言的出现进行了开创性研究,并将这些世俗语言的出现与拉丁语、罗马帝国、欧洲世俗语言的出现进行系统比较。西普·斯图尔曼提出了比较的元分析范畴(meta-analytic categories of comparison)概念,可以用于进行跨越各种传统的比较研究,同时也可以为思想互动的世界性观念打下基础,在思想互动中,多种传统围绕诸如"人性""平等"等全球性主题发生融合。③ 哈里·哈鲁图尼安也把比较方法置于超出西方世界视野的思想史的中心位置,但是他也看出这是一个艰巨的任务。哈鲁图尼安将比较本身当作一个历史问题,去研究它作为现代政治和社会思想必不可少的条件的出现方式,而不是提出元分析类别,再通过比较实证工作对其进行验证。例如,日本思想家在第二次世界大战的背景下提出了关于别样现代性的主张,而哈鲁图尼安则通过这类主张来了解在何种历史条件下,比较方法的运用是不可避免的。④ 在马

---

① Sudipta Kaviraj, "Modernity and Politics in India," *Daedalus* 129:1 (2000), pp. 137-162.

② Sheldon Pollock, *Language of the Gods in the World of Men: Sanskrit, Culture and Power in Premodern India* (Berkeley, CA: University of California Press, 2006).

③ Siep Stuurman, *De uitvinding van de mensheid. Korte wereldgeschiedenis van het denken over gelijkheid en cultuurverschil* (Amsterdam: Prometheus, 2010).

④ Harry D. Harootunian, *Overcome by Modernity: History, Culture and Community in Interwar Japan* (Princeton, NJ: Princeton University Press, 2001).

努·戈斯瓦米对印度民族主义政治经济的研究和丽贝卡·卡尔有关中国民族主义反对帝国主义的研究中,这一主题得到充分阐发。①

毫无疑问,思想史家的一个首要任务是进行细致的概念史(Begriffsgeschichte)研究,梳理各种思想传统的脉络,这不仅是为了更好地理解传统本身,也是为了了解概念在现代转型(无论是依照欧洲殖民主义的或资本主义的或其他什么定义)中发生的各种变化。例如,虽然已经有研究关注19世纪和20世纪单个语种中发生在政治生活、经济生活和其他生活形式中的语义变迁,但是,从全球的又带着地方敏感性的视角来关注历史中存在的某个术语、观念和表达(例如"进步""世界秩序""民族国家""社会""文化"等)的研究才刚刚开始。②在一些案例中,跨国研究网络而非单个学者已经开始研究单个概念的历史,包括它在某一语言中的转型及其全球缠绕关系。③

安德鲁·萨托里已经论述过,某些概念在过去两个世纪获得了某种"全球"意义,他认为思想史应该系统地考察这一过程。他指出,这些关键概念在全球出现,不仅表明欧洲的概念经过跨地区活动之后被世界不同地区采纳吸收,也反映出这些概念去欧洲化的过程与结果,因为在嵌入其他社会环境之后,它们的缘起已经不重要了。在这个意义上,这些概念的全球史意味着我们需要认真地重新思考欧洲思想史本身,而不是扩展一个业已存在的研究领域或者为其添加什么内容。④

---

① Manu Goswami, *Producing India*; Rebecca Karl, *Staging the World: Chinese Nationalism at the Turn of the Twentieth Century* (Durham, NC: Duke University Press, 2002).

② 研究19世纪和20世纪对中国语言的影响及其背后交流网络的一个例子是:Lydia H. Liu, *Translingual Practice: Literature, National Culture, and Translated Modernity—China, 1900-1937* (Stanford, CA: Stanford University Press, 1995)。见 Dominic Sachsenmaier and Margrit Pernau (eds.), *Global History and Conceptual History—A Reader* (London: Bloomsbury, 2016)。

③ 从全球史视角考察"社会""经济"概念,包含对欧洲和亚洲语言的案例分析的一个团队项目,其成果见 Hagen Schulz-Forberg (ed.), *A Global Conceptual History of Asia, 1869-1940* (London: Pickering & Chatto, 2014)。另外,由奥斯陆大学的 Christoph Harbsmeier 领导的合作研究计划 *Thesaurus Linguae Sericae*,有来自中国、欧洲、美国的学者参与,是一个范例,见 http://tls.uni-hd.de (2017年11月29日检索)。

④ Andrew Sartori, *Bengal in Global Concept History: Culturalism in the Age of Capital* (Chicago, IL: University of Chicago Press, 2008).

第十章 思想史的全球挑战

比全球概念史发展得更充分的是全球翻译研究,但在这里,同样需要许多细致的研究以及情境化的模式。①从总的趋势来看,西方世界之外的思想史研究大多还围绕特定的地区,尽管比较性质的研究已经开始让不同地区的文献进行对话。那些突破边界的研究,其研究对象时常是毗邻之地,如西北印度/中亚/波斯地区,或者是印度洋或大西洋沿岸地带。②然而,比较带给我们的问题,也是多数思想史家迄今仍小心翼翼回避的关键问题是:"全球"思想史是否主要是众多区域历史的叠加,这些历史突破了历史研究的传统边界,还是说它本身可以被视作"全球的"概念或思想的历史?③

然而,显而易见的是,史学家有必要澄清关于"全球"思想史任务的各种可能概念之间的差异,并尽可能明确和精准地说明它们是否可行、可取,以及它们之间的关系如何。无论多么迟滞,"全球转向"已经出现在思想史研究中,英美学界正在研究和讨论它,是时候尽可能仔细地思考它对这一领域究竟意味着什么了。

思想史领域要进一步对全球视野持更加开放的态度,西方史学就有必要进行历史反省。这可以为我们提供一个历史视角,帮助我们了解在体制和思想上只关注自身的狭隘的西方思想史是如何形成的。西方思想史必须突破史学本身的局限,到帝国扩张、移民、经济发展、社会转型以及/或者学科形成的背景中去考察知识等级是如何被生产出来的。这样的考察有可能带领我们远离后殖民理论路径,人们所更熟悉的这条研究路径的欧洲和西方观念有时是相当铁板一块的。

---

① 例如 Lydia H. Liu, *Tokens of Exchange: The Problem of Translation in Global Circulations* (Durham, NC: Duke University Press, 1999)。

② 例如,南非威特沃特斯兰德大学的"非洲印度研究中心";社会科学研究委员会(SSRC)的新博士后项目"环亚背景与联系"(Inter-Asian Contexts and Connections);新加坡国立大学亚洲研究院的亚洲联系研究团队。

③ 这是以下著作提出的中心问题:Samuel Moyn and Andrew Sartori (eds.), *Global Intellectual History* (New York: Columbia University Press, 2013)。

发生在中国的讨论

20世纪最初几十年里,中国的思想史研究立足于这一看法——需要一种新的史学助力中国的民族建构,而且必须取法于西方和日本等更为"先进"的社会。尽管很多历史学家主张采取更为谨慎的研究路径,思想史中还是存在一股很强的思潮,认为中国的学术、哲学和认识论传统需要通过历史研究进行重新评估。① 中国思想传统当时正被用现代西方史学的范畴和方法加以分析。与此同时,越来越多的历史研究者在美国、德国、英国、日本学习哲学史、科学史和政治思想史。

1949年之后,马克思主义史学很快居于主导地位,思想史被边缘化,②成为批判儒家和其他被视作封建传统的东西的论坛。在这一环境中,其他的"传统"学说有时也会得到研究。例如,一些学者运用法家思想来批判儒家,尽管法家在当时也是被批判的对象。20世纪80年代开始,市场经济蓬勃发展的同时,中国的学术研究也发生了巨大的变化,学术界有了相对宽松的环境,与国际学界恢复了交流,国外主要是西方的学术出版物也大量译介到中国。因此,越来越多学者公开批评之前数十年中国历史研究中机械的理论框架、分析范畴和历史分期模式。③

在这一背景下,"思想史"也变得越来越重要。学界出现了一种针砭

---

① 参见例如 Prasenjit Duara, *Rescuing History from the Nation: Questioning Narratives of Modern China* (Chicago, IL: University of Chicago Press, 1995),以及 Tang Xiaobing, *Global Space and the Nationalist Discourse of Modernity: The Historical Thinking of Liang Qichao* (Stanford, CA: Stanford University Press, 1996)。

② 对那段时期的世界史的基本描述见 Q. Edward Wang, "Encountering the World: China and Its Other(s) in Historical Narratives, 1949-1989," *Journal of World History* 14:3 (2003), pp. 327-358。

③ 见 Susanne Weigelin-Schwiedrzik, "History and Truth in Marxist Historiography," in Helwig Schmidt-Glintzer, Achim Mittag and Jörn Rüsen (eds.), *Historical Truth, Historical Criticism, and Ideology. Chinese Historiography and Historical Culture from a New Comparative Perspective* (Leiden: Brill, 2005), pp. 421-464。

第十章 思想史的全球挑战

时弊且批判性地重新评价中国思想和政治传统的倾向。在这一观念之中,不少学者认为,中国改革开放前的时代是中国反个人主义早期形式的延续。在许多圈子里,科学主义受到赞赏,对启蒙运动和西方人文主义的兴趣也齐头并进。①很多有影响力的思想史家认为,中国思想史需要帮助这个国家重新进入世界,相应地实现中国文化的转型。②例如,有些学者认为中国的思想和哲学传统专注内在的道德性,闭关自守,反对变革。③他们时常拿定义模糊的"西方"作为参照,以摆脱据称是停滞不前的、压迫性的传统。

与此同时,又出现了一股传统复兴的热潮,与对启蒙运动等主题的兴趣复杂地交织在一起。尽管思想史家的意见各不相同,但他们大多很谨慎,避免在他们的作品中表现出支持全盘西化的态度。20世纪80年代开始,国际历史学界(很大一部分源自美国)出现针对欧洲中心主义的批评,很多这类著作在中国出版,这当然支持了上述态度。④ 90年代中期之后,越来越多的研究者认为,思想史研究不能也不应该以西化研究范式为基础。大约在那时,很多知识分子开始强调渐进变化的历史,因为全盘的文化舶来品会造成突然的文化断裂。⑤基于这一背景,思想史学对梁启超、王国维、胡适等名人有了新的兴趣,他们在19世纪末20世纪初主张一种中国的现代性,从不同方面对急遽的、革命的变革表达了各自的怀疑态度。

进入21世纪以来,思想史还是一个没有明确定义的研究领域,在受到

---

① 例如李泽厚:《中国现代思想史论》,北京:东方出版社,1987年。
② 更多详细内容,见 Wang Jing, *High Culture Fever: Politics, Aesthetics, and Ideology in Deng's China* (Berkeley, CA: University of California Press, 1996)。又见 Edward X. Gu, "Cultural Intellectuals and the Politics of Cultural Public Space in Communist China, 1979-1989," *Journal of Asian Studies* 58:2 (1999), pp. 389-431。亦可见 Chen Xiaomei, *Occidentalism. A Theory of Counter-Discourse in Post-Mao China* (Oxford: Oxford University Press, 1995); Zhang Xudong, *Chinese Modernism in the Era or Reforms: Cultural Fever, Avant-Garde Fiction, and the New Chinese Cinema* (Durham, NC: Duke University Press, 1996)。
③ 见 Wang Jing, *High Culture Fever*。
④ 见 Q. Edward Wang, "Western Historiography in the People's Republic of China" (1949 to the Present), *Storia della Storiografia* 19 (1991), pp. 23-46。
⑤ 李世涛主编:《知识分子立场》,长春:时代文艺出版社,1999年。

文化史、社会史和其他研究路径的影响之后,呈现出更加多样的形态。这些发展当然与其他地区这一领域类似的转型有关,特别是对中国学术界有很大影响力的美国大学之中的转型。例如,最近一二十年,越来越多从事现代中国研究的思想史家开始关注报纸、学术期刊、女性杂志和其他媒体的历史,对艺术环境、学术团体、大学、出版的历史也有了浓厚的兴趣。

就总的趋势来看,中国的新思想史仍然面对巨大的挑战,需要打开新的分析空间。例如,思想史及相关领域的学术出版物仍然倾向于区分"中国史"与"世界史"。① 在世界史领域,研究者主要关注西欧、北美和日本,几乎没有南亚、中东或拉丁美洲方面的专家。在中国研究全球思想史通常意味着没有足够的人手研究"全球南方"地区的思想流动等主题。

但是,学术界也在努力改变这种思想史及相近领域的学科研究壁垒,因而出现了逾越世界史与中国研究之间鸿沟的努力。例如,概念史书写越来越有影响力,它开始寻求中国语义变迁史与全球概念转型研究之间的联系。研究者也热衷于关注19世纪末20世纪初语言的交流史是如何改变了汉语、日语及其他语言的。② 也有学者利用具有跨国取向的政治文化史透镜考察20世纪初汉语新词的历史。③

还有学者尝试从空间形成的角度研究思想史,这是一个尚未得到足够重视的研究思路。例如,一小群研究者正将东亚作为一个历史区域进行考察。尽管这一领域的很多出版物关注对社会和经济网络的研究,但思想史的视角并非毫不相关。人们可以注意到在21世纪初,对于前现代

---

① 见 Dominic Sachsenmaier, *Global Perspectives on Global History. Theories and Approaches in a Connected World* (Cambridge: Cambridge University Press, 2011), ch. 4. 有关世界史与中国史的区别,见 Xu Luo, "Reconstructing World History in the People's Republic of China Since the 1980s," *Journal of World History* 18:3 (2007), pp. 235-250.

② 例如金观涛、刘青峰:《观念史研究:中国现代重要政治术语的形成》,北京:法律出版社,2009年。在美国,刘禾(Lydia Liu)在这一研究领域成果显著。见其 *Translingual Practice. Literature, Culture, and Translated Modernity: China, 1900-1937* (Palo Alto, CA: Stanford University Press, 1995).

③ 黄兴涛:《新名词的政治文化史——康有为与日本新名词关系之研究》,载《新史学》第3卷"文化史研究的再出发",北京:中华书局,2009年。

东亚以及后来东亚、泛亚洲的区域意识之形式或相关认同的历史等主题的兴趣也开始出现。①

作为对中国全球思想史研究具有重大影响的命题,关于"西方"作为主要参照模型的地位的讨论受到了新的刺激,并且朝着新的方向发展。"国学热"就是一个例子。其前身可以追溯到 20 世纪初,80 年代再次激发热潮,进入 21 世纪后愈发有影响力。② "国学热"反映出中国社会对其思想传统的关注不断升温。很多支持者认为中华民族的民族性观念并非西方影响的结果,也不是民族主义这一全球性意识形态影响的结果。

很多学者并不否认西方发挥了影响作用,但是他们强调中华民族的形成有更为久远的历史轨迹;换言之,他们试图将这一历史过程置于更深远的历史背景之中。思想史家在这一研究领域发挥着重要作用。一个重要的例子是复旦大学著名学者葛兆光对欧洲与中国进行的历史比较。他认为,不似欧洲历史,东亚没有出现跨区域的文人共和国,东亚地区的思想流动只出现在日本、朝鲜和中国思想家松散的网络中。而且,在东亚,也不存在一种共同的信仰,以及承载这种信仰的超越国家的组织机构。葛教授认为这样看来,民族史对东亚的历史经验来说具有基础性意义,同时他不认为自己对历史做了狭隘的民族主义理解。③ 与此相对照,其他一些权威学者认为,全球史包括全球思想史的使命与国家利益有着更紧密的联系。④

---

① 例如,李文:《东亚合作的文化成因》,北京:世界知识出版社,2005 年;陈奉林:《东亚区域意识的源流、发展及其现代意义》,《世界历史》,2007 年第 3 期,第 66—75 页。

② 关于这一运动的历史根源,见 Shang Xiaoming, "A New Trend in the 'National Studies Fever' of the Post-May Fourth Era. The Establishment of National Studies Departments in Universities and Its Outcomes," *Chinese Studies in History* 43:4 (2010), pp. 6-19。

③ 葛兆光:《在全球史潮流中国别史还有意义吗》,载《中国文化》2012 年秋季号,第 26—30 页。

④ 例如,钱乘旦:《世界史研究的若干问题》,载《历史教学》2012 年第 20 期 第 3—9 页;Pei Yu, "Global History and National Historical Memory," *Chinese Studies in History* 42:3 (2009), pp. 25-44。围绕这个主题,对 20 世纪 90 年代的讨论见例如 Xu Ben, "From Modernity to 'Chineseness': The Rise of Nativist Cultural Theory in Post-1989 China," *Positions* 6:1 (1998), pp. 203-237。

正如这个例子所示,思想史领域,特别是全球思想史领域的许多学术论争与更为广泛的政治、社会问题的公共讨论时常交织在一起。例如,如何评估中国的文化遗产这一核心问题以及由此引发的更多问题便是如此。自从20世纪80年代起,特别是最近几十年,人们对儒家思想及其他中国传统思想与20世纪中国思想史的关系重新产生兴趣。① 一个颇具争议的问题是,自由主义、个人主义、公民意识或法律意识等价值观如何与过去和现在的中国相关联。有些学者把它们主要看作西方的思想观念,或者是西方强国的思想工具,其他人则认为是人类共同价值观。还有人强调,现代政治文化的某些形式与儒家思想的关键要素是协调的,从儒家民主到儒家社会主义等各种概念都有支持者。然而马克思主义阵营和自由主义阵营中的相当一部分学者,仍然认为儒家思想对中国未来的社会政治秩序没有太多现实意义。② 还有人则为儒家寻求新的全球意义——作为一种伦理政治传统,它有助于为人与自然的关系找到一条新出路,或者作为一种学说,可以衍生出一种更为和平的国际秩序。③

不需说,这些有关全球思想史的主题的争论是基于很多个人的立场而形成的,其中很多立场值得更深入的讨论。这些人中最有影响力,也是在国际学界比较活跃的人物是汪晖,他有一本饱受赞誉的现代中国思想史著作。④ 这部多卷本作品把思想史放置在当代中国重新展开的社会政治讨论的中心位置。更为重要的是,它们寻求在一定程度上推翻这场论

---

① 关于20世纪90年代的情况,见例如 Tang Yijie, "Some Reflections on New Confucianism in Mainland Chinese Culture of the 1990s," in Gloria Davies (ed.), *Voicing Concerns: Contemporary Chinese Critical Inquiry* (Lanham, MD: Rowman & Littlefield, 2001), pp. 123-134. 关于21世纪初期的情况,见 Daniel Bell, *China's New Confucianism: Politics and Everyday Life in a Changing Society* (Princeton, NJ: Princeton University Press, 2008)。

② 对相关讨论的批判性概述,见 Chen Jiaming, "The National Studies Craze. The Phenomena, the Controversies, and Some Reflections," *China Perspectives* 1 (2011), pp. 22-30。

③ 参见例如 Zhao Tingyang, "The Ontology of Coexistence: From Cogito to Facio," *Diogenes* 57:4 (2012), pp. 27-36。

④ 汪晖:《现代中国思想的兴起》(全四册),北京:生活·读书·新知三联书店,2008年。见评论文章 Viren Murthy, "Modernity Against Modernity: Wang Hui's Critical History of Chinese Thought," *Modern Intellectual History* 3:1 (2006), pp. 137-165。

争中的某些关键方面。

他的现代中国思想史以历史反思开篇,提到了"早期现代性"或"原生现代性"之类的概念。他绝不是说作为一种原现代性(如果事实上如此),这一时期可以说是在目的论上预示了后来的欧洲现代性,除非是通过回溯性的重建。之后,他回顾了19世纪末20世纪初中国学者对民族政治形式和资本主义发展这对孪生问题的反应。他认为这个时期主要的学者并不仅仅寻求调适原生传统与西方经济政治力量的关系。事实上,他们赞成现代化的同时,也看到了现代化进程是不完美的、不充分的。依据汪晖的说法,现代中国政治和社会思潮的核心部分随后走入了不和谐甚至是暴力的方向。这是现代帝国主义和资本主义跨区域结合影响下的思想活动的结果,但是它深深植根于中国新儒家传统之中。与此同时,他认为新儒家的很多核心教义在19—20世纪的断裂中丧失了。

尽管坚决反对"回归传统",汪晖认为中国思想史应该从更早期中国的原现代性中寻求和发掘概念与主题。他希望认识论上的这一步能够有助于中国思想家从一个外部视角评估、批判当今中国以及全球现代化诸话语的派生概念,如进步主义、社会主义、资本主义或发展主义。这一辩论领域有望成为将来中国研究全球思想史与地方思想史的重要场所。

结　语

我对中国和英美学术界的思想史研究进行了简略的、很大程度上是比较的考察,从中可以看到,太平洋两边的思想史都在努力强化全球与跨国的视野。在这两个示例中,这一潮流伴随着专门领域的论争,也与更广泛的社会和政治斗争相交织。例如,在这两个地区的研究中,思想史的主要研究者都对欧洲中心论传统的持续影响提出质疑。此外,他们也都讨论如何平衡全球视角与地方视角,"普世"观念与地方特色。

然而,尽管存在这样的相似性以及事实上的直接联系,这两个学术体系中的全球思想史图景仍然存在差异。从普遍主义与欧洲中心论的争论中,我们很容易看出这一点。例如,在中国,(特别是源自西方的)政治价值的观念常被用来对抗某些相当有影响力的学者所主张的文化民族主义。相比之下,在美国,出于很多原因,批评民族主义和普遍主义的却是同一批学者,换言之,主流的倾向认为,普遍主义的主流叙事和方法论民族主义是同一问题的不同表现形式。这一观点只得到少数中国思想史家的认同。

某些差异与学术语言的全球等级关系,以及在其中运作的学术共同体的地位差别有关。例如,在中国学术圈,对欧洲中心论的批评与寻求让中国学术更具全球影响力的努力有着紧密的联系。在许多著名的案例中,当思考中国思想史未来的轨迹时,其愿景往往同对相当民族主义的议程之阐述绑定在一起。

另外,在中国和美国,区域研究有着不同的布局,这种现象可以部分解释这种差异性。在美国的研究性大学,人文学科的院系通常拥有相当多的区域研究专家,从事从南亚到拉丁美洲的研究,这是中国无法比拟的。可是,包括印度在内的很多非西方世界地区,都对中国历史有着很大的影响。既然在中国大学里中国研究和"第一世界"研究占主导地位,那么就毫不奇怪,"西方"在中国的全球思想史研究中占据中心位置,即使是在明确批判西方学术影响的大多数学术潮流中也是如此。然而,在美国的全球史研究界看不到什么居于中心位置的外在参照系。不用说,这种区域专业知识在角色、地位和分布上的差异,与更广泛的因素和力量有关,包括学术影响力的全球等级。

这种更大的学术结构对处理两方面关系的差异也有影响:一方面是对欧洲中心论的批判,另一方面是历史的民族观念。在美国,几十年以前,南亚或拉丁美洲研究方面的区域研究专家已经成为人文学领域批判欧洲中心论的核心人物。这一背景下出现了诸如庶民研究运动等重要群体。然而,这些群体与美国史研究在专业研究上相距甚远。而且就他们自己的世界观而言,他们的主要学者也与任何以美国为中心的方法论民族主义保持距离。因此,在美国,对欧洲中心主义叙事的批判与从民族视

第十章 思想史的全球挑战

角看待全球史不可能结合起来。在中国,至今仍未形成一个坚实的区域研究基础,从而详尽地提出概念的或认识论的批判。而且,对欧洲中心论的批判时常来自从事中国思想史研究以及/或西方思想史研究的学者。在他们之中出现了非常有影响力的尝试,试图克服西方方法论的影响,并同时保留中国民族史学的主要框架。

当我们比较中国和美国的全球思想史研究轨迹时,制度模式、学术的地缘政治及其他一些因素都很重要。如同这份对中国和美国相关研究状况的简要评估所确认的那样,全球思想史研究领域的差异并不一定是早期思想传统的人为观念差异造成的。今天,学术界如此紧密地联系在一起,可是,很多相当复杂的因素仍然造成了各个学术共同体之间存在诸多差异。这一切使得全球思想史成为一个令人着迷的领域,充满进一步研究与讨论的巨大潜力。

第三部分　全球史实践中存在的问题

第十一章

在非洲书写世界史:机遇、局限与挑战

大卫·西莫

过去几年,在非洲,人们不断呼吁人文学科特别是历史学更为彻底地关注全球史或普遍史,重新定位历史中的非洲,进而在世界背景下思考其未来。① 于研究而言,有填补空白的想法是自然不过的,然而只有感到需要弥补,填补空白的意识才会导向行动。其他领域的空白似乎不会引起同样的关注或补救的愿望。现有研究中的空白意识通常是因为出现了新的研究主题。研究主题的认知和确认受到研究范式的影响,当研究范式发生变化,一个新的研究主题才能清晰地呈现出来。因此,只有当大家看到全球史或普遍史,或者认为它们是必需的或不可避免的时候,人们才感觉需要它们。我们必须问自己,什么使一个主题为众人所见,什么使它成

---

① 我只会提及几本特别相关的图书:Valentin Y. Mudimbe, *The Idea of Africa* (Bloomington, Indiana University Press, 1994); Mamadou Diouf, "Des historiens et des histoires, pour quoi faire, L'historiographie africaine entre l'État et les communautés," *Revue africaine de sociologie* 3:2 (1999), pp. 99-128; Fatou Sow (eds.), *Engendering African Social Sciences* (Dakar: CODESRIA, 1997); Paul Tiyambe Zeleza, *A Modern Economic History of Africa*, vol 1; *The Nineteenth Century* (Dakar: CODESRIA, 1993); *Manufacturing African Studies and Crises* (Dakar: CODESRIA, 1997); "Banishing the Silences: Towards the Globalization of African History," paper presented at the Eleventh General Assembly of the Council for the Development of Social Science Research in Africa (CODESRIA), Maputo Mozambique, December 6-10, 2005; Achille Mbembé, "African Modes of Self-Writing," *Public Culture* 14:1 (Winter 2002), pp. 239-273; Abolade Adeniji, "Universal History and the Challenge of Globalization to African Historiography," *Radical History Review* 91 (Winter 2005), Duke University Press, pp. 98-103。

为一个不可或缺的研究主题？它们对我们理解研究目标、可能的方法与潜在的问题特别重要。我可以确认三条理由，或者说三个迫使人们参与非洲全球历史写作的驱动力。第一个动力是全球史书写过去二十年中在世界范围的惊人增加。第二个动力是过去几年有关非洲史学的激烈讨论。第三个动力是全球化的经验。

世界范围全球史的发展和在非洲书写普遍史的压力

有分析指出，全球史发展迅猛。德国历史学家马蒂亚斯·米德尔注意到，过去一二十年世界史成为历史学领域最显著的一个分支。① 全球史书写并非新的现象，它是在经过相当大的转型后重新兴起。发生了怎样的转型，以及达到了怎样的程度，让我们可以说是一种重构？米德尔提到研究、出版和教学方法方面的转型；主要的转型体现在科学研究的性质方面，它变得越来越具有跨国特色。在过去，写作普遍史被视作民族传统的一部分，如今这种写作却是在国际层面进行的。他也谈到"多层级组织模式，即同时出现民族读者、历史书写的地方传统、大洲以及世界范围的学者网络"。② 他在此处指的趋势，最易在北美和欧洲发现，尽管世界其他地区也在效仿，但它们是被一个在美国开始的运动所推动的。在那里，由于人们越来越意识到美国在当今世界中的核心地位，以及由此产生的责任意识和将其视为一种全球行动的可能性，撰写世界历史的需要得到了加强。全球史书写的背景发生了变化，然而，从根本上说，全球史的传统动机和重要特征——对于世界的全球性意识并没有变。这种全球意识的范围与历史学家集体研究的环境及视野所具有的全球角色及地位是直接相称的。

---

① Matthias Middell, "Die Verwandlung der Weltgeschichtsschreibung. Eine Geschichte vom Beginn des 21. Jahrhunderts," *Comparativ, Zeitschrift für Globalgeschichte und vergleichende Gesellschaftsforschung*, 6/10 (2010), pp. 7-19, 特别是第 7 页。

② Ibid.

第十一章 在非洲书写世界史:机遇、局限与挑战

一个国家越是受到全球化的影响,其人民越有可能意识到这一趋势是现实存在的、必然的,也会持续发展下去,因而他们也会采取措施去适应这一趋势。区隔化与去区隔化的辩证逻辑内含在世界历史书写的新趋势中,反映了世界的真实功能,重新产生出一种全球辩证法。无论是否愿意,世界外围地区必定将跟随其他地区兴起的趋势。生产世界历史知识的地方出现跨越国界的研究特点和内容,但是这并没有消除全球网络的非均质性特征,特别是在科学领域。这种非均质性体现在研究项目和目标方面,也体现在研究方法和范畴方面。有所改变的是,边缘地区的一些人前往知识生产中心的大学,特别是北美和欧洲的大学,从事学习研究工作。他们的出现以及他们对知识生产与传播的主流渠道的接触,使得人们不再似过去那样可以轻易忽略他们发出的声音。这些所谓的后殖民主义的声音开始强烈地质疑某些主流的研究范式,对某些研究领域提出挑战。

至于全球史书写,受后殖民主义与后现代批评的影响,其研究路径更加多元,观察视角也更加多样,这些都为重建去中心化的历史书写提供了条件。全球史书写逐渐成为一个平台,各种不同的历史经验和主体得以在其中占有一席之地,这是以前的历史叙事没有过的。全球史书写因而成为展现复杂的、辩证的研究路径的舞台,成为各种研究路径相互评价、借鉴、批评的地方,到目前为止它们依然植根于民族甚至民族主义的、区域的、大洲的或文化的传统之中,渴望摆脱过去的种族中心主义的色彩,致力于解构民族国家、欧洲、西方等要素,因为这些要素构成了大多数产生世界地理和地志学思想的主流叙事的基础。全球史也为那些此前被排除在外或声音细微的角色提供展示的舞台,我们需要它们展示我们之前忽略的观念模式、经验与历史真实。

有关普遍史的讨论涉及两个认识论模式,二者很难轻易被调和:再现的经验模式与再现的相对模式。第一种模式承认我们有关世界的观念对应着一种再现(representation),换言之,它可以说明我们的个体建构。它仍然是现实的,因为它基于这种假设——某些再现比其他再现更细致地

反映现实,再现的真实性可以通过经验研究得到证实。绝对的历史真实可能存在,它成为专业研究者、历史学家义不容辞的责任,他们应该尽可能地接近这一真实;借由一条正确的研究路径,可以将事实与神话、现实与虚幻区分开来。

第二种模式,我称之为再现的相对模式,其基本预设是,我们无法获得关乎现实世界的绝对的、客观的真理。这种模式认为,知识只不过是一种建构,构成了真理体系的一部分,而真理体系主要是由唯意志论范式、欲望和利益建构起来的。在这一前提下,不存在以历史真实为基础的等级关系,只不过是各种历史再现之间的权力平衡。

那么在有关全球史书写的讨论中,这两种模式的并存意味着什么?有两种可信的立场。第一种立场是,世界不同地方的普遍叙事之间存在等级关系,我们应该对此提出根本的、实质的挑战。这个挑战体现为多样化的全球史书写,每个版本都来源于一种可识别的文化和历史视角,没有普遍史的虚饰。第二种立场主张重新引入"书写"与"声音"的等级关系。"书写"得到科学的认可,即以理性为基础进行写作,从而具有普遍的有效性,而"声音"潜藏在主观、神话和其他简单化的光谱之中。"声音"可能很容易取信于人,特别有魅力,令人着迷,就其本身而言有其合法性,但是从科学与历史真实的角度看,其地位是可质疑的。这会导致一种大家都熟悉的状况的重复出现:一方面是知识与科学的推论,另一方面是信息材料的提供者,科学可以用这些材料来生产有关其信仰的知识,以及有关人类总体状况的知识。这个"声音"提供的只不过是真实状况的一点模糊的影子,因而还需要那些有手段、有途径的人去重建真实状况。

印度历史学家戈帕兰·巴拉坎德兰给出了他的警告:

然而,新并不等于不同,因此有必要保持警觉,在遇到全球史时,我们听到不同的、新的声音叙述他们自己的故事,但那些声音是否就如同其经历的那样,还是说我们只是面对着一个腹语大师,用几种看

第十一章　在非洲书写世界史：机遇、局限与挑战

似不同的声音把那个占支配地位的叙事重新讲述罢了？①

从边缘视角来书写全球史因此内在于第一种认识论模式之中，旨在打破叙事的等级关系。毫无疑问，关注非洲的历史写作并形成非洲自己的全球史书写，无疑是解构某些传统和某些主导叙事的意愿的题中之义。出于某些原因，非洲对这种解构感兴趣，但是其期待还有些模糊，并隐藏着某些陷阱，必须小心避免。非洲可能秉持一种挑剔和简单化的本土主义，把自己塑造成西方的"他者"，这是瓦伦丁·蒙丁贝在言及殖民文学生产时指出来的。②全球史书写也提供了一个机会，可以进行看似平等的对话，但是应该小心避免成为一个被量身定制的角色，再现语言、剧本和经过时间考验的框架，只生产别人期望看到的东西。在后殖民时代，要想大胆地说出自己的想法，并不容易，有时几乎不可能，因为你面临一个永恒的挑战。斯图亚特·霍尔在一份有关加勒比状况的报告中说过的话，同样适用于非洲：

> 关于权力与抵抗、拒绝与承认"欧洲的存在"（Présence Européenne）的对话是……复杂的。我们如何能够进行这场对话，不动用恐怖或暴力，并最终安放"欧洲的存在"，而不是永远地被它安排？我们能否承认"欧洲的存在"带来的影响已经无法逆转，但同时向帝国主义傲慢的眼睛说不？目前看来，这是难解之谜，需要最繁杂的文化战略。③

如果不是把自己和他人放在世界特定的地理位置，放在世界的未来之中，那么书写全球史对我们来说有什么价值？如果非洲视角成为这一重建的

---

① Gopalan Balachandran, "Writing Global History: Claiming Histories beyond Nations," Working Paper in *International History and Politics*. Editor: Jaci Eisenberg. Department of International and Development Studies, 7 (2011), p. 7.
② 参考 Valentin Mudimbé, *The Idea of Africa*, note 1。
③ Stuart Hall, "Cultural Identity and Diaspora," in Bill Ashcroft, Gareth Griffith and Helen Tiffin (eds.), *The Post-Colonial Studies Reader*, 2nd edition (New York: Routledge, 2006), pp. 435-442, 437.

一部分,它怎么能够参与其中而又不修改西方主流叙事?这种叙事,今天和过去一样,仍将非洲置于边缘地位,即便没有完全排除非洲。在非洲,书写世界史至关重要,因为它是解构黑格尔式的目的论的一把钥匙,这种目的论简单地把非洲排除在普遍史和所有历史之外。非洲的全球史书写怎么能不对殖民主义作品做出反应?殖民主义绘制了地方、文化和国家的等级关系,使对非洲的掠夺行为得以合法合理地进行。在非洲书写全球史,可能和在世界其他任何地方一样,必须是对话的产物,是批判性分析再现(过去和当下)的产物,是在历史上、地理上、文化上可辨别的集体话语的一部分,而非个人的或个别的想象物。我们将大致描述这类写作计划,它正在形成中,但是我们需要从一开始便加以强调,来自非洲的真实的声音必须参与对话。

关于非洲史学的内部讨论及其对理解普遍史书写的影响

1996年,塞内加尔历史学家马马杜·迪乌夫(目前在美国工作,当时在达喀尔的谢赫·安塔·迪奥普大学任教)参加了一个在德里举行的由贾瓦哈拉尔·尼赫鲁大学组织的小型研讨会——"替代的历史:目前在亚洲、非洲、中南美洲进行的讨论"。1999年,他在《非洲社会学评论》(*African Sociological Review*)和《加拿大非洲研究杂志》(*Canadian Journal of African Studies*)①上发表文章,回顾了这场讨论会,详述了非洲的历史书写状况。自那以后,讨论一直在推进,特别是雅克·德佩尔钦(Jacques Depelchin)出版的图书《非洲历史中的静默:在发现与废止之间》②(*Silences in African History: Between the Syndromes of Discovery and Abolition*,达累斯萨拉姆,2005),保罗·蒂扬贝·泽莱萨(Paul Tiyambe

---

① Mamadou Diouf, "Des historiens et des histoires," note 1.
② Ibid.

第十一章 在非洲书写世界史：机遇、局限与挑战

Zeleza)以一篇纲领性的文章《解除静默：非洲历史的全球化》("Banishing the Silences: Towards the Globalization of African History")①作为回应。2001年9月在马里召开非洲历史学家协会第三次大会，2005年12月在莫桑比克的马普托召开非洲社会科学发展委员会(Council for the Development of Social Science Research in Africa, CODESRIA)第九次大会，两次会议都讨论了非洲史学史。迪乌夫的文章很重要，因为他不仅讨论了非洲内部的问题，也涉及其他方面，如印度的庶民研究，以及欧洲和美国的相关讨论。他预见到了巴马科的非洲历史学家大会和保罗·泽莱萨将要采取的立场，作为非洲史学瓶颈的替代方案，那就是，非洲历史写作融入全球史。

迪乌夫讨论了20世纪50年代、60年代和80年代之后非洲史学史复杂而矛盾的发展轨迹。在第一个时期，泛非主义对非洲空间的理解与民族主义的解读之间产生了紧张关系。前者从长时段视角书写非洲大陆的一体化，认为殖民时期只不过是个插曲，对非洲历史没有持续影响；后者强制性地以殖民主义造就的空间构造作为历史研究的主要范围。尽管围绕地理问题发生过激烈的辩论——这对非洲史来说至关重要，但这一时期非洲史学史有着同样的认识论基础。迪乌夫这样写道：

> [非洲历史书写]对历史线索感兴趣，这需要首先描述一个对现在有价值的过去，主要内容包括从殖民枷锁中获得自由及与之相关的种族知识，发现记忆并将其转化为纪念性表达、记忆场所、颂歌、土著称谓、胜利与失败。②

历史书写寻求确认一个非洲文明的存在，当下因而具有合法性，未来因而有了意义，甚至为还未成熟的民族国家确认了其历史真实性，这种真实性为国家提供了合法性基础。

20世纪80年代，很多危机动摇了民族国家的基础，因而民族主义的

---

① Diouf, "Des historiens et des histoires," note 1.
② Ibid., p. 99.

可信度受到质疑,当时地方族群身份和族群主义身份正在得到确认。这一挑战伴随着有关历史书写的认识论辩论,并受到其支持,也受到作家和人类学家对历史编纂的批判性质疑的影响。认识论之争挑战了启蒙观念,启蒙思想认为历史是由两个前提假设建构起来的宏大叙事:一个是连续性、同质性和凝聚性,另一个是线性进步观和目的论。对这两个前提假设的批判,使得有必要把历史作品当作叙事去阅读。历史作品的建构为的是适合真实的畛域。迪乌夫还提到了诸如塞内加尔著名小说家森贝内·奥斯曼(Sembene Ousmane)①等作家的批判,以及南非人类学家阿奇博尔德·马菲耶(Archibald Mafeje)的批判,认为非洲史学使得一些著名的地方行动者和历史力量失语,它们的复兴完全来自其他类型的写作。

> 历史学家与政治家同行,望着同一方向,尽管他们的关系是波澜起伏的,有时甚至是暴烈的,但是他们都不再是历史叙事的唯一主宰。他们提出主流叙事的权利受到了质疑。其他的历史叙事和其他的行动者现在与他们竞争碎片化的公共空间。他们呼吁在历史领域坚持多元性,呼吁非洲历史的良心。②

在迪乌夫看来,历史学家看到历史理解转向了极端的社群化(communitarization),造成地理空间的严重撕裂和多变状态,他觉得这很难接受。历史学家们认同对民族主义历史书写的批评,其主要目标是为国家及后殖民权力寻求合法性,但是他们也认同对那种线性的、结构主义的和目的论的历史书写的批评有其合理性,同时为严谨地、专业、学术的写作的重要地位作辩护。迪乌夫也谨慎小心地指出,与这些被批评的史学传统一道,还至少存在一种传统,他自己也深陷其中。关于这个传统,他写道:

> 除了这类空间建构,还有诸如萨米尔·阿明(Samir Amin)的经济史研究路径,考察资本主义积累兴起阶段及世界经济建构过程中

---

① 森贝内·奥斯曼是一位多产的塞内加尔小说家和电影制片人,他的作品有很强的政治和社会意义。
② Diouf, "Des historiens et des histoires," note 118.

第十一章 在非洲书写世界史：机遇、局限与挑战

形成的中心地区与边缘地区，还有阿布达利·李新颖的视角，他是塞内加尔第一位学院派历史学家，关注大西洋地区。他的地理学作品关注大西洋及各大洲之间的资本主义联系，他也反对谢赫·安塔·迪奥普的文化民族主义和利奥波德·塞达尔·桑戈尔的**人种主义**（ethnologism）。①

迪乌夫没有在这一替代性思考方面做详细论述，他认为这方面被主流的非洲史学边缘化，甚至忽视了。因此他并未明确将其与有关全球史书写的讨论联系起来。但是美国历史学家弗雷德里克·库帕在一篇长文中提到了迪乌夫，并补充道：

> 在非洲研究历史存在诸多问题：历史提供了不止一种特殊性去反对其他的特殊性，但也提供了一种可能性——考察关联性以及"普遍"的不断变化的含义。②

非洲的历史书写要么完全关注民族国家的观念，要么通过社团化强调族群身份，作为一种替代方案，迪乌夫主张在非洲书写世界史。

迪乌夫担心历史圈子的社团化使专业历史学家和学术历史写作愈发被边缘化。德佩尔钦却有着不同的看法，他认为这一趋势有助于最终解决非洲史学史的认识论困局。他的非洲史学研究最关心非洲在世界中的特殊化、边缘化和病态化过程，这涉及知识的生产与资本主义的运作机制。基于这一点，他的批评与几代非洲知识分子不谋而合。

保罗·泽莱萨重新系统地讨论了这些问题，改变了其讨论的方向。和迪乌夫一样，他认为如果要调整历史知识生产的惯常做法与范式，不需要通过去殖民化、去中心化来实现，这样不仅可以避免孤立这些惯常的做法与范式，还可以把它们引向富有批判性、创造性和友好的学界对话之中。他更关心非洲历史的书写如何从西方认识论中解放出来。按照他

---

① Diouf, "Des historiens et des histoires," note 99-100.
② Frederick Cooper, "Africa's Pasts and African's Historians," *Canadian Journal of African Studies* 34:2 (2000), pp. 298-336, 特别是第 303—304 页。

的说法即,"非洲历史的自主性是否可能?其历史的书写是否可以不指向欧洲?是否有可能将非洲历史从欧洲中心论的认识论陷阱中解脱出来?"①

这一关注点对非洲史学史的讨论来说并不新鲜,它已经成为民族主义者的历史书写的基础,但是泽莱萨为其注入了新的思想,使其再次成为讨论的热点。各种超越欧洲中心论的尝试并没有摆脱欧洲的认识论,事实上,名副其实的新的非洲知识也并未出现,因而有必要更新观念。在他看来(2005),民族主义的历史书写,以及**依附论**、马克思主义、后现代主义、后殖民主义、女性主义和环境主义的作品继续赋予欧洲内在的目的论。研究者试图重塑"他者"的努力陷入了逻辑的泥沼之中,而试图证明现代性并未被欧洲所定义,并确认非共时的现代性的存在的做法,只不过是对无法挑战欧洲方法论霸权的历史书写做了一点修正,他们运用的概念和范畴仍然来自欧洲史学。泽莱萨因此怀疑,以西方传统为基础来重新定位自我批评的做法能否解除种族中心主义的束缚。换言之,他批评了民族主义史学与后殖民主义理论家的解决方案,后者以迪佩什·查克拉巴蒂(2000)、阿尔基莱·姆本贝(Archille Mbembe,2002)为代表。在他看来,替代方案是:

> 创造新的替代性的史学,它建立在基础性的对世界历史的重构之上,或者我愿意称之为人类史的重构。在这样的历史中,包括非洲和欧洲在内的世界主要地区的区域历史应得到重构。重写和重新主张的非洲史应该批判西方的非洲史学中盛行的静默状态,同时进行富有生命力的重构,造就一部有时间纵深与空间宽度的非洲历史。②

与迪乌夫一样,泽莱萨主张世界史书写可以为非洲史学中出现的问题提供解决方案,尽管他们关注的问题有所不同。这两位历史学家相信,

---

① Paul Tiyambe Zeleza, *Banishing the Silences: Towards the Globalization of African History*, https://www.codesria.org/IMG/pdf/zeleza (2017 年 11 月 29 日检索), note 1.
② Ibid.

第十一章 在非洲书写世界史：机遇、局限与挑战

全球视野可能重塑非洲历史，非洲历史研究的新思路也可能造成世界历史书写的转型，因为这将重构一个欧洲时间之外的历史，从而摆脱欧洲凌驾普遍史的桎梏。以长时段的思路来看，殖民时期看起来只不过是一个短暂的过渡。某些民族主义史学家已经采纳这一视角。长时段思路也有助于转移研究的视线，不再过度执着于欧洲的闯入及其后果，而是努力发掘殖民文献之外的新史料，如阿拉伯语文献。

非洲史学对于殖民时期的重要性采取两种立场。民族主义史学接受殖民历史，以殖民主义的主要产物——国家为研究对象，努力建构一个前殖民时期的历史或重建一个独立于殖民主义的文化。它寻求一种有纵深感的历史，这种历史扎根于遥远的过去，或者注重连续性叙事，殖民时期只不过是其中一环。同时，民族主义史学也以抵抗殖民侵略者的行动为民族合法性的基础。尽管殖民主义是一段痛苦的插曲，但对于很多人来说，它仍然是一个民族奠基的时刻，英勇的和英雄主义的榜样、民族荣光的信念、自由的愿望、获得自由而必不可少的牺牲精神都源发于这个时刻，并不断地滋养着民族意识。

与之相对照地，世界体系理论和依附理论，如同后殖民理论，提供了这样一种研究范式——殖民主义是非洲历史上的关键转折点，新的关系类型，新的经济、社会、政治和文化互动的框架由此产生。在这一范式中，非洲在世界中的位置、非洲现实状况的各个方面均源自这一深刻的、持久的，也许是确定无疑的转型。对于非洲学术界来说，如何在新框架中思考非洲，是一个根本性的问题。它如何融入一个全球化了的世界并且在其中发挥作用？对这一问题有两类回应。

首先，对于结构主义者或体系主义者来说，在这个由殖民主义和帝国主义创造的新世界体系中，非洲只处于边缘地位。非洲已然丧失其历史的原动力，只不过是个毫无力量的受害者，使其蒙难的诸多强权从非对称的力量对比中获取利益，并且竭尽全力维持非洲大陆的依附地位。从这一视角看，非洲唯一的机会在于促进世界体系的转变以及新的世界经济政治秩序的建立。

其次,是我称之为构建主义者或互动主义者的回应。他们寻求摆脱这样一种思路——非洲把自我实现的希望寄托于充满变数的未来,在这样的未来里,力量平衡将发生变化,最终非洲有机会再次成为羽翼丰满的历史主体。显然,他们把殖民主义解释为一个巨大转型的时期,在其中,非洲没有完全丧失其原动力或主体地位,因而世界的运作方式并不完全出自殖民者或帝国主义者的意愿,而是占优势的主体与被支配的主体之间互动的结果,尽管这些互动关系具有非对称性特征,但是被支配的主体绝对不是消极的、顺从的。整个殖民体制和经济的、社会的、政治的、文化的日常生活证明了,它们是结构性压力与边缘化群体的想象及再现的结合物。被边缘化的非洲可以向往另一个世界,而不必等待将来的解放,它可以借由文化的、经济的和社会的各种措施,为世界的共同行动贡献自己的力量。去殖民化从某些方面改变了国际关系,恢复了非洲人的某些(可能是相对的)自主性,这一事实进一步证明,非洲人有助于塑造这个世界,呈现他们自己的现代性。

这些回应为历史研究提供了多元的基础,为非洲与世界的关系提供了一种理论,尽管如此,泽莱萨在2005年对这两种回应提出了批评,因为他感到它们事实上还是让非洲进入欧洲的历史时间,强化了欧洲占据世界中心的地位。在他看来,强调非洲历史的纵深感,将其置放在一个新的地理环境中,可以有效地实现迪佩什·查克拉巴蒂提出的研究路径——将欧洲地方化,也就是把欧洲仅仅视作世界的一个地区,而非中心。殖民主义在非洲的历史中只不过是一系列事件中的一个而已。当然,我们也可以认为泽莱萨的整个论点是以修正派为基础的,是对后殖民境况的一种反应。从这个角度讲,它仍然有赖于殖民主义创造的知识体系。我们可以重建一种历史,殖民主义在其中不是聚焦中心;通过这样做,我们也可以发展出一种理性的策略来迎接各种挑战,它们来自殖民主义影响下的世界。在确定非洲在世界上的处境的过程中,为什么我们要拒绝将殖民时期视为关键呢?

第十一章 在非洲书写世界史：机遇、局限与挑战

超越欧洲时间的非洲与人类史

在迪乌夫于20世纪90年代后期发起的论争之后，2001年9月，非洲历史学家协会第三次会议在马里的巴马科举行，会议认为有必要思考历史学家如何帮助我们理解全球化。以下文字来自会议综述：

> 世界愈来愈因贸易而联结起来，同时充满悖论的是，很多群体愈来愈被边缘化，被排除在世界之外，在这样一个世界中，历史学家感到有必要为理解全球化进程做出贡献。全球化概念本身出现得比较晚，却涵盖了漫长历史进程中出现的诸多现实。提交本次会议的论文涉及全球化的很多方面。
>
> 首先，与会者对近年非洲史学史的发展进行了批判性评议，进而对历史专业及其相关问题展开了讨论。需要什么类型的历史？为哪些读者写作？为什么目的写作？我们对全球化的理解的相关性部分取决于对这些问题的回答。①

当我们优先关注的内容变化时，我们看待历史的方式也会变化。我们如果研究一种自主、自足的历史，那么非洲在这样的历史中就会呈现出为其自身、靠其自身、源自其自身的存在状态。鉴于关于全球化的激烈辩论，历史学家对空间联系产生了越来越浓厚的兴趣。民族国家的危机鼓励历史研究去关注国家之下的主题和迪乌夫所谓的"原住民叙事"，"民族主义和泛非洲主义叙事变得无人问津了"。② 有关全球化的讨论引发了新的空间建构，超越了非洲大陆的地理界线，因而与其他地方联结起来。泛非运动首先关注的，是非洲内部的历史运动如何塑造非洲的统一性与同

---

① Issiaka Mandé and Blandine Stefanson, eds., *African Historians and Globalization.*, Actes du 3ème Congrès international des historiens africains (Paris: AHA/ASHIMA & Éditions KARTHALA, 2001).

② Diouf, "Des historiens et des histoires," p. 100.

质性，但其后它悄然地被谢赫·安塔·迪奥普的非洲中心论视角取代了。这一思路不仅主张非洲的统一，也主张这种统一性寓于时间与空间之中，即人类文明起源于非洲，然后向外扩散到其他地方。迪乌夫批评了迪奥普的思路。如果要写作一部非洲与其他地区联系的新的历史，他认为有两个方面应该避免。首先，要避免给人类普遍主义一个起源和精确的发展轨迹，因为这让迪奥普捡拾起欧洲叙事，只不过用非洲替代欧洲成为世界缘起与终结的地方。这一方式并未把迪奥普从线性历史观和主流的进步史观中解脱出来。其次，迪奥普的思路缺乏方法论与概念的精确性。

在这次历史大会上，大家比较看重考察大规模的联系。大会围绕五个主题进行组织：

    1. 前殖民时期世界中的非洲："全球化"概念出现之前的全球化；

    2. 从第一批探险者到殖民征服：国际关系中的非洲，从行动者地位到从属者地位；

    3. 有关非洲整合的神话与现实：从殖民时期到独立早期；

    4. 非洲统一的现时经验与视角：从非洲统一组织到非洲联盟；

    5. 如历史学家所见，当前国际关系"大棋局"中或全球化中的非洲。①

尽管大会安排包括讨论殖民主义前的相互关联，殖民时期和后殖民时期却成为与会者关注的中心。② 作为对这一趋势的反应，泽莱萨于2005年建议以足够的广度与深度来书写非洲历史，确保殖民时期只不过是个插曲。

如前述，泽莱萨不仅仅是对填补非洲书写历史的空白感兴趣，他也雄心勃勃地试图摆脱欧洲的认识论，重新定位非洲。在这方面，如斯图亚

---

    ①   3rd Congress of the Association of African Historians, Mali, 09/01, University of Pennsylvania—African Studies Center in URL: http://www.africa.upenn.edu/Current Events/malihist0901.html（2013年3月15日检索）。

    ②   已出版的会议议程表明，事实上与会者并未讨论第一个主题。

第十一章 在非洲书写世界史:机遇、局限与挑战

特·霍尔所言,要迎接民族主义者和泛非主义者的巨大挑战,泽莱萨是应战者之一。应战者们亟须辩证地超越民族主义者和泛非主义者的研究,不仅去改变其目标,而且关注其薄弱点、困境与矛盾之处。

于是泽莱萨积极参与两项刚刚启动的学术活动,这有助于他克服出现在欧洲和美国的非洲研究者的历史书写中及非洲史学中的某些困局。第一项活动是挑战对非洲的种族定义,即将非洲大陆视作一个黑色大陆,这事实上将那些非黑人群体的活动排除在非洲历史之外;他也挑战了伊斯兰种族化的做法,即把伊斯兰教完全看作阿拉伯人的宗教,这就把穆斯林发起的运动或事件排除在非洲历史之外,即使这些活动兴起于非洲大陆。

第二项活动是恢复非洲历史写作可资利用的所有史料,挑战那种偏好使用殖民文献的倾向。泽莱萨提示,历史学家们可以利用"古代文献"和"伊斯兰文献",这与迪乌夫等历史学家的观点一致。这类文献将有助于产生新的非洲史学,可以把非洲历史研究从殖民语言系统的局限中解脱出来。那些运用殖民语言的作品,要么是殖民主义的产物,要么是对殖民主义的反映。泽莱萨甚至进一步提出,只要是出身非洲或非洲裔的研究者都应该视作非洲历史圈的一员,纵然他们通常被归类为欧洲或美洲历史圈的人物。这是对欧洲叙事的挑战,因为欧洲叙事乐于将这些作者及其作品编排进他们自我陶醉的和线性历史观的建构之中。这就是为什么他坚持非洲裔神学家圣奥古斯丁的贡献是基督教的基础,以及强调非洲裔知识分子如 W. E. B. 杜波依斯在美国现代性话语建构中的贡献。

这些不同的研究思路有助于形成新的学术和史学传统,以容纳当代非洲学术研究,而不再需要与欧洲传统和范式扯上什么关系。这类作品提供的视野,让非洲历史更具纵深感,拥有更充分的空间,因而形成另外一种世界历史或人类史。当然这种建构目前还是一种可能性,而不是对业已存在的事物的描述,因此它是一项我们可以考虑其可行性的研究。

几个事例可以帮助我们了解这一广阔研究的前景。

有一个研究项目以著名的廷巴克图手稿为基础,可以让我们接触到

迄今为止还不太清楚的非洲思想史全貌,也让我们不得不重新考察既有的、得到广泛应用的非洲史学路径。① 类似地,阿黛尔·H.穆罕默德在《国际商业研究杂志》(International Journal of Business Research)②上发表了一篇文章,说明某些新的史料可以重塑某类理论和范畴的历史,将它们从欧洲中心论话语的桎梏中解放出来,从而挖掘非洲思想史的历史深度。在《非洲对经济发展、经济周期及全球化的早期贡献》("Early African Contributions to Economic Development, the Business Cycle, and Globalization")一文中,穆罕默德说明了伊布·卡尔顿(Ibu Khaldun,1332年5月27日出生在突尼斯)如何在1380年思考经济问题,而欧洲直到18—19世纪才开始注意这些问题并进行理论思考。这篇文章表明,卡尔顿把历史看作真正的科学,先于欧洲建立这门学科之前就运用了严谨的方法论进行研究工作。因此,摆脱殖民文献,建构一个新的科学传统并非幻象。

泽莱萨提出从世界史转向人类史,这个主张相当重要。它与历史的驱动力及尺度问题相关,随之而来需要发生重要转变的是:作为一门科学学科的历史应该研究什么? 依照他的看法,历史科学最关注权力。某些主体值得关注只是因为它们代表了权力,某些转型看起来意义非凡,也只是因为它们是一个权力实体行动的结果。

> 然而权力不能成为历史的尺度,毕竟历史是复杂多样的。将历史等同于权力,只能书写贫乏的历史——战争、种族屠杀、殖民主义和帝国主义的胜利者,以及某些人的光荣事迹,他们以人类的生命价值为名而付出沉重的种族代价,以地球本身的繁荣为名而牺牲地球的能量与物质。③

---

① Shamil Jeppie and Souleymane Bachir Diagne (eds.), *The Meanings of Timbuktu*, CODESRIA/HSRC (Dakar, 2008).

② Adil. H. Mouhammed, "Early African contributions to economic development, the business cycle, and globalization," *the International Journal of Business Research*, May, 2009. Source Volume: 9, Source Issue: 3 http://www.freepatentsonline.com/article/International-JournalBusiness-Research/208535101.html.

③ Ibid., p. 4.

第十一章 在非洲书写世界史：机遇、局限与挑战

将历史书写的焦点重新放在人类本身，可以让我们超越历史学家通常关注的那五千年的时段，离开一种过于重视帝国及其冲突、兴盛与衰颓的历史。通过以更为开阔的视野观察、理解人类历史，非洲历史学家可以把非洲置于这种历史的中心：非洲是人类的摇篮，是人类居住时间最长久、人类征服自然与人类自身最持久的地方。因此泽莱萨似乎在呼吁历史学家发现一门生命史。尽管他并不愿意将生物学——一种隐性的社会达尔文主义——引入人类研究。他看好生命史的作用，认为其有助于理解人类的未来。他也利用其他学科如考古学（不幸的是，非洲人很少在非洲进行考古研究）、古生物学、进化生物学、流行病学、生态学及历史语言学。所有这些学科可能为非洲历史提供纵深度，可以把非洲放置在人类历史的中心。

我们如何能够在非洲历史研究中充分实现空间的广度与跨度，进而帮助非洲重返其应有的位置？泽莱萨建议，关注非洲人通过移民与征服持续分散到世界各个地区的过程，这包括对自愿移民的研究，它导致了非洲之外的王国的建立，例如安达卢西亚的摩尔人帝国；也包括被动移民，例如奴隶。

泽莱萨 2005 年发表的一系列文章首先是计划性的。它们指出了非洲学家的非洲史书写中的失语及困境，但同时也说明非裔学术圈之外的研究可以成为效仿的榜样。他提到克里斯托弗·埃雷特（Christophe Ehret），特别是他的《非洲文明：到 1800 年的历史》以及帕特里克·曼宁。世界历史书写中的非洲视角需要通过两种方式加以理解。第一种方式与历史学家的出身或居住地有关，其目标是通过注入非洲的学术或知识传统来更新世界历史，或者根据非洲面临的新问题、新挑战来重新定义世界历史。第二种方式与将非洲本身作为研究区域有关，一旦从空间上和历史上重新看待非洲，我们就必须重新定义世界是怎样的，从而形成一种新的发展视角，进而为世界与人类的未来提供一种新的可能性及发展轨迹。无论出身何处，非洲历史学家以及来自其他地方的非洲历史研究者都面对着可以使他们拥有完全不同的观察世界的视野的主题和知识。

与此同时，历史写作极其重要，不能把这个任务只交给历史学家去完

成。为全球史书写提供一个学术和科学的基础,使得全球史成为国际科学传统的一部分,这是一个良好的愿望。尽管如此,我们也不能回避作家奥斯曼和人类学家马菲耶提出的问题,他们关注历史文本应该采取的形式(见迪乌夫1999年的文章)。正如迪乌夫说过的,没有必要区分不同类型的历史写作,使其相互隔绝,或者在它们之间创造一种没有根据的等级关系。无论是口头的还是书面的,不同的科学和艺术类型,不同的叙事类型,应该彼此借鉴,促进共同的丰富与繁荣。人们可以从历史知识中获得对这个世界的认知与再现,但是专业历史学家不是唯一生产历史知识的人。这就是为什么当我们重建一种书写世界历史的传统或文献时,不应该牺牲其他类型的写作为代价,来支持某些类型的写作。

结　语

如上述所论,非洲学界有关世界历史书写的讨论出于这样几个目的:第一,希望参与国际讨论,并且在固有的学术传统中——尽管存在多种声音,但普遍倾向是把非洲边缘化——在知识生产特别是历史知识的生产中再造非对称性模式。第二,希望超越非洲史学的几个趋势,它们将非洲历史书写局限在共同体和民族主义叙事内,并且这类叙事逐渐超出学术圈。第三,将非洲的历史知识生产从欧洲中心论的桎梏和短视中解放出来,因为欧洲中心论观照下的全球史书写,倾向于把互动只理解为远程贸易、群体移民和帝国建构。

如果说从非洲视角书写世界历史体现了一种意愿,即把世界所有区域,包括非洲,进行地方化处理,或者说解构所有试图声称某一地区在人类历史中具有中心位置的说法,它也别无选择,只能首先辩证地采取修正的立场,挑战主流话语,注重说明迄今为止包括非洲在内的被边缘化地区在塑造人类历史的过程中发挥的作用。在展望未来的同时,有关非洲的世界历史书写的讨论也是一种尝试、一种努力,以期在长期的史学史传统中找到或创造一个位置,使得我们可以在欧洲传统之外思考非洲。

第十二章

民族的世界史：东亚史学中的民族国家史如何侵吞了跨国史？

林杰炫

民族国家史与全球史的结构

作为一门现代学科，民族国家史是世界范围的文化互动与跨国话语的产物。欧洲之外的人被迫对"西方"现代性所带来的概念范畴做出回应，而"东方"与"西方"之间的文化交流史揭橥了这种回应的诸多方式。面对欧洲现代性的挑战，东亚史学家皆试图在其民族国家史中寻找诸如理性主义、科学、自由、平等、工业主义等欧洲元素，以证明其文明发展之潜势。任何缺乏"西方"现代性的民族国家都面临着被贴上"缺少历史的民族"的风险。日本与韩国的近现代史学在一定程度上是要力证其民族存在的理由，向持怀疑态度的西方人证明——他们的民族具有发展现代性的潜势。如果他们的历史书写晓畅易懂，且能迎合西方读者的偏好，那么寻求得到认可的努力就愈加成功。①

为了满足西方读者的期望，对东方与西方、东方文明与西方文明，不得不依照欧洲历史熟悉的原则进行构撰，因而这种构撰更适于强调民族

---

① 参见 Jie-Hyun Lim, "The Configuration of Orient and Occident in the Global Chain of National Histories: Writing National Histories in Northeast Asia," in Stefan Berger, Linas Eriksonas and Andrew Mycock (eds.): *Narrating the Nation: Representations in History, Media and the Arts* (New York: Berghan Books, 2008), pp. 290-308。

史与世界史之间的组合关系,而不是非此即彼的两相倾轧关系。世界历史的直线发展轨迹之中因而也就有了民族史的一席之地。在这一历史主义的**图式**之中,西方国家占据更高的位置,成为落后的东方诸国效仿的范例。于是,如果不参考世界历史的二分法:"标准的、普遍的、发达的、现代的"西方历史与其"脱离常轨的、特殊的、欠发达的、前现代的"东方变体,就无法书写东亚的民族史。① 我们若想明白民族史与世界史共同犯下的历史决定论的错误,就必须了解标准与偏差、东方与西方、民族与全球的组合结构关系。

然而,借由世界史来编排民族史,甚至借由世界史来实现民族主义者的目的,这一做法并非东亚独有。德意志特殊道路问题的辩论也源自同样的图式结构:英国历史是普遍的、正常的、民主的,以这一发展道路的标杆为参照,德意志历史走上了一条特殊的、非正常的、法西斯的道路。②"西方文明"成为众多美国大学的核心课程,这也是例证之一。该课程开设于第一次世界大战期间,为的是促成来自不同民族和国家的大量移民走向民族融合。"西方文明"史呈现了"西方"文明传统的顶峰——美国,强化了美国的民族认同,使其具有更多的"西方"特质而非欧洲身份。③ 这一"爱国的世界史"高扬美国的政治价值与意识形态,一百多年来,这种世界史对人类历史的理解始终非常狭隘。④

类似于欧洲中心论的世界史,以亚洲为中心的世界史在东亚强化

---

① 值得注意的是,中国中央电视台的历史纪录片《大国崛起》旨在证明当代现代化目标的合理性,该纪录片依次介绍了九个国家的现代化历程:葡萄牙、西班牙、荷兰、英国、法国、德国、日本、俄国和美国。参见 Q. Edward Wang, "'Rise of Great Powers'= Rise of China?" *Journal of Contemporary China* 19(March 2010), pp. 273-289。

② 参见 Jie-Hyun Lim, "A Postcolonial Reading of *Sonderweg*: Marxist Historicism Revisited," *Journal of Modern European History* 12:2 (2014), pp. 280-294。

③ Ross E. Dunn, "Rethinking Civilizations and History in the New Age of Globalization," in *Proceedings of the 34th International Symposium at the National Academy of Sciences*, Korea, October 12, 2007.

④ Jerry Bentley, "Myths, Wagers, and Some Moral Implications of World History," *Journal of World History* 16:1 (2005), pp. 51-82.

第十二章　民族的世界史：东亚史学中的民族国家史如何侵吞了跨国史？

了民族主义的思想。二战之前的"泛亚洲主义"，战后的"亚洲价值观""东亚共同体""作为研究对象的东亚""作为方法论的东亚"等话语表达了亚洲区域主义的观念。从一开始，区域主义的亚洲话语就承载着民族主义者的反感、冲动与抱负。"西方文明"中存在着欧洲中心论的东方主义，"亚洲文明"中存在着反西方的西方主义，这两种主义一起犯了一个错误，即宣扬文明是一个自我调节的实体，这种认识揭示了一项亟须完成的任务，即对民族的、区域的（东方的）和世界的（西方的）历史为着民族主义的目的而滥用历史质疑。① 本章将结合民族史与区域史，探讨东亚有关世界史的争论。在这里，世界史是为民族主义者的理论服务的。②

作为民族主义理论的世界史：从启蒙到马克思主义

19世纪70年代，世界史随着明治维新来到日本。日本政府以"万国史"之名引入世界史，意指"世界所有国家之历史"。该计划重视介绍当时的世界时事而非研究其他国家的历史，其目标是为日本引入西方事物，使日本国民更快地适应新的环境，迈入文明的世界。在各类"世界史"和"普遍史"图书之中，起初最受欢迎的是《万国史》（1876），译自塞缪尔·G. 古德里奇（Samuel G. Goodrich）著《基于地理的普遍史》（1870）。不过该书只是对诸多史书的简单编排，涵盖世界各个地区，类似旅行指南。其他人写作的"万国史"中，有一些较古德里奇的作品更明显地富有欧洲中心

---

① 在此背景下，人们更经常认为"世界史"等同于"西方史"，在东亚这是一个具有霸权色彩的话语。
② 在本章中，我将视上下文需要使用"全球史""世界史""跨国史"这几个概念。有观点认为"全球史"是"世界史"的替换概念，因为在东亚现代史学中，"世界史"一直被用来（被误用来为）民族史学的合法性背书。确实，命名很重要，但是一个新术语无法必然保证一种新的视野。我们在东亚历史学中看到的是，"世界史""全球史""跨国史"时常服务于民族主义的目标。尽管我们知道这些术语之间存在微妙的差异，但我不会在考察民族主义者的目标时坚持认为它们有范畴上的差异。

论色彩。例如威廉·斯温顿(William Swinton)的《世界历史纲要》(Outlines of World History)把世界史看作欧洲民族(雅利安诸种族)的历史,并认为是他们引领了人类文明的进步。斯温顿的"万国史"被称为"文明史",在19世纪80年代的日本,对世界史的欧洲中心主义解读占据主流地位。①

颇为有趣的是,世界史教科书先于民族史教科书面世。应巴黎国际博览会的要求,第一部日本民族史《日本史略》才于1878年问世。此书的最终版本《国史眼》于1888年被新成立的东京帝国大学历史系采纳为官方历史教科书。因此,西方读者成为日本第一本官方民族史教科书的主要目标读者。亦是应巴黎国际博览会的要求,法文版《日本艺术史》(Histoire de l'art du Japon)于1900年出版,这是第一本有关日本艺术历史的图书。② 此书的写作动机,是为了美化日本,凸显其民族遗产,以激励"我们自身的艺术精神",使其跟上欧洲的标准。福泽谕吉亦主张这种从世界到民族的认知顺序,他率先在明治时期的日本提出现代性问题,其名言有,"对自身的了解应同步于对他人的了解:我们愈了解他们(西方),我们愈关心我们自己的命运"③。

换言之,书写民族史只不过是"这样一项尝试,依据想象的西方与自己之间的差异,来安放自身的民族性或国民性身份,也就是说,借由对西方的迷恋与反感的动态变化来创造自己的民族史"④。日本的启蒙思想家深陷此种两难境地:他们对欧洲历史了解得越多,日本与欧洲之间的差

---

① Shingo Minamizuka, "How to Overcome Euro-Centrism in the Western History in Japan—Some Lessons from 'Bankokushi' in the Meiji Era," *Proceedings of the Conference of Commemorating the Fiftieth Anniversary of the Korean Society for Western History* (unpubl., Seoul National University, July 5-6, 2007), pp. 190-191.

② Hiroshi Takagi, "Nihon bijutsushi no seiritsu/Shiron"(日本艺术史创建史), *Nihonshi Kenkyu* 320 (1989), p. 74.

③ Kazuhiko Kondo, "The Studies of Western History in Japan and the Understanding of Modernity," *Proceedings of the Conference of Commemorating the Fiftieth Anniversary of the Korean Society for Western History* (unpubl., Seoul National University, July 5-6, 2007), p. 117.

④ Naoki Sakai, *Translation and Subjectivity: On "Japan" and Cultural Nationalism* (Minneapolis: University of Minnesota Press, 1997), p. 50.

第十二章　民族的世界史：东亚史学中的民族国家史如何侵吞了跨国史？

距就越大。他们越是努力地寻找一种可与西方历史等量齐观的民族史，就愈发为一种低劣感而感到自卑。历史主义使纵向的线性时间适应于"想象的地理"的横向空间，而日本发现它在世界历史的直线式发展中落后了。为了摆脱这一两难境地，日本近现代史学发展出一套自有的东方主义策略，凸显日本与亚洲其他地区的差异。为他们的亚洲邻国发明一个东方身份，弥补上日本担心有所缺失的东西。借由发明日本自己的东方主义，日本历史学家迫使中国和朝鲜在那个时期想象的地理空间中取代日本的位置，日本则加入了西方。

因此，在世界史领域之中，作为日本版东方主义的东洋史得以确立，其目标在于发明日式的东方主义的中国与朝鲜，而日本国史努力在日本的历史中找寻欧洲的历史元素。日本历史学家同时操纵东洋史与国史两种话语，竭力避开欧洲东方学家发明的东方的日本形象。也许并非巧合，东洋史的确立有中日甲午战争（1894—1895）、日俄战争（1904—1905）的历史背景；对世界大国的两次胜利提升了日本的民族自豪感。其结果是，历史研究与历史教育分为三个部分：国史、东洋史与西洋史。① 这种三分结构有助于提升日本在世界历史中的战略位置，将国史与研究中国和朝鲜的东洋史区分开来从而进入"西方"。民族史（日本史）、区域史（亚洲史）和世界史（西方史）的架构，以一种推论的方式共同谋划并实现脱亚入欧的梦想。在当今日本和韩国的历史研究与历史教育中，民族史、区域/东方史和世界/西方史的三分结构仍然处于支配地位。

世界史在19世纪末的朝鲜也兴盛一时，然而民族危机是其发展的原因。朝鲜第一本世界历史教科书《世界简史》出版于1896年。接着，很多西方史作品翻译出版，包括《世界史纲》（1896）、《俄国简史》（1898）、《美利坚独立史》（1899）、《波兰亡国史》（1899）、《现代埃及史》（1905）、《意大利独立史》（1907）、《世界殖民史》（1908）以及拿破仑、俾斯麦、彼

---

① Stefan Tanaka, *Japan's Orient: Rendering Past into History* (Berkeley: University of California Press, 1993).

得一世的传记。世界史成为激发爱国主义的手段,证明"文明开化"的正当性。从这方面看,朝鲜先于很多国家创造了一种"爱国主义的世界史"。现代化与独立的双重历史任务促使朝鲜知识分子研究世界历史,他们相信全球主义和民族主义是通往"文明"的道路。

新获得的世界历史知识促使朝鲜热衷于比较朝鲜与列强、东方与西方。世界史,带着它的西方特质,标示着传统的以中国为中心的世界秩序的解体,将东亚置于一个新的国际秩序之中。朝鲜启蒙知识分子采用日本东方主义者的思维,竭力去中国中心化,把中国仅仅当作亚洲的一部分去看待。对于朝鲜的民族主义者来说,运用西方的文明概念是为了民族主权的利益,因为这有助于对中国的重新定位。但这种重新定位走过了头,以至于朝鲜的新闻记者声称,甚至是丹麦也很快能让中国脸上无光。在去中国中心方面,公众史学比官方历史更活跃、更积极。① 然而,用欧洲中心论代替传统的中国中心论,同时强化了一个欧洲中心论的观点——从历史来看,东方是低等、落后的。朝鲜与西方的历史结构形态,强调了朝鲜具有追赶西方的潜力,其代价是将朝鲜呈现为一个落后、贫乏的国家。

新出现的朝鲜史学在比较朝鲜与西方国家时,在同质的、一体的"历史"时间之中对空间进行时间化。历史分期也以欧洲的历史编纂为基础,分为如下几个时代:古代→中世→近现代→当代。自由主义、民主、资产阶级革命、产业革命和民族主义等话题成为世界史教科书中最常见的问题,这又进一步强化了对世界史的欧洲中心论式的理解。"首先是世界史,接着是民族史"的结构序列,似乎反映了全球历史主义者的时间结构——"首先出现在欧洲,然后是其他地区",这配合了欧洲中心主义的影响论——文明从欧洲向"其他地区"的散布。② 这就解释了为什么以东

---

① Andre Schmid, *Korea Between Empires, 1895-1919* (New York: Columbia University Press, 2002), pp. 32-36, 56-59, 80.

② Dipesh Chakrabarty, *Provincializing Europe: Postcolonial Thought and Historical Difference* (Princeton: Princeton University Press, 2000), p. 7.

第十二章 民族的世界史:东亚史学中的民族国家史如何侵吞了跨国史?

方与西方的二分结构为前提的朝鲜民族史必然会走向欧洲中心主义。欧洲中心论与民族史、世界史之间的连锁关系在1945年之后东亚的历史编纂中得到进一步强化。

结果,研究焦点严重偏向西方历史中封建主义向资本主义的过渡。资本主义的兴起、文艺复兴与宗教改革、德国农民战争、英国革命、乡绅崛起、美国革命与奴隶制度、启蒙运动与法国大革命、普鲁士的土地改革和产业革命,成为以西方历史为本位的世界史学者最乐意讨论的问题。欧洲中心主义的世界史服务于加快工业化、政治民主化和现代国家建构的历史进程。20世纪70年代,相对来说受冷战影响较小的日本历史学家,把他们的研究领域推进到东欧、拉丁美洲、中东和非洲,左派批判的历史学在日本也有相对较大的影响力。然而,无可否认的是,以大冢久雄的经济史研究为代表,一种混合了马克思主义与现代化理论的史学研究,提供了一个主要的解释框架——在世界历史中说明日本如何从封建时代过渡到现代。

基于其对资本主义现代性的批判,马克思主义史学一直以来被视作潜在的另一种世界史书写,但是它本身也难以摆脱欧洲中心论。马克思主义思想的复杂的文化交换与互动的历史,清楚地表明了一系列运动与思想意识依马克思之名而兴起。例如,当马克思的《资本论》被翻译成俄文时,受到了俄国资产阶级的欢迎,因为他们在书中看到了资本主义在俄国发展的必然性。① 确实,在历史思维与写作方面,马克思主义史学从未摆脱东方与西方的等级结构关系这一惯例。在《资本论》中,马克思的经典论断——"工业较发达的国家向工业较不发达的国家所显示的,只是后者未来的景象"②,成为马克思历史主义的宣言。如果有人将马克思看作是一位现代性理论家,他不难发现"马克思所言的现代化与西化很难

---

① Albert Resis, "Das Kapital Comes to Russia," *Slavic Review* 29 (June 1970), pp. 219-237.

② Karl Marx, "Preface to the German Edition," in idem (ed.), *Das Kapital. A Critique of Political Economy* 1:3. (1906).

区分开来,因而他的全球史就是一部西方的通史"①。尽管马克思主义史学家试图寻找另外一种现代性,20世纪东亚的马克思主义史学仍然是欧洲中心主义的世界史的产物。

马克思主义史学的特色是其对全球范围内资本主义发展的比较研究。马克思主义者关于1868年明治维新的争论,以及"讲座派"与"劳农派"关于日本资本主义的论战就是很好的例子。"讲座派"认为明治维新使日本成为一个绝对主义国家,"劳农派"则认为那是一场资产阶级革命。因此,后者坚持认为,鉴于两次世界大战之间的世界资本主义存在着普遍的危机,日本的社会主义革命迫在眉睫。"讲座派"马克思主义者的观点与之相反,他们强调日本的落后、军事上的特殊性以及半封建的资本主义,这些皆表明日本马克思主义者应该首先完成资产阶级民主革命,如同1905年俄国革命期间俄国马克思主义者所想的那样。受到马克思主义社会经济发展的线性模式的影响,两派皆认为每个国家都必须经历一场资产阶级革命才能建立无产阶级的政权。"讲座派"对日本资本主义的定义接近列宁对资本主义发展的"普鲁士道路"的描述。然而,"讲座派"重视比较日本资本主义扭曲的发展与英国自发性的资本主义,以及普鲁士道路与美国道路,因而也被打上了历史主义的欧洲中心论的烙印。②

战后日本的马克思主义史学并未偏离"讲座派"的传统太远。在对日本现代性的历史评价中,主流的话语认为,日本军国主义和殖民扩张可以归因于一个不成熟的公民社会,及其半封建的落后状态和威权主义政治文化,这些都是其"前现代的残余"中固有的东西。战后的日本应该通过改革,消除前现代的非理性因素,进行完全的民主革命。这一判断部分地汇集了驻日盟军最高总司令对"太平洋战争"的官方观点与"讲座派"

---

① Bryan S. Turner, *Orientalism, Postmodernism and Globalism* (London: Routledge, 1994), p. 140.
② 参见 Sebastian Conrad, *The Quest for the Lost Nation*, English trans. by Alan Nothnagle (Berkeley: University of California Press, 2010)。

第十二章 民族的世界史:东亚史学中的民族国家史如何侵吞了跨国史?

对日本现代性的解释。① 民主自由派大体上通过大冢久雄的研究工作参与讨论,大冢久雄在"讲座派"马克思主义与现代化理论之间架设起沟通的桥梁。尽管存在尖锐的意识形态对立,罗斯托的历史发展阶段论与马克思主义的直线史观十分类似。发展主义历史学派试图解释,为什么在日本,特别是在20世纪五六十年代,世界史著述充满了这样的隐喻——边缘地区的所有国家必须实行"追赶"战略。②

殖民时期,朝鲜的马克思主义史学试图把民族主义事业与马克思主义对世界资本主义的理解结合起来,但它仍然以欧洲中心主义的世界资本主义的线性发展观为特色。在各种马克思主义的论点中,白南云(Paik Namwoon)代表了最为常见的解释。他的朝鲜史分期完全契合马克思主义的发展阶段论:原始共产主义→奴隶经济→亚细亚封建主义→资本主义。他的作品是殖民时期朝鲜最流行的马克思主义著作,他强烈地反对任何朝鲜历史特殊性论调,而是把朝鲜史置于马克思主义普遍史的框架之中。③ 依托于世界资本主义发展的线性模式,白南云必然诉诸欧洲中心论。可是,他的普遍主义历史观内含的欧洲中心论是一种"批判的武器",旨在维护资本主义内生性发展的理论,反对亚细亚生产模式在朝鲜出现停滞的观念。见证欧洲中心论的线性发展模式如何最终捍卫了殖民时期朝鲜的自生性资本主义发展,对抗日本殖民者的停滞理论,颇为有趣。面对主张亚细亚生产模式以及前殖民时期朝鲜的停滞的红色东方主义,马克思主义的普遍史及由此产生的欧洲中心论能够容纳民族主义理论,强调资本主义的自生性。

马克思历史主义与罗斯托经济增长的起飞模式之间的特殊混合,对

---

① J. Victor Koschmann, "Introduction to the English edition," in Y. Yamanouchi, J. V. Koschmann and R. Narita (eds.), *Total War and Modernization* (Ithaca: Cornell University Press, 1998), pp. xi-xii.

② Yuji Geto, "Ilbonui segyesa gyogwasŏ" ["Japanese World History Textbook"] in Nakamura Satoru (ed.), *Dongasia yŏksa gyogwasŏnunŏttŏge suyeoittulka? [How Have East Asian History Texts been Written?]* (Seoul: Editor, 2006), p. 166.

③ Kijung Bang, *Hankook gunhyundai sasangsa yŏngu* (Seoul: Yŏksabipyungsa, 1992).

战后韩国的历史编纂也有很大的影响。毫不奇怪,韩国的主流马克思主义历史叙事是"资本主义萌芽"与"资本主义内生性发展"命题。① 在后殖民时代的韩国,民族主义-马克思主义的历史编纂学竭力想要确定农村人口的两极化与"扩大规模的农耕"所出现的位置,他们认为,在前现代的李氏朝鲜时期,农业资本家和无产阶级产生于这一历史过程之中。接着,他们试图在特色作物的商业化生产、批发贸易、依靠外放制商业资本的手工业、重商主义与现代主义思想等历史现象中寻求一幅乌托邦的蓝图。他们一方面盯着资本主义生产关系的萌芽,另一方面也在古代和中世史中发现奴隶社会与封建社会。马克思主义史学的主流还是更偏重马克思主义普遍的历史发展观,而非亚细亚生产方式,为的是避免对日本殖民主义进行合理化解释。但无论对于马克思主义者还是非马克思主义者来说,寻求现代性一直是世界/西方历史研究和教育的动力。

在欠发达国家,社会主义在"创造性运用马克思列宁主义"的口号之下成为快速工业化的发展战略,目标是追赶并超越发达资本主义。对于许多受到西化与国家认同之间的分裂困扰的东亚知识分子来说,社会主义成为一石二鸟的解决办法。社会主义被期望解决反西式现代化带来的历史困境,因为它具有实现反帝国主义的民族解放和自下而上的快速工业化的愿景。② 于是也不难理解为什么20世纪70年代末依附理论在左派历史学家和社会科学家之中流行。依附理论强调资本殖民地向宗主国的单向转移,中心与边缘地区之间不平等的交换把盈余转移到宗主国。依附论者即把殖民历史建立在殖民主义的核心是宗主国对殖民地的盈余的侵占这一基本前提之上。人们认为遭人憎恶的日本殖民统治造成了朝鲜的经济落后、军事独裁、不成熟的公民社会、半岛分裂及所有类型的前

---

① 见 Carter J. Eckert, *Offspring of Empire: The Koch'Ang Kims and the Colonial Origins of Korean Capitalism, 1876-1945* (Seattle: University of Washington Press, 1996)。

② Jie-Hyun Lim, "Befreiung oder Modernisierung? Sozialismus als ein Weg der antiwestlichen Modernisierung in unterentwickelten Ländern," *Beiträge zur Geschichte der Arbeiterbewegung* 43:2 (2001), pp. 5-23.

第十二章 民族的世界史:东亚史学中的民族国家史如何侵吞了跨国史?

现代残渣。

依附理论及其在历史研究中的影响并未击碎两分法——规范的西方与脱离常轨的东方、标准的现代化与脱离常轨的现代化。依附理论尖锐地批评不平等交换和盈余的单向转移,该理论及其史学观点通常的理论基础仍是过度简化的东西方对立,以及以"第三世界"观念为代表的根本的区域差异。因此,它无法注意到边缘或中心地区中任何一个具体地方内在的历史张力。它倾向于用同质性和异质性来阐述民族国家和区域。最后,依附理论及其世界观通过证明民族国家为实现快速工业化进行资本积累的合理性,作为一种民族主义理论为世界史服务。在战后东亚,西方历史再一次压倒了现代化的世界史和马克思主义的世界史。

制造泛亚洲史:去地域化与再地域化之间

以上讨论了日本东方主义者的东洋史话语,与之相伴随的是"东亚"知识分子构建一个和平的、团结的、亚洲人的亚洲的愿景。受到社会达尔文主义的启发,泛亚洲主义起源于日本,并迅速地扩散到中国和朝鲜。它毫不迟疑地把"亚洲一体"的政治观念与"黄种人"的种族生理学结合起来。从意识形态方面来看,"黄种人"应包括所有亚洲民族,但实际上只等同于狭义的东亚,即朝鲜、中国和日本,三者都崇尚儒家文化。中国重要的知识分子如梁启超、孙中山在演讲中提出在东方种族中实现和平。泛亚洲主义将民族生存的斗争转换为"白种人"与"黄种人"之间的种族斗争。作为与欧洲帝国主义种族论相抗衡的泛亚洲主义思想,得到日本、中国和朝鲜知识分子的接受。他们支持泛亚洲主义,为的是确保民族独立和地区安全,反对西方帝国主义。

泛亚洲主义思想吸引了很多朝鲜的知识分子。"一进会"(Ilchinhoe)与日本殖民主义合作,支持黄种人的团结;朝鲜具有启蒙思想的知识分子呼吁不同立场的亚洲人团结一致。认同启蒙思想的革新派认为,作为思想武器的泛亚洲主义可以确保民族独立、地区安全与和平。对于朝鲜的启蒙活动家而言,泛亚洲主义意味着三个各自独立的主权国家的联盟。1905年,在日本威逼下签署的条约使得日本成为朝鲜所谓的保护国,这一事件被解读为日本背叛了泛亚洲主义。① 在殖民中国台湾、吞并朝鲜的过程中,日本暴露了其寻求地区霸权的隐秘计划,意欲将各侵占地区与人民纳入日本帝国的版图。后来的事实证明这种计划是通向"大东亚共荣圈"的垫脚石,为了更有效地说服殖民地民众加入以"自愿动员"为基础的全面战争体制。

泛亚洲主义也使日本帝国主义者陷入两难的境遇。应用于历史学、语言学和人类学,泛亚洲主义变成了"日鲜同祖论",即声称朝鲜人与日本人拥有同一血脉。这一血脉话语服务于论证日本吞并朝鲜的合理性。日鲜同祖论辩称,殖民者与被殖民者之间具有种族/族群的同质性,与欧洲殖民主义的种族话语形成鲜明对照。东京帝国大学国史部教授久米邦武(Kume Kunitake)等人写作的官方历史也断言日本朝鲜血脉相同。② 颇具讽刺意味的是,日鲜同祖论,作为东亚跨国史的第一个版本,居然是由日本国史学者发明的。跨国史在各种情形下不断地为日本极端民族主义服务。

但是日本民族主义者中的好战派强烈反对日鲜同祖论,他们相信日本的国体——皇族及国民性的复合体——具有文化独特性。他们认为日本天皇世系不应追溯到古代朝鲜王朝。1892年,东京帝国大学解雇久米邦武教授后,日本文部大臣明确表态批评日鲜同祖论。③ 20世纪初,东洋史的开创者如黑板胜美(Kuroita Katsumi)和白鸟库吉(Shiratori Kurakichi)也开始疏离日鲜同祖论。他们承认日本与朝鲜在语言和种族方面的亲缘性,但辩称国民性差异远远大于任何文化或种族上的亲缘性。

---

① Schmid, *Korea Between Empires* pp. 86-100.
② Mitsui Takashi, "Ilseontongjoron ŭi hakmuhjŏk kibane kwanhan siron" ["A Study on the Origins and Development of Ilseontongjoron in Modem Japanese Academism before and after Japanese Annexation of Korea"], *Hankukmunhwa* 33 (2004), pp. 249-252.
③ Ibid., pp. 253-254.

第十二章 民族的世界史:东亚史学中的民族国家史如何侵吞了跨国史?

也许是因为民族史范式中内在的血统论(originism)不允许东洋史学者接受日本人与朝鲜人拥有共同起源的学说。对于日本的东方主义者来说,让日本人与朝鲜人平起平坐是不可想象的,事实上,日鲜同祖论暗中削弱了日本东方主义的根基。

日本学者在日鲜同祖论方面的分歧反映了日本民族主义内部的紧张关系:一方面,有的学者支持多民族的帝国一体化的民族主义;另一方面,也有学者支持以生物文化真实性(bio-cultural authenticity)为基础的民族主义,二者之间的紧张关系预示着跨国史与民族国家史叙述变体之间的紧张关系。然而将这两种不同的流派束缚在一起的共同线索,可以在有关任那倭宰(Imna)的历史话语中找到。任那倭宰被认为设立于约公元4世纪的伽倻(Kaya,位于朝鲜半岛南部海岸)。日本对高句丽好太王(Koguryŏ King Kwanggaet'o)碑文的解释是,倭王军队跨海在朝鲜半岛南岸建立了武装基地。① 日本在古代朝鲜的据点为日鲜同祖论,也为日本吞并朝鲜实行殖民统治及对朝鲜的东方主义化提供了借口。

1910年日本吞并朝鲜半岛,日本朝鲜同源论再次兴起。由于体质人类学家的贡献,日鲜同祖论采用了科学(或者说伪科学)的话语形式。日本体质人类学研究者用超过四百篇文章调查古代和当代朝鲜人的体质特征,与考古学家合作研究古代朝鲜人的遗骨,与生理学家合作研究当代朝鲜人的面相学。受到体质人类学支持的同祖论很容易与关注朝鲜半岛与日本列岛之间的古代移民研究的种族论命题联系起来。这一命题中最显著的观点是,真正的日本人主要由来自朝鲜半岛的移民组成。②

1919年争取朝鲜独立的"三一"运动之后,日鲜同祖论的科学话语立刻变得更有影响力。这一论调被用来论证朝鲜民族自决、独立是错误的,

---

① Lee Sung-si, *Mandlojin godai* [*The Ancient Invented*], 韩文版译者 K. H. Park (Seoul: Samin, 2001), pp. 41-45。
② Pak Sunyoung, "Ilche sikminjuŭiwa Chosŏnŭi mome daihan inryuhakjŏk sisŏn" ["The Anthropological Gaze at the Korean Dodies under Japanese Colonialism"], *Bikyomunhwa yŏngu* 12: 2 (2006), pp. 57-92。

具有共同起源的人民应该统一，这是为日本的殖民统治辩护的一种隐晦表达。与此同时，以优生学为导向的人类学家强烈反对日鲜同祖论，他们反对同化政策以及他们所认为的劣等朝鲜人与优等日本人的混血，并强调日本民族从石器时代开始的线性发展。① 然而，这些学者没能成功地主导历史话语，因为日本帝国不得不实行国民化政策（对殖民地人民实施日本国民化），以动员殖民地人民支持全面战争体制。国民化运动是同化政策的极端形式，旨在将殖民地人民从行动上，更是从精神上转化为"真正的日本人"。② 不需说，日鲜同祖论为国民化运动提供了思想理论的支撑。

在朝鲜半岛独立后的史学中，日鲜同祖论的历史话语经历了民族主义转向。朝鲜民族主义史学家否认日本任那倭宰，认为它是日鲜同祖论的史学副产品，是日本殖民主义的发明。但是与此同时，他们强调古代朝鲜与日本之间缠绕的历史，特别是古代朝鲜对日本单向的文化传播。他们认为，朝鲜书写体系中的吏读和乡札影响了日本的万叶假名，后者被用来作为一种汉字转录系统。他们也声称，古代朝鲜时期高度发达的工艺影响了日本的艺术，如法隆寺壁画和《圣德太子像》体现了朝鲜移民高超的技艺。③ 古代史中的高雅文化从朝鲜向日本传输，这一命题非常适合朝鲜的民族主义思想。

朝鲜著名的马克思主义史学家金硕邢（Kim Sǒk-hyung）论述了这一单向文化传播的历史，认为来自朝鲜三国（高句丽、百济、新罗）的移民定居日本西部，作为文化开创者对日本历史的进步做出了贡献。④ 人们在

---

① Pak Sunyoung, "Ilche sikminjuǔiwa Chosǒnǔi mome daihan inryuhakjǒk sisǒn", pp.65, 72, 73 及各处。

② Wan-yao Chou, "The Kōminka Movement in Taiwan and Korea: Comparisons and Interpretations," in Peter Duus et al. (eds.), *The Japanese Wartime Empire 1931-1945* (Princeton: Princeton University Press, 1996), pp. 41-68.

③ Ki-baik Lee, *A New History of Korea* (Cambridge, MA: Harvard University Press, 1988), pp. 57, 64.

④ Lee *Mandlojin godai*, p. 47.

第十二章　民族的世界史：东亚史学中的民族国家史如何侵吞了跨国史？

他的历史作品中发现的不是马克思主义而是"民族共产主义"（national communism）。① 金硕邢的观点激怒了一群日本历史学家，遭到愤怒的回击。井上光贞（Inoue Mitsusada）使用相当情绪化的语言如"攻击"与"防卫"来描述自己与金硕邢之间的这场准战争。确实，井上光贞将他的心脏病发作归咎于这场论争引起的紧张关系。② 这场争论开始于如何解释好太王碑文。颇为矛盾的是，尽管双方在释读碑文方面的意见分歧尖锐，却都以日鲜同祖论为基础。于他们而言，日本人与朝鲜人在文化与人类学上具有同质性是既定事实，唯一的问题是哪个种族占据支配地位。

讽刺的是，作为日本殖民话语的日本朝鲜同源论开启了朝鲜与日本的跨国史，跨国史成为对立双方相互竞争的战场，它们在这个战场之中争夺一份共同遗产的霸权地位。确实，在殖民时期的朝鲜，世界史有被"泛亚洲主义"者的区域史取而代之之虞，在帝国主义的日本发生了同样的事情，只是情况稍轻。然而，泛亚洲主义者的区域史的宏大叙事过于简化且是单向度的。历史中的小人物、日常生活、小事件以及历史界定不甚清晰的事情都无法在这种宏大叙事中赢得一席之地。殖民者与被殖民者，以及殖民地与日本之间的相互关系被简单地忽视了，取而代之的是抽象的泛亚洲主义。"泛亚洲主义"的区域史无法说明（日本）帝国是由各项帝国计划和活动造就的。

京城帝国大学，是殖民时期朝鲜唯一一所大学（设立于1926年5月1日），该大学史学部的架构很好地说明了这一问题。校长服部宇之吉（Hattori Unokichi）在大学成立时的演讲中指出，服务国家是该大学的职责。比照东京帝国大学的政策，他宣布计划将京城帝国大学造就为东方研究的一个中心。基于这一研究东方的战略，史学部只设三个研究领域："国史"（日本史）、朝鲜史和东洋史。金子小介（Kaneko Kosuke）1928年

---

① 关于朝鲜马克思主义政党的民族主义史学，见 Jie-Hyun Lim, "The Nationalist Message in Socialist Code: On Court Historiography in People's Poland and North Korea," in Sølvi Sogner (ed.), *Making Sense of Global History* (Oslo: Universitetsforlaget, 2001), pp. 373-388。

② Lee *Mandlojin godai*, p. 51.

以来在此大学教授西方史,但是大学里并没有正式的西方史专业。京城帝国大学区别于日本其他帝国大学的地方在于,朝鲜史取代了西方史。1929年至1941年,在从史学部毕业的80人中,18人从事日本史研究,东洋史34人,朝鲜史28人。① 事实上,独立后由京城帝国大学改组而来汉城国立大学直到1962年才有了西方史讲座教授,那时距离独立已经过去很长时间了。

太平洋战争的爆发加速了东亚世界史的衰退。随着反对西方的战争的爆发,日本"反对现代性的现代主义者"不再把"西方文明"视作日本未来的榜样。在尖锐的"克服现代性"口号的影响之下,西方成为日本民族文化试图征服的对象。② 日本所代表的"亚洲文明"被认为比西方历史更值得认真研究。世界史被诊断患上了西方病,支持"克服现代性"的日本知识分子哀叹道,西方现代性扭曲了日本精神。京都学派试图创立另一种以新的"亚洲的"世界秩序为基础的世界史,借由这一新世界秩序,欧洲主导的世界史可以得到克服。这一替代性的世界史源起于日本帝国。"克服现代性"这个知识项目被看作一个理论杠杆,把亚洲提升进世界史,以造就一个"克服西方史"的替代性的世界史。这个以亚洲为中心的新世界史得到了相当多的讨论,但从未有人将其清楚地表达、建构或写作出来。

去地域化抑或再地域化? 联合历史教科书与历史委员会

日本2001年出版的《新历史教科书》引发了历史争论,在此旋涡中,日本保守派报纸《产经新闻》表示充分支持新教科书,并发表了一系列分析韩国历史教科书的文章。显然,对于日本在朝鲜半岛的殖民统治历史,

---

① Gwanghyun Park, "Sikminji Chosŏnesŏ dongyangsahakun ŏttŏke hyungsongdoiŏttna?" ["How Was East Asian History Formulated in Colonial Chosŏn?"], in Do Myunhoi and Yoon Haedong (eds.), *Yŏksahakui Segi* (Seoul: Humanist, 2009), pp. 217-234.

② Harry Hartoonian, *Overcome by Modernity: History, Culture, and Community in Interwar Japan* (Princeton: Princeton University Press, 2000).

第十二章　民族的世界史：东亚史学中的民族国家史如何侵吞了跨国史？

这些文章与新民族主义者的叙事有着显著的差别,然而这些文章的基调却并非完全负面;事实上,韩国教科书得到该报驻首尔通讯记者的赞许,因为这些教科书持坚定的种族中心论的民族史立场。在十几篇分析文章中,记者不断地提到种族中心论的韩国历史教科书,旨在证明《新历史教科书》的合理性。在比较韩国与日本的历史教科书时,他们注意到一个共有的主流叙事——"我们的民族"成为历史的主题。韩国历史教科书因而确证了《产经新闻》的想法——无论哪个民族,历史教科书应该教给学生"民族的骄傲"以及"对我们自己的历史的热爱"(《产经新闻》,2001年6月25日、26日)。

这个例子说明了东亚的民族史,也许还有很多其他地区的民族史,已经形成了一种我们可以称为"对抗性共谋"(antagonistic complicity)的关系,这种关系在公开的冲突斗争背后发挥作用。① 以民族为中心的历史处在平行线中,没有任何交汇点,也就是说历史诸解释之和解不可能出现,这使得对立的各方无法走到"民族史之外",无法将他们共有的历史再概念化为相互扭结的历史、跨国史、边界史、重叠史(overlapping history)等等。取而代之的是,以民族为中心的历史强迫公众在"我们自己的历史"和"**他们**自己的历史"之间做出选择。任何严肃的学者,如果试图"超越民族史",有可能被贬斥为"不爱国的"或叛国的。韩国和日本的民族史学因此深陷共同的困境之中。东亚最近发生的"历史之战"表明,这种"对抗性共谋"强化了民族史推导而出的霸权,让各方永久地陷入"双重困境"之中。这是特别不幸的事情,因为如果我们仔细观察东亚百年来的民族史竞争历程,就会发现敌对方之间存在众多文化交流活动以及"对抗性文化移入"(antagonistic acculturation)的事例,例如殖民者的霸权话语被殖民地民众调适为反殖民主义抵抗活动的基础以及他们自己

---

① Jie-Hyun Lim, "Chōsen hantō no minzokushugi to kenryoku no gensetsu" ["Nationalism on the Korean Peninsula and the Power Discourse"],日文版译者 Itagaki, Ryuta, *Gendai shisō*, 28 (June, 2000), pp. 126-144; *Chŏkdaejŏk kongbŏmjadŭl* [*Antagonistie Accomplices*] (Seoul: Sonamu, 2005).

的民族主义活动与目标。①

尽管存在上述问题,一本由韩国、日本和中国共同编写的东亚历史教科书《东亚三国的近现代史》于 2005 年同时在三个国家出版。② 这是教科书合作的分水岭,旨在应对东亚的历史论战。在这场日本《新历史教科书》引起的历史论战旋涡之中,《东亚三国的近现代史》取得了相当了不起的市场销售量。仅只 2005 年,中文版销量约 120000 册,日文版约 70000 册,韩文版约 30000 册。三个国家有超过 50 名历史学家、历史教师和国民参与了这项活动,2002 年以来在中日韩举行相关会议达 13 次之多。③ 该书为未来的东亚史学提供了有益的思想路径,必将引领东亚的历史话语走向地区和平与历史和解。在韩国,该书引发大量的媒体报道,传递出乐观的前景。该书可以视作战后东亚的第一部跨国史作品。鉴于目前东亚的"历史之战",这本书确实是一项了不起的成就。

然而,细心阅读该书,人们会对其跨国史的特征产生疑问。简而言之,它是以民族史范式为基础的跨国史。首先,该课题的参与者很多是三个国家的民族史研究者。韩国编委会成员中民族主义(左派)史学家占多数。日本编委会主要由所谓的战后史学史家组成,他们对日本的战争史持谴责态度。在中国,编者主要来自中国社会科学院近代史研究所。无论这些参与者是民族主义者、左倾民主派,还是马克思主义者,一条共同的实证线条联结着他们各自不同的政治取径。他们都声称希望通过教科书计划寻求"历史真实与教训",建构主义者对这一立场自然有理由持怀疑态度。也许实证主义的立场有助于缩小该书所涉及的范围,因为三方均认同的事实是编写的前提基础,这就是为什么该书以相当简略的方式对待日本的侵略战争。

---

① Ashis Nandy, *The Intimate Enemy: Loss and Recovery of Self Under Colonialism* (Oxford: Oxford University Press, 1989).

② *Miraerŭl yŏnŭn Yŏksa* [*History Open to Future*] (Seoul: Hangyŏrechulpan, 2005).

③ https://www2.gwu.edu/~memory/issues/textbooks/jointeastasia.html (2017 年 11 月 29 日检索)。

第十二章 民族的世界史：东亚史学中的民族国家史如何侵吞了跨国史？

其次，正如成田龙一（Narita Ryūichi）正确地指出，该书没有质问这一观念——民族国家是一项集体的事业。编委会自豪地宣称《东亚三国的近现代史》坚持了女性、少数族群及被压迫者的观点，从一定程度上看，这种说法是事实。"摆脱狭隘的沙文主义"的目标也部分地实现了。然而，我们应注意到，编委会有意使用"沙文主义"而非"民族主义"：该书挞伐的对象不是"民族主义"本身，而是可察觉到的"糟糕的民族主义"，即狭隘的沙文主义。（韩国）编辑委员会没有意识到的问题是，甚至"好的民族主义"也背叛了为少数族群说话的原则。鉴于民族国家仍然占据历史的主体地位，一部跨国的东亚史没有给那些失去自己民族国家的少数族群留下一席之地。还应注意的是，该书代表的东亚只包括韩国、日本、中国三国，而完全没有涉及越南、蒙古，甚至朝鲜。①

再次，这一编写活动为了其民族史学范式，牺牲了跨民族性、跨地方性问题。在第一章"港口开放与现代化"中，我们看不到现代性的全球背景。该书以平行线的方式说明了中国、日本和朝鲜面对西方"强权"的挑战各自做出的回应。它预设，还未充分形成民族国家的三国各自独立地对西方的影响做出反应。该教科书没有描述地缘文化中的东亚是如何在它与跨大西洋强权之间辩证的互动关系中形成的。没有欧洲，亚洲是无法被想象的，反之亦然。这一编写活动内含的历史实证主义倾向于认为，"东亚"是一个可实证的历史事实，而非建构出来的结果。这意味着编写活动本质上将三个民族国家的历史捆绑在一起，而不是如既定目标说的那样——书写一个跨国的东亚史。

尽管有这些不足，这项编写活动还是向写作一部新的东亚区域史迈出了重要一步。与 2010 年 1 月和 3 月中日、日韩联合历史研究委员会发表的两份最终报告相比，我们仍可以发现这项活动有很多的优点。全长 549 页的中日报告涵盖了从古代到当代的中日双边关系史，中日学者围

---

① Narita Ryūichi, "Dongasiasaŭi Ganŭngsŏng" ["Possibility of East Asian History"], *Changjakgwa Bipyŏng* 131 (Spring, 2006), p. 406.

绕同样的主题提交论文。《朝日新闻》称这次中日学者的联合写作活动是"前所未有的举动",然而在表达了谨慎乐观的态度之后,该报也难掩其遗憾,毕竟中日学者之间的分歧还很大。

原则上,东亚历史学者中存在不同的历史解释,这本身并不必然成为问题。且不说建构主义,历史研究本身就含有不同的声音和不同的观点,因此从某种程度上来说,差异是不可避免的。问题不在于是否存在差异,而在于为什么历史解释的差异与国界线平行。这份报告不断地强调"客观的理解""公正地面对历史""基于事实的研究"以及大体上实证主义的立场,然而它还是无法避免政治化,将今天的民族国家投射到过去的历史之中。《人民日报》使用了积极的比喻,例如"解冻""中日关系回暖的最新信号""两国都可接受的历史的权威版本"等表述①,但这些字眼仍然无法消除对历史编纂中出现的诸冲突之性质的怀疑。

中日联合报告发表后,日韩联合历史研究委员会提交了一份超过3000页的报告,并于2010年3月23日对公众发布。② 中日报告由两部分组成——"古代"(依照日本分期:古代—中世—近代早期)和现代/当代历史;日韩报告则由四部分组成——古代、中世、现代/当代与教科书。报告的四个部分反映了联合委员会的组织原则,即将参与者按历史分期进行编组,每一组有其相对的自主性,保持自己的活动原则与研究计划。包括圆桌讨论在内的整份报告通过互联网对公众开放,任何人都可以下载日语版本和韩语版本的PDF格式文件。

向公众开放更多的信息并不意味着日韩联合历史研究委员会的报告中没有包含紧张关系。我们粗略阅读一下报告,就可以看出民族史学范式以及由此产生的问题。由日韩双方课题主持人发表的联合序言表达了他们的信念——委员会努力"促进学者共同体在互信的基础上实现共同

---

① http://english.peopledaily.com.cn/90001/90776/90883/6850633.html(2017年7月8日检索)。

② 在以下网站可以找到完整的韩文版与日文版报告:http://www.historyfoundation.or.kr/? sidx=119&stype=1(2017年11月29日检索)。

第十二章 民族的世界史：东亚史学中的民族国家史如何侵吞了跨国史？

繁荣"。然而在联合序言之后，双方主持人在各自的序言中对对方都有些相似的批评，这表明历史对话是困难的。《朝日新闻》认为，尽管日韩双方都有意改善双边关系，这一联合历史课题"如螺旋般逐渐上升为分歧、批评和激烈的讨论，大多涉及日本对朝鲜半岛的殖民统治"。很多地方存在严重的分歧，特别是在现代/当代组与教科书组的会议记录中可以看出。在这两个小组中，争论性的评议与反驳时常引发对联合编写活动本身根本性地怀疑，双方成员明确表示没有任何理由继续这一课题。教科书组的一位日本成员甚至说，"这位韩国学者的发言证明，日韩联合历史研究全然无益"。

《朝日新闻》将联合委员会描绘成了某种像"代理人战争"一类的东西，这听起来也许太过悲观。在古代史和中世史小组，争论就没有那么激烈，当然也存在分歧、差异和不一致，甚至争吵，但是这些争论保持了非对抗性，仍然属于学术论争范畴。鉴于古代史的情况——特别是两国长达一个世纪之久的有关日本对朝鲜半岛南部的倭宰占领的民族主义论争，分歧没有上升为对立情绪，可以称得上是一次突破。这再次告诉我们，问题并不在于在同意与否定二者之间做出选择。完全同意既不可能，亦非所愿。最终还得看，在解释共同的历史时，出现的分歧与争论是共生性的还是排他性的。共生性的不同声音能为历史研究带来紧张关系，并可能产生丰富的结果，使得历史对话富有辩证关系。历史解释中的排他性差异则会引起破坏性的敌对关系。双边或多边的历史对话的前景取决于分歧是敌对性质抑或是共生性质。在历史解释方面出现的敌对性冲突，使得对话再好也不过是一种政治妥协，而非真正的历史讨论。

不幸的是，在东亚的这两个双边历史对话中的各类观点，更多地属于敌对性质而非共生性质。在这场真伪的竞赛中，真实性问题代表了在国家历史上达到顶峰的政治问题。只要民族史范式被用来裁判历史真实，无论怎样强调"客观的理解""公正地面对历史""基于事实的研究"及实证主义的立场，也无法解决敌对性矛盾。如果我们希望"促进学者共同体在互信的基础上实现共同繁荣"，我们有必要改变固定的历史思维和推论。通过历史和解来改善关系的良好愿望不会实现,除非历史争议、史学分歧以及不同的观点是共生性的,跳出以自我为中心的民族史范式。以两个联合历史研究委员会为代表的东亚历史对话应该从国际对话转换为跨国对话,从而超越民族国家史。

第十三章

从边缘书写全球:在澳大利亚书写全球史的诸路径

马尔尼·休斯-沃林顿

全球史研究在过去十几年勃然而兴,出现了专业期刊(如《比较》[1990—]、《全球史杂志》[2006—])、研究专著、专业组织、电子论坛,以及像霍普金斯编辑的《全球史》和玛格丽特·格兰特纳主编的《全球史与全球化》那样的全球史汇编。美国、澳大利亚、欧洲的大学也迅速开设全球史研究生项目。① 然而,人们普遍认为澳大利亚史学家对全球史学史贡献甚微,也没有提出一种独特的研究路径来分析世界各类事件。这一认识看起来有它的根据,因为在互联网或数据库中搜寻澳大利亚学界出版的全球史作品,鲜有所获。但与其简单地得出澳大利亚人对全球史对话贡献不大的结论,不如说需要一种更宽泛的史学术语与视角,来看待澳大利亚人在过去及当下对这一领域的潜在贡献。

全球史在澳大利亚:从哪个视窗看?

1968 年,澳大利亚人类学家比尔·斯坦纳发表了系列广播讲座——《澳大利亚的沉寂》。斯坦纳认为澳大利亚人书写了一部他们希望看到

---

① Antony G. Hopkins (ed.), *Global History: Interactions between the Universal and the Local* (Basingstoke: Palgrave, 2006); Margarete Grantner, Dietmar Rothermund and Wolfgang Schwentker (eds.), *Globalisierung und Globalgeschichte* (Vienna: Mandelbaum Verlag, 2005).

的历史,一种排除了原住民的历史。他借助窗户的比喻来说明人们对原住民的历史及其问题漠不关心,他写道:

> 这并非心不在焉可以解释,而是一个结构问题。人们小心地安置一扇视窗,却完整地遮蔽了一角,无法看到这一象限外的景观。很有可能,我们已经轻易地忘记了其他可能的视点,习惯或者时光使然,这些视点如同落入遗忘的崖穴之中,而且是全体国民的失忆……澳大利亚的沉寂占统治地位;我们下意识地决意不去讨论那些事。①

斯坦纳的批评成为一系列行动的先导,其后才有了要求承认原住民土地权利的诸审判,如马勃(Mabo)诉昆士兰案(1992),以及对原住民被迫离开他们的土地、生活方式和家人受到影响的承认。从事原住民-移民定居者关系研究的学者们不断引用斯坦纳的历史视窗比喻。可是,这一比喻应有更广泛的应用,不仅在原住民史学研究中,亦可以解释澳大利亚对全球史的静默。

澳大利亚被认为没有太多可资贡献于全球史研究的理由至少有三点。

教育,而非研究

首先,全球史更多地与世界史归为一类,二者被归类为教学领域而非研究与教育并重的领域。仅有过半数的澳大利亚大学目前为一年级学生开设世界史或全球史课程。② 并非所有的大学教育者都认为这是积极的现象。在他们看来,世界史或全球史课程的兴起并不表示出现了新的研究领域,却证明了:高中学生学习历史的意愿下降了,大学毫不留情地削减历史系,对辅修专业及通才教育的支出不断增加。2004 年澳大利亚历

---

① William Edward Hanley Stanner, *The Great Australian Silence* (St Leonards: ABC Books, 1969).

② Carly Millar and Mark Peel, "Canons Old and New?: The Undergraduate History Curriculum in 2004," *History Australia* 2:1 (2004), pp. 1-13.

第十三章 从边缘书写全球:在澳大利亚书写全球史的诸路径

史协会发布的课程报告清楚地说明了这一情况:

> 如果很多学生在进入大学之前没有接触多少历史,那么各类历史课现在努力为各学科一年级新生提供历史入门引导,并展现历史丰富的可能性,但他们中很多人可能日后不会再进一步深入学习历史。对于那些继续历史学习的学生来说,课程将做调整转换:从民族的或全球的历史叙事过渡到更为专门的主题研究上来。①

这段话隐含的意思是,世界史与全球史没有什么差异,它们弥补了之前历史教育的不足,为学生走上更为专业的道路提供了一条通道,或者是为了给非历史专业学生培养一定的历史素养,点到为止而已。这份报告也提到世界史及全球史的大学高级课程有所增加,通常按照一定的主题线索(如世界史或全球史中的儿童研究、性别研究、宗教研究、战争研究等等)来设计。尽管人们更看重始终存在的一年级历史课,但转向大时空的历史课无法满足高年级学生的需求。

目前看来,世界史或全球史纲要课程只针对那些历史知识比较有限的学生,然而纲要方式本身从史学编纂角度来看有其局限性。历史纲要涉及面比较广,省略了很多细节,简化了历史事件,有很多没有得到论证的结论,自相矛盾之处也不少,在缺乏史料的情况下,史学家提供的是不确定的判断与推论。历史成了被考试题劫掠的仓库,历史研究成了浏览课程材料的活动。这种将世界史或全球史视为对内容的掌握的刻板模式是有问题的,至少有两个原因。第一,一般认为,从时间和空间的范围来看世界史不适合历史学习与研究,这一假设并未经过检验。第二,有人认为,全球史或世界史纲要蕴含大空间与/或长时段,因此不适合作为历史编纂的形式,这一认识也是错误的。相较于教材或课程,甚至"电视收视率调查"也有不同的叙述形式,这是显然的。我在其他地方也说过,书写

---

① Carly Millar and Mark Peel, "Canons Old and New?: The Undergraduate History Curriculum in 2004," *History Australia* 2:1 (2004), pp. 1-13.

世界史涉及多种判断。① 我们要解释和讲述的历史并不是现成的——任何事件没有必然的或绝对的开端、结尾,或一定的叙述体量,亦没有必然的或绝对的分析、再现事件的方式。

作为"全球北方"的全球化

其次,人们认为全球史研究中缺乏澳大利亚的声音,是因为全球史被当作全球化的产品,而这个全球化是北半球宗主国的现代化。有些人如齐格蒙特·鲍曼这样看待全球化:社会差异性(多样性)的增加,社会规范持续增长的挑战,理性规划的困境,消费凌驾于生产之上,政治活动转型为媒体秀。② 类似地,迈克·费瑟斯通这样说:

> 全球化的过程看起来不是在生产文化的同一性,相反地,它让我们意识到差异性(多样性)出现了新层级。如果存在一种全球文化,最好不要认为它是一种共同的文化,而是各种差异、权力、文化威望竞争的场所。③

然而,其他的理论把全球化等同于将世界统合为一个单一的、现代的生产模式,并把不同国家整合成一个单一的、全球的经济体。④ 例如:安东尼·吉登斯的《失控的世界》认为全球化是自由市场、民主和公民社会的扩散。⑤ 这一全球化观念影响了人们对全球史的理解。帕特里克·曼宁认为欧美视角主导着世界史和全球史领域,因此其方法的国际化就成了

---

① M. Hughes-Warrington, "Shapes," in M. Hughes-Warrington (ed.), *Palgrave Advances in World Histories* (Basingstoke: Palgrave Macmillan, 2005).

② Zygmunt Bauman, *Globalization: The Human Consequences* (Cambridge: Polity, 1998).

③ Mike Featherstone, *Undoing Culture: Globalization, Postmodernism and Identity* (London: Sage, 1995), pp. 13-14.

④ 例如 William Robinson, "Social Theory and Globalization: The Rise of a Transnational State," *Theory and Society* 30:2 (2001), pp. 157-200,特别是第 159 页。

⑤ Anthony Giddens, *Runaway World: How Globalization Is Reshaping Our Lives*, 2nd edition (London: Profile, 2002).

第十三章 从边缘书写全球：在澳大利亚书写全球史的诸路径

一种关键的优势。这一观点在丹尼尔·海德里克的质疑中更明显地体现出来，他怀疑全球史运动在"不知不觉中成为英美阴谋的一部分，企图'全球化'整个星球，为我们提供可口可乐、摇滚乐和互联网"。①

澳大利亚社会学家雷温·康奈尔也认为全球化受到"宗主国北方"的控制。她认为，有关全球化的作品

> 共享一种知识战略。它们直接跃升到全球的层级，把看到的各种潮流具体化为全球社会的性质。如此被具体化的潮流以一些概念为基础，这些概念之前并不是围绕着殖民、帝国或世界事务而来的，而是围绕宗主国社会的，即数十年来一直是理论争论焦点的集群或现代的、工业的、后现代的或后殖民国家。②

康奈尔反对全球"北方"，声称全球"北方"寻求"关闭而非打开社会的自我认知"。她呼吁"南方理论"，一种强调边缘-中心关系、权威、排斥、霸权、支持与分配的书写全球历史的路径。她与安·柯索伊斯、玛丽莲·莱克、约翰·梅拉德（John Maynard）一道表达了他们的担忧——超越民族的书写可能导致书写与政治脱钩，而书写与政治保持联系对土著群体来说至关重要。③进一步言之，她把南方理论确定为南方的或者至少是澳大利亚的理论，因为这种理论所推崇的分析是以地方为欣赏和关注对象的。④

为了"看到"南方，康奈尔鼓励我们越出学术圈，在原住民叙事中发现新的知识基础。共时性（synchrony）是很多原住民叙事的关键特色。

---

① Patrick Manning, *Navigating World History: Historians Create a Global Past* (New York: Palgrave Macmillan, 2003); Daniel Headrick, "Review of *The New World History Reader*," *The Journal of World History* 13:1 (2002), pp. 183-186.

② Raewyn Connell, *Southern Theory: The Global Dynamics of Knowledge in Social Science* (Crows Nest: Allen and Unwin, 2007), p. 55.

③ 参见 Ann Curthoys and Marilyn Lake (eds.), *Connected Worlds: History in Transnational Perspective* (Canberra: ANU E Press, 2006), p. 15. 另可见 Ann Curthoys, "We've Just Started Making National Histories, and You Want Us to Stop Already?" in Antoinette Burton (ed.), *After the Imperial Turn' Thinking with and Through the Nation* (Durham, NC: Duke University Press, 2003), pp. 70-89。

④ Connell, *Southern Theory*, p. 206.

按照斯坦纳的术语,他们讲述一种"遍时"(everywhen)。① 这并非不同时间发生的各种现象的随机组合,却如杰里米·贝克特所言,是一种克服殖民在他者性与融合之间设置的障碍的尝试",是一场相似性与差异性之间的对话。② 原住民的叙事序列是空间与道德判断的序列,"之前与之后"的序列取决于说话人的空间位置及要做出的道德判断。③ 例如沃尔特·牛顿在《世界的,或者澳大利亚的历史》一文中,把《圣经》与地方的"梦的元素"交织起来叙述地理的故事,又例如岗度丸地(Ganduwandi)的创造:

> 上帝挑选一些人继续在这世上生存。他分开他们,惩罚那些围绕着他的人。大地剧烈震动,地面裂开。他们站立着,他说:"你们可以待在原处。"他将尘土抛洒在他们身上,他们成了岩石。那是岗度丸地。他们拔地而起,达数千英尺高。他造就了一个平顶。距离他在怒瑟兰吉(Noontherungie)的神庙——那是澳大利亚的圣城耶路撒冷——只有300码远。平顶的一端崎岖陡峭。人类在那里获得拯救。他们必须在那里居住。④

如这段引文表明的,在原住民的叙事中,分隔遥远的事件与人可以联结在一起,只要这些人有同样的道德准则。⑤ 而且,叙述的事件确实"发生"

---

① William Edward Hanley Stanner, *White Man Got No Dreaming: Essays 1938-1973* (Canberra: Australian National University Press, 1979), p. 24.

② Jeremy Beckett, "Walter Newton's History of the World—or Australia," *American Ethnologist* 20:4 (1993), pp. 675-695, 特别是第685页。

③ 例如 Deborah B. Rose, "The Saga of Captain Cook: Remembrance and Morality," in Bain Attwood and Fiona Magowan (eds.), *Telling Stories: Indigenous History and Memory in Australia and New Zealand* (Sydney: Allen and Uniwin, 2001), pp. 61-79; Stephen Muecke, Alan Rumsey and Banjo Wirrunmurra, "Pigeon the Outlaw: History as Texts," *Aboriginal History* 9 (1985), pp. 81-100。

④ Beckett, "Walter Newton's History of the World—or Australia," p. 682.

⑤ 亦可见 Tony Swain, "The Ghost of Space: Reflections on Walpiri Christian Iconography and Ritual," in Tony Swain and Deborah B. Rose (eds.), *Aboriginal Australians and Christian Missions* (Canberra: Australian Association for the Study of Religion, 1988), pp. 452-469。

第十三章 从边缘书写全球:在澳大利亚书写全球史的诸路径

了:叙述者的主要目标是为了确立地方的地名,为了与景观确立一种联结关系。

康奈尔所追求的全球化的未来,在政治意识、以地方为基础的研究以及人类学之中,而非仅仅是历史学。它是一种选择,但不是研究全球的学者的唯一选择。如果说她采用的全球化观念更类似于费瑟斯通和鲍曼的观点——如果她既期望看到统一与霸权,又期望看到多样性与争论,她可能会对史学中的地方实践保持更多的警觉,这类地方实践使得澳大利亚学者能够与全球史中的其他实践进行对话,甚至反对后者。几乎没有澳大利亚学者以"世界"或"全球"历史之名进行写作,但是越来越多的学者采纳"跨国"史。跨国史,如柯索伊斯与莱克对它的定义,明显地与全球史、世界史相似和重叠:

> 关注跨越民族国家边界的过程与关系如何塑造了过往的生活与事件,这就是跨国史研究。它寻求理解跨越国界的思想、物件、人与活动。大体而言,它与民族史有着复杂的关系,它可能质问、容纳、超越、替换或完全避开民族史。很多热衷于跨国史的学者反对他们所见的僵硬的、有局限性的民族史,他们喜用液态的特性来打比方,如(人、话语、商品的)流动与循环,以及联结、关系等譬喻。①

他们编辑的《联结着的世界》一书包括如下研究:澳大利亚与好莱坞之间世界主义主体性的传播,在印度的澳大利亚女传教士,二战后来澳大利亚的英国移民,20世纪20年代马库斯·加维(Marcus Garvey)的观点在激发原住民的激进主义方面的影响,等等。② 这些是典型的澳大利亚史学

---

① Curthoys and Lake, *Connected Worlds*, pp. 5-6.
② 见 Margaret Allen, "'Innocents Abroad' and 'Prohibited Immigrants': Australians in India and Indians in Australia 1890-1910," pp. 111-124; A. James Hammerton, "Postwar British Immigrants and the 'Transnational Moment': Exemplars of a 'Mobility of Modernity?'" pp. 125-137; Desley Deacon, "'Films as Foreign Offices': Transnationalism at Paramount in the Twenties and Early Thirties," pp. 139-156; John Maynard, "Transnational/Transcultural Interaction and Influences on Aboriginal Australia," pp. 195-208,全部载于 Ann Curthoys and Marilyn Lake, *Connected Worlds*。

家的研究,反映了"跨国"标签下的各种形式。

在澳大利亚,跨国史在学者看来相当于新英帝国史、"拓殖社会"史。① 伊丽莎白·艾伯恩与艾伦·莱斯特的研究展示了英国对原住民的政策如何将澳大利亚、加拿大、新西兰、南非的拓殖社会联系起来。② 这两位学者与帕特里夏·格里姆肖、大卫·菲利普斯、朱莉娅·埃文斯、雪莉·斯温等人也比较了英帝国范围内各类原住民的权利与地位。③ 这些研究可以看作对德克·摩西的研究的补充,他关注拓殖社会中的"种族灭绝"现象。④ 另外,原住民历史研究有着浓厚的跨国史特色,如安·柯索伊斯对20世纪60年代非裔美国人和澳大利亚原住民的"自由乘车"(Freedom Rides)的研究。⑤ 澳大利亚的跨国史也喜欢研究联合国等国际组织,以及跨越国界的个人或次文化团体的活动⑥,女权主义与种族

---

① 关于白人定居者社会,见 Daiva Stasiulis and Nira Yuval-Davis (eds.), *Unsettling Settler Societies: Articulations of Gender, Race, Ethnicity and Class* (London: Sage, 1995)。

② Alan Lester, "British Settler Discourse and the Circuits of Empire," *History Workshop Journal* 54 (2002), pp. 24-44, 26; Alan Lester "Colonial Settlers and the Metropole: Racial Discourse in the Early Nineteenth Century Cape Colony, Australia and New Zealand," *Landscape Research* 27: 1 (2002), pp. 39-49; Elizabeth Elbourne, "The Sin of the Settler: The 1835-6 Select Committee on Aborigines and Debates over Virtue and Conquest in the Early Nineteenth Century British White Settler Society," *Journal of Colonialism and Colonial History* 4: 3 (2003), online at: http://muse.jhu.edu/journals/journal_of_colonialism_and_colonial_history/vooo4/4.3elbourne.html (2017年11月29日检索)。

③ Julie Evans, Patricia Grimshaw, David Phillips and Shurlee Swain (eds.), *Equal Subjects Unequal Rights: Indigenous People in British Settler Colonies, 1830-1910* (Manchester: Manchester University Press, 2003).

④ Dirk Moses (ed.), *Empire, Colony, Genocide: Conquest, Occupation and Subaltern Resistance in World History* (New York: Berghahn Books, 2008); Dirk Moses and Dan Stone (eds.), *Colonialism and Genocide* (London: Routledge, 2007); Dirk Moses (ed.), *Genocide and Settler Society: Frontier Violence and Stolen Aboriginal Children in Australian History* (New York: Berghahn, 2004).

⑤ Ann Curthoys, *Freedom Ride* (Crows Nest: Allen and Unwin, 2002). 另见 Sean Scalmer, "Translating Contention: Culture, History, and the Circulation of Collective Action," *Alternatives* 25 (2000), pp. 491-514。

⑥ 见 David Lambert and Alan Lester (eds.), *Colonial Lives across the British Empire: Imperial Careering in the Long Nineteenth Century* (Cambridge: Cambridge University Press, 2006)。

第十三章 从边缘书写全球:在澳大利亚书写全球史的诸路径

的关系①,犯罪与惩罚②,资源开发③,环境与环境问题的跨国思考④。

这样看来,澳大利亚的跨国史是跨越国界的文化史,这种历史书写充分重视地方历史,是一个相对新近出现的史学现象。它避免了与世界历史相关的概括。柯索伊斯与莱克认为跨国史在20世纪90年代才引起人们的注意,尽管他们提供了与女性主义相关的更长远的学术史。⑤

如莱克所言,历史是澳大利亚国家的"婢女",却有着雄赳赳的理想、抱负与旨趣。女性也书写了历史,但更多的是站在国家的边缘或在其他层次的社会共同体中。⑥吉尔·罗声称,国家中缺乏女性的空间,女性只好参与并书写非国家层面的共同体,在澳大利亚,这种共同体具有国际性质。⑦ 澳大利亚人对跨国史的兴趣主要是文化方面的,部分原因可能是女权主义者对她们被国家边缘化的一种回应。这是一部令人着迷的史学史,可能是澳大利亚的一个特色。然而,女权主义史学是国际主义的一部

---

① 例如 Marilyn Lake, "The White Man Under Siege: New Histories of Race in the Nineteenth Century," *History Workshop Journal* 58:1 (2004), pp. 41-62; Patricia Grimshaw, "Settler Anxieties, Indigenous Peoples, and Women's Suffrage in the Colonies of Australia, New Zealand and Hawaii, 1888 to 1902," *Pacific Historical Review* 69:4 (2000), pp. 553-572; Fiona Paisley, "Citizens of the World: Australian Feminism and Indigenous Rights in International Context, 1920s and 1930s," *Feminist Review* 58:1 (1998), pp. 66-89。

② David Goodman, *Gold-Seeking: Victoria and California in the 1850s* (Crows Nest: Allen and Unwin, 1994).

③ Hamish Maxwell-Stewart and Cassandra Pybus, *American Citizens, British Slaves* (Melbourne: Melbourne University Press, 2002); Cassandra Pybus, Marcus Rediker and Emma Christopher (eds.), *Many Middle Passages Forced Migration and the Making of the Modern World* (Berkeley: University of California Press, 2007); Cassandra Pybus, *Black Founders: The Unknown Story of Australia's First Black Settlers* (Sydney: University of New South Wales Press, 2006).

④ 例如 Tom Griffiths and Libby Robin (eds.), *Ecology and Empire: Environmental History of Settler Societies* (Keele: University of Keele Press, 1997)。

⑤ Curthoys and Lake (eds.), *Connected Worlds*, p. 7.

⑥ Marilyn Lake, "Nationalist Historiography, Feminist Scholarship, and the Promise and Problems of New Transnational Histories: The Australian Case," *Journal of Women's History* 19:1 (2007), pp. 180-186.

⑦ Jill Roe, "What Has Nationalism Offered Australian Women?," in Norma Grieve and Alisa Burns (eds.), *Australian Women: Contemporary Feminist Thought* (Melbourne: Oxford University Press, 1994), pp. 29-39.

分,亦可在19世纪末20世纪初英国新唯心主义哲学运动中发现其强劲的端倪。

新唯心主义哲学,也被称为英国唯心主义哲学,因托马斯·希尔·格林(Thomas Hill Green)的作品而为人所知。格林属于一个更庞大的知识群体,其成员包括爱德华·凯尔德(Edward Caird)、F. H. 布拉德利(F. H. Bradley)、亨利·琼斯、伯纳德·鲍桑葵(Bernard Bosanquet)、约翰·亨利·缪尔黑德(John Henry Muirhead)、大卫·乔治·里奇(David George Ritchie),这个群体与牛津大学、剑桥大学、格拉斯哥大学、爱丁堡大学,以及威尔士的阿伯里斯特威斯大学有联系。珍妮·莫尔菲尔德曾经描写过一种"蛛网",将新唯心主义者与他们的大学、志愿组织和政治组织,及政府倡议联系起来。① 这些联系延伸到全球,涉及澳大利亚、加拿大、南非、印度和美国等地区的个人、学院、大学、社会与政治组织及政府。

如同英国新唯心主义者,澳大利亚新唯心主义者的作品涵盖的话题范围广泛,包括教育、联邦、公民、战争、和平解决、国联、联合国、社会服务、劳资仲裁、健康医疗等等。但是贯穿这些作品始终的,是很多有着紧密联系的主题,它们具有全球性视野并富有雄心。新唯心主义者清楚地表明,他们更偏好于解释为什么社会和政治现象是诸如"帝国""文明""人类""国际秩序"等更大的"整体"的一部分,而非只是"国家"的一部分。在他们看来,国家只不过是从家庭到人类的人的共同体光谱中的一个。他们也将战争放在人类进步历史之中:虽说战争是不公正、贫穷或贪婪的结果,不过,战争也有能力瓦解封闭的社会,有能力促成更高程度的合作,战争因而具有塑造文明的首要作用。

例如,悉尼大学第一位哲学教授弗兰西斯·安德森(Francis Anderson)相信,战争是塑造文明的手段,因为它可以激发人们的国际意识,支持国联这样的全球组织。战争之于安德森,如黑格尔所言,就是

---

① Jeannie Morefield, "Hegelian Organicism, British New Liberalism and the Return of the Family State," *History of Political Thought* 23:1 (2002), pp. 141-170, 特别是第142页。

第十三章 从边缘书写全球:在澳大利亚书写全球史的诸路径

"理性成为真实"。他在1911年的伦理学课程中清楚地表达了这个观点,他视战争为源自道德缺陷的恶,但是他又说,谴责战争将会"谴责过往全部的历史"。战争只是"诸恶之一,诸恶相互激荡、相互强化。只有攻伐一种恶,才能废除另一种恶"。而且,他强调,和平需要的不仅仅是条约和赔偿:走向正义,有必要对社会及我们自身进行重新定位。①

安德森在《自由、平等与博爱》(1922)一文中最为详细地论述了其文明观,该文是一篇有关拉丁-法兰克文化的普世精神的颂词。② 他声称,"文明的进步不是统一的、有序的,如同一队旗手引导的军队那样进行。人类历史的节奏是断裂的、碎片的。人类的历史之剧不是单一观念的发展,不是向着不可避免的结局的发展"。然而,文明的首要原则可以在人性的观念中发现,文明的发展经历了三次重大变革:佛教、基督教和法国大革命。人性的观念将个人与社会联系起来,将个人与人性自身联系起来:

> 没有社会就没有众人……没有众人就没有社会、权利与责任,因为所有的权利和责任源于作为道德、精神存在的人,并以其为中心。甚至民族权利也是从人的权利推导而来。如果人性不是崇高化的、象征性的人,那么还有什么其他可能?

"人性"是基督教的"救赎原则",亦是卓越的文明化原则:"它是唯一的原则,赋予革命以道德权利,成为全球进步的目标,联结着正义与仁慈。"③

南澳大利亚历史学家加内特·维尔·波特斯(Garnet Vere Portus)也对世界历史中的文明的发展做了很多研究,在其老师安德森的观点上有所拓展。1915年,波特斯做了题为《文明崇拜》的布道,提到两种显著的帝国主义。第一种是"德意志型",其特点是,除了占支配地位的民族,其

---

① E. H. Burgmann, "Philosophy 2 (1911): Ethics [notes from Francis Anderson's Lectures]," Nat. Lib. Australia, Burgmann Papers, Box 32, Lecture 20.
② Francis Anderson, *Liberty, Equality and Fraternity* (Sydney: O'Loughlin Bros, 1922).
③ Francis Anderson, *Liberty, Equality and Fraternity*, p. 9.

他民族都必须根除。第二种显然是以英帝国以及(特征没那么鲜明的)美国为典型,即主张"世界联邦",在其中,各个民族既不受特别的优待,也不被摧毁,而是被承认它们皆是全球共同体的主权成员。① 时值澳大利亚在加里波利战役中损失惨重,波特斯的话乍一看可能会被视为对德国甚至普鲁士民族主义热潮的孤立和反驳。可是,我们进一步思考会发现,他对德国的评述恰是其信念的例证——超越国家的共同体的形成是文明的关键枢纽。

我们只需看看波特斯对德国民族主义的分析。在《文明崇拜》中,德国民族主义并非特例,而是"古代犹太帝国主义"的现代映射,在其中"整个民族,受到祭司与统治者的引导,坚定地相信犹太民族是上帝的选民,注定使上帝的国遍及整个世界"。② 这份布道词也告诉我们,这种民族主义与人类的进化背道而驰,因为人类进化朝着——

> 联盟的形成与政治伙伴关系的形成前进,形成的元素不再是民族国家……而是民族的联合体,在其中,每一个民族可以为联合体理想做出自己独特的贡献。③

最后,他得出结论,不仅仅是德国人,澳大利亚人也深陷自私的泥沼,自私的表现形式就是民族主义及其不可避免的产物:战争。二战期间,他写作了《和平的代价》(1944),再次将德国的侵略战争置于一个病态文明的更广阔的背景之中。他向读者清楚地表明,尽管德国人和日本人目前是我们的敌人,但仇恨被合作取代的日子离我们不远了,为着人性的更大光辉,人们将展开合作。如果我们期望持久的和平,就必须采取经济与政治的行动,尽管困难重重。我们必须取消关税等国际贸易的壁垒,以确保所有人平等地享有世界资源,我们也必须建立稳定的货币关系。这样

---

① Garnet Vere Portus, *The Cult of Kultur: A Comparison of Ancient Jewish and Modern German Imperialisms* (West Maitland: Thomas Dimmock, 1915), p. 6.
② Portus, *The Cult of Kultur*, p. 3.
③ Ibid., p. 7.

第十三章 从边缘书写全球:在澳大利亚书写全球史的诸路径

的经济转变方能使"世界迈入更紧密的相互依存,我相信,朝着全世界更高的生活水准前进"①。为了和平,我们必须放弃对民族主权传统的、情感的、非理性的欲望,此种欲望"对确立国际关系中的正义构成了最大的威胁"②。

波特斯于1944年完成了《他们想统治世界》一书,对独裁者进行了历史研究,重申了他的主张,即史学家应该具有更开阔的历史和文化视野。他承认马其顿的亚历山大、尤利乌斯·恺撒、查理大帝、成吉思汗、查理五世、拿破仑·波拿巴在道德上没什么好"夸耀"的,然而,他也指出这些人也为那些未可预料的、有益的社会和政治结果奠定了前提基础。例如亚历山大大帝的军事征服使得希腊人认识到自己是更大的人类社会的一部分。更为重要的是波特斯对阿道夫·希特勒与墨索里尼的评论,在他的世界历史中,这两人事实上只以微不足道的附录形式得到呈现。波特斯再次把德国人和轴心国的行动置于一个背景之中,得出一个有争议的结论,借由两个设问表现出来:

> 1934—1944年的混乱状态为欧洲扫清了多少障碍,使得新的社会组织思想可以比之前更容易流行?独裁者推行这种清理工作,结果新的观念而不是独裁者们的观念可能开花结果,这难道是独裁者的行为带来的长期效果吗?③

安德森也把战争看作人类进步的推动力量,但是他从未以如此明确的——在当时看来,肯定是激进的——方式评价纳粹的行动。

文明的进程艰难而缓慢,波特斯不相信很多文明可以"超越祖国的

---

① Garnet Vere Portus, *The Price of Peace* (Adelaide: South Australian League of Nations Union, 1944), pp. 6-7, 另见 *Report on the Drafting Committee's Report on the Project for a Scientific and Cultural History of Mankind* [1952], Portus papers, State Library of South Australia PRG204, series 25。

② Portus, *The Price of Peace*, p. 9.

③ Garnet Vere Portus, *They Wanted to Rule the World: Studies of Six Dictators and Other Essays* (Sydney: Angus and Robertson, 1944), p. 18.

边界"。① 这也自然成为他对沃尔特·默多克的世界史著作《为自由而奋斗》(1912)的意见,该书以澳大利亚联邦的形成作为全书最高潮。② 文明开始于家庭,婴儿长期的无助状态需要父母的照料。③ 然而,16 世纪以来,国家参与了此种照料。国家没有取代家庭,而是一种补充:更大的共同体源自更小的共同体内在的公民联合诸原则,并在其基础上加以改进。英帝国就是这样的大共同体,在波特斯看来,它有点类似于家庭。他这样解释:

> 在一些家庭中,孩子受到父母严厉的监管,父母会自豪地说"我们的话就是法律"。在其他一些家庭中,孩子们长大了,开始自谋生路,有了自由进出家门的钥匙。他们真的独立了。不过,他们依然尊重甚至服从父母,并非由于父母的强力,而是因为父母和孩子都希望家庭团结,保存家庭生活的观念。英帝国就是这样的家庭……"帝国"一词并非反映这种伙伴关系的好名词,因此人们开始使用"英联邦",不再使用"英帝国"。④

英帝国通过促进建立在承认多样性、理性对话和互相尊重基础上的国际关系,为文明进程做出了贡献。这使其区别于那些更少文明特征的帝国、国家,或家庭,它们实行独裁统治。然而,这并非文明的最后阶段。他写道:"也许英联邦最重要的意义在于,它指向一条道路,通向更大的世界伙伴关系。"⑤尽管作为全球伙伴关系尝试的国联因为狭隘的民族嫉妒心理而告失败,波特斯认为联合国提供了第二次机会。即使联合国可能会因为同样的原因而失败,"我们将会受到现代战争毁灭性打击的驱使,再次建立起某种类似的国际组织"。国际合作是不可避免的,它最终将走

---

① Portus, *The Price of Peace*, p. 13.
② Walter Murdoch, *The Struggle for Freedom* (Melbourne: Whitcombe and Tombs, 1911).
③ Garnet Vere Portus, *The Family and the Community* (Adelaide: WEA Press, 1947).
④ Garnet Vere Portus, *Australia since 1606* (Melbourne: Oxford University Press, 1957 edn [1932]), p. 218. 另见第 217 页。
⑤ Garnet Vere Portus, *Australia since 1606*.

第十三章 从边缘书写全球:在澳大利亚书写全球史的诸路径

向自由,包括免于战争的自由。因此他总结说:"我们听到很多自由的祝愿,然而,只有世界统一体形成,我们才能在一个自由的世界里做自由的男人与女人。"①

民族国家与全球

澳大利亚的唯心主义者对于超越——而不是抛弃——地方性、特殊性的忠诚,发展出一个建立在自由与相互尊重之上的人类共同体的可能性持乐观态度。他们将这一世界意识与共同体的发展归于天意。但是他们的论点在形式上和内容上也不似其他的唯心论者,尤其是英国的唯心论者,最显著的区别是,他们对发展与维持大于国家的共同体抱有兴趣,以及他们对文化观念持之以恒的坚持。与女性主义史学不同的是,这一兴趣显然并不是因为国家把唯心论置于边缘位置。我们回想上文提到的,女性主义作者将女性全球运动在澳大利亚的兴起归结为女性被排除在国家政治之外。

一个有趣的设想强化了他们的思想,特别是史学思想——民族共同体优先于全球共同体。简而言之,民族史的发展与写作先于全球史。扩大史学框架,这一观念并不意味着史学研究的民族路径与全球层面的史学研究路径不相容,而是说这一观念可能强化德里达所称的历史的"逻各斯中心论"。② 历史的"逻各斯中心论"认为,关注民族层面的历史被认为在历史研究中有更好的研究基础。成功的全球史研究之所以成功,是因为人们认为它以成功的民族史为基础。这一先验的立场也影响到个人层面,例如,史学界一般认为历史学博士研究生需要先掌握民族史的研究

---

① Garnet Vere Portus, *Australia since 1606*, p. 232. 关于澳大利亚国家的成长及其与国际社会联系的需要,见 Garnet Vere Portus, *Britain and Australia* (London: Longmans, Green and Co., 1946), pp. 41, 55。

② Jacques Derrida, *Limited Inc.*, (ed.) by Gerald Graff, trans. by Samuel Weber (Evanston: Northwestern University Press, 1998), p. 236.

方法才能书写世界史，于是世界史成了学者晚年学术生涯的工作，是一种反思性的行动。

如果将这一观念运用在民族国家层面，人们可能会认为一个国家需要良好的发展，然后才能为妥当的、有意义的全球史提供史料和证据。如果你认为澳大利亚是一个年轻的国家，那么认为它没有深厚的全球史研究传统就不足为奇了。因而我们有了第三个理由来说明为什么澳大利亚的全球史研究路径无法持续地、系统地赢得全球的关注。

在民族国家史研究成熟之前接受全球史可能会引起两种研究思路的冲突，或者有损两者的优势。我们还不清楚结果会如何，因为这些谁先谁后的观点只不过是形而上学的假说。20世纪初，澳大利亚唯心论者的一个关键见解是，国家的成熟并非成功参与全球事务的必然条件。尽管他们当时没有意识到这一点，但它对民族史与全球史的相对关系的各种论述提出了引人深思的挑战。全球史并非步民族史后尘，民族史也并不优先于更开阔的历史视野，因此全球化也并不意味着"全球北方"占据优势，全球史不是一项教育运动。那么，站在一个相对年轻的国家的角度看来，全球史本身就可能有其价值。

第十四章

日本的努力:克服全球史研究中的欧洲中心论范式

秋田茂

战后日本的世界史

在日本,"世界史"研究与1949年在高中设立新的"世界史"课程,以及学校教师和大众读者对世界史作品的巨大需求同时发展。依据东京的世界史研究所的数字图书馆(书评)统计,①日本学者已经出版了20多套世界史丛书:20世纪50年代1套,60年代7套,70年代4套,80年代4套,90年代9套,进入21世纪后有2套。② 这些书大多只是按时间顺序把从古代到当代的各民族史汇集起来。然而,也有一些丛书有很强的学术背景,是世界史学者与知名学术出版社如岩波书店紧密合作的成果。③

本章旨在探索日本创造全球史的新途径。首先介绍日本学者从亚洲

---

① 2004年世界史研究所在东京成立,这是一个帮助和发展世界史研究与教育的网络机构。
② "A Brief Introduction to Series of World History in Contemporary Japan," http://www.npo-if.jp/worldhistory/wp-content/uploads/2015/10/A-Brief-Introduction-to-Series-of-World-History-in-Contemporary-Japan.pdf (2017年11月29日检索)。
③ Ara Matsuo, Horigome Youzo et al. (eds.), *Iwanami Koza Sekai-Rekishi* [*Iwanami Lectures on World History*] 31 vols. (Tokyo: Iwanami-shoten, 1969-1971); Shibata Michio and Itagaki Yuzo et al. (eds.), *Sekaishi heno Toi* [*Inquiries into World History*] 10 vols. (Tokyo: Iwanami-shoten, 1989-1991); Kabayama Koichi, Kawakita Minoru et al. (eds.), *Iwanami Koza Sekai-Rekishi* [*Iwanami Lectures on World History*] New Series, 29 vols., 1997-2000.

视角创造"世界史/全球史"研究做出的努力①。日本的世界史研究发端于20世纪40年代末,关注经济发展及现代化,以欧洲中心论范式为框架。然而,透过关西地区(京都/大阪)独特的合作研究,日本的世界史/全球史研究从比较史学转向"关系史"(relational history)。从20世纪80年代中期开始,日本为克服欧洲中心论视角做出了巨大的努力。

东京和关西学派

二战后,日本学者开始书写"世界史"。1949年4月,按照文部省与美国盟军最高司令的指令,世界史成为高级中学的一门新课程(80年代成为必修课程)。该课程起初的目标很模糊:学校应该教授外国历史,而不是继续二战期间及战前那套扭曲的民族主义史学教育。文部省没有设立任何清晰的内容标准,因而课程内容不可避免地以欧洲史与中国史为主。

自那以后,日本学术界在世界史书写与研究方面形成两个主要派别:首先是在东京,马克思主义史学家集中在日本历史科学学会(Historical Science Society of Japan, HSS)之中;②其次是关西地区(京都与大阪),非马克思主义的自由派,以京都大学人文科学研究所(Institute for Research in Humanities, IRH)为核心。③

日本历史科学学会成立于1932年,是马克思主义历史学家的组织,在日本的历史研究,特别是日本史研究中发挥着重要的影响。在20世纪四五十年代,该学会针对战后日本出现的现代化理论的强势影响开展研究活动。现代化理论由东京大学欧洲经济史教授大冢久雄带头倡导。大冢久雄的历史研究最重要的特征是,运用民族国家及民族经济作为分析

---

① 作者在本文使用"世界史"和"全球史"两个同义术语,二者可以互换,因为"世界史"课程已获得广泛接受,也有其独特的发展。
② https://kenkyudb.doshisha.ac.jp/rd/html/english/researchersHtml/110009/SBT_09/110009_SBT_09_5.html(2017年11月29日检索)。
③ http://www.zinbun.kyoto-u.ac.jp/(2017年7月7日检索)。

第十四章 日本的努力：克服全球史研究中的欧洲中心论范式

框架。他把英国资本主义(以自耕农和羊毛产业为基础)的形成史看作日本现代化与战后重建的参考模式①,却忽略了英国与欧洲或大西洋世界的贸易等外部关系。亚洲国家完全不在其分析框架之中。他开启了日本的"比较经济史研究",紧紧把握住民族国家的双边关系这个框架,但是其过度的威权主义的影响使得东京派历史学家远离了世界史/全球史的视角。②

日本历史科学学会强烈反对大冢学派的学术立场。日本历史科学学会世界史领域的主要学者是东京大学的江口朴郎。他的研究涉及现当代世界史的广泛领域。其作品关注的四个主题说明了其研究路径:(1)对大冢学派欧洲中心论的现代化理论的批判;(2)亚洲在世界历史中的建设性作用;(3)历史上民族主义的发展;(4)对帝国主义的批判,对亚非地区去殖民主义的评价。③ 他的原创性研究包括非欧洲世界,特别是亚洲非洲地区,或者说第三世界国家的历史。这与大冢学派有着泾渭分明的区分。④ 然而,虽然江口朴郎的世界史研究受到马克思主义历史解释的极大影响,他的分析框架仍然集中于民族国家。因此,大冢学派及其激烈的反对者——日本历史科学学会与江口朴郎有一个共同点,均认为民族国家至关重要。⑤

---

① Ōtsuka Hisao, *Kindai Ōshū Keizaishi Jyosetsu* [*An Introduction to Modern European Economic History*] (Tokyo: Iwanami-shoten, 1944). *Ōtsuka Hisao Chosaku-shu* [*Collected Works of Ōtsuka Hisao*] (Tokyo: Iwanami-shoten, 1969), vols. 2-5.

② Kawakita Minoru, "Origins of Historiography of World History in Japan: Comments to Schwentker," *Creating Global History from Asian Perspectives: Proceedings of Global History Workshop, Osaka*, "Cross-Regional Chains in Global History," December 2007 (Osaka: Osaka University, 2008), pp. 60-63.

③ Wolfgang Schwentker, "Writing World History in Post-War Japan: Eguchi Bokuro and His Legacy," ibid., pp. 41-59.

④ Eguchi Bokuro, *Sekai-shi no Gendankai to Nihon* [*The Present Stage of World History and Japan*] (Tokyo: Iwanami-shoten, 1986).

⑤ Rekishigaku-Kenkyukai (ed.), *Sengo-Rekishigaku Saikou: "Kokuminshi" wo koete* [*Reconsideration of Post-War Historiography: Beyond "National History"*] (Tokyo: Aoki shoten, 2000).

20世纪50年代末以来,知名学者与在世界历史教育领域耕耘的高级中学教师通力合作,致力于对"世界历史"做出新的解释。他们中的重要领导人物是东京一桥大学的上原专禄(Uehara Senroku)。1960年他主编了《日本国民的世界史》一书。该书原本计划作为高级中学教科书出版,却没有通过文部省的教科书审查,原因是该书对当代世界史有不同的理解,特别是有关一战后的凡尔赛体系的解读。这本书以四种文明的地理空间概念为基础,对世界历史做出了独特的解释,这四种文明是:东亚文明、印度文明、西亚文明与西欧文明。①

上原专禄团队区分了东方文明(东亚、印度和西亚)与西方文明,但强调四种文明从古代就平行、同时地发展起来。他们优先描述东亚文明,当然,这一文明包括日本及其邻近亚洲国家,过去日本与这些国家有着亲密的关系。15世纪晚期开始,一个逐渐融为一体的世界历史伴随着现代化及欧洲的海外扩张而出现,这一世界历史以欧洲和欧洲民族为中心。然而到了20世纪,特别是第一次世界大战后,美国和苏联取代了欧洲的领先地位,亚洲和非洲各民族在一个全球化的、走向整体的世界中重新发挥积极作用。上原专禄注重强调四大主要文明的区别性特征,努力呈现每一种文明的历史形象与现实,而不是抽象的马克思主义历史发展基本原理,如发展阶段理论。

江口朴郎及日本历史科学学会其他成员与上原专禄一道,为我们呈现了一个平衡的世界历史图景。他们的工作有的放矢,努力克服马克思主义中的亚细亚停滞论。他们致力于提供更为平衡的历史解释,说明了四大文明或者说四大区域到15世纪晚期为止的平行发展状态。但是上原专禄也无法摆脱以欧洲为中心的全球化世界史叙事,该叙事认为全球化运动开启于15世纪末,或者说开启于"欧洲商业时代"的开端。

另一个重要的学派以关西地区的京都和大阪为中心,被称作"京都

---

① Uehara Senroku (ed.), *Nihon-Kokumin no Sekaishi* [*World History for the Japanese People*] (Tokyo: Iwanami-publisher, 1960).

第十四章　日本的努力：克服全球史研究中的欧洲中心论范式

学派",因为其代表学者和历史学家曾在京都大学学习,并在人文科学研究所工作。京都大学人文科学研究所成立于1929年,是中国文化与文明的研究中心,得到日本外务省的资助。二战之后,该研究所开始组织联合研究,60年代,研究所的河野健二与和歌山大学的角山荣发起"世界资本主义"历史的大型研究项目。他们坚持联合研究达十年之久,合作编辑了两本书。① 他们对世界资本主义的理解有原创性贡献——把世界资本主义当作经济发展的一个单元。他们坚持认为,世界资本主义是一个完全的结构,包括各种异质的、复杂的部分和地区,必须放在各种民族经济的当代联系中去理解。与大冢学派的核心论点形成鲜明对照,他们将各民族经济看作世界资本主义统一力量的一个部分,各民族经济有其自身的历史结构和驱动力。他们主要研究资本主义的发展以及英国工业革命之后世界经济在19世纪的出现。

值得一提的是,这一联合研究计划的成果与弗兰克关于拉丁美洲的依附理论都是在1967年发表的,②比1974年沃勒斯坦出版第一卷关于世界体系的论述早了7年。③ 京都大学人文科学研究所的世界资本主义观念与沃勒斯坦的世界经济观念,或者说将现代世界体系作为一个独立的经济发展分析的单元非常相似。1981年沃勒斯坦的著作翻译成日文后,世界体系分析在日本历史学家和社会学家之中非常流行。然而,世界各个不同地区和国家之间的"联系""关系""联结"等关键概念早在60年代末就已经由人文科学研究所提出来了。他们与沃勒斯坦的不同之处在于,后者对"世界经济"进行三个层次的分析——核心区、半边缘区和边缘

---

① Kawano Kenji and Iinuma Jiro (eds.), *Sekai-shihonshugi no Keisei* [*The Formation of the World Capitalism*] (Tokyo: Iwanami-shoten, 1967); Kawano Kenji and Iinuma Jiro (eds.), *Sekai-shihonshugi no Rekishi-kozo* [*The Historical Structures of the World Capitalism*] (Tokyo: Iwanami-shoten, 1970).

② André Gunder Frank, *Capitalism and Underdevelopment in Latin America: Historical Studies in Chile and Brazil* (New York: Monthly Review Book, 1967).

③ Immanuel Wallerstein, *The Modern World-System: Capitalist Agriculture and the Origins of the European World-Economy in the Sixteenth Century* (New York: Academic Press, 1974).

区,特别是强调"半边缘区"这个独特的概念及其历史作用。另外,人文科学研究所主要关注所谓的"漫长的19世纪",而非"漫长的16世纪"。

20世纪80年代以来亚洲经济史研究对欧洲中心论范式的挑战

20世纪70—80年代,马克思主义主导的、以欧洲中心论为范式解释世界历史的方式开始失去其影响力,因为现代化模式已经过时了。日本经历了50年代末开始的经济高增长,以及1973年和1979年石油危机引起的经济转型。世界历史研究的关注点逐渐从政治史和经济史转向社会史和文化史。

随着历史研究模式的转变,角山荣从70年代中期开始研究日本领事报告,1982年至1984年,他在人文科学研究所组织展开了一项新的联合研究计划——"领事报告比较研究"。领事或商业参赞撰写了很多有关海外市场及市场战略的报告,这类作为经济信息源的领事报告一直没有受到重视。一种强烈的研究倾向认为,经济史研究中只有民族国家或民族经济的框架,因此日本经济史学家忽略了跨国关系或地区间关系,作为原始资料的日本领事报告就这样被忽视了。[1] 角山荣的研究团队包括亚洲经济史专家如杉原薰、滨下武志、川胜平太,因为日本商品(棉织品、火柴、玻璃制品等消费品)的主要出口市场是中国和亚洲。领事报告的比较研究[2]为人文科学研究所的联合研究"全球经济史"的进一步发展埋下了种子。[3]

---

[1] 日本外务省从1881年至1943年继续出版领事报告,或每周或每月或每年,为国内产业界和制造业提供海外市场的信息。

[2] Tsunoyama Sakae (ed.), *Nihon Ryōji-hōkoku no Kenkyu* [*Studies of Japanese Consular Reports*] (Tokyo: Dōbunkan-shuppan, 1986); Tsunoyama Sakae, *"Ttsushō-Kokka" Nihon no Jyōhō Senryaku* [*Information Strategy of "Commercial Nation" Japan*] (Tokyo: NHK Shuppan, 1988).

[3] Tsunoyama Sakae, *"Seikatsu-shi" no Hakken: Fieldwork de miru Sekai* [*Discovery of "History of Everyday Life": The World Seen from Fieldwork*] (Tokyo: Chuōkōron-shinsha, 2001).

第十四章 日本的努力：克服全球史研究中的欧洲中心论范式

与之相对照的是，川北稔作为全球史学家，与角山荣一起开始了广泛的研究活动，开创了新的研究领域——"都市生活史"（都市日常生活的世界史）。川北稔不仅翻译了沃勒斯坦的四卷本《现代世界体系》（1981，1993，1997，2013），并且，和角山荣在京都组织了小型研究论坛，讨论英国城市社会史。这个论坛关注的主要不是世界史本身，而是英国社会经济史，特别是日常生活的城市社会史。他们热衷于关注英国 18 世纪以来城市社会物质生活的转型，海外贸易的扩展，各类初级产品（茶叶、糖、烟草）及亚洲产品（棉织品和瓷器）进口的增加。论坛研究表明进口商品急剧地改变了英国人的物质生活，很大程度上来说，英国的海外扩张以及世界经济的形成使得英国的消费模式"全球化"了。

尽管论坛活动局限在英国社会经济史领域，但其成员们已经在京都的人文科学研究所接受了关于世界资本主义（即现代世界体系）的扎实训练。由于英国在 19 世纪推行自由贸易制度并建立"非正式帝国"，因此英国社会经济史与世界历史通过商品、服务、人员与信息的国际与跨地区流动、交换活动而紧密相联。① 20 世纪八九十年代，角山荣和川北稔主编了四本书，讨论 19 世纪英国社会经济与城市的社会生活。② 角山荣还写了一本畅销书，叙说饮茶的世界史，川北稔出版了一本糖史，也很受欢迎。两位学者成功地展现了英国的大众消费社会的发展状况以及非欧洲世界特别是西印度及英属印度等地区的欠发达状况。在书中，他们使用

---

① John Gallagher and Ronald Robinson, "The Imperialism of Free Trade," *Economic History Review* 2nd Series, 6:1(1953), pp. 1-15; John Darwin, *The Empire Project: The Rise and Fall of the British World-System 1830-1970* (Cambridge: Cambridge University Press, 2009).

② Tsunoyama Sakae (ed.), *Seikatsu no Sekaishi 10: Sangyo-Kakumei to Minshu* [*The World History of Everyday Life 10: The Industrial Revolution and the People*] (Tokyo: Kawadeshobō- shin-sha, 1975); Tsunoyama Sakae and Kawakita Minoru (eds.), *Rojiura no Daieiteikoku* [*The British Empire Seen from a Rear-Lane*] (Tokyo: Heibon-sha, 1982); Kawakita Minoru, (ed.) "*Hi-rōudō-jikan" no Seikatsu-shi: Eikouhu Raifustairu no Tanjyo* [*History of Everyday Life During Non-Working Hours: The Birth of the British Life-style*] (Tokyo: Ribroport, 1987); Kawakita Minoru and Sashi Akihiro (eds.), *Shūen karano Manazashi* [*A Look from the Periphery*] (Tokyo: Yamakawa-shuppan, 2000).

了"世界资本主义"或"现代世界体系"的关键概念。① 联结或关系成为关西地区世界史研究的关键概念。我们可以说"关系史"研究诞生了。

亚洲经济史与跨地区研究路径的出现

20世纪80年代中期以来,日本全球史研究领域出现了一个新的趋势,这与冷战体制的衰落与解体有部分关系,但主要还是因为亚洲经济史在80年代新的发展,以及学术界关注到"东亚奇迹"或者说东亚经济的复兴。新兴的全球史研究的显著特征是,从比较研究转向关系或联系研究,采纳新的分析框架,如表示更大范围的"区域"概念及商人网络、移民等。本节我们将回顾新兴的亚洲经济史研究,特别是亚洲内部贸易研究中的区域内或跨区域研究路径。这些研究取径强调联系或联结而非比较,我们可以称其为新的全球"关系史"。为了创造一个真正的全球史,挑战欧洲中心论的结构和范式非常重要。

直到最近,"亚洲经济史研究大多在这样的知识框架中进行写作:西方影响以及各个地区对其做出回应。因而亚洲内部区域间经济互动的要素没有在一个更宽泛的比较视野中得到更好的研究"。② 然而,如前所述,归功于80年代初期人文科学研究所对领事报告的联合研究,亚洲经济史生发出新的研究趋势,成为80年代中期新全球史研究的前沿。③ 这项联合研究让我们在一个相互融合的亚洲区域经济的背景中看到每一个

---

① Tsunoyama Sakae, *Cha no Sekaishi* [*World History of Tea*] (Tokyo: Chuo-Koronsha, 1980); Kawakita Minoru, *Satò no Sekaishi* [*World History of Sugar*] (Tokyo: Iwanami-shoten, 1996). 这些书可读性强,已翻译成韩语和汉语。Cf. Sidney W. Mintz, *Sweetness and Power: The Place of Sugar in Modern History* (New York: Viking, 1985).

② Sugihara Kaoru, *Ajia-kan Boeki no Keisei to Kozo* [*Patterns and Development of Intra-Asian Trade*] (Kyoto: Mineruva-Shobo, 1996), Introduction, 1-2.

③ Kyōtsū-rondai: Kindai-Ajia Bōekiken no keisei to kōzō [Proceedings of the 53rd Annual Conference of the Socio-Economic History Society, General Theme: The formation and structure of the Modern Asian trading area—from the latter half of the nineteenth-century to the First World War], *Shakai-Keizai-Shigaku* [*Socio-Economic History*] 51:1 (1985).

第十四章 日本的努力：克服全球史研究中的欧洲中心论范式

亚洲国家，并且有助于我们去构建一个框架——在资本主义世界经济中，英帝国与亚洲区域经济在"漫长的19世纪"不断演化的经济关系的框架。有必要介绍三位著名的日本学者：滨下武志、川胜平太与杉原薰，他们对欧洲中心论或以西方为导向的史学史持批判态度。

滨下武志呼吁研究者重视以中国为中心的世界体系的重要性，及其以朝贡贸易体制为基础的韧性。他也强调白银流通的重要性，以及近代早期亚洲商人网络对促进亚洲内部贸易的积极作用。① 川胜平太指出，西欧棉纺业与日本棉纺业走出了两条不同的发展道路，并强调亚洲粗棉与曼彻斯特精棉同时占有市场。② 后来，他的研究拓展到近代早期的"亚洲海洋文明"，从亚洲视角探索全球史。③ 不过，滨下武志与川胜平太倾向于挖掘亚洲区域经济的本土根源，因而没有能够看到全球联系或一个资本主义世界经济的发展。

与他们相对照的是杉原薰，他运用了多国贸易统计档案，揭示出19世纪末至20世纪40年代早期亚洲区域贸易的形成与发展。他的研究为现代亚洲经济发展模式提供了两个关键点，即在供给一方"以棉花为中心的经济联系"的出现，以及在需求一方"最终需求联系"的影响。

19世纪末20世纪初，英属印度和日本的原棉、棉纱出口到中国，中国在进口棉纱以及亚洲棉制品的特殊消费模式的基础上生产棉制品。于

---

① Hamashita Takeshi, *Kindai Chugoku no Kokusaiteki Keiki: Choko Boeki Shisutemu to Kindai Ajia* [*International Factors Affecting Modern China: Tributary Trade System and Modern Asia*] (Tokyo: Tokyo University Press, 1990); Hamashita Takeshi, *Choko Shisutemu to Kindai Ajia* [*Tributary Trade System and Modern Asia*] (Tokyo: Iwanami-shoten, 1997); TakeshiHamashita, *China, East Asia and the Global Economy: Regional and Historical Perspectives*, edited by Linda Grove and Mark Selden (Abingdon: Routledge, 2008).

② Heita Kawakatsu, "International Competition in Cotton Goods in the Late Nineteenth Century: Britain Versus East Asia," in W. Fisher, R. M. McInnis, and J. Schneider (eds.), *The Emergence of a World Economy, 1500-1914* (Wiesbaden: Franz Steiner Verlag, 1986); Anthony J. H. Latham and Heita Kawakatsu (eds.), *Japanese Industrialization and Asian Economy* (London and New York, 1994).

③ Kawakatsu Heita, *Bunmei no Kaiyo-Shikan* [*Civilizations Seen from Maritime Perspectives*] (Tokyo: Chuo-Koron-shinsha, 1997).

是，在原材料进出口、生产与制成品消费之间形成了一条独特的联系链。这些联系依赖于日本及英属印度的棉纺业的发展以及日本对印度原棉的进口。与此同时，东南亚地区如缅甸、海峡殖民地、荷兰东印度专门生产和出口初级产品到欧洲国家。作为回报，他们获得硬通货，用于从日本或英属印度进口廉价的消费品。杉原薰注意到，日本和英属印度的工业化源于这一"以棉花为中心"的联系而展开，并因为向西方出口初级产品而增加了收入，促使工业化得以发展。他将此称作"终端需求联系效应"。①这两条联系极大地促进了英帝国治下以工业化为基础的贸易的发展。

这些知名顶级日本经济史家引领了年轻一辈的学者对亚洲和日本经济史做进一步的研究。笼谷直人（Kagotani Naoto）研究亚洲域内贸易与亚洲商人（特别是中国和印度商人）网络之间的互动关系，这类互动关系从19世纪末到20世纪30年代末促进了日本消费品的出口。② 古田和子（Furuta Kazuko）的研究说明了"上海网络"对现代东亚贸易网络的重要意义，东亚贸易网络由中国商人主导。③ 日本棉制品出口依靠这些亚洲商人的本土网络，在亚洲各市场中创造了亚洲域内竞争。他们二人通过关注贸易联系及亚洲商人的积极作用，把日本经济史研究整合进了更为广大的亚洲经济史框架之中。

目前大阪的全球史研究

基于亚洲经济史近年来的新转向，以及60年代以来关西地区"世界资本主义"的原创性学术作品，大阪的全球史家寻求从亚洲视角进行跨

---

① Sugihara, *Ajia-kan Boeki no Keisei to Kozo* [*Patterns and Development of Intra-Asian Trade*], ch. 1; Kaoru Sugihara, "Japan as an Engine of the Asian International Economy, c. 1880-1936," *Japan Forum* 2:1 (1990), pp. 127-145.

② Kagotani Naoto, *Ajia Kokusai-tsūushō chitujyo to KIndai-Nihon* [*International Trading Order of Asia and Modern Japan*] (Nagoya: Nagoya University Press, 2000).

③ Furuta Kazuko, *Shanhai Network to Kindai Higashi-Ajia* [*Shanghai Networks and Modern East Asia*] (Tokyo: Tokyo University Press, 2000).

第十四章 日本的努力:克服全球史研究中的欧洲中心论范式

学科的全球史研究。① 他们使用"全球史"这个术语指称"关系史"背景下的跨国史或超区域史。

现代世界经济研究中出现的以亚洲为关注对象的新研究,以及日本和英美学术界中亚洲经济史的发展,对现代世界体系的传统解释提出了挑战。② 新的研究主要关注近代早期世界("漫长的18世纪")和当代东亚经济的复苏("东亚奇迹")。大阪的全球史研究与全球经济史网络(GEHN)有着特别的学术联系。③

亚洲经济史研究的新发展也促使研究者重新关注20世纪的"亚洲国际秩序",以及从亚洲视角解释现代世界体系。现代世界体系因为霸权国家的存在而得以维持,并保持稳定,因而霸权国家的兴衰以及霸权的转型或转移成为重要的研究课题。在这个历史背景下,"漫长的19世纪"中的英帝国史可以看作通往全球史的"桥梁"。④ 在《不列颠帝国主义,1688—2000》第二版中,英帝国史学者 P. J. 凯恩和 A. G. 霍普金斯认为,帝国主义和帝国可以被视为全球化的力量。⑤ 我们已经开始评价大不列颠在资本主义世界经济中发挥的作用,及其对"漫长的19世纪"经济发展(工业化)的意义。我们也特别关注20世纪上半叶东亚的国际秩序——它因英国的影响而形成,同时在资本主义世界经济中保持相对独

---

① http://www.globalhistoryonline.com/JP/index (2014年7月12日检索);亦可见 Shigeru Akita, "Creating Global History from Asian Perspectives," in Patrick Manning (ed.), *Global Practice in World History: Advances Worldwide* (Princeton: Markus Wiener Publishers, 2008), ch. 4。

② R. Bin Wong, *China Transformed: Historical Change and the Limits of European Experience* (Ithaca: Cornell University Press, 1997); Takeshi Hamashita, *Choukou Shisutemu to KindaiAjia* [*Tributary System and Modern Asia*]; A. G. Frank, *ReOrient: Global Economy in the Asian Age* (Berkeley and London: University of California Press, 1998); Kenneth Pomeranz, *The Great Divergence: China, Europe, and the Making of the Modern World Economy* (Princeton: Princeton University Press, 2000)。

③ 关于 GEHN 及其成就,见本书中加雷斯·奥斯丁所撰写的章节。

④ Shigeru Akita, (ed.) *Gentlemanly Capitalism, Imperialism and Global History* (Basingstoke and New York: Palgrave-Macmillan, 2002), pp. 1-16。

⑤ P. J. Cain and A. G. Hopkins, *British Imperialism, 1688-2000*, 2nd edition (Harlow and New York: Longman, 2001)。

特的"自主"地位。

以凯恩-霍普金斯命题——英国经济利益的核心已经从制造业向金融与服务业转移,这是缙绅资本主义的主要经济基础——为参照,我们可以清晰地理解东亚经济与资本主义世界经济之间独特的互补发展关系。这种实际上鼓励了东亚工业化的互补性代表了一种特别的关系。只要各个国家利益相互协调,这种关系就不是对抗或竞争性的,而是合作或结盟的。英国经济利益与东亚工业化的共存关系强化了伦敦城作为国际金融中心的地位。①

在大阪,全球史学家也试图整合区域研究,特别是亚洲的区域研究,在这方面我们拥有比较优势,可以在亚洲语言中进行多种档案研究。为了考察区域研究和全球史揭示出来的地区诸因素之间的互动或联系,我们重点关注海洋史。我们组织了若干研究工作坊,汇聚了亚洲、日本和欧洲的海洋史专家与学者。

桃木至朗和他的团队关注的时间段是10世纪,特别是14世纪后半叶开始的中国明朝至近代早期,研究对象是亚洲海域内中国、印度和地方商人之间高度发达的贸易网络。欧洲强国遇到了这些亚洲贸易网络并在"漫长的16世纪"中利用它们进行欧洲和亚洲之间的长途贸易。由于得到亚洲商人的配合以及他们对亚洲政治权威(诸帝国)的默许,他们得以进入亚洲域内贸易网络并获取巨大利润。桃木至朗团队充分利用亚洲地方历史档案和欧洲史料,于2008年出版了一本介绍性图书,是第一本详细说明亚洲海洋史的著作。②

由水岛司(Tsukasa Mizushima)和乔治·布赖恩·苏萨(George Bryan Souza)牵头的研究团队从亚洲的视角关注"漫长的18世纪",以亚洲港口

---

① Akita Shigeru, *Igirisu-Teikoku to Ajia Kokusai Chitujo* [*The British Empire and International Order of Asia*] (Nagoya: Nagoya University Press, 2003).
② Momoki Shiro, Fujita Kayoko, Yamauchi Shinji and Hasuda Takashi (eds.), *Kaiiki-Ajiashi Kenkyū Nyūmon* [*Introduction to Research on Maritime Asian History*] (Tokyo: Iwanami-shoten, 2008).

第十四章 日本的努力:克服全球史研究中的欧洲中心论范式

城市及其腹地为研究对象。该团队举办了几次工作坊,讨论亚洲长途/区域间贸易的发展与腹地经济发展之间的联系。他们使用"商品链"①这一概念来揭示亚洲更宽广的经济联系与联结关系,试图区分近代早期商品链的亚洲模式与现代欧洲/美洲模式。② 凭借海洋史框架和贸易联结的研究,我们可以把跨地区视角或区域内视角整合进全球史研究。

大阪与很多大学,包括东亚其他全球史研究中心建立了紧密关系。其中一个突出的例子是由初智邢(Ji-Hyung Cho)担任主席的梨花女子大学世界史与全球史研究所(Institute of World and Global History,IWGH)。③ 该研究所是韩国第一家致力于世界史/全球史研究的学术中心,依据全球网络、地区间相互依存关系来研究历史进步与变迁。他们还研究韩国的世界历史教育等问题,试图改进世界史教学与理解。④ 他们还对1402年的朝鲜世界地图做了出色的研究,这是一幅现存的最古老的欧亚非大陆地图,展现了非洲的最南端。⑤

全球史/世界史研究吸引了日本、韩国和其他亚洲学者的关注,因而可以促成跨国合作研究。2009年5月,一个新的世界史/全球史网络,亚洲世界史学会(AAWH)在大阪成立,超过250名学者和中学教师参加了成立大会,讨论世界史/全球史研究及世界史教育。⑥ 2013年1月,该学

---

① 关于"商品链"的概念见 Steven Topik, Carlos Marichal and Zephyr Frank, eds., *From Silver to Cocaine: Latin American Commodity Chains and the Building of the World Economy, 1500-2000* (Durham and London: Duke University Press, 2006)。

② Tsukasa Mizushima, George Souza and Dennis Flynn, eds., *Hinterlands and Commodities: Place, Space, Time and the Political Economic Development of Asia over the Long Eighteenth Century* (Leiden: Brill, 2015)。

③ 跨国史的另外一个重要研究机构是林杰炫领导的比较历史文化研究所。

④ Ji-Hyung Cho and Yong Woo Kim (eds.), *Global History Beyond Eurocentrism* (Paju: Seohaemunjib, 2010, 韩文版)。

⑤ Ji-Hyung Cho, "Dating the Ryukoku *Kangnido*, Identifying the Oldest Extant Map of the Afro-Eurasian World," *Journal of Ewha Historical Studies Institute* 42 (2010), pp. 65-93 (韩文版)。

⑥ http://akita4.wix.com/aawh (2017年11月29日检索),见 *The Proceedings of The First Congress of the Asian Association of World Historians: World History Studies and World History Education, May 29-31, 2009, Osaka University/Nakanoshima Center*, CD-ROM (Osaka, March 2010)。

会创办了学术电子期刊《亚洲世界史评论》(Asian Review of World Histories)。① 我们必须继续这类国际和跨国学术网络的合作,创造一种真正的非欧洲中心论的全球史。

---

① http://www.thearwh.org/（2017 年 11 月 29 日检索）。

索 引（页码为原书页码，本书边码）

Abdel-Malek, Anouar 218
Aboriginal history, development of 16
Aboriginal narratives 272
academic historians 56
academic historiography 217
academic journal database 63n.25
academic labor 26
academic specialization 87
academic tradition in Africa 246
Acemoglu, Daron 174
African academics, fundamental question for 242
African civilization 239
African historians 83
 anticolonial and nationalist project of 93
 generation of 93
African history/historiography 83–84, 86–90, 95–96, 235, 239, 240, 242, 245
 Atlantic slave trade and colonization 95–96
 beyond European time 243–247
 colonial frameworks 95–96
 colonial intellectual aristocracy 96
 colonialism and neocolonialism in 89
 colonial scholarship 94
 connection to world 96–98
 crisis of nationalism 95
 critical assessment of 243
 decolonization 92, 93
 detailed understanding of 86
 development of 98, 235–238
 elaboration of 91
 eurocentric conceptions of 96
 example of 98–99
 fragmentation of 84
 ghettoization of 98
 global histories of 84
 globalization 95
 global perspectives in 11
 historians of 23
 historiography, internal debate 238–243
 ideological colonization 92–93
 intellectual control 92–93
 intellectual production 94
 May 1968 99–100
 militant history 92–93
 myths and stereotypes of 94
 in other languages 92
 particularization, peripheralization and pathologization of 241
 pioneering role of foreign Africanists 90–91
 positive development for 85
 racial qualification 86–87
 recognition 85
 re-problematizing 84–86
 revival of interest in African Studies 91–92
 rewriting of 15, 95
 scholarly networks 92
 scholarship in 15, 93–94
 underdevelopment 86
 victimization 96–97
 work of generations 94–95
 writing of 241
African intellectuals 241
Africans, autonomy to 243
African slavery 70
African workers, characterization of 153
afrocentrism 88
Afro-centrist approach 244
agrarian fundamentalism 178, 179
agricultural labor 2–3
agriculture, history of 52
AHA. *See* American Historical Association (AHA)
Ahuja, Ravi 152
Akita, Shigeru 16
Alantic-centric approach 197
al-Bustani, Butrus 114
Allardyce, Gilbert 22
Allen, Robert 179
alternative modernities 220
American Africanist historiography 245
American Historical Association (AHA) 133
Amin, Samir 240
Anatolian civilizations 111–112
ancient library 245
Anderson, Francis 274–275
Anglo-American conspiracy 271
antagonistic complicity 15–16, 262
anti-Western Occidentalism 252
Appadurai, Arjun 31
AP world history 136
Arab historiography 120
 formation of 113
 intellectual currents within 114
 internationalization of 120
Arabization 120
Arab Middle East
 Annales on Ottoman historical scholarship 115–117
 collective memory 109

concept of civilization 111–115
historiography 109, 112, 114, 117–119
issues in 110
national historiography of 111
national identity 113
source of identity and legitimacy 114
state of historiography in 109
time and space 109–111
Arab Middle East, historiography in 11
Arab nationalism 114–115
Arab renaissance 118
Arab scholarship 117–118
archive-based project 10
Argentina, canonical national historiography in 68
Arrighi, Giovanni 168, 174
Arslan, Shakib 114
Asia
  economic miracles 177
  industrious revolution in 54
  migration narratives 201
  traditional models in 53
Asian Association of World Historians (AAWH) 56, 291
Asian civilization 252, 261
Asian economic history 60, 286, 289
  development of 287
Asian maritime history 290
Asian migration 198, 200, 201, 203, 206
  comprehensive analyses of 205
Asian mobility 203, 205
Asian regional economy 288
Asian stagnation theory of Marxism 285
Asia on global stage 45–46
  comparison to study of connections 46–51
  discovering 51–55
  as opportunity and challenge 55–61
Asiatic mode of production 50, 62n.13, 256
Asiatic value-system 252
assimilation policy 259–260
Atlantic history 77
Atlantic migrations 201
Atlantic revolutions 77
Atlantic slavery, centrality of 71
Atlantic slave trade 99
Australia, global history in
  education 270–271
  globalization 271–277
  nation and globe 277–278
  view 269–270
Australia, historical scholarship in 16
Australian historians 269
Australian Historical Association 270
Australian scholars 272–273
authoritarian political culture 256
autochthonous narrative 244
autonomy, relative 75

Balfour Declaration of 1917 114
Bamako congress 244
Barkan, Omer Lutfi 115
Bauman, Zygmunt 271
Bayly, Christopher 25
Bentley, Jerry 12
beyond national history 262
Blackburn, Robin 76
black cultural identity 89
black slavery, historiography of 76
Boyd, Monica 204
Braudel, Fernand 11, 13, 27, 75
Braudelian formulation 71
Brazil, European exploration of 75
Breman, Jan 206
British economic interests 290
British imperial history 289
British Imperialism 52
The British Industrial Revolution in Global Perspective (Allen) 179
British urban social history 286
British wages 180
Broadberry, Stephen 34
Buddhism 275
Bush, George H. W. 136

Cain-Hopkins thesis 290
California school 166
  propositions 179
Cambridge University Press 87
capital accumulation 74, 170
capitalism 3, 47–49, 75, 76–77, 99, 151, 206, 221
  Braudel's definition of 174
  conceptualization of 174
  emergence of 54
  global 11
  labor under 2
  social history of 152
  three-part history of 73
capitalist development in Europe 48
capitalist economic development 196
capitalist imperialism 242
capitalist world economy 73, 75
Capital Normal University (CNU) 56, 58
Cardoso, Fernando Henrique 11
Caribbean history 67–78
  colonies 69
  slavery 70
  sugar production 70
  writing 68
Casey, Edward S. 109
centrism 195
Chakrabarty, Dipesh 31–32, 139
chattel slavery 151
chattel slaves 150
China

intellectual history in 14
multilateral networks 176
nationalist anti-imperialism in 221
tribute system 176
Chinese Academy of Social Sciences (CASS) 263
Chinese anti-individualism, forms of 223
Chinese historical community 58
Chinese historiography/history 50, 223–224
Chinese intellectuals 117, 225
traditions 221
Chinese-Japanese Joint Committee final report 263–264
Chinese-Japanese report 264
Chinese migration 201
historical experiences of 205
Chinese modernity 223
Chinese trade 173
Christian, David 57
Christianity 275
civilization 5
development of 51–52
to historical study 56
process of 276–277
Western concept of 254
zones of 48
The Civilization of Africa: A History to 1800 (Ehret) 246
Coerced and Free Migration: Global Perspectives (Eltis) 199
coerced labor 175–176
coherence 239–240
Colley, Linda 29
colonial ideology 153
colonialism 3, 25, 70, 76, 148, 205, 219, 242–243, 257
aggressions of 45
European 11
impact of 175
colonial paradigms 89
colonial paternalism 87, 90
colonial slave mode of production 75
colonies of exploitation 175
colonies of settlement 175
colonization 99
commemoration 96–97
commercialization 177
communism 45, 49
Communist Revolution in 1949 222
communitarization 241
of historical circles 241
comparative history 3
compartmentalization 152, 236, 264
complementary trading activities 52
complex dialectic approach 236
conceptual Eurocentrism 10, 30–31
Confucian democracy 225

Confucianism 216, 222, 258
Confucian socialism 225
Connell, Raewyn 271
view of globalization 272
Conrad, Sebastian 33
constructivism 264
consumerism 52
contemporary globalization, material reality of 25
contemporary history 47
contemporary inequality 174
continuity 239–240
Cooper, Frederick 240
Crosby, Alfred W. 131
cultural chauvinism 96
cultural exchanges 59
cultural history, innovations of 217
cultural influences 170
cultural transfers 32
Curthoys, Ann 272
Curtin, Philip D. 131

Dakar school 87, 93–94, 100
work of generations 94–95
Darwin, John 30
debates on "Golden Flowers" blossom 50
decolonization 149, 163
process of 197
decompartmentalization 236
Delpechin, Jacques 239
democratic liberals 256
democratization 241
Deng, Kent 169
Deng Xiaoping 54
dependency theory 74
Deringil, Selim 117
developmentalism 219
development-stage theory 285
Diamond, Jared 60
Dink, Hrant 119
Diop, Cheikh Anta 87
Diouf, Mamadou 238–245
diversity, emergence of 237
durable hierarchy 173

early modernity 220, 225
East Asian Community 252
East Asian history/historiography
configuration of national and global 251–252
de-territorialization and re-territorialization 258–265
from enlightenment to Marxism 252–257
global 10
historical dialogues in 265
Pan-Asian history 258–261
textbook 262
writing 45

East Asian intellectuals 258
Eastern identity, awakening of 114
Eckert, Andreas 25
ECLAC. *See* Economic Commission for Latin America (ECLAC)
Economic Commission for Latin America (ECLAC) 74
economic de-territorialization 149
economic dynamism 174
economic historians 48
economic history/historiography 25, 163–165, 167
    European 163
    scheme 255
    studies, national economy in 286
economic modernization 60
Ehret, Christophe 246
Eltis, David 199
emancipation 88
English capitalism, formation of 284
English employment law, globalization of 153
English history 251–252
ENIUGH. *See* European Network in Universal and Global History (ENIUGH)
Enlightenment concept 3
entangled histories 148
environmental history 8
equality 220–221
ethnic cleansing 97
Eurasia
    ecological crisis across 53
    real wages in 29
Eurasia Project 167
Eurocentric history/historiography
    alternatives to 139
    critique of 60
Eurocentric mobility transition 205
Eurocentric paradigms, Japan
    Asian economic history and transregional approach 287–289
    Asian economic history from 1980s 286–287
    current projects on global history studies in Osaka 289–291
    economic development and modernization in 283
    Tokyo and Kansai School 283–286
    world history in postwar Japan 283
Eurocentric world h 255
Eurocentrism 5, 9, 10, 28, 56, 60, 138, 139, 149, 195, 198, 217, 223, 254, 256
    of agency 10, 24
    of concept 24
    in global history 16
    in historiography 55
    ideology of 85
    monolithic understanding of 91

    new labor history 147
    problems of 30
Europe
    capital accumulation 174
    capitalist development in 48
    civilization, dominance of 51
    colonial intervention 203
    colonialism 11, 174, 221, 258
    economic history 163
    economic space 73
    epistemic hegemony 241
    exceptionalism 24
    history/historiography 5, 30–31, 251, 254
    identity 252
    imperial authority 203
    imperialism 117, 131
    labor historians 148
    migrations 200, 201, 205
    scholars of 22
    trade of 172–173
    usurpation of universal history 242
European Absolutism 116
European Congress on Global History 1
European Enlightenment 3
European modernity 148
    challenges of 251
European Network in Universal and Global History (ENIUGH) 28
European Union 111
Europe, global history in 21–22
    debates 30–35
    definitions 22–23
    development of 54
    (re-)emergence of 24
    explorations 22–29
    growth of 21, 24
    reflections 35–36
    resurgence of 22
exploitation colonies 74
externality 75
extra-continental trade 180

fact-based research 265
Featherstone, Mike 271
feudalism 49
Five Golden Flowers 50
flying geese pattern 177
Foner, Philip 146
foreign Africanists, pioneering role of 90–91
France, historians in 8
Frank, Andre Gunder 74, 75
Frankema, Ewout 176
"free" economic choices 200
free labor 74, 151, 175
free wage laborers 151

French/British slaveries 76
French Revolution 147
Fukuzawa Yukichi, 45, 253

GEHN. *See* Global Economic History Network (GEHN)
gentlemanly capitalism 52
German nationalism 275
German scholars 26
Germany, historical profession in 26–27
Gidden, Antony 271
global academic system 9
global capitalism 71, 75, 116, 148, 163
global citizen 57, 97–98
global community 277
    of scholars 5
global conceptual history 221
global economic history 138, 165, 166, 170–171, 181
    Japanese contributions to 16
Global Economic History Network (GEHN) 169, 289
global economic integration 171
global economy 77, 202–203
global historians 7
    community of 9
    in Europe 10
global historical perspectives 10, 15
global historical projects 13
global historical publications 6
global historical scholarship 8, 16
    challenges to 15
    in East Asia 10
global historical viewpoints 15–16
global history/historiography 1, 4, 5, 21, 25, 29, 30, 33, 61, 98, 100, 278. *See also* world history
    in Africa 235
    African voice in 15
    alternative visions of 16
    Anglophone contributors to 27
    Asian historians on 56
    Australian approach to 271
    branches of 3
    in Britain 22
    challenges 6
    Chinese acceptance of 58
    Chinese translation of 56
    component of writing 201
    courses 270
    critics of 37n.12, 60
    debates 13
    definition of 22
    diversity and vibrant nature of 7–8
    in East Asia 8, 10
    eloquent discussion of 72
    emergence of 1, 10
    Eurocentrism in 16
    in Europe 23 (*see* Europe, global history in))
    forms of 78
    global conversation on 269
    growth of 23
    interest in 60
    in Japan 58
    mission of 224
    movement of 71
    popularity of 1
    practices of 9
    problems of 9
    program of 90
    project of 35, 289
    pros and cons of 60
    public interest in 60
    research in 13, 59
    resurgence of 21, 34
    of slavery 1
    study of 1, 56
    surveys 271
    tradition of 11
    trajectories of 5–7
    undergraduate programs in 270
    usage of 37n.14
    varieties of 39n.36
    vs. world history 98–99
    writing of 86, 237
global integration, processes of 201–202
global intellectual history 14, 215–216, 221, 225
    in China 224
globalism 110
globality 88
globalization 6, 25, 55, 63n.24, 77, 97, 171–173, 236, 244
    of English employment law 153
    forms of 26
    history of 56
    intellectual 21
    of knowledge 84
    longevity and discontinuity of 23
    process of 243
    in Taiwan 59
global labor history 13, 146, 149, 195
    methodological problems 149–150
global migration history 3, 196, 199, 202, 205
    comparative analysis of 199
    complexities of 204
    framework of 206
    methodological formulation for 200
    rubric of 200
    theoretical-methodological discourse of 199–200
Global Migration History Program 205
global migrations

comprehensive study of 198–199
critical determinant in 199
historical narrative of 198
narratives of 206
global modernization 226
global networks, asymmetrical character of 236
global perspectives in Africa 11
Global Price and Income History Project 167–168
global relevance 220
global scholarship 117
global scope of labor history 13
global trade expansion 172
global transformations 4
global village 99
Godechot, Jacques 77
Godinho, Vitorino Magalhaes 72
Goodrich, Samuel G. 252
Goody, Jack 33
Goswami, Manu 221
Grataloup, Christian 27
Green, Thomas Hill 274
Gruzinski, Serge 77
Gupta, Bishnu 34

Hall, Stuart 238
Hamashita Takeshi, 53
Harootunian, Harry 220–221
Hatton, Timothy J. 207
hierarchical order, concept of 53
hierarchy of narratives 237
historians 7
 of Africa 23
 in France 8
 in Latin America 11
historical communities, developments in 55
historical knowledge production 241
historical knowledge, production and reception of 24
historical materialism 49
historical scholarship 1, 54
historical study, civilization to 56
historical writing
 features of 128
 forms of 68
historicity 86
historicization, dimensions of 219
historiographical landscapes 215
history/historiography 45, 46, 60, 77
 of black slavery 76
 changing modes of 286
 East Asian (see East Asian history/historiography)
 economic 25
 Eurocentrism in 55, 60
 European 254

 global 21, 23, 25, 39n.36, 98
 Japanese 57
 Korean 251, 254, 260
 labor 150
 of Latin America 68, 78n.2
 Maoist 222
 Marxist 45–46, 49, 59, 255–256
 nationalist 61, 242
 Ottoman 116–117, 119
 Soviet 49
 Stalinist 222
 syllabus 37n.5
 Turkish 11, 12, 120
 Western models of 57
"History that Opens the Future" (HOF) 262–263
history writing
 idea, style and content of 45
 Japan 45
 nation-state focus in 59
 salient problematic in 110
 struggle in 60
 transnational framework in 60
Hobsbawm, Eric 146
Hodgson, Marshall 24
Hoffmann, Philip 179–180
homogeneity 239–240, 244
horizontal movement of history 54–55
Hourani, Albert 117–118
"human-centered" systems approach 199
human development, history of 67
human history 6
 alternative approaches to 5
 large-scale narratives of 7
 world history to 245
humanity 220–221
human migration 13–14, 196, 200
human mobility 196, 197, 200

ILO. See International Labour Organization (ILO)
imaginative geography 253
imperialism 47, 114–115, 148, 219
 aggressions of 45
 criticism of 284
indentured laborers 150
India
 immigrants in Malaysia 207
 intellectuals of 218–219
 political economy in 221
 workers of 153
indigenous land rights 269
indigenous modernity 225
individual biographies 217
individual subaltern workers 151
individual worker 149
Indo-European peoples 112

industrial capitalism 75
industrialization 177, 200, 255, 257
　　in Japan 288
　　trade 288
industrious revolution 170
Institute for African and Madagascan Curricula (IPAM) 90
Institute for Research in Humanities (IRH) 285
Institute of World and Global History (IWGH) 290
institutional influences 170
intellectual community 274
intellectual contact 72
intellectual globalization 21
intellectual historical perspectives 224
intellectual history 220
　　in China 14
　　of circulation and exchange 218
　　debates in China 222–226
　　developments in United States 216–222
　　trajectories of 215–216
intellectuals 97
　　interaction, cosmopolitan conception of 220
　　interconnectedness 219
　　tradition in Africa 246
internality 75
internal migrations 197
international academic debate 119
international cooperation 26
international division of labor 75
international history 1
International Institute of Social History in Amsterdam 29
International Journal of Business Research 245
international journals 26
international labor standards 155
International Labour Organization (ILO) 155
intra-Asian trade 288
　　networks 53
intra-Asian tribute networks 53
intra-regional trade 176
IPAM. *See* Institute for African and Madagascan Curricula (IPAM)
IRH. *See* Institute for Research in Humanities (IRH)
Islamdom 130
Islamic library 245
Islamist revisionism 120
Italian intellectuals 218–219
IWGH. *See* Institute of World and Global History (IWGH)

James, C.L.R. 11, 69, 76, 148
　　global perspective of 71
Japan
　　capitalism 256
　　development for civilizations 52
　　development in Meiji 176
　　economic expansion 51
　　economic history 289
　　economic recovery and expansion 52
　　Enlightenment intellectuals 253
　　European historical elements in 253
　　geopolitical and cultural frame 119
　　global history in 58, 283
　　historiography, Western influence in 57
　　imperialism 15
　　intellectuals 221
　　Marxists 255
　　modern historiography in 251
　　modernity 256
　　modernization 46–47, 52, 284
　　national history textbook 253
　　scholarship 166
　　transnational history of 260
　　version of Orientalism 253
　　in world history 253
Japanese-Korean Joint History Research Committee 263, 264
Jewish nationalism 114–115
Jewsiewicki, Bogumil 87
Jim Crow projection 130
Johns Hopkins University 135
Jones, Eric 25

Kake, Ibrahima Baba 88
Kang, Youwei, 5
Kant, Immanuel 5
Karl, Rebecca 221
Katsumi, Kuroita 259
Kaviraj, Sudipta 220
Kawakatsu, Heita 53
Kawakita Minoru, 286
Keizo Imperial University 261
Kemalist revolution 110–111
Kokuminka movement 260
Korea
　　historiography 254, 260
　　history 256, 261, 262
　　intellectuals 258
　　modern historiography in 251
　　national history 254
　　physiognomy 259
　　transnational history of 260
Koselleck, Reinhart 78
Kyoto School 51

labor
　　under capitalism 2
　　forms of 3
　　historiography 150

history 149, 154
process 154
relations, formalization of 2–3
relations in Europe 152
relations in India 152
relations, transcontinental study of 149
Lake, Marilyn 272
land-intensive imports 181
Laroui, Abdallah 218
Latin American history 67–68
dependence theory of 285
global and comparative historical approaches 68
global study 73–74
history/historiography of 67–68, 76, 78n.2
languages and political concepts 78
study of 74
Leverhulme-funded Global Economic History Network 29
Liang Qichao 45
liberal policies 175
Linebaugh, Peter 147
Liu Xincheng 60
local histories, aggregation of 100
localized groups 217
Lockard, Craig A. 135
Locke, John 145
London Corresponding Society 147
London School of Economics (LSE) 25
longue-duree approach 200
LSE. *See* London School of Economics (LSE)
Ly, Abdoulaye 87

macro-invention 179
Maddison Project 166
Mafeje, Archibald 246
Manning, Patrick 196, 200, 246, 271
Maoism 223
Maoist historiography 222
March First Movement for Korean independence 259
marginality 86
maritime Asia 53, 59
Marquese, Rafael 11
Marxian universalist scheme 256
Marxism 33, 45, 46, 49, 92, 255
Asian stagnation theory of 285
Marxist historical theory 49
Eurocentric characteristic of 50
Marxist historicism 256
Marxist historiography 45–46, 255–256
dominance of 59
limits of 49
Marxist theory of social progress 49
Marx, Karl 47, 50, 145
Eurocentric bias 50

Masashi, Haneda 57, 58, 61
Master and Servant Acts 153
Maynard, John 272
Mazlish, Bruce 23
McKeown, Adam 201
Asian migration 202
Eurocentric perspectives 204
European-Atlantic and Asian migration 202
framework for global migration history 202
universalization of global migrations 205
McNeill, William 22, 60
mercantile capitalism 99
meta questions 24
metropolitan history 88
micro-inventions 179
Middell, Matthias 235
migrants' freedom 204
migration history 14, 195–197
global perspectives on 199
limitations 206–208
methodological frameworks of 207
multiple viewpoints for 197
role of empire and Indian exceptionalism 206
spatial scale of 197
transregional expanse of 198
writing 197–205
migratory movement 200
mine labor 149
mineral rights 176
Mishra, Amit 13–14
mobilization 196
history of 198
strategies of 203
modern capitalism 76
heterogeneity of 48
modernization 59–60, 255, 256
Mouhammed, Adil H. 245
Moyn, Samuel 117
multiethnic nationalism 259
Mudimbe, Valentin 238
Murdoch, Walter 276
Muslim intellectuals 113

Nabuco, Joaquim 68
Namwoon, Paik 256
national economy 285
national ethos, characteristics of 61
national history 2, 67
accommodation of 251
domain of 46
textbooks 253
nationalism 2, 3, 9, 110
studying 3
theories of 118
nationalist historiography 61, 242
national parameters 2

national sovereignty 45
nation-centered histories 262
Nazis/Nazism 72
　　origins of 26–27
Needham, Joseph 24
neo-Confucianism 225
neo-Marxist history 115
Newbury, David 87
Nigerian Civil War 97
non-Turkish historians 119
non-Western agency, elements of 30
North America 127–128
　　contemporary world historians in 131
　　educational programs 128
　　English settlements in 7
　　Eurocentric assumptions 133
　　history movement in 128
　　institutions 133–137
　　paths toward world history 128–133
　　political economy 132
　　research and debates 137–139
　　world historians 139
　　world history project in 127, 129
North, Douglass 34
Northrup, David 198
Novais, Fernando 75
Nugent, Walter 197–198

objective understanding 264
O'Brien, Patrick 22–23, 169
obscurantism 88
Orientalism, Japanese version of 253
O'Rourke, Kevin 180
ostracism 87, 88
Ottoman archives 115
Ottoman Armenians, population of 119
Ottoman authority 113
Ottoman Bank 117
Ottoman Despotism 116
Ottoman economy
　　history 115
　　theoretical formulation of 116
Ottoman Empire
　　dynamic processes of change in 118
　　nationalist historiographies in 12
　　scholarship of 115
Ottoman globalism 110
Ottoman history/historiography 119
　　global conceptualization of 115
　　global outlook of 110
　　historical discourse of 109
　　inherent globality of writing 110
　　internationalization of 119
　　modern transformations of 109
　　movement in 116–117

　　nationalistic separations in 114
　　notion of global space 110
　　Turkish critique of 111
　　writing in global context 109–110
Ottoman imperialism 113
Ottoman intellectuals 110
Ottomanism 114
Ottoman legacy 120
Ottoman scholarship, Braudelian impact on 118
Ottoman/Turkish historiography, scholarship in 119
Ousmane, Sembene 240, 246
overcoming modernity 51, 261

Palmer, Robert 82n.41
Pan-African writings 244–245
Pan-Asianism 258
Pan-Islamism 113
Paris international exposition bureau 253
patriarchal dominance 47
patriotic world history 252
periodization 203
peripheral economies 173–174
Pimenta, Joao Paulo 11
plantation labor 148
plausibility 170
plausible story 171
plurality 83, 240
political democracy 255
political modernity 220
Pollock, Sheldon 220
Pomeranz, Kenneth 13, 31
population growth 170
Portugal
　　European exploration of 75
　　expansion of 72–73
Portus, G. V. 275–276
postcolonial emancipation 218
postcolonial theory, trajectories of 222
postwar historiography historians 263
postwar scholars, works and careers of 51
Prebisch, Raul 11, 75
precolonial institutions 175
precolonial population 175
price convergence tracks 172
professional historians 90
professional historical scholarship 137–138
property rights, theoretical issues of 116
pseudoscientific racism 96
public space 240

quasi-Malthusian 180
Quataert, Donald 116

racism 4
Randeria, Shalini 32

rationalism 251
reciprocal comparison 31
recognition 88
Rediker, Marcus 147
regional histories 2
regional parameters 2
relational history 287
relative autarchy 172
relative autonomy 75
representational relativistic model 237
re-territorialization 98
Rodney, Walter 163
Rosenthal, Jean-Laurent 178
Russian Marxists 255
Russian Revolution in 1905 154–155
Russo-Japanese War 253

Sachsenmaier, Dominic 14, 33
Sanskrit cosmopolitan literary culture 220
Sartori, Andrew 14, 117, 221
scale, scope and scholarship
    central issues and recurring problem 165
    collaborations 165–166
    group research programs based on intellectual affinities 171–181
    institutional groupings 166–169
    national to global in economic history 163–165
    problems of explanation 170–171
Scandinavia, economic historians of 32
SCAP. *See* Supreme Commander of the Allied Powers (SCAP)
scholars/scholarship 24, 68
    in Africa 15
    Eurocentric tendencies in 24
    European-based 22
    historical 1
    intellectual content of 26
    opportunities for 9
second slavery 76–77
self-contained process 147
self-realization 242
semi-periphery 174
Sen, Amartya 31
settler colonies 74
sharecroppers 150
shared explanatory frameworks 170
shared histories 148
Shin, Ch'aeho 45
Shiratori, Kurakichi 259
Silences in African History: Between the Syndromes of Discovery and Abolition (Delpechin) 239
Sima Qian 128
Sino-centrism 254
Sino-Japanese joint history 264

Sino-Japanese War 253
slaves/slavery 1, 3, 75, 76–77, 79n.8, 151
    rebellions in Barbados 70
    system 71
    trade 70
social development, Marxist scheme of 54
social history 167
socialism 49
social networks 204
social progress, Marxist model of 50
social theory, category in 145
southern theory 272
South Korea 177
    history textbooks of 261–262
Soviet historiography 49
Soviet intellectuals 218–219
Soviet world history 49
spatialization 196
Stalinist historiography 222
Stanner, Bill 269
stereotypes 85
Stern, Steve 76
strikes 148
The Struggle for Freedom (Murdoch) 276
subaltern class 32
subaltern workers 151, 154
Subrahmanyam, Sanjay 219
Sugihara Kaoru 53–54
Supreme Commander of the Allied Powers (SCAP) 46

tea, history of 52
technology transfers, importance of 2
teleology 165
territorialization 196
Thompson's writing 147
time periods 6
Toprak, Zafer 117
trade
    liberalization 173
    unions 148
trading networks, development of 289
traditional authorities 175
traditionalism 117
traditional law 175
traditional teachings 222
traditions 11
transatlantic slave trade 70
transatlantic trade 173, 180
transborder migrations 197
transcultural comparative approach 199
transnational history 28, 29, 33, 35, 57, 258, 273
    in Australia 273–274

definitions of 23
of Korea and Japan 260
varieties of 38n.15
transport workers 154
tribal wars 97
tributary trade system 288
tribute system 176
turbulent history 97
Turkey
    Annales on Ottoman historical scholarship 115–117
    collective memory 109
    concept of civilization 111–115
    historiography 109, 112, 117–119
    issues in 110
    national historiography of 111
    national identity 113
    nationalism 114
    source of identity and legitimacy 114
    state of historiography in 109
    time and space 109–111
Turkish historiography 11, 12
    internationalization of 120
Turkish modernization 117

Umesao Tadao, 52
    macroscopic view of history 53
Umesao's theory 51, 52
unemployment, history of 150
UNESCO journal 134–135
unfree labor 151, 173
United States
    economic development of 74
    geopolitical and cultural frame 119
United States Air Force Academy (USAFA) 133
universal history 235
    books 252
    Europe usurpation of 242
    writings 110, 235–237
universalism 117
universality 83
urbanization, rates and population density 175
urban production 178
urban workers in England 178
USAFA. *See* United States Air Force Academy (USAFA)
useful knowledge 169

van der Linden, Marcel 145–146
van Linden, Marcel 195
victimization 90
Vilar, Pierre 73
von Ranke, Leopold 132

wage-based proxy for living standards 168
wage laborer 152

Wallersteinian World Systems 173
Wallerstein, Immanuel 13, 76, 131
    approach 116
    construction 131–132
    world system 174
Wall Street Journal 137
Wang, Gungwu 201
They Wanted to Rule the World (Portus) 276
weapon of criticism 256
Weber, Max 47, 145
Weingast, Barry 34
welfare ratio 168
Western civilization 14, 216, 252, 261
    course 252
Western colonialism 47
Western epistemology 241
Western Europe, development for civilizations 52
Western exceptionalism 30
Western hegemony 3
Western history
    developments in 2
    institution of 46
    scholarship on 217
    teaching of 47
Western humanism 223
Western imperialism 47
Western incursion 53
Westernisation 255
Westernization 223
    modernization with 30
Western labor historians 148
Western modernity 251
Western universalism 117
WHA. *See* World History Association (WHA)
Williams, Eric 11, 69, 75, 76, 148, 163
    capitalism *vs.* slavery 71
    global perspective of 71
Williamson, Jeffrey 180, 207
workers/work history 145–146
    anthropology 146
    global labor history 146, 148–151
    of 1960s and 1970s 146–148
    themes and approaches 152–155
working class 150
    conceptualization of 150
    formation 148
World Bank report 196
world capitalism 48, 256, 285, 287
    economic studies of 51
    expansion of 54
World Economic History Congress 167
world economy 75, 165, 166, 171, 286
    comparative histories of 13
    by European capitalists 152
    Wallersteinian concept of 285–286
world historians, professional association of 134

world historical projects 13
world historical scholarship, forms of 12
world history 1, 53, 55, 132, 164, 223. *See also* global history/historiography
 in Africa 238
 AP course in 136
 books 252
 context of 27
 course of 60
 cross-cultural exchanges in 58
 development 55
 education 284
 Eurocentric interpretation of 252
 Eurocentric understanding of 254
 global approaches to 127
 to human history 246
 human migrations in 200
 knowledge of 254
 library for 247
 movement 27
 national standards for 137
 North American version of 127
 Pan-Turkish vision of 112
 perception of 48
 realistic understanding of 128
 stereotype of 271
 study of 48, 50, 54, 56
 teaching of 46
 undergraduate programs in 270
World History Association (WHA) 56, 58, 133–134
world systems 172
World Systems model 173–174
World Systems research 174
World Systems theory 33, 166, 174
 contrasts to 175

Yangzi Delta
 agriculture 178
 distribution 168–169
 living standards 178

Zeleza, Paul 241–244
Zionism 114–115